中國歷代書目題跋叢書

〔清〕錢曾　撰
管庭芬　章鈺　校證
佘彥焱　標點

讀書敏求記校證

圖書在版編目(CIP)數據

讀書敏求記校證/(清)錢曾撰;管庭芬,章鈺校證;佘彥焱標點.—上海:上海古籍出版社,2019.4
(中國歷代書目題跋叢書)
ISBN 978-7-5325-9149-7

Ⅰ.①讀… Ⅱ.①錢… ②管… ③章… ④佘… Ⅲ.①善本—圖書目録—中國—清代 Ⅳ.①Z838

中國版本圖書館CIP數據核字(2019)第048828號

中國歷代書目題跋叢書
讀書敏求記校證
[清]錢曾 撰
管庭芬 章鈺 校證
佘彥焱 標點
上海古籍出版社出版發行
(上海瑞金二路272號 郵政編碼200020)
(1)網址:www.guji.com.cn
(2)E-mail:guji1@guji.com.cn
(3)易文網網址:www.ewen.co
蘇州越洋印刷有限公司印刷
開本850×1168 1/32 印張20.25 插頁5 字數369,000
2019年4月第1版 2019年4月第1次印刷
印數:1—2,100
ISBN 978-7-5325-9149-7
G·707 定價:88.00元
如有質量問題,請與承印公司聯繫

《中國歷代書目題跋叢書》出版説明

漢代劉向、劉歆父子編撰《别録》《七略》，目録之學自此濫觴，在傳統學術中發揮了重要作用。歷代典籍浩繁龐雜，官私藏書目録依類編次，繩貫珠聯，所謂「類例既分，學術自明」（《通志·校讎略》），學者自可「即類求書，因書究學」（《校讎通義·互著》），實爲讀書治學之門户。而我國典籍屢經流散之厄，許多圖書真容難睹，甚至天壤不存，書目題跋所録書名、撰者、卷數、版本、内容即爲訪書求古的重要綫索。至於藏書家於題跋中校訂版本異同、考述版本淵源、判定版本優劣、追述藏弆流傳，更是不乏真知灼見，足以津逮後學。

我社素重書目題跋著作的出版，早在二十世紀五十年代，我社就排印出版了歷代書目題跋著作二十二種，後彙編爲《中國歷代書目題跋叢書》第一輯。此後，我社又與學界通力合作，精選歷代有代表性和影響較大的書目題跋著作，約請專家學者點校整理。至二〇一五年，先後推出《中國歷代書目題跋叢書》第二至四輯，共收書目題跋著作四十六種，加上第一輯的二十二種，計六十八種，極大地普及了版本目録之學。面對廣大讀者的需求，我社將該叢書陸續重版，並訂正所發現的錯誤，以饗讀者。

上海古籍出版社
二〇一八年八月

整理說明

《讀書敏求記》，清錢曾撰，係我國古代目錄學經典之作，素受推崇。錢曾（一六二九—一七〇一），字遵王，號也是翁，又號貫花道人，虞山（今江蘇常熟）人。《讀書敏求記》爲錢曾最負盛名之作，手稿最初名曰《述古堂藏書目錄題詞》。此書之所以著名，在於該書不僅恢復漢以來私家藏書目錄之解題傳統，且爲目錄講究版本、突出版本之風格奠定基礎，成爲賞鑒書志之先導，對後世版本目錄學影響極大；而其所采用讀書劄記之形式，又在目錄體例上推陳出新，成爲後人模仿之對象。另外，朱彝尊以計謀獲取該書之逸聞，更使《讀書敏求記》聲名大振，爲人爭相傳鈔，一睹爲快，並以爲收藏尋訪秘籍之指南。但由於各本均係輾轉傳鈔，其中難免訛舛層出，故後世校訂者甚衆，如吴焯、吴騫、黄丕烈、陳鱣、管廷芬、葉德輝、章鈺等均留下大量校語、題跋。

《讀書敏求記》之版本，因其稿本流傳脈絡不清，加以傳世鈔校本面貌不一，刻本又幾經轉版重印，情況比較複雜。《讀書敏求記》各本問世之順序，大概如章鈺所云：「先出者爲朱鈔、趙刻，在康、雍年間；後出者爲蕘圃所稱之足本，嚴氏據以校補，阮氏據以再刻，在嘉、道年間；題詞本則中册入浙局，上下兩册歸蕘圃，則在乾、嘉年間。」舊日傳説，《讀書敏求記》一書於錢曾生前曾由朱彝尊鈔出一本，然錢、朱所藏，於兩人在世時（錢曾卒於康熙四十年，八年後，朱彝尊亦辭世）實未嘗公開。自二人去世後，此書稿本、鈔本方始散出，流佈漸廣，然皆以鈔本形式傳世。至雍正四年，吴興趙孟升乃據某鈔本刻印，此書始有刊本行世。趙刻板片，此後數易其主，故今傳之雍正六年延古堂、乾隆十年雙桂草堂、乾隆六十年耆英堂等遞修印本，實皆同出一版。此後，又有合刊本、鈔本於一之道光五年阮氏小琅嬛仙館刻本及道光十五年阮氏之增補本。道光二十七年，潘仕成刊《海山仙館叢書》亦收入此帙，係就耆英堂本與小琅嬛仙館本參校而成者。民國時章鈺對於《讀書敏求記》之研究用力最勤，影響最大，所作之《錢遵王讀書敏求記校證》，則爲整理薈萃前述衆本而成，是現行《讀書敏求記》最善之本。

章鈺（一八六五—一九三七），字式之，江蘇長洲（今蘇州）人。一字堅孟、堅夢，別署長孺、北池逸老、霜根老人等。光緒進士，曾任清史館纂修。其著作最著名者有《胡刻通鑒正文校宋記》及《錢遵王讀書敏求記校證》。章鈺室名「四當齋」，乃取宋代尤袤所云「（圖籍）饑當肉，寒當衣，孤寂當朋友，幽憂當金石琴瑟」之語而得。章氏夙喜藏書，其四當齋收書達三千三百六十多部，七萬多卷。又精於金石目錄與掌故之學，故所藏以史部與集部爲多。民國二十六年逝世以後，其家屬將四當齋藏書悉數贈與燕京大學。民國二十七年，由顧廷龍先生負責，燕京大學圖書館編成《章氏四當齋藏書目》三卷。

光緒三十四年，章鈺曾從宗舜年處借得其父宗源瀚所藏于城所錄海寧管庭芬手校《讀書敏求記》，以爲底本。之後遇有別本，隨見隨錄，補所未備，終成《錢遵王讀書敏求記校證》四卷，故卷首題「海寧管庭芬原輯，長洲章鈺補輯」（整理時已删）。此書初刊於民國十五年，民國二十一年又增刻《續補遺》

一卷。

章鈺作此《校證》時，鄧邦述亦正從事於《讀書敏求記》之校勘，所收此書版本甚多。今國家圖書館藏有《校證讀書敏求記》一册，存卷一，未題校證人，著録爲「江寧鄧邦述羣碧樓鈔本」，疑即鄧氏未完稿。章鈺之從事《校證》，曾從鄧邦述處商借《讀書敏求記》多種，又曾參閲趙氏松雪齋刻本、濮梁延古堂遞修本、沈氏耆英堂遞修本、阮氏小琅嬛仙館刻本、潘氏海山仙館刻本等，以及所見校鈔者凡二十七本。章氏嘗自道其著書之緣由云，因所藏「沈修趙本蠅頭雜遝，不便披尋，乃發興録一淨本」，遂「一一搜索原本，糾誤補漏」，寫出校證文字。不僅對《讀書敏求記》文字作了大量比勘，且補入大量史實。《校證》一書，除正文外，又有《總目》、《補輯類記》、《據校各本略目》、《補目》、《佚文》、《序跋題記》、《附録》、《補遺》、《後記》等組成部分（民國二十一年增刊時又增入《續補遺》一卷），由此亦可見章鈺於《讀書敏求記》所做工作之大概。《讀書敏求記》一書原無目録，不僅翻檢不便，且各本著録編排亦有不同，而章氏則據趙刊本、沈刊本所載作爲《補目》，統計著録六百二十一條，又佚文十三條（按，章鈺曰「六百二十條」，誤），使得此書從此眉目一清，秩序釐然。《讀書敏求記》原書僅六萬言，而《校證》本則衍爲二十四萬餘言。又據《四當齋藏書目》載，《校證》有第一、第二、第三及清稿本，可見章氏用力之勤，故其所爲《校證》亦成爲《讀書敏求記》各本中最詳備可靠之本。顧廷龍先生曾曰：「研究版本目録之學，向必從遵王《讀書敏求記》入門，故經乾隆以來諸家之校注者甚夥。近得式丈薈萃一編，成此《校證》，爲學者不可不讀之書也。比見吾校圖書館藏有高世異（尚同）手録各家批校本，間有自記者，因取丈贈本對讎，則大都已入《校證》矣。」故而《校證》本之價值，誠如章氏友人張雙南所云：「此本一出，舊本可廢。」

此次整理，以民國十五年刊本爲底本，加以新式標點，并編製書名索引，以便讀者閱讀使用。

讀書敏求記校證總目

讀書敏求記校證補輯類記

光緒三十四年戊申，鈺得借上元宗氏藏于氏城錄管芷湘先生庭芬手校常熟錢遵王曾《讀書敏求記》，芷湘海寧諸生，錢警石先生弟子。嘗館硤石蔣氏慎習堂，爲校行別下齋諸書。著有《海昌經籍志》、《渟溪舊聞》，見《甘泉鄉人稿》。《渟溪老屋自娛集》，見《杭州府志》。詩采入《杭郡詩三輯》及《兩浙輶軒續錄三輯》，小傳記其著述尤備。平生好手寫書籍。鈺所得見者爲《待青書屋雜鈔》五百三十八種，內自撰《散記》一種，《消夏錄》四種，《一瓻筆存》一百二十四卷，今在天津圖書館。咸豐庚申，杭垣被陷，芷湘蟄居鄉曲，尚借鈔小品七十餘種，續二十餘種，名曰《花近樓叢書》。其序跋二卷，上海有印本。所校《敏求記》當時稱勝。邗上本見《曝書雜記》。嗣後遇有別本，隨見隨鈔，補所未備。既又獲見芷湘彙錄校語殘本，其書並無例言，大致校書名、卷數，注書目之下；校遵王說，注原文之下；其他考證，則注每篇之下。每卷末有「海昌管庭芬訂」一行，無年月可考。與歸安姚氏所藏語石山房殘本同。見宗湘文丈源瀚跋。知當時已另編成書，爲流傳計矣。宣統辛亥後，避地讎書，嘗整齊排比，自附於補輯之列，繕錄之餘，偶有所知，羼入一二。繼而根求原文所出，於是自史志及目錄家言，與凡可以考證此《記》者，合新舊所得不下數千條，稿草三易，成此一編。原輯書名仍「讀書敏求記」五字，今則統計全書，遵王本文居四之一，訂補是書者居四之三，有校有證，名應從實，改題曰《讀書敏求記校證》，不敢辭專輒之嫌也。

初擬輯遵王小傳，弁諸卷首。檢郡邑志乘及各選家所記，事蹟寥寥，其鄉人說部所載則又非所願言。惟是述古藏書有名至今，實嗣其宗老牧齋謙益絳雲樓而起。因根據此記與他書之可供佐證者，擇要言之。考錢氏譜牒，此書首葉首行題「有學集目錄」，次行題「錢氏譜牒」。本書計譜、圖、序等十篇，爲今通行五十卷本所未載。牧齋於順治辛丑、壬寅年間作。江安傅沅叔增湘傳鈔京師圖書館本。吳越王下十七世鏞爲鹿園支，珍爲奚浦支。鏞至曾計八世，珍至謙益計五世。遵王爲牧齋族曾孫，服屬已遠。遵王父嗣美，名裔肅，子四人，遵王行三。見《有學集·從孫嗣美合葬銘》，云曾「好學能詩，藏書益富」。生明崇禎二年己巳，見此《記》《西漢會要》條，文云：「崇禎己巳閏月，先君校完，題於後。是年八月揆予初度。」是遵王生年之據。「是年」八字，《藏書目錄題詞》作「是時予正在母腹」七字。年十六，爲國朝定鼎順治元年甲申，嘗入學爲諸生，錢陸燦序遵王《今吾集》稱遵王「茂才」，王應奎《海虞詩苑》稱「錢文學曾」，證以曾倬《常熟縣志》列遵王於「處士傳」，《國朝虞陽科名錄》順治朝取進生員無錢曾姓名，是遵王入學在明代無疑。以奏銷案黜革。見《河東君殉家難事實》、

《孝女揭帖》。奏銷案在順治十八年辛丑，見《蘇州府志》。牧齋生萬曆十年壬午，見葛萬里《牧齋年譜》。計長遵王四十七歲。牧齋自稱錢後人，見《與族弟君鴻書》。亦好呼其族爲「錢後人」，見《長筵歌》。故遵王亦自署「錢後人」。見《述古堂藏書目》自序。年弱冠，從牧齋游，見《白氏文集》條，云「戊子、己丑，日從牧翁游」云云，《記》中此類事屢見。戊、己兩年爲順治五年、六年，遵王年二十歲、二十一歲。《詩苑》稱遵王「在綺孺紈絝之間，能以問學自勵，宗伯器之，授以詩法。海内學者屨滿宗伯門，遵王每執都養，相與上下其議論。宗伯大喜，謂得君而門人加親也」。久而學加進，《有學集》兩存《與遵王書》，賞契甚至。並取其《秋夜宿破山寺》詩，冠所選《吾炙集》。有詩集五編，爲《懷園集》、《交蘆言怨集》、《鶯花集》、《草堂集》、《奚囊集》。鈺僅見摘録本。府志尚有《判春》、《今吾》兩目。《懷園集》又名《筆雲集》，見《有學集》。《今吾》一種，常熟張雙南繼良藏有鈔本。《懷園》、《交蘆》兩種，牧齋皆序之。牧齋既不得志於我朝，所作每託意興復，高自標置。遵王亦有哭瞿留守百韻及無題諸詩，爲喁于之唱。見《懷園》等集。又遵王此《記》於有明皆作内詞，如明初皆稱「國初」、明太祖皆稱「聖祖」之類，惟《古今輿地圖》、《顏氏家訓》下兩見「明朝」字樣，疑刻者所改。牧齋歿康熙三年甲辰，見年譜。遵王時年三十六，果如《河東君殉家難事實》所載，其行誼真堪齒冷。《詩苑》存遵王《寒食行》，注「乙卯一月八日，藁葬公於山莊」。乙卯距甲辰已十一年，不知何故淹柩不葬。詩中有云：「斜行小字叢殘紙，箋注蟲魚愧詩史。」知時方爲牧翁詩集作注。據此則遵王頗能晚蓋，惜無由詳證其事。其游迹遠至南昌，見《夢粱錄》條。《奚囊集》有《訪滕王閣遺址歌》，卒年不可考。《記》中《畫墁錄》條云「己卯夏日錄完」，爲紀年之最後者。計其年已七十有一矣。述古堂乃牧齋所題，並爲作記。入《有學集》。《常昭志》云在城西虹橋。也是園則晚年所居之別墅也。見《皇極經世》條，云去絳雲災後三十七年。絳雲被災在順治七年庚寅，下距三十七年則爲康熙二十五年丙寅，遵王時年五十八歲。《種樹書》條下云「爲時唾棄，退耕於野」，疑在也是園時筆墨。子五，《有學集》有《賀遵王生第五雛》詩。長名沅，字楚殷。鐵琴銅劍樓宋婺本《尚書》、樂意軒影宋刻川本《戰國策》均爲沅舊藏。有詩集十卷。見《稽瑞樓書目》。

絳雲樓既以藏書名東南，遵王一支鼎貴在先。曾祖岱，隆慶六年進士，出張江陵門，擢御史，四典鄉會試。祖時俊，萬曆三十二年進士，官湖廣副使。見《合葬銘》及邑志。父嗣美，與牧翁齒相等，亦聞風慕悅，書賈多挾册就之。所藏《東都事略》既爲牧齋所豔稱，見《合葬銘》。尤留心史事，見《庚申外史》、《梧溪集》諸條。蒐訪祕籍。遵王承父餘業，又侍牧齋左右者有年，絳雲燼後且舉趙清常遺書爲贈。見《伽藍記》條。累得柳大中僉、陸孟鳧銑手寫善本。見《歸潛志》、《沈雲卿集》諸條。同時往還者有族祖求赤孫保及毛子晉晉、斧季扆父子、馮已蒼舒、定遠班昆弟、陸敕先貽典、馮研祥文昌、葉林宗奕、季滄葦振宜、葉九來奕苞、徐健菴乾學、顧伊人湄諸人，均見此《記》及詩集。皆以藏弆校訂名者。左右采獲，積有歲年，用是己酉康熙八年。手編《也是園書目》至三千六百數十種。此書今有玉簡齋刊本。鈺所藏乃舊鈔本。序題「述古堂」，本書則題「也是園」，分十卷。《四庫全書存目》有《述古堂書目》一種。《提要》指駁各條與今通行之粵雅堂刻本一一吻合。粵雅本云出《祕籍彙函》，分作四卷，目數不及《也是園》之半。末附《述古堂宋板書目》，爲他本所未見。此《記》僅得六分之一，意遵王隨筆寫記，未必全爲書庫中驚人祕笈。原其所以著在人口者，皆由康熙五十六年、雍正二年吴尺鳧焯兩跋。跋述康熙二十年辛酉，朱竹垞彝尊典江南試後，龔方伯當指龔翔麟之父佳育。大會名士，遵王赴之，私以黄金鼠裘予遵王侍史，啟篋得此，命藩吏半宵鈔成之一段故事。考竹垞典試時，風采懔然，見於《誓貢院文》。事竣還京，魏敏果象樞且朝服登門以致崇敬，度不至有放浪衣冠，高會秦淮之舉。闈後一游攝山，游侶具載詩序，爲周篔、王翬、李符、龔翔麟、邵瓌、包銘、曹彦樞及弟彝玠、從子建子。固無遵王其人。手訂全集八十卷，亦無一語涉此《記》者。不寧唯是，尺鳧謂與此《記》同時鈔得者，尚有《絕妙好詞》一種。見此《記》卷四，作《弁陽老人絕妙詞選》七卷。是書竹垞書後見《曝書亭集》。明言從虞山錢氏鈔得，柯孝廉重鋟，其非詭得可見。《詞》非詭得，則此《記》之入竹垞篋衍必非雅賺如陳鈞堂康祺所譏。見《郎潛紀聞》。試觀柯寓匏崇樸序《絕妙好詞》，尚易竹垞題語，謂其從子煜堉於錢氏得之。朱、柯夙好，已復彼此異詞，

《記》稿晚出，又安怪盡情裝點。且遵王平時肯賤售宋本於延令，又肯爲毛隱湖鈔所藏全目，見《也是園書目》前後序。本非深閉固拒、與孱守居士馮舒之標示不借本者爲同調。竹垞從遵王得《絕妙好詞》外，又嘗借鈔錢文子《補漢兵志》，見《曝書亭集》。通假屢矣，何獨於此《記》來歷如尺鳧跋語所載者。宋蔚如賓王鈔本鄧邦述有校本。別載顧蒼史行賄館童，匆匆鈔出一語，與尺鳧跋不同而同，亦可見當時風影之談，流播於士大夫間者正多也。尺鳧又言，竹垞暮年以授族子寒中，寒中名思贊，馬姓，實朱姓。竹垞集中每以宗人稱之。鈺曾見海豐吴氏藏拜經樓遺書，有「朱馬思贊印」，其證也。則是明言從寒中得之。其子敦復城則易作曝書亭鈔本，珍祕不出，先君子以重價購得，又似徑得諸朱氏者，喬梓之間，語亦兩歧。然言此《記》之出於曝書亭則一致，此可不必致疑者耳。

尺鳧既得此書，觀其「設誓詞以謝寒中」，及「非人莫與」等語，見康熙五十六年跋。奇祕已甚，殆謂祇此一本也。及跋丁敬身藏明農草堂本，乃有「竹垞暮年，稍稍傳出，江南舊家間有之」一說，見雍正甲辰跋。則亦知當時有傳鈔者矣。其子城跋既謂向有鈔本，其父得諸曝書亭，又謂「稼翁力不能守，此書遂流落人間，吾友趙用亨刻之吴興」，似趙氏之據以付削人者，係屬原本。趙刻自序則未明言鈔本、原本及得諸誰氏，要亦出於曝書亭本，不必致疑。自阮賜卿福據嚴厚民杰從黃蕘圃丕烈本補出二十一種，於是趙刻本外，又有足本之一說。考《蕘圃藏書題識》此書計十卷，江陰繆荃孫刻行。宋伯仁《梅花喜神譜》嘉慶辛酉六年跋云「遵王所得異書，有爲刻本《讀書敏求記》所不載者。如李逸民《棋譜》，外間多不及知，予藏精鈔足本獨有之」一條，知足本晚出，蕘圃從前所見亦僅趙刻本。葉潤臣影鈔沈尚傑本照錄蕘圃乾隆五十六年跋可證。葉調生廷琯《吹網錄》述足本與趙本同異最爲明晰，與阮本亦無不吻合，惟蕘圃所藏外必另有一本。觀嚴跋謂末葉三行稍有闕爛，葉調生所述及海山仙館刻本均同。今管芷湘傳錄本並不闕爛，可知此兩刻本之大概也。最初之本則爲題詞本，此書爲寫本之殘者，僅存一册，第一行爲「虞山錢遵王述古堂藏書目錄題詞」十四字。先見於豐順丁氏《持靜齋書目》，今藏上海涵芬樓，不用四部成法，計存二百八十餘條。通册硃筆圈點，誤處粉筆塗抹，墨筆添改。勞權校本附錄一則云：「丁卯冬，獲鈔本《讀書敏求記》一百五十九葉，題曰『原本』。其點竄則朱、墨、黃三種。黃爲勝，墨次之，朱又次之。予以其紙敝墨渝，錄成此帙。點竄統以硃筆。己巳春仲五日，孫雨閬并記。」孫雨不詳何人，所述與涵芬樓本彷彿。惟已題爲《讀書敏求記》，不敢信爲題詞本之傳鈔本也。吳槎客騫跋此《記》云「乾隆三十八年癸巳，見鈔本於浙江書局，旁注『中』字，當有上、下兩册」者，即此本也。蕘圃於此《記》《沈下賢集》下注云：「遵王所鈔《述古堂藏書目錄題詞》作十二卷。」是士禮居得足本之外，又得題詞本，爲全爲闕則未明記。私意題詞即未經排比之足本。蕘圃所得者，即槎客所未見之上、下兩册，阮補二十一條必在其内。何以言之？以槎客所見之中册，凡阮本所補者，册内均不一見。槎客轉從此册補出《清教録》諸條，則知此書三册早經離析，槎客固未見上、下册，蕘圃亦未嘗得中册也。大概此《記》有三本。先出者爲朱鈔趙刻，在康、雍年間。後出者爲蕘圃所稱之「足本」，嚴氏據以校補，阮氏據以再刻，在嘉、道年間。題詞本則中册入浙局，上下兩册歸蕘圃，則在乾、嘉年間。鈺總各家題跋，存此一説，似尚無以易之。惟是題詞本一出，始見此《記》真面。凡足本之由誰排比，「敏求記」三字之是否遵王自署，均令人百思而不得其故，無從質證，闕疑而已。

鈺既仍管氏原本補輯此編，應與遵王藏目比勘方有根據。遵王藏目，通行者爲粤雅堂刻《述古堂書目》四卷本，及題「也是園書目」之十卷本。鈺藏《也是園目》寫本，與周中孚《鄭堂讀書記》所載寫本，標目、編次均同。與上虞羅氏玉簡齋刻本互有出入。諸家校語往往通稱《述古目》，儘有《述古目》所無而實載《也是園目》者，胡菊圃重及勞巽卿權校語又有稱《述古目》無而實見粤雅刻本者，今悉注明當條之下。又《絳雲樓目》與此《記》最多關涉，鈺所見者一爲粤雅堂刻陳景雲注本，一爲劉彦清履芬手寫吴枚菴翌鳳鈔本，兩本相同，惟劉本添注略多。又藏一舊鈔未注本，誤字甚多，而原注具在，較上兩本之與陳注混合者爲勝。今覆檢諸家引《絳雲目》有歧異處，亦悉注明當條之下。惟勞氏校語間有與三本均不符者，知《絳雲目》傳本不同，所未見者尚多也。

管氏原輯於《敏求記》正文大都用趙本，亦或參用阮本及各家校本，今一仍其舊。其錄各家校語，凡遇脱文、衍文、誤文，或補、或删、或改，注明某本某本，不厭雷同，無所芟薙。其鈺加入各本，此類尤多，有取有舍，又失校勘本意。芷湘既不憚全録，後起者祇得仍其前例，惟太涉瑣瑣，如鈔、抄，註、注，藁、稾，版、板，敘、序，實、寔，詠、咏，及余、予，於、于，歟、與之類，則改管例削之。又芷湘既彙録清本，其校語有明見宗本而彙録本無之，如《儀禮經傳通解續》條下引《愛日志》之類，且必再有批注本。故勞校本於《西洋朝貢典録》、《杜詩注》、《吴箋長吉詩》、《説學齋集》下均引管説，爲宗本所無，亦爲彙録本所無。今一併録入，冀於管氏校文無所遺漏。

此《記》《欽定四庫全書》列入《存目》。《提要》於《記》中名目、編次及考證三端，指摘其未當者甚備。然亦稱其「述授受之源流，究缮刻之同異，見聞既博，辨别尤精，足爲講板本之賞鑒家」。故凡《四庫》著録各書見於此《記》者，皆引爲考證之資，此書之見重藝林大都由此。槎客、簡莊諸老輩既考訂於前，流風所扇，凡好講板本者幾於家置一編，各舉見聞，信筆標注，百數十年蟬嫣未絶。李蒓客慈銘譏嘉慶以後學者，於目録一門凡晁、陳、焦、黄之學不及問，而但有取於錢遵王《敏求記》一書，越缦堂壬申年日記。此誠無可諱言者也。

鈺於學問無心得，所好者校書而已。於《國語》嘗得見陸敕先校宋本，以糾士禮居刻本之疏。於《通鑑》得見百衲宋本，補正胡三省注本正文幾及萬字。於《南齊書》見眉山七史宋本，補出嘉靖以來久佚之二葉。於《宋史》見元刊本於盧抱經，補《孝宗紀》一葉，外得補《田況傳》一葉。於契丹、大金兩國志，得借舊鈔本多種，可訂補通行本者不知凡幾。此其犖犖可述者。陶靖節身遭國變，有「校書亦已勤」之句，放廢之餘，每以自勉。此書賴同好通假，得見各本。發篋檢書，十對八九。既備悉原文來歷與藏書家故實，而於板本之源流、異同，亦足以發明《提要》之大概。其佚文及序跋題記與凡應附見者，均另輯成卷，不賢識小亦自知之。拾遺補蓺，冀有當於管氏之本旨云爾。歲在甲子孟冬月，長洲章鈺寫記。

讀書敏求記據校各本略目

鈺從上元宗耿吾舜年假其尊人湘文先生舊藏本，傳録管氏校語，時江寧鄧正盦邦述亦從事此書。又得勞巽卿精校本。正盦通懷樂善，每有新獲，不吝沾溉。又嘗手寫各家校語數紙，約鈺排比成編。人事變遷，未克成卷。先曾借録所記刊校本略目，今照録一過。鈺所取資各本即附其後，序跋題記另編成卷，此不複出。

吴興趙氏刊本雍正四年，趙孟升刊。有傅王露、王豫及孟升自序，曹一士跋。鈺案：孟升字用亨，爲方文輈棨如弟子。《集虚集》有此書序文。刊本目録三葉，魚尾下均有「松雪齋」三字。每卷末有「吴興趙孟升用亨校字」九字。相傳刊成後，以借名山陰傅玉笥王露作序，中有語忌，爲傅所不嗛，欲嗚諸當道，令燬其板，賴吴尺鳧調停而止，見吴敦復題記。今初印本不可得，間有流傳，傅序已撤去。

嘉興沈氏刊本雙桂草堂本。乾隆十年乙丑，嘉興沈尚傑刊。有尚傑自序。實以趙板重修。存趙序曹跋。鈺案：尚傑貢生，見《甘泉鄉人稿·先妣沈宜人行述》。鄧正盦彙校用此本。

又重修本耆英堂本。乾隆六十年乙卯，尚傑孫炎重修。有炎自跋及胡重跋。鈺案：炎後改名游，字葭士，秀水貢生。有《耆英堂集》，見《續檇李詩繫》。又案：《石瀨山房詩話》：「葭士丰姿俊秀，爲太傅錢文端公所器，以女孫妻之。性恬退，不慕華膴，獨嗜吟詠，與計秀才漁溪結蘭言社。所居耆英堂，饒圖書花木之勝。每春秋佳日，折簡相邀，賓朋咸集，歡讌達旦。嘗仿永和故事，倩戴春畾茂才樹滋作《耆英堂雅集圖》，凡二十二人，各賦詩紀事。錢塘胡菊圃重爲撰記，時乾隆甲寅七月也。」此本封面中間「讀書敏求記」五字，左一行「虞山錢遵王先生著」，右一行「耆英堂藏板」。鈺彙校用此本，有「黄岡劉氏問天別墅藏書」一印。

儀徵阮氏刊本小嫏環仙館本。道光五年乙酉，阮賜卿刊。有自序及嚴厚民跋。存趙孟升、王豫二序。鈺案：每卷末有「道光乙酉年八月依武林嚴氏書福樓本重雕」篆書二行木記。

婁東宋定國校本鈺案：定國名賓王，又字蔚如。康熙丙申一校顧蒼史本，雍正丙辰再校王逸陶本。

吴興沈會侯鈔本名祖彬，號蕙圃，康雍間人。其本多《九邊圖論》一條，勝於他本。有「兔床過眼」印，似槎客曾以校過。鈺案：宗氏藏本眉上補《九邊圖論》，注云「原本緑筆」。宗本前列兔床題語皆用綠筆，則云槎客校過者近之。㪍巽卿後得沈本校過，云校趙本多一種，當即《九邊圖論》也。

繡谷亭校本係曝書亭鈔本。吴尺鳧先生以吕氏明農草堂鈔本、趙氏刊本校。鈺案：吕本爲丁敬身敬藏，㪍巽卿有説可證。

小山堂校本係傳鈔丁敬身所藏明農草堂本。趙谷林先生傳尺鳧校。鈺案：此爲東軒主人藏二本之一，見朱朗齋文藻乾隆三十二年丁亥題記。

振綺堂鈔本係傳録小山堂本。朱朗齋傳鈔尺鳧校。鈺案：此即槎客題語所謂「乾隆三十九年甲午，見於書局中」者，在見題詞本之後一年。

拜經樓校本係趙刊本。槎客先生傳朱朗齋校。鈺案：槎客有乾隆四十年乙未在雙聲館題語。又案：吴籚鄉之淳編《拜經樓書目》，云：「先祖校閲，借汪氏振綺堂本對勘。」此目天津圖書館有傳鈔本。

胡菊圃校本係趙刊本，以裘抒樓鈔本校。鈺案：有嘉慶元年丙辰自跋可證。菊圃名重，自號曲寮居士，錢塘人。錢泰吉《曝書雜記》載其校勘《説文》、《干禄字書》兩種。自署籍爲錢塘，《雜記》兩見，皆作秀水，未知其審。仁和吴伯宛昌綬得其手稿數十紙，中有《三家步天歌合訂敍》、《唐宋韻分合表引》諸文，不知有刊本否。

陳簡莊校本係趙刊本，仲魚先生傳槎客校，並舊鈔本、遵王定本校。鈺案：遵王定本當即槎客在書局所見鈔本，旁注「中」字者。此乃題詞本。槎客據以補出《清教錄》諸條，非黄蕘圃所稱足本，亦非蕘圃所得題詞本之上、下二册。説詳《補輯類記》，原注「定本」二字微誤。

芳椒堂校本係沈刊本，嚴修能先生元照以沈會侯鈔本校。鈺案：嘉慶九年甲子，修能爲宋茗香大樽校，有自跋。

管芷湘校本以簡莊、菊圃校本、阮刊本校。鈺案：道光十二年壬辰，從吴醒園借得，見自記。

汪鐵樵校本以芷湘校本校。鈺案：有「道光三十年庚戌，依管芷湘手鈔本照謄畢」自記。鐵樵名士驤，錢塘人，官城守千總，有《暮園遯叟小稿》，見光緒《杭州府志》。咸豐辛酉，全家殉難。詩入《續輶軒錄》，忠義之氣，凜烈萬古。《兩浙忠義錄》有傳。

丹鉛精舍校本係阮刊本，以沈會侯鈔本並修能先生、鐵樵千戶兩校本校。鈺案：有道光二十四年甲辰自跋。

以上鈺所據鄧本。鄧本失列宋定國一家，今補列。

濮梁刊本烏程蔣孟蘋汝藻藏。封面題「濮川延古堂藏板」。前有雍正六年濮川濮梁序。魚尾下塗去「松雪齋」三字，映日可見。當由趙氏以借名序書致釁，懼不敢出，又自惜剞劂之工，故另撰一序，將印成本，塗滅齋名，聊以行世。否則四年、六年爲時伊邇，吴興、濮川地尤相接，斷無同事開板之理。且疑濮梁之未必有是人也。序文已錄出另編。

海山仙館刊本係據阮刊本覆刊。與阮本異處，缺《武林舊事》一條。又阮刊本無而趙刊本有者，一律補入，而注「嚴本缺」三字於每條目下。

述古堂藏書目録題詞稿本詳見《補輯類記》，係傅沅叔轉借，得校一過。

小山堂殘鈔本舊藏錢塘丁氏，後歸江南圖書館。僅存第四卷一册。宣統庚戌，常熟丁秉衡國鈞方任事館中，破例借出，得以傳校。板匡外有「小山堂鈔本」五字。朱朗齋校朱筆，吴槎客校緑筆，與宗湘文丈跋所稱吴紅筆、朱緑筆微有不符。

吴槎客原校本亦烏程蔣氏藏，即載入《拜經樓藏書題跋記》者。校語用朱、緑、墨三色筆，較于赤霞傳録本校語爲多。

黄蕘圃校本亦烏程蔣氏藏，中有蕘圃校語，與葉潤臣影鈔本有出入，疑即葉本中蕘圃跋所稱「爲鈔胥竊去」之本。《稽瑞樓書目》有此目，注「士禮居校本」五字，不知是一是二。

葉潤臣影鈔本蘄水陳仁先曾壽藏，係影寫沈尚傑本，照録蕘圃校語。葉名澧借諸城李氏本録於京師。

吴有堂傳黄蕘圃校本嘉興沈子封曾桐藏，後有周季貺星詒記云：「魏稼孫得於吴中。」有堂名志忠，吴中藏書世家，璜川吴氏之後起也。

于赤霞傳録管芷湘校本上元宗湘文丈舊藏。赤霞名城，國子監生，咸豐戊午自質手校本於徐嘯秋鴻熙，後歸宗氏。有嘯秋跋及宗丈長跋。鈺從丈子耿吾乞假，始得從事此《記》。今幸踵芷湘後編成一帙，皆賴此本爲導師也。

管芷湘彙鈔原稿殘本亦嘉興沈氏藏。鈺先從繆藝風荃孫得傳鈔殘本之第一、第三兩卷。丙辰入都，子封乃出此稿本相示，於是得第二卷，與蔣稚鶴跋所云「首缺數葉」者相符。至所缺之第四卷，則不可蹤跡矣。

管芷湘彙鈔傳録殘本繆藝風藏，缺第二、第四兩卷。此本先從湘文丈跋知語石山房陳氏有鈔本而已。宣統辛亥春，從藝風所見此殘本兩卷，後有海昌蔣稚鶴廷黻跋，知由稚鶴鈔贈吾宗老碩卿壽康而轉入繆氏者。遂往訪稚鶴，冀得一見。朱梅坪原本云失去久矣。

謝枚如藏本亦嘉興沈氏藏。枚如名章鋌，長樂人。此本從謝氏流出，歸周季貺。既傳録蕘圃校語，復時有添注。後歸吾鄉蔣香生鳳藻，又隨時寫入所見各本。光緒甲辰，常熟周左季從杭州梅花碑書賈處收得夏氏末次散出之書，此書在焉。左季復以裘抒樓本校補。蓋由謝而周而蔣而夏而周而沈，三四十年間六易其主，深可慨也。

以上鈺據鄧本外各刊校本。

呂氏明農草堂本見雍正甲辰至月蟬花居士跋。蟬花居士當即吴焯。焯甲辰至月他跋有云「丁敬身獲此本於石門呂氏」可證。

石門袁舒雯家藏善本見雍正甲辰趙功千昱跋。

吴石倉校本東軒主人藏本之一，見乾隆丁亥朱文藻跋。

顧蒼史鈔本見宋定國跋。

蔡祖州校本見錢塘瞿氏《清吟閣書目》。

吴興書賈舊鈔本見乾隆辛丑陳鱣跋。

紀文達校本見翁文恭光緒癸巳年日記。

彭文勤藏本云有朱筆評閱，不知出何人。見《知聖道齋讀書跋》。

王秋濤藏舊鈔本見乾隆辛亥黄丕烈跋。

知不足齋藏本見錢塘丁氏《善本書室藏書志》載吴玉墀跋。本書四卷，此作一卷爲異。

袁綬階藏本見葉廷琯《吹網錄》。

貝簡香藏本同上。

許勛宗藏舊本有「許道基壽」、「補齋鑒存」等印。見道光乙巳汪士驤跋。

孫雨録原本見勞巽卿校本附録。

陳恭甫校本見閩陳徵芝《帶經堂書目》。

蔣生沐校本見《金石録補續跋跋》。

翁文恭校本見光緒己亥年日記。

以上皆舊鈔及校藏本，附後待訪。

讀書敏求記四卷 江蘇巡撫採進本

國朝錢曾撰。曾字遵王，自號也是翁，常熟人。家富圖籍，多蓄舊笈。此書皆載其最佳之本，手所題識，彷彿歐陽修《集古錄》之意。凡分經、史、子、集四目。經之支有六，曰禮樂、曰字學、曰韻書、曰書、曰數書、曰小學。史之支有十，曰時令、曰器用、曰食經、曰種藝、曰豢養、曰傳記、曰譜牒、曰科第、曰地理輿圖、曰別志。子之支有二十，曰雜家、曰農家、曰兵家、曰天文、曰五行、曰六壬、曰奇門、曰曆法、曰卜筮、曰星命、曰相法、曰宅經、曰葬書、曰醫家、曰鍼灸、曰本草方書、曰傷寒、曰攝生、曰藝術、曰類家。集之支有四，曰詩集、曰總集、曰詩文評、曰詞。其分別門目，多不甚可解。如五經併爲一，而字學、韻書、小學乃歧而爲三；紀傳、編年、雜史之類併爲一，而器用、食經之類乃多立子目；儒家、道家、縱横家併爲一，而墨家、雜家、農家、兵家以下乃又縷析諸名，皆離合未當。又如書法、數書本藝術而入經，種藝、豢養本農家而入史，皆配隸無緒。至於朱子《家禮》入禮樂，而司馬氏《書儀》、韓氏《家祭禮》則入史。吾衍《續古篆韻》入字書，而夏竦《古文四聲韻》則入韻書。以至《北夢瑣言》本小説，而入史，《元經》本編年，《碧雞漫志》本詞品，而皆入子。編列失次者，尤不一而足。其中解題，大略多論繕寫刊刻之工拙，於考證不甚留意。如《韻略易通》至謬之本，而以爲心目了然。《東坡石鼓文全本》，實楊慎僞託，而以爲篆籀特全。《臞仙史略》載元順帝爲瀛國公子，誣妄無據，而以爲修《元史》者見不及此。《了證歌》稱杜光庭，《太素脈法》稱空峒仙翁，本皆僞託，而以爲實然。《玄珠密語》最爲妄誕，而以爲申《素問》六氣之隱奥。李商隱《留贈畏之》詩後二首，本爲誤失原題，而强生曲解。《聲畫集》本孫紹遠撰，而以爲無名氏。《歲寒堂詩話》本張戒撰，而以爲趙戒。魏校《六書精藴》最穿鑿，而謂徐官《音釋》，六書之學極佳。《四聲等子》與劉鑑《切韻指南》異同不一，而以爲即一書。《古三墳書》及《東家雜記》之琴歌，僞託顯然，而依違不斷。蕭常《續後漢書》正《三國志》之誤，而大以爲非。王弼注《老子》，世有刻本，而以爲不傳。龐安常《聖散子方》，宋人已力辨蘇軾之誤信，而復稱道其説。屈原賦、宋玉賦，《漢·藝文志》有明文，而斥錢杲之謂《離騷》爲賦之非。歐陽詹贈妓詩真蹟至邵伯温時猶在，而以爲寄懷隱士之作。皆不爲確論。然其述授受之源流，究繕刻之同異，見聞既博，辨别尤精。但以版本而論，亦可謂之賞鑒家矣。鈺案：曾撰《述古堂書目》亦入《存目》。《提要》云：「此編乃其藏書總目。所列門類，瑣碎冗雜，全不師古。其分隸諸書，尤舛繆顛倒，不可名狀，較《讀書敏求記》更無條理。」書爲浙江巡撫採進，注明無卷數，與今粤雅堂刻本分作四卷者不同。胡重、勞權校《敏求記》，往往注「《述古目》不載」，而粤雅本實載之，知浙中流行者必爲《存目》據以作提要之本。粤雅本，道光三十年伍崇曜跋謂「出《祕籍彙函》寫本」，知《述古目》先後互異，不止一本。特難根究《彙函》本所自出耳。記此待考。

讀書敏求記補目

鈺案：趙刊本及阮刊本均僅有類目，而無書目。今補錄書目，而以類目分注各類末條之下。阮本補入各條，則照阮本次序排列入目，注明《記》中，不再於此目加注。又原書分四卷，今就各卷中酌分子卷。

卷一之上

卷一之下

卷二之上

卷二之中

卷二之下

卷三之上

卷三之中

卷三之下

卷四之上

卷四之中

卷四之下

佚文

右總趙刊本、阮刊本共六百二十條，佚文十三條。

錢遵王讀書敏求記校證卷一之上

經

周易十卷鈺案：《虞山錢遵王述古堂藏書目錄題詞》有。此條以下省稱題詞本有。凡未見者不注。校語稱題詞本。○阮氏琅嬛仙館刊本無。此條以下稱阮本無。凡有者不注。校語稱阮本。○入《述古堂藏書目》，並入《宋板書目》。此《記》各書大都入《述古堂藏書目》，否則見《也是園藏書目》，宋板則入《宋板書目》。今悉據目注明。如已見《記》文，或不更注。《述古目》及《宋板書目》係用粤雅堂刻本，《也是園目》係用舊鈔本。用他本者另行注明何本。○以上三類以下不加「鈺案」字。

北宋刻本。經傳一之六，王弼注；繫辭鈺案：刊本「辭」誤「傳」。○以下凡言刊本，皆指沈尚傑重修趙孟升本。七之八、說卦、序卦、雜卦九，韓康伯注；略例十，邢璹注。卷首有「貞元」、「伯雅」二圖記，知是鳳洲先生藏書也。〔補〕勞權云：「《絳雲目》：宋板周易王弼注，五册。」鈺案：凡見管氏彙錄本均直接《記》文。鈺據各家校本添入者，以下均加「補」字。○鈺案：常熟瞿氏《鐵琴銅劍樓藏書目》有宋乾道間刻本。又各家校本以瞿氏《目》考證此《記》，皆標《恬裕目》，今通行本作《鐵琴銅劍樓目》，以下凡鈺案省稱瞿《目》。

京氏易傳三卷 題詞本有。○阮本無。○《述古目》注「鈔」字。〔補〕黄丕烈録《浙江採集遺書總録》云：「吴鬱林太守陸績注。《隋志》作十五卷。《釋文》、《序録》及新舊《唐書》俱作十三卷。《會通》一卷。竹垞云『陸氏注已亡』，今《鹽邑志林》載有一卷，乃係鈔撮陸氏《釋文》、李氏《集解》爲之。」鈺案：以下黄丕烈録此書，稱「黄録《採遺》」云云。

《京氏易傳》，陸績注。刊本作「陸續」，今從錢竹汀先生校本。鈺案：管氏所稱刊本亦即趙刊本。錢竹汀先生校本以下稱「錢校本」。予藏舊鈔本四種，其一書法甚佳。鈺案：此書有葉石君傳校馮定遠點勘范欽刊本。見沈彤《果堂集》。

關氏易傳一卷 陳直齋《書録解題》作一卷。隋、唐《志》皆不録。或云阮逸僞作也。○題詞本有。○阮本無。○《述古目》作「《關朗易傳》三卷。」○鈺案：《宋祕書省闕書目》及《玉海》引書目均作一卷。《天一閣目》有范欽訂本，作十一卷。

《關朗易傳》，天水趙蕤注。鈺案：蕤字大賓，梓州鹽亭人，李白之師。見《欽定天禄琳瑯書目》考證。以下省稱《天禄目》。秦西巖刊本作「岩」，今從錢校。鈺案：「巖」、「岩」乃正俗之別，後不更注。酉巖爲秦四麟季公別字。**取楊五川、**鈺案：五川爲楊儀夢羽別字。馮班《鈍吟雜録》言其好以意改古書，萬卷樓藏書雌黄處皆不可據。**陳抱沖**鈺案：抱沖爲陳禹謨字。**兩先生善本對録者爲第一。**案：晁氏《郡齋讀書志》云：「《關子明易》一卷，魏關子明傳。子明名朗，元魏太和末，王虬言於孝文，孝文召見之，著成《筮論》數十篇。唐趙蕤注云：『恨書亡過半，隨文詮解，才十一篇而已。』《四庫》書不載。」

程〔補〕勞權校本「程」下補「氏」字。鈺案：以下稱勞校本。**伊川易傳六卷**《直齋》作「易解」，卷同。晁《志》有《程氏易》十卷，疑即一本。〇陳簡莊徵君鱣云：「桐鄉汪氏有宋槧本，最佳。今質同邑汪氏。」鈺案：「汪」字一本作「金」，以下凡不能確定某説者，均稱一本。〇題詞本有。〇《述古目》作「程頤《易傳》」，注「宋板」二字，入《宋板書目》。

有宋談《易》諸家，數宗康節，辭演伊川。刊本作「尚占者宗康節，以義理爲虚文。尚辭者宗伊川，以象數爲末伎」。鈺案：管氏於《記》文或用趙本，或用阮本，外有改用校本者。今悉仍之。此處「數宗」八字與阮本同。但未審阮本所從出。**羲畫、周經，判然兩途矣。晦菴曰：「《易傳》不看本文，亦自成一書。」蓋得程子之深者也。**《經籍志》胡重校汪氏裘抒樓寫本所引《經籍志》皆作《經籍考》。鈺案：以下稱胡校本。〔補〕阮本同，作「志」。〇鈺案：明弘治何喬新有單刊馬端臨

《經籍考》七十六卷，胡重校改或即本此。以後每卷皆同，以無關要旨删之。又「裘抒」當作「裘杅」，本《韓詩外傳》：「君子之居也，綏若安裘，晏若覆杅。」杅即盂也。見盧文弨《龍城札記》。載《伊川易傳》，刊本、阮本無「伊川」四字。作鈺據阮本補。十卷，吾家所藏宋刻本止六卷。今考《程朱傳義》後二卷小序曰：「程先生無繫詞、錢校作「辭」。〔補〕題詞本同，作「辭」。說卦、序卦、雜卦全解。《東萊精義》載先生解，并及《遺書》。今并編入續六十四卦之後，題之曰《後傳》，庶程、朱二先生皆有全《易》云。」則是予所藏六卷爲程氏原書。而《後傳》乃據《精義》、《遺書》劖刊本作「攙」。〔補〕題詞本、阮本同，作「劖」。入者。端臨《通考》亦未爲核也。刊本下有「尋討伊川本旨，爲之掩卷憮然」十二字。

慈湖書二十卷題詞本有。○阮本無。○見《也是園目》，作「楊慈湖《易傳》」。〔補〕黃錄《採遺》云：「楊簡本象山高第弟子，故解《易》專尚心悟。」○鈺案：明葉盛《菉竹堂書目》有「楊慈湖《己易》一卷。」

此爲楊慈湖《易傳》，其逐卷簡端所題如此。

蘇東坡易解九卷案：《直齋》有《易傳》十卷。又晁氏《志》有《毗陵易傳》十一卷，云「蘇軾子瞻撰」，疑即一本。鈺案：「毗陵」二字係據袁本。凡管氏引晁《志》皆據袁本。○題詞本有。○阮本無。○《述古目》注「鈔」字。又有蘇軾《毘陵易傳》十二卷，注「鈔」字。〔補〕黄録《採遺》云：「軾自言其學出於老泉。」○鈺案：《天禄目》有明閔齊伋朱墨本，八卷。後附王弼《論易》一卷。

明初人鈔本，繕寫極精好。

朱子周易本義十二卷趙氏《讀書附志》作十卷。案：十二卷當作十二篇。鈺案：《直齋》作十二卷，「篇」字疑誤。○題詞本有。○入《述古目》，注「宋板」二字。入《宋板書目》。○鈺案：有覆宋咸淳本，見陸心源《儀顧堂續跋》。

伏羲始畫刊本誤作「晝」。八卦，因而重之，有六十四卦，而未有辭也。文王作上下經，乃始有辭。孔子作十翼，彖傳二，象傳二，繫辭二，文言、説卦、序卦、雜卦各一，其辭乃備。然辭本於象，象本於畫。易之理盡於畫，詎可舍象刊本作「豈可捨象」。而專論辭之理哉？漢去古未遠，諸儒訓解多論象數，蓋有所本而云然耳。自費直之《易》行，至魏王弼爲之注，而韓康伯繼之，取孔子之傳附於每卦之下，欲學〔補〕題詞本「學」上有「省」字。者兩讀以就其注，經傳混殽，刊本作「淆」。〔補〕題詞本、阮本均作「殽」。鈺案：「淆」、「殽」義通，後不更注。沿襲至隋唐，莫之或改也。唐太宗命諸名儒定《九經正義》，〔補〕勞校本嚴修能云：「止有五經，何嘗有九？」〇鈺案：惠棟《松厓筆記》云：「《漢書·律曆志》云：『删其僞辭，取正義著於篇。』孔氏五經義疏名『正義』，蓋取諸此。」《易》注則取王、韓，孔穎達輩，以爲時所尚，遂著爲正議。刊本作「定論」。〔補〕阮本同。古《易》本旨之沉晦不能明久矣，有宋吕汲公、鈺案：吕大防封汲郡公，有《周易古經》二卷。王原叔、鈺案：原叔名洙，有《古易》十二卷。晁以道、鈺案：以道名説之，有《録古周易》八卷。李巽巖、鈺案：巽巖爲李燾仁甫別字，有《周易古經》八篇。吕東萊鈺案：東萊有《古易》一卷。諸公，皆以分經合傳非古。而吴仁傑、鈺案：仁傑有《古周易》十二卷、《集古易》一卷。稅刊本誤作「祝」。〔補〕阮本同誤，題詞本不誤。與權鈺案：與權有《校正周易》十二卷。編《周易古經》，則極論王弼之失。鈺案：自唐太宗起至王弼之失，遵王均本俞琰《周易集説·象傳説》。至朱子斷然取刊本作「主」。〔補〕題詞本、阮本均作「取」。經傳釐而析之，於是《古周易》之序次曉然，共白於後世。俞琰、鈺案：見本卷。熊過鈺案：過，明人，有《周易象旨決録》。之徒，始知取道適從矣。然學《易》者，精微之旨，無過輔嗣、康伯，宋儒往往抹殺之，刊本作「撥」。〔補〕阮本同。〇勞校本嚴修能云：「程正公、王荆公皆取輔嗣之注宋人所推崇，奈何言抹撥哉？」此則宋儒之過也。案竹垞先生云：「朱子《易本義》析爲十二卷，以存《漢志》篇目之舊，較之程子《易傳》依王輔嗣本原不相同。惟臨海董氏楷《周易傳義附録》一書，乃強合之，移易《本義》次序以就程《傳》。明初兼用以取士，故不復分。其後習舉子業者，專主《本義》，漸置程《傳》不講。於是鄉貢進士吴人成矩叔度署奉化儒學教諭，削去程《傳》，乃不從《本義》原本更正，其義則朱子之詞，其文則仍依程《傳》次序，此何説哉？沿至於今，科舉命題爻象並發，其亦悖乎朱子之旨矣。」又竹汀《日記》云：「晤臧在東、袁又愷，見翻刻朱文公《周易本義》十二卷，前有《易圖》，卷末附《筮儀五贊》，咸淳乙丑九江吴革刊本。其雜卦傳『遘遇也』，不作『姤』，與《唐石經》、岳倦翁本同。可見文公本猶未誤也。向讀『咸速也，恆久也』，注惟『咸速恆久』四字，甚疑之。今讀此本，乃是『感速常久』，始悟俗本之誤。」〔補〕勞權云：「《曝書亭集》跋云：『予初求原書不得，今覯此本，附東萊呂氏《音訓》末，有朱子後序。』」

胡方平易學啟蒙通釋 鈺案：方平爲朱子三傳弟子。此書前載淳熙十三年序，乃《朱子啟蒙》之序。朱彝尊《經義考》誤認爲方平自序而載之，見錢大昕《養新録》。**二卷** 題詞本有。〇《述古目》注「鈔」字。

《易》有象數，明於象數而後《易》可讀。《啟蒙》專明象數，蓋爲讀《本義》者作歟？刊本作「耳」。胡方平通釋之象，本圖書而形於卦畫；數衍蓍策而達於變，占易之體用全矣。昔楊文貞公得此書於伯氏，無何失去，伯氏聞之不樂，至形諸詬詈。鈺案：文貞，明少師士奇謚。伯氏謂伯父也。《經義考》載士奇説。昔人矜重書籍如此，後學勿漫觀「觀」，阮本作「視」。〔補〕題詞本亦作「視」。沈祖彬鈔本作「眎」，以下稱沈鈔本。之。

俞琰 鈺案：阮本作「玉吾」二字。 **周易集說** 錢校云：「四十卷，《天一閣書目》作十二卷，附李心傳《丙子學易編》十卷。」鈺案：玉簡齋本《天一目》作三本。○題詞本有，作四十卷。○《述古目》作「俞石澗《周易集說》十卷」。〔補〕勞權云：「《絳雲目》：俞石澗《周易解》八册，何學士《通志堂經解目錄》注云『元本』。」

俞玉吾讀《易》三十餘年，終日不食，終夜不寢，覃精研思，以致力於此，然後命筆成書。稿凡四更，並取繫辭傳、說卦、序卦、雜卦等篇，改竄皆畢，名曰《周易集說》。鈺案：元槧，每卷末或題「俞氏易集說」，或題「俞石澗易集說」，見《儀顧堂續跋》。宋元來，讀《易》士刊本作「從來讀易之士」。無有終身以之若是者也。或疑上經卦三十，下經卦三十四，多寡不均。玉吾謂卦有對體，有覆體，上下皆約爲十八，無有不均。條晰精確，而上下之篇定。又謂文王之辭謂之「經」，孔子之辭謂之「傳」，傳辭所以釋經也。經有彖辭，即文王所繫於卦下之辭。孔子釋文王卦下之辭，而傳述其意，故謂之「彖傳」。古者經與傳各爲一書，自費直以傳解經，其後鄭玄以彖傳連經文，然猶若今之乾卦次序。至王弼乃自坤卦始，每卦以彖傳聯〔補〕阮本同。黄丕烈校本「聯」作「移」。以後稱黄校本。綴於彖辭之後，又加以「彖曰」二字。〔補〕黄校本「字」下有「冠之」二字。後〔補〕黄校本「後」下有「之」字。人遂不謂之彖傳而直謂之「彖」。〔補〕黄校本「彖」下有「夫以孔子之彖傳爲易」九字。阮本無。鈺案：此據俞氏原書校補，下一條同。則文王之彖辭〔補〕黃校本「辭」下有「當復」二字。阮本無。謂之何哉？又案陸德明《釋文》：「梁武帝言，文言文王所制。」一本作「製」。〔補〕阮本仍作「制」。玉吾謂梁武之說必有所據。則彖辭、爻辭皆文王之言，而孔子傳述之。《古易》題曰「文言傳」，良是矣。又云：爻傳者，孔子釋文王爻辭，而傳述其意。王弼分附於諸爻之下，更以彖刊本作「象」。〔補〕阮本亦作「象」。辭置爻辭之前，又於象辭并爻辭之首，皆冠以「象曰」二字。於是後人以象辭爲大象，爻辭爲小象，而爻象則謂之「象傳」，其謬甚矣。世無有一人正之者，何耶？今用《古易》爻傳刊本作「象」，阮本作「傳」。〔補〕題詞本亦作「傳」。例，不以附經，而自爲一篇，庶幾六爻連屬，而文義不間斷云。嗟嗟！自古及今，談《易》者紛如，何人細心究此。刊本作「究心及此」。〔補〕阮本亦作「細心究此」。玉吾獨能發先儒刊本作「千古」。〔補〕阮本亦作「先儒」。未發之祕，決千古〔補〕阮本作「先儒」。未決之疑。孔子〔補〕刊本、阮本「子」作「父」。韋編三絕，南園俞氏之易學可無愧心矣。予故服膺其書，而於諸家之易說備之，以俟參考焉。鈺案：琰別有《讀易舉要》四卷。《四庫全書》著錄，以下稱《四庫目》或《四庫存目》。

周易乾鑿度二卷晁氏《志》云：「舊題蒼頡修古籀文。又有《坤鑿度》二卷。」〇題詞本有。〇《述古目》注「鈔」字。

《乾鑿度》，鄭氏注。大輅爲椎輪之始。鈺案：當作「椎輪爲大輅之始」。其殆邵子《皇極經世》之先資歟？

乾坤鑿度二卷題詞本有。〇《述古目》注「鈔」字。

製刊本、阮本作「制」。〔補〕題詞本仍作「製」。詞古奥，非後人所能措手。此等書惟宋本行次恰當爲妙。嘗以四明范欽訂刊者對之，不獨字句譌繆，刊本、阮本作「謬」。鈺案：管氏作「繆」，係據吴騫校本。以下稱吴校本。中間紊亂失序，脱卻原意。因歎古書未易付諸刊本缺「諸」字。〔補〕題詞本、阮本、胡校本均有「諸」字。剞劂，非淺人可〔補〕勞權云：「『可』疑『所』。」解耳。

衛元嵩元包經傳五〔補〕刊本、阮本均作「四」。**卷**《直齋》作十卷。《天一閣書目》云：「唐祕書監武功蘇源明傳，國子監四門助教趙郡李江注并爲序。又宋政和間楊楫有序。」〇題詞本有。〇入《述古目》，注「宋板」二字。入《宋板書目》。〔補〕黄錄《採遺》云：「所言皆近毖緯。元嵩，後周人，《讀書志》作唐人者誤。今作五卷。」

《元包》卦首於坤，義主《歸藏》，中多奇字，非釋音不可讀。唐蘇源明一本作「原明」，下條同。〔補〕阮本仍作「源」，下條同。爲之傳，李江爲之注。紹興年間南陽張洸跋其父景初所藏本，〔補〕勞權云：「《恬裕目》明刻五卷，有楊楫序，張洸跋，宋韋漢卿釋音。」〇繆荃孫云：「宋紹興三十一年張洸跋。此書明人曾繙刻，極精。連下一種。」鏤板傳諸世。案：晁氏《志》：「《元命包》十卷。坤爲首，因八卦世變爲六十四卦之次。又著《運蓍》、《說源》二篇，統言卦體，不列爻位。自云《周易》、《元包》一也。」鈺案：王祭酒師校晁《志》云：「『元命包』『命』字，袁本衍文。」

張行成元包數總義二卷 題詞本有。〇入《述古目》。〇鈺案：此書《瞿目》附《元包經傳》後，與張洸跋合。明《天一閣》刊本有紹興庚辰自序。前題「蜀臨邛張行成述」。行成，字文饒，紹興二年進士，學《易》於譙定。乾道二年，進易書七種，內《元包數義》三卷，以明衛元嵩之《易》。見《儀顧堂續跋·影宋易通變跋》。

行成謂天下之象生於數，而數生於理，蘇源明、李江之傳注徒言其理，而未達其數，乃偏採古之言易者，旁通元包之旨，以示同好云。

麻衣道者正易心法一卷 《天一閣書目》有宋淳熙主簿程準序。〇題詞本有。〇《述古目》注「鈔」字。〇鈺案：宋尤袤《遂初堂書目》作《麻衣道者易》。

《正易心法》，希夷受并消息。正謂卦畫，若今經書正文也。據周孔辭傳，亦是注脚，每章四句者，心法也；訓於其下，消息也。李潛云：「道者得刊本、阮本作「謂」，今從錢校。〔補〕題詞本作「得」。之廬山異人。」文公先生極辨其謬，謂「如『雷自天下而發，山自天上而墜』之類，皆無理妄談。後假守南康，見有湘陰主簿戴思〔補〕題詞本、阮本均作「師」，宋定國校本同。以下稱宋校本。愈，鈺案：師愈有《易圖》，見《朱子集》。首及易說，語無倫次。後至其家，見其案間所著雜書，宛然麻衣語氣，以是始疑前時所料，三五十年以來者，即是此老。然是時戴病已昏，不久即死，遂不復可窮詰矣。」偶閱此書，并識文公語於後。鈺案：姚際恒《古今僞書考》即本朱子說定之。

古三墳書三卷 案：《直齋》作一卷。晁《志》云：張商英撰，以比李筌《陰符經》。〇題詞本有。〇入《述古目》，注「宋板」二字。入《宋板書目》。〇繆荃孫云：「明刊本作一卷，爲范氏奇書二十種之一。」

三墳，山氣形〔補〕阮本同。宋校本作「形氣」。也。元豐七年，毛漸正仲奉使京西，得之唐州民舍。一本下有「見」字。勞校本云：「『見』字涉下『晁』字而誤衍。」〔補〕刊本、阮本均無。晁公武以爲僞，鄭夾漈以爲真，世自有辨之者。〔補〕勞權云：「嚴修能謂夾漈以《連山》、《歸藏》

等書，皆以爲真，好異之僻也。」紹興十七年五月重五日，三衢沈斐刻於婺州學〔補〕鄧邦述云：「沈鈔本、勞校本『學』下有『舍』字。」中，即此本也。

時瀾增定東萊書說三十五卷 案：《直齋》作「《東萊書說》十卷」。○題詞本有。○《述古目》作「《呂東萊書說》二十五卷」，注「鈔」字。〔補〕黄丕烈云：「東萊之書原始逆而上之，故始於《秦誓》，至於《洛誥》。未及卒業，故時瀾增修也。戊寅夏，見千頃堂舊藏鈔本，分天、地、人三册，曰《增定東萊書說》者爲二十二卷，居前；曰《東萊先生書說》者爲十三卷，居後，合之適成三十五卷。原書大愚叟跋在十三卷後。」鈺案：《儀顧堂題跋》作二十五卷，與《述古目》同。瀾，婺州清江人。父鑄，與呂成公同年進士。見《四庫提要》。

朱子曰：「呂伯恭解《書》自《洛誥》始。」《直齋》云：「自《秦誓》以上，逆爲之說，僅至《洛誥》而止。」趙氏《讀書附志》云：「《書說》六卷，自《洛誥》至《秦誓》凡一十七篇。或謂先生之說始於《秦誓》，上至《洛誥》而止云。」大愚叟鈺案：伯恭弟祖儉，有《大愚集》。曰：「伯氏太史《尚書說》，自《秦誓》刊本作「自《泰誓》」，阮本「自《洛誥》至《泰誓》」。〔補〕題詞本及錢校本均作「《秦誓》」，刊本、阮本皆誤。至《洛誥》凡一十八篇。《讀書附志》作一十七篇。己亥冬，口授諸生而筆之册者也。伯氏下世，《書》及三《禮》皆未及次第考論。是東萊原未有成書，而時瀾所謂親承修定之旨，不過記憶舊聞，直以己意足成其書耳，覽者宜有辨焉。」〔補〕勞權云：「東萊原本《書説》，嚴修能先生曾得宋殘本，自《堯典》至《武成》十六卷，首卷題『門人鞏豐至仲鈔』。時序：『東萊夫子首攄是書之藴，門人寶之。片言隻字，退而著録。見者恐後，亟以版行。』又云『芟夷繁亂，翦裁複雜』云云，則是《召誥》以上固已有版行之本。時序但云『門人識録之陋，世遂不知栗齋之書』。惟元王天與纂傳，曾一道及，有跋存《柯家山館文集》。其手鈔宋本，今在清吟閣。又有竹垞序《禹貢圖》，旁有『丁未年六月蔡清刊』一行，蓋淳祐刻本也。」鈺案：嚴氏又云此書宋刻本，書中避孝宗諱，凡「慎」字悉改爲「謹」，雖經文亦然。於説中遇「讓」字，或改爲「遜」。「讓」字之在經文者，乃不闕筆。餘諱皆不闕筆。此是付刻時，疏於讐校之故。予見宋刻書，凡大字工整者，避諱闕筆惟謹。其小字本出坊刻者，往往不爾。而世之翻宋刻反謹於避諱，世人不能辨真贋，唯核闕筆之字，失之遠矣。見《悔菴學文》，劉履芬手鈔本。又案《四庫提要》引王應麟《玉海》云：「林少穎《書説》，至《洛誥》而終；吕成公《書説》，從《洛誥》而始。蓋之奇受學於吕居仁，祖謙又受學於之奇，本以終始其師説爲一家之學。而瀾之所續又終始祖謙一人之説，與陳、趙諸家之説微異，與朱子謂伯恭解《書》始自《洛誥》者略同。」

毛詩鄭氏箋二十卷 題詞本有。○阮本無。○入《述古目》，注「宋板」二字。入《宋板書目》。〔補〕勞權云：「《絳雲目》宋刻三册。嚴修能云：『此係小版，予曾見一宋本。』」

南宋刻本。首載《毛詩舉要圖》。鈺案：《毛詩舉要圖》，不著撰人，附刻《纂圖互注毛詩》

中。圖凡二十有五，曰《十五國風地理圖》，曰《太王胥宇圖》，曰《宣王考室圖》，曰《文武豐鎬之圖》，曰《春藉田祈社稷圖》，曰《巡守柴望祭告圖》，曰《靈臺辟雍之圖》，曰《閟宫路寢之圖》，曰《我將明堂之圖》，曰《諸侯泮宫之圖》，曰《兵器之圖》，曰《周元戎圖》，曰《秦小戎圖》，曰《有瞽始作樂圖》，曰《絲衣繹賓尸圖》，曰《朝服之圖》，曰《后夫人婦人服之圖》，曰《冠冕弁圖》，曰《帶佩芾圖》，曰《衣裘幣帛之圖》，曰《祭器之圖》，曰《樂舞器圖》，曰《器物之圖》，曰《四詩傳授圖》。上下各圖，或引注疏，或引禮書，詳注其下。《傳授圖》則按漢三史而爲之也。見《經義考》錄陸元輔説。

成伯瑜〔補〕《四庫》本作「璵」。**毛詩指説一卷** 題詞本有。○阮本無。○見《也是園目》。

分興述、解説、傳受、文體四篇。亦約略指説之，無異聞特解也。乾道壬辰，建安熊克題於後。鈺案：伯璵尚有《毛詩斷章》二卷，見《崇文總目》。熊克欲合二書刻之，求之不獲，乃先刻《指説》。見《四庫提要》。

歐陽氏詩本義十五卷鄭氏詩譜補亡一卷 案：《直齋》作「《本義》十六卷，《圖譜》附」。○題詞本有。○入《述古目》，注「宋板」二字。入《宋板書目》。○鈺案：何焯《通志堂目》注云：「遵王宋本，伊人校勘未精，深爲可惜。」

《詩》自齊、魯、韓三家俱亡，而毛萇之《傳》獨存，其作《序》之人，無明文可考。鄭氏謂毛公始以寘之《詩》之首。蓋自漢經師相傳授，其去作《詩》時未甚遠，《序》之有功於《詩》而不可廢也審矣。宋儒安得狃一己之私，指摘作《序》者之或有小疵乎？《詩譜補亡後序》云：「後之學者因迹前世之所傳而較其得失，或有之矣。若使徒抱焚餘殘脱之經，倀倀於去聖人千百年後，不見先儒中間之説，而欲特立一家之學者，果有能哉？吾未之信也。」歐公此言，深中宋儒説《詩》之病，亦見公之虚心經學如此。故此書逐章先論毛、鄭之得失，而後申之以本義。末三卷備著《義解》、《論》、《問》等篇，復以鄭氏《詩譜補亡》終焉。蓋歐公於《詩》詳説有年，其論云：「察其美刺，知其善惡，以爲勸戒，所謂聖人之志者本也。求聖人之意，達詩人之旨者，經師之本也。此《本義》所由作也。」昔者吾友馮定遠，以《詩》世其家學，得乎《三百篇》者深。鈺案：定遠父名復京，有《六家詩名物疏》六十卷，見《常昭合志·藝文類》。《稽瑞樓書目》作五十五卷。《四庫全書》有「盱眙馮應京《六家詩名物疏》五十四卷」，書名既同，卷數相等，作者姓名僅一字之異，兩説互異，未見原書，不敢臆斷。嘗語予云：刊本、阮本作「曰」。「六義中，興爲意興之興，而宋儒作興起之興，〔補〕勞校本嚴修能云：「『觀、羣、怨』三字作何解説？」鈺案：馮説詳《鈍吟雜錄》。何焯有説，亦附《雜錄》中。豈不可笑？」因抵掌極論之。嗟乎！斯人今也則亡，其聲音笑貌顯顯然猶「猶」字從阮本補。〔補〕題詞本、胡校本均有「猶」字。在目中。每尋味其緒言，爲汍瀾刊本作「泣下」。不能已。因附識之於此。

王質詩總聞二十卷 案：《直齋》作三卷。《宋史·藝文志》及竹垞朱氏亦作二十卷。○題詞本有。○《述古目》注「閣宋本鈔」四字。○鈺案：豐順丁氏《持靜齋書目》有澹生堂據宋富川原刻傳寫本，係何焯舊藏，今入吴興張氏《適園藏書志》。以下丁目稱《持靜目》，張目稱《適園目》。

王質，汶陽人。 鈺案：《儀顧堂續跋》云質本鄆州人，後徙興國，紹興八年進士。見《宋史》本傳及《雪山集》，自署「汶陽」，著舊望也。**其書分十聞。一聞音、二聞訓、三聞章、四聞句、五聞字、六聞物、七聞用、八聞跡、九聞事、十聞人，又斷之以總聞。** 案：《直齋》所載又有聞風、聞雅、聞頌等説，則不止此十聞矣。〔補〕黄丕烈云：「陳振孫曰其書有聞音謂音韻；聞訓謂字義；聞章謂分段；聞句謂句讀；聞字謂字畫；聞物謂鳥獸草木；聞用謂凡器物；聞跡謂凡在處山川、土壤、州朝、鄉落之類；聞事謂凡事類；聞人謂凡人姓號。共十聞，每篇爲總聞。又有聞風、聞雅、聞頌等。」竹垞曰：「自漢以來，説《詩》率依《小序》，莫之或違。廢《序》言《詩》，實自王氏始。」**趙清常從宋閣本**刊本誤作「閣宋本」，今從吴校。〔補〕阮本同誤。○一本録《漁洋書跋》云：「《詩總聞》有宋人跋，云：『雪山王先生《詩説》二十卷，其家櫝藏且五十年，未有發之者。臨川貳車國正韓公攝守是邦，乃從其孫宗旦求此書，鋟梓以傳。淳祐季冬上浣吴興陳日强書。』」鈺案：「淳祐」下當補「癸卯」二字。鈔録，〔補〕勞權云：「《脈望館書目》不載。」鈺案：周亮工《書影》言得謝肇淛傳録祕閣本，是與此《記》所載本同出一源。惜缺阮本作「錯缺」。二十餘葉，藏書家無從借補，俟更覓之。鈺案：陸心源有舊鈔本，云活字本，注「原缺」。此本亦同。惟質自序及「聞音」至「聞人」十條，約千餘字，活字本全缺，舊鈔本有之，亦見《續跋》。

毛詩要義四十卷題詞本有。○《述古目》作二十卷，注「閣宋本鈔」四字。〔補〕胡重云：「鈔本作《毛詩舉要》。」○繆荃孫云：「今見宋本全書。」鈺案：入《持静目》。

此書二十卷，每卷分上下，目後載序、譜。趙清常從閣本鈔録，〔補〕勞權云：「《脈望目》不載。」其中脱簡仍如之。

許謙詩集傳名物鈔十二卷《述古堂書目》作八卷。○題詞本有。○《述古目》與此《記》同作十二卷。《也是園目》作八卷，與管校同。〔補〕胡校云：「《四庫目》作八卷。」

朱子之學，一傳爲何基、王柏，再傳爲金履祥、許謙，授受相承。刊本作「傳」，今從吴校。〔補〕題詞本亦作「承」。白雲一代大儒，其於《詩》專宗朱子，汎刊本誤作「汛」。掃毛鄭之説，未知今之《三百篇》，果非夫子之舊歟？抑《桑中》、《溱洧》諸篇，夫子删詩，竟不辨爲淫泆刊本、阮本作「佚」。之什而采之歟？退《何彼穠矣》、《甘棠》於王風，削去《野有死麕》，其卓識遠過於夫子歟？鈺案：移《何彼穠矣》、《甘棠》於王風，刪去《野有死麕》，係出王柏《二南相配圖》。謙受學於柏，故用師說。遵王集矢於謙，未知謙所本也。見《四庫提要》。子曰：「多聞闕疑。」聖人且云然，而後學反立己見以疑聖人，非予所敢信也。

春秋經傳集解三十卷案：趙氏《讀書附志》作《春秋集解》，卷同。長沙陳邕和父爲之序。〇題詞本有。〇入《述古目》，注「宋本」二字。入《宋板書目》。

南宋刻本，首列《二十國年表》，音義視他本較詳。《初學集》載牧翁鈺案：「牧翁」，阮本通改「魚山」，以下不複記。所跋宋板《左傳》，其經傳十四卷至三十卷已歸天上，圖説二卷，經傳一至十三卷，尚存人間，幸爲予得之。覆視跋語所云「在在處處，應有神物護持」，良不虛也。〔補〕勞權云：「跋見《初學集》。是建安余仁仲校刊。」鈺案：錢謙益藏本，係少保嚴文靖舊藏。脱落《圖説》，並《隱公》至《閔公》五卷，《昭公》二十一卷至二十四卷。初以建安江氏本補足，後又得殘本五册，係原本所失去者。遵王所記缺卷，與此不符，殆另一本也。墨蹟如新，古香醃薆。〔補〕某校本云：「各本『醃』均作『馣』。『薆』一本作『馥』。」鈺案：以下凡不能確定校人者，作「某校本」。逐本前後集，每條注「某本作某字，應從某本是〔補〕黄校本作「爲」。正」。此等書不刊本作「勿」，今從吴校。〔補〕阮本作「勿」，宋校本亦作「不」。論其全不全，譬諸藏古玩家，收得柴窑殘器半片，便奉爲天球拱璧，而况鎮庫典籍乎！

陸淳春秋微旨三本案：晁氏《志》云六卷，有自序。淳字伯同，唐時人，家於吴。吴兔床明經云：「此書吾邑陳氏曾刻之家塾。」○見《也是園目》，作三卷。○阮本無。○鈺案：一本作三卷。繆荃孫校三本，「本」字不改「卷」。以下稱繆校本。又案：《儀顧堂續跋》有影宋本，題《春秋集傳微旨》，作三卷。

内閣藏本。予從曹秋岳先生借録。〔補〕勞校本嚴修能云：「此本爲予所得，今已贈人。」○鈺案：淳自序謂：「其義當否，以朱墨别之。」今行本於應用朱書者，皆以方匡界畫起訖，意者木本不能具朱墨，故用嘉祐《本草》之例，以陰文、陽文爲别。後人傳寫艱於雙鉤，遂以界畫代之，以關繫鐫刻舊式，特備録之。見《四庫提要》。

陸淳春秋啖趙纂例十卷辨鈺案：「辨」當作「辯」，見本書。**疑十卷**案：晁氏《志》云：「《纂例》十卷，凡四十篇。」吴兔床云：「鮑渌飲嘗見宋刻本，惜未之購。」○題詞本有。○《纂例》入《述古目》。《辨疑》見《也是園目》。○鈺案：應如本書原題，作《春秋啖趙集傳纂例》、《春秋集傳辯疑》。此《記》去「集傳」二字，語不可通。《儀顧堂續跋》有明覆宋本，正作《春秋集傳纂例》，有《校補一卷。

昌黎《寄盧仝》詩：「九經三傳刊本「九經」作「春秋」，「三」作「五」。阮本同。〔補〕題詞本、胡校本作「三傳」。○黄丕烈云：「五傳兼鄒、夾而言，改三傳者妄。」鈺案：柳宗元《陸文通先生墓表》云：「孔子作《春秋》，傳者五家，今用其三焉。」則作「三傳」者義亦可通。束高閣，獨抱遺經究終始。」三傳之重於漢而輕於唐，其來漸矣。啖助、趙匡欲舍阮本作「捨」。傳以求經，岸然多所去取。陸淳奉其説，爲《纂例》、爲《辨疑》。柳子厚見其書，恒願洒刊本、阮本無「洒」字，從錢校本。〔補〕一本作「歸」。鈺案：《子厚答元饒州書》無「洒」字。掃於陸先生之門，可謂傾倒時人至矣。然後來學者往往鑿空好新，立私説以解《春秋》，出主入奴，茫無質的，刊本、阮本作「的質」。真有高束三傳之慮，其殆啖、趙爲之嗃刊本作「嚆」。〔補〕題詞本作「嗃」，阮本作「嚆」。矢歟？

孫覺春秋經解十五卷吴氏云：「今《經解》内所刻者，較舊本多脱略舛謁。考覺所撰，又有《春秋經社》二卷，其學亦出啖、趙。凡四十餘門，議論頗嚴。」鈺案：管氏引吴説係吴騫校語，下同。○題詞本有。○《述古目》作「孫莘老《春秋經傳解》，十五卷」。注「鈔」，有「宋板嘉熙槧本」八字。○鈺案：《四庫》本作十三卷。絳雲樓有鈔本，歸閩縣陳徵芝，見《帶經堂書目》。以下稱《帶經目》。

莘老游於胡刊本、阮本缺「胡」字，今從吴校。〔補〕題詞本有。安定之門，著《經解》行世。鈺案：《四庫提要》云：「胡瑗有《口義》五卷，已佚。傳其緒論，惟覺此書。」初王安石釋《春秋》未成，見此書而甚之，因詆聖經爲腐爛朝報。鈺案：《宋史》及宋人説部均未及，此語係出周麟之後跋，辨詳蕭穆《敬孚類稿》。龜山先生稱莘老片言寸簡皆足垂世，況成書耶？嘉定鈺案：與《述古目》稱「嘉熙」者互異。丙子，汪綱題而刻之新安。鈺案：《儀顧堂續跋》有影寫邵輯刊本，前有莘老序，後有陽羨邵輯序、檇李張顔跋、楊時後序。後低二格有新安汪綱跋。再後有周麟之跋及本傳。

孫復春秋尊王發微十二卷案：《直齋》作十五卷。吴氏云：「先生所藏影鈔宋本，後歸季滄葦侍御。辛卯秋予得之陽羨，卷帙無損，古香猶在，洵與前輩有文字之緣也。」○題詞本有。○《述古目》注「鈔」字。〔補〕勞權云：「吴氏《拜經樓藏書題跋記》云影鈔本，二十八行，行二十二字，有『虞山錢曾遵王藏書』圖記。又有『修遠氏』、『顧宸之印』、『季振宜印』、『滄葦』四圖記。」

孫復明復以《春秋》教授生徒於泰山之下，著《尊王發微》，撥棄三傳，自立褒貶，君子嘉其志而惜之。《春秋》阮本「春秋」作「常秩」。〔補〕題詞本、宋校本均作「常秩」。所以有「棄灰璅法」鈺案：「常秩」見《宋史》。「棄灰」云云見晁《志》。之譏也。案：是書宋本係紹興間鄱陽魏安行校勘，以授學官，並序卷末。〇鈺案：復遺書共十五卷，宋藏祕閣。此書十二卷。外別有《春秋總論》三卷，已佚，載《中興書目》。詳見《四庫提要》。

陳止齋春秋後傳十二卷案：止齋名傅良，趙氏《附志》云刻於維揚。〇見《也是園目》。〇阮本無。

此書大旨詳於樓攻媿刊本作「瑰」，今從錢校。〔補〕「攻媿」二字初印本誤作「玫瑰」，見黄丕烈本。序中。茶陵所刻，字多訛舛。此則勤德堂刊本也。鈺案：建安余氏，至元代有稱勤德堂者。此書外有至正刊《禮部韻略》一種。止齋尚有《左氏章指》一書，俟續求之。案：《直齋》云《左氏章指》三十卷。趙氏《附志》作十七卷。鈺案：《章指》一書，《永樂大典》中尚存梗概，殘闕不能成帙。見《四庫提要》。

王當春秋臣傳三十卷案：《直齋》作五十一卷。晁《志》同。〇題詞本有。〇《述古目》注「鈔」字。〔補〕勞權云《絳雲目》入傳記類。鈺案：陳景雲注云：「當入經類。」又案：《四庫》史部傳記類著錄，作「《春秋列國諸臣傳》」。傳凡一百九十有一人，與晁《志》之作一百三十有四人者不符。《提要》云：「《玉海》載同時鄭昂亦作《春秋臣傳》三十卷。此書或省稱《春秋臣傳》，溷昂書矣。今仍以舊名標題，庶有別焉。」

採左氏諸臣始末，每人掇拾成一小傳，逐卷後有總贊，簡勁明潔，有古良史之遺風。

俞臯春秋集傳釋義十二卷題詞本有。○見《也是園目》。○鈺案：臯字心遠，元新安人。《四庫》著錄作《春秋集傳釋義大成》，卷數同。

先取各家注釋，以己意採集於前，申之以程子之言。後詳列三傳、胡氏傳，使人得備覽而尋繹其說。元刻中之佳者。鈺案：元槧，有「至元後戊寅日新堂刊行」木記，見楊守敬《日本訪書志》。

趙汸春秋師説三卷題詞本有。○見《也是園目》。〔補〕黄丕烈云：「庚申秋得一細字本，當是明初刻。」鈺案：《適園志》有「商山義塾元至正動工，明洪武元年畢工」刻本，作二卷，與此《記》三卷不符。歸安陸氏《皕宋樓藏書志》有元刊本，至正戊子自序，亦作三卷。以下稱《皕宋志》。又《儀顧堂續跋》云元槧本，後有《附錄》上下卷，上卷皆黄澤詩文，下卷爲澤行狀，已佚。

子常游楚望之門，鈺案：楚望，九江黄澤字。得益《春秋》爲多，故次其師説十一篇以成是書。楚望云：「學《春秋》當以三傳爲主，而三傳之中，又當據左氏事實，以求聖人旨意之所歸。蓋其中自有脈絡可尋，人自不肯細意推求耳。」旨哉斯言，「言」，刊本作「語」。〔補〕阮本作「言」。一洗唐宋來舍〔補〕阮本作「捨」。傳求經之妄論矣。

趙汸春秋金鎖匙一卷見《也是園目》。〔補〕黄録《採遺》云：「汸本其師黄楚望口授之義，隨條綴録。」鈺案：周中孚《鄭堂讀書記》云：「趙氏門人金居敬總跋其《春秋》各種，凡《集傳》、《屬辭》、《補注》、《師説》四書。此書又從《屬辭》中摘取事跡之相近者，以類相比，分爲一百有五條，猶王氏《易注》之略例也。」與《採遺》之説互異。○勞權云見《拜經樓藏書題跋記》。

是書曾於牧翁刊本「翁」下有「書」字，今從吴校。〔補〕阮本有「書」字。**架上見之，後不知散佚何處。此則焦氏家藏舊鈔本也。**鈺案：《適園志》有天一閣明鈔本，卷末有「至正癸卯日新堂刊」八字。此記舊鈔本，疑亦出至正本。又案：《四庫提要》云，宋沈棐嘗有《春秋比事》一書，與汸書大旨相近。沈詳而盡，趙簡而明。

春王正月考前卷春王正月考辨疑後卷題詞本有。○《述古目》作一卷。○鈺案：《四庫》著録作二卷，無「辨疑」二字。《提要》云，以寧嘗撰《胡傳辨疑》，最辨博。今《胡傳辨疑》已佚，惟此書尚存。案：《辨疑》有通志堂本，無「胡傳」二字，與《明史·藝文志》合，不知《提要》何據。

宋儒致疑於「春王正月」，紛如聚訟。云夏正得天，乃百王所同，是以有冬不可爲春之疑。云夫子嘗以行夏之時告顔子，是以有夏時冠周月之疑。云漢武以夏時首寅月，於今莫之能刊本作「或」，今從吴校。〔補〕題詞本、阮本、胡校本均作「能」。**改，是以傳書者有改正朔、不**

改月數之疑。而又有春秋用夏之時、夏之月之疑。疑愈甚，則説愈多，説愈多，而儒者之惑終不可解。良可喟也。晉安張以寧刊本誤作「吕寧」，「以」字古文作「㠯」，故有「吕」字之誤。〔補〕題詞本作「㠯」，阮本同。○鈺案：以寧，字至道，古田人，入《明史·文苑傳》。以《春秋經》登泰定丁卯李黼榜進士。讀書淮南者十餘年，歷稽經史傳記及古注疏，並劉向周春夏冬，陳寵天以爲正周以爲春之説。比觀《朱子晚年定論》，參錯辨核，斷以「春王正月」之「春」爲周之時。鈺案：《鄭堂讀書記》云：「《辨疑》一書，關於經義者甚大，惜未知《伊訓》、《泰誓》諸篇之爲僞書，故於考證尚疏。」洪武二年夏，奉使安南，假館命筆，勒成是刊本作「一」。〔補〕阮本作「是」。書。明年庚戌春始卒業，踰月疾革而逝。宣德元年丙午，其嗣刊本無「嗣」字。〔補〕題詞本、阮本、胡校本均有「嗣」字。孫隆，恐手澤泯而無傳，依舊本摹寫刊行。予昔侍牧翁於雲上軒，晨夕伏承緒言，每歎此書絶佳，問津知塗，幸免冥行擿〔補〕刊本、阮本均作「摘」。埴，皆先生之訓也。撫卷流涕者久之。

春秋公羊經傳何休解詁十二卷釋文一卷題詞本有。○《述古目》不注何本。

此北宋槧本之精絶者，故附釋文於經傳後。若南宋人鏤刻，便散入逐條注下矣。鈺案：瞿《目》有紹熙辛亥建安余仁仲本。

韋昭注國語二十一卷案：吴校本作二十卷。〇題詞本有。〇《述古目》注「北宋本影鈔」五字。鈺案：均二十一卷，吴校誤。〔補〕勞權云：「當作《國語解》。」《絳雲目》：「宋刻外傳《國語》三册。」鈺案：粤雅本無「三册」字。

吾家所藏《國語》有二：一從明道〔補〕勞權云：「係天聖。」二年刻本影鈔；一是宋庠刊本脱「庠」字，從錢校補。〔補〕阮本同脱。某校本補「庠」字。公序補音，案：晁氏《志》云宋庠《補音》三卷。南宋槧本。間以二本參閲，明道本《周語》云：「昔我先王世后稷。」注曰：「后，君也。稷，官也。」則是昔我先王世君此稷之官也。考之《史記·周本紀》亦然。而公序本直云：「昔我先世一本改「世」作「王」。〔補〕題詞本、阮本均作「世」。后稷。」讀者習焉不察，幾譌爲周家之后稷矣。案：毛斧季《汲古閣書目》云：「《國語》五本，從絳雲樓北宋板影寫。首章有『昔我先王世后稷』云云，知亦從明道刊本鈔。」鈺案：楊守敬有明刊宋庠本，云明道本固有勝公序處。而公序之得者，十居七八，即如卷一「昔我先王世后稷」，公序本無「王」字。錢遵王、顧千里、汪小米皆以明道本有此字爲奇貨。而許宗彦云韋解於下「先王不窋」，始釋「王」字，則此惟云「先世」，可知明道本未必是，公序本亦未必非也。「襄王二十四年，秦師將襲鄭，過周國門，左右皆免冑而下拜。」注曰：「言免冑，則不解甲而拜。」蓋介冑之士不拜，秦師反是，所謂無禮則脱也。公序本又失去「拜」字，與注文大相違背。微明道本，於何正之？鈺案：錢大昕於遵王所舉二事外，復得六事，云皆當以明道本爲勝。詳見《養新錄》。今世所行《國語》，皆從公序本翻雕，知二字之亡〔補〕胡校本「亡」下補「其」字。來久矣，他不具悉也。刊本缺末句。〔補〕題詞本無，阮本有。○勞校本嚴修能云：「嘉慶庚申，蘇州黃氏讀未見書齋翻刊明道本。吾友顧千里代爲考證，附《校記》一卷。」

儀禮經傳通解二十三卷儀禮集傳集注十四卷案：「儀禮」，晁氏及《直齋》皆作「古文禮」，以古十七篇爲主，而取大小《戴》及他書傳所載繫於《禮》者附入之，缺書數。○題詞本有。○《述古目》作「《儀禮通解》四十三卷」，注「宋板」二字。入《宋板書目》，卷數同。〔補〕黃錄《採遺》云：「朱子撰。陳振孫云十四卷，草定未刪，改曰『集傳集注』云者，此書初名。其子在刻之南康，一切仍其舊。」

朱子謂六經之道同歸，而禮樂之用爲急，遭秦滅學，禮樂先壞，其頗存者三《禮》而已。《周官》一書，固爲禮樂刊本「樂」字缺，從吴校補。〔補〕阮本亦缺。之綱領，至儀法度數，則《儀禮》乃其本經，而《禮記》《郊特牲》、《冠義》等篇，乃其義疏耳。前此猶有三禮、通禮、學究諸科，士得以誦習而知其說。王安石變亂舊制，廢《儀禮》而獨存《禮記》之科，遺本宗末，其失已甚。因以《儀禮》爲經，而取《禮記》及諸經史雜書刊本作「言」。〔補〕題詞本、阮本均作「書」。所載有及於禮者，皆附本經之下。具列注疏諸儒之說，撰家禮五、鄉禮三、學禮十

一、邦國禮四，共二十三卷，曰《儀禮經傳通解》。王朝禮十四卷，曰《儀禮集傳集注》，刊於南康道院。鈺案：瞿《目》有宋殘本十一卷，嘉定丁丑刊，即此本。此書卷帙煩重，脱誤弘多。獨此本逐一補録完，罕有錯簡脱字，〔補〕勞校本嚴修能云：「近天蓋樓刊本，其中脱字仍之，至有脱全葉者，惜未見此本耳。」今之藏書家恐未必細心緝訂如此也。刊本末有「識者其詳辨之」六字。〔補〕題詞本亦有此六字。阮本删去。

儀禮經傳通解續二十九卷題詞本有。○見《也是園目》。〔補〕黄録《採遺》云：「長樂黄幹輯，勉齋本師意而續焉。《喪禮》十五卷，幹所修定。《祭禮》僅有稿本，未及删正，楊氏復又參以所聞，蒐經摭傳，重加更定，釐爲十四卷，始合成編。」○勞校本嚴修能云：「此書天蓋樓與上書同刻。」○鈺案：楊復續《祭禮》十四卷，有宋槧本。見《儀顧堂續跋》。

朱子晚年著《經傳通解》，屬稿甫定而殁，未成喪、祭二門。嘗以規摹〔補〕胡校本作「模」。次第，屬之門人黄幹勉齋，俾爲類次。嘉定癸未，四明〔補〕阮本作「月」。張處來南康，知勉齋此稿在劍南刊本、阮本作「南劍」。陳使刊本作「史」。〔補〕阮本亦作「史」。君宓處，以書索來，凡二十九卷，校刊阮本作「刻」。〔補〕題詞本作「刊」。之，并前書傳於世。焦氏《經籍志》混稱《朱子通釋》〔補〕胡校本作「解」。二十三卷《續編》二十九卷，不分勉齋續稿之詳。今黄俞部、周雪客《徵刻書目》因之，鈺案：《徵刻祕本書目》注云：「圖學舊本，武林舊刻僅經文，不足貴也。」是殆未取原書覆閱也。管校本云：「昭文張氏《愛日精廬藏書志》：《儀禮經傳通解續》二十九卷，影寫元刊本，宋黄幹撰，卷十六至末則楊復所重修。此本從元元統補刊本影寫，中多缺文，甚有三四葉全缺者，蓋元本模糊，寫者未敢臆填，猶有謹慎不苟之意。吕氏刊本凡空白處皆以意聯屬，如卷一『絞帶者繩帶也』條，疏『著之冠者』下計缺二百五十一字。吕氏本據賈疏填補，溢出三百七十七字。此類不可枚舉，其以意聯屬，顯然可知。每思得元刊初印本校補缺文，俾是書復還舊觀，願與同志共訪之。目録後有『元統三年六月日刊補完成』一行，後列銜名五行。」〇鈺案：此《記》校語，管氏彙録本外，有别見于宗氏所藏于城傳録本者，同各家例，稱管校本，以别於彙録本。又昭文張氏《藏書志》，以下稱《愛日志》。

大戴禮十三卷 案：簡莊徵君云：「宋時《大戴禮記》曾列之學官，故有『十四經』之目。」鈺案：史繩祖《學齋佔畢》有此説。〇題詞本有。〇《述古目》注「鈔」字。

始三十九篇，終八十一篇，潁川韓元吉論之詳矣。〔補〕題詞本、阮本無「矣」字。此爲元人鈔本，卷首有至正甲午十二月朔不知何人序。《愛日志》云：「《大戴禮記》十三卷，舊鈔本。」有淳熙乙未韓元吉序、至正甲午鄭元祐序。

何晏論語集解十卷

案：簡莊徵君云：「此本今藏吴中顧氏，鱣著《論語古訓》，嘗借校之，惜乎顧君安道已歸道山，其父雨田先生將所藏書扃置一室，遂無可問津矣。」○黄蕘圃主政丕烈云：「是書向藏碧鳳坊顧氏，予曾見之，後歸城西小讀書堆，今復散出。因以重價購得，原有查二瞻詩一紙，僅黏附卷端，兹命工人重裝。」〔補〕某氏云：「此本原藏小讀書堆，後歸士禮居，於壬午春歸常熟愛日精廬。」○《述古目》注「高麗鈔本」四字。

童年讀《史記·孔子世家》，引子貢曰：「夫子之文章，可得聞也；夫子之言天道與性命，弗可得聞也已。」又讀《漢書》列傳四十五刊本作「三」。〔補〕阮本作「五」。鈺案：作「五」者是。卷「贊」，引子贛刊本作「貢」。〔補〕阮本同。鈺案：作「贛」者是。云：「夫子之言性與天道，不可得而聞已矣。」竊疑古文《論語》與今本少異，然亦無從辨究也。後得高麗鈔本何晏《論語集解》，案：錢塘吴騫黄云：「此書予在虎邱萃古齋曾一繙閲，繕寫精好，行間有高麗國書，知非近人手摹本也。字句與監本不同處甚多，猶憶『他人之賢者』下逐句有『也』字，末句多一『已』字，與『弗可得聞也已』相類。」〔補〕勞權云：「《脈望館書目》有□□□本《論語》，豈别一書耶？」鈺案：《脈望目》有高麗國鈔本何晏《論語集解》五本，據下輯諸説，知自明以來皆誤日本本爲高麗本。且知日本傳鈔本流入我國者不止一帙。檢閲此句，與《史》、《漢》適合。鈺案：刊本作「與《漢書》傳贊適合」。此句管氏用阮本。因思子貢當日寓嗟嘆意於不可得聞中，同顔子之「如有所立卓爾」，故以「已矣」傳言外微旨。若脱此二字，便作了語，殊無低徊未忍已之情矣。他如「與朋友交，言而不信乎」等句，俱應從高麗本爲是。此書乃遼海道蕭公諱應宫〔補〕勞權云：「《初學集》有蕭公《墓誌銘》。」監軍朝鮮時所得。甲午鈺案：順治十一年。初夏，予以重價購之於公之仍孫，「仍」，阮本作「乃」。〔補〕胡校本亦作「乃」。不啻獲一珍珠船也。筆墨奇古，似刊本、阮本作「如」，今從吴校。六朝、初唐人隸書碑版，居然東國舊鈔。行間所注字，中華罕有識之者，洵爲書庫中奇本。卷刊本無「卷」字。今從吴校。〔補〕阮本有。末二行云：「堺浦道祐居士重新命工鏤梓，正平甲辰〔補〕胡重云：「原本『甲辰』二字平列。」五月吉日謹誌。」未知正平是朝鮮何時年號，俟續考之。案：簡莊徵君云：「嘉慶六年二月，鱣在京師遇朝鮮使臣朴子齊家，詢以是書，據云非其國書，東國無正平年號。殆是日本國，當呼爲倭本耳。」○張金吾《藏書志》云：「《論語集解》十卷，日本人舊鈔本，述古堂藏書。中遇『吾』字俱缺筆，『語』字亦然，豈避日本諱耶？每卷終注『經若干字，注若干字』，卷末有『堺浦道』云云至『謹誌』兩行。又有『學古神德揩法日下某某書』一行。『學古神德』當是日本人名，『揩法』未詳，『日下』即日本。唐玄宗送日本使曰『日下非殊俗』是也，見《全唐詩逸》。『日下』下缺二字，疑是寫此書者姓名。紙質破損，不可辨矣。正平係日本僭竊之號，詳翁氏海琛跋，不更贅。」鈺案：近日本人島田翰《古文舊書考》云，正平本《論語》有二，一有「堺浦居士」云云，一有「學古神德楷法日下逸人貫書」一行。張《志》一本兼具二款，與島田《考》微異。「揩」即「楷」字，即見《考》中。○翁徵君廣平云：「己卯初夏，蕘圃出示舊鈔《論語集解》，筆畫奇古，紙色亦古香可愛。此書平曾於《讀書敏求記》中見其目，末云『正平甲辰五月吉日』，未知正平是朝鮮何時年號。後見《日本年號箋》，知正平乃日本割據之年號也。按日本九十六世光嚴天皇丙子延元元年，有割據稱南朝者，於出吉野建都改元，時中國元順帝至元二年。歷四世五十五年而終。正平是其第二世，自稱後村上院天皇。甲辰是正平十九年，當日本九十九世，後光嚴天皇貞治三年，中國元順帝至正二十四年也。夫海外之書，槧本、寫本所見亦有數種，雖格式各本不同，行間有注字，則惟日本所獨也。此書斷爲日本所寫，不僅紀年之符合也。」〔補〕吴騫云：「嘉慶辛酉，予友陳仲魚孝廉得交朝鮮貢使朴檢書齊家，因詢以高麗本《論語》，曰國中《論語》與中土相同，並無他本。且本國亦無正平年號及堺浦地名，始知錢氏之謬。今時盛稱高麗本《論語》，皆沿錢氏之誤也。蓋此亦是日本書耳。近有從日本購來之書，如古文《孝經》、皇侃《論語義疏》、《七經孟子考文補遺》，旁注彼國字，亦罕有識者。日本國去中國較遠，故自來多異本，間有中國已失傳而彼反有之者。若朝鮮距京師甚近，聲教所訖，宜其書之無不同文也。」○黄丕烈云：「此《記》云監軍朝鮮時所得，頃在京師遇朝鮮使臣，詢以是書顛末，據云行間有莫辨之字，當爲日本人所書，非其國所有。惜未舉正平年號問之也。」又云：「己卯晤平望翁海村，識是日本年號有正平，大約在明初，則是書雖得諸朝鮮，而非其國之書明甚。」○鈺案：《古文舊書考》又云：「自《敏求記》載高麗鈔本《論語集解》，轉移鑒賞諸家之藏，以爲翰墨一故實。其後翁海村定爲日本鈔本。頃讀張氏《讀書志》云中遇『吾』字闕筆，『語』字亦然。予意有此一條，可以確知爲皇國鈔本矣。蓋邦人之鈔書，偏旁筆畫偶意省筆者極多。且見舊鈔本凡『五』、『吾』、『語』等字，大抵省首筆，蓋舊時流風乃然也。」鈺又案：日本文化十三年，有從正平翻刻本，附《札記》一卷。見吴縣潘文勤《滂喜齋藏書記》。文化十三年當我朝嘉慶十九年。以下稱《滂喜記》。又日本刻經始見正平《論語》，原槧尚存，後人輾轉傳録，不免奪漏。見《日本訪書志》。蕭公幼時與吾曾祖侍御秀峰公鈺案：秀峯名岱，隆慶五年進士。逸事見據梧子《筆夢》及王應奎《柳南隨筆》。同居邑之西鄉，每相約入城，歸時對坐殿橋上，鈺案：殿橋，常熟西門外橋名，跨山塘，明陳儒、沈鶩皆有詩。攜象〔補〕鄧邦述云，勞校本及沈鈔本「象」下有「棋」字。戲下三四局，起望城中而歎：「瓦似刊本、阮本作「如」。魚鱗，他時何地受一廛著我兩人耶？」後竟各遂其志。蕭居城東，吾祖居城西，高門棹阮本作「綽」。〔補〕勞校本、沈鈔本、繆校本均作「綽」。楔，衡宇相望。未及百年而蕭氏式微。吾祖後蘭錡依然，流風刊本作「風流」。〔補〕阮本亦作「流風」。未艾。循覽此書，迴環祖德，子孫其念之哉！子孫其敬之哉！

論語筆解十卷案：《直齋》云二卷。《館閣書目》云：「祕書丞許勃爲之序。」今本乃王存序。○題詞本有。○《述古目》作「昌黎《論語筆解》」，注「鈔」字。《也是園目》作「韓愈、李翱《論語筆解》」。〔補〕黄録《採遺》云：「許勃序云，文公著《論語筆解》十卷，今爲節本。」鈺案：《四庫》著録本二卷，明范欽從許勃本傳刻。

許勃云：「昌黎著《論語筆解》，其間『翱曰』者，蓋李習之交相明辨，非獨韓製刊本作「制」。〔補〕阮本作「製」。此書也。案：《讀書附志》云：「今世所傳，如『宰予晝寢』，以『晝』作『畫』；『子在齊聞《韶》，三月不知肉味』，以『三月』作『音』；『浴乎沂』，以『浴』作『沿』；『子在，回何敢死』，以『死』作『先』之類，雖未必然，而爲伊川之學者皆取之。」

孟子注疏十四卷阮本移《孔子家語》、《孔子集語》二書於前。○題詞本有。○《述古目》作「孫奭《孟子注疏》二十八卷」，注「叢書堂鈔本」五字。〔補〕黄丕烈云：「此書予得於郡城學餘堂書肆。」

《孟子注疏》是叢書堂録本，簡端五行，爲匏翁手筆。古人於注疏，刊本作「疏注」。〔補〕阮本同。題詞本、胡校本均作「注疏」。皆命侍史繕寫，好書之勤若是。間以監本、建本校對，踳謬〔補〕刊本、阮本作「踳繆」。脱落，乃知匏翁鈔此爲不徒〔補〕胡校本「徒」下補「然」字。也。

孟子節文七卷此條刊本佚。鈺案：以下逐卷所補各條，皆嚴杰從黄丕烈藏足本補録，阮氏小瑯嬛仙館於道光五年刊行。管氏彙録本依阮本原次列入，今悉仍之。○《述古目》作「高皇《孟子》七卷」，注「節文」二字。

孝陵阮本作「高皇」，下同。鈺案：作「孝陵」者，似遵王口吻。管氏校改，殆見遵王原本耶？以下校阮本異同甚多，管氏均未注所本，疑莫能明，記此俟考。閲〔補〕阮本作「展閲孟子」。至「君之視臣如土芥，則臣視君如寇讎」句，慨然而嘆，謂「非垂示萬古君臣〔補〕阮本作「君君臣臣」。之義」。爰命儒臣劉三吾〔補〕阮本「吾」下有「等」字。刊削其文句之非醇而醇者。阮本作「刊削其文句之未醇者」。昌黎云：「孟某阮本孟子諱不避，下同。書，非某自著。某既没，其徒萬章、公孫丑相與記某之〔補〕阮本無「之」字。所言焉。」〔補〕阮本「焉」下有「耳」字。自非孝陵卓識，焉敢奮筆芟定其書。案：宋馮休已有删《孟子》二卷，見焦氏《經籍志》。○鈺案：三吾，茶陵人，初名崑，後名如孫，字三吾，以字行。其删《孟子》一百七十餘條，係奉敕爲之，前有三吾題詞。刻在南京國子監。此書之外，不以命題取士。見方東樹《書林揚觶》。《明史·藝文志》不著録。千載而下，淺儒知節之之故〔補〕阮本「故」下有「者」字。尠矣，存而不論阮本作「議」。可也。

孫奭孟子音義二卷入《述古目》。〔補〕黄丕烈云：「丁卯得鈔本，是影宋，每格旁注云『虞山錢遵王述古堂藏書』。」勞權云：「係蜀大字本《孟子章句》，後附《音義》。此本即從此影鈔。吴門黄氏刊之，義門有跋。」

孫宣公以張鎰、丁公著二家所音《孟子》未精當，案：張鎰《音義》七卷，見《唐志》。丁公著《手音》一卷，見《宋志》。晁氏《志》云：「大中祥符中，被旨校正《孟子》，因以張鎰、丁公著《音義》參考成書上之。」質諸刊本、阮本作「之」。〔補〕胡校本作「諸」。經訓，證以字書，成《音義》二卷。孫奭〔補〕阮本同，作「奭」。鈺案：「奭」乃「奕」之誤，説見下。曰：「〔補〕勞權云：「錢緑窗先生云，孫奭即孫宣公也。『孫奭曰』三字，不知誰氏之誤。嚴修能云奭即宣公名，必有誤。」孟子見梁惠王、見梁襄王，並當與暴見於王、他日見於王同音『現』。宣公前二『見』字無音，學者相承如字讀，非也。鈺案：見孫奕《示兒篇》卷六之上。勞權、嚴修能兩説均失考。予學識淺鮮，未知通人以爲然否？」《漢書·藝文志》「儒家」《孟子》十一篇，〔補〕吴騫云：「應劭云：孟子作書中外十一篇。」宋時館閣中尚有《外書》四篇，曰《性善辨》、曰《文説》、曰《孝經》、曰《爲正》。刊本作「政」。〔補〕阮本同。或疑合之可如《藝文志》之數。案：兔床明經云：「近見武原胡氏所藏《外書》四篇，爲宋劉敞原父注，題曰『熙時子注』，但《爲正篇》僅存八章，後缺。」今觀此書後附《孟子篇敘音義》，曰此趙氏述《孟子》七篇，所以相次敘之意，則知《外篇》乃後儒撰集。雖亡來已久，不存可也。《篇敘》世罕見之，刊本作「之見」。〔補〕阮本同。藏書家宜廣其傳，勿易視之。阮本作「也」。

董彝四書經疑問對 鈺案：明《文淵閣書目》「對」作「斷」。**八卷** 此條刊本佚。○阮本此條下列《爾雅》至《博雅》三條。鈺案：管氏《爾雅》三條不用阮本次序，以下《琴史》三條，及卷三《碧雞漫志》、《太乙星書》二條，又從阮本次序，似嫌進退無據。私謂此《記》各書次第律以《四庫》部居，其不合者多不勝糾。刊本流傳較早，應即依據編錄，以歸一律。特識於此，後不更贅。〇入《述古目》。

元以經疑取士，此蓋擬之而作者。中或有學究語，然其特見深解，絕非近儒制義所可幾及。〔補〕勞權云：「《拜經樓題跋》有至正辛卯建安同文堂刊本。跋云『進士董彝宗文所編』云云。槎客有跋，見《愚谷文存續編》。」鈺案：此書《四庫》失收。《四庫》有元王充耘《四書經疑貫通》一書。《提要》云其書以《四書》同異參互比較，各設問答以明之。蓋延祐科舉經義之外有經疑，與袁俊翁《四書疑節》一書皆程試之式。昔先君嘗云：「挾制義以取功〔補〕阮本作「科」。名，譬之敲門磚，應門鈺案：當作「門應」。即磚棄。」誠哉是言也。胥天下之聰明才智，合古今之學術文章，蒙錮淪喪於時藝中，滔滔不返，承〔補〕阮本脫「承」字。先聖者能無懼乎！

王肅注家語十卷案：蕘圃先生云：「此書有東坡居士折角玉印，予曾見真本。」〔補〕繆荃孫云：「今藏貴池劉氏。」〇題詞本有。〇入《述古目》，注「宋本影鈔」四字。又入《宋板書目》。鈺案：入《宋板書目》者，當爲南宋本。此《記》所載乃北宋本之影寫者。

此從東坡居士所藏北刊本無「北」字。〔補〕阮本亦無。題詞本、胡校本均有「北」字。宋槧本繕寫。案：《汲古閣書目》云：「北宋板《孔子家語》五本，有東坡居士折角玉印，係蜀本大字，舊爲東坡所藏。」南宋本「良藥苦口利於病」，此作「藥酒苦口利於病」。及讀《鹽鐵論》，亦作「藥酒苦口利于病」，方知北宋本之善。鈺案：《敬孚類稿》云：《史》、《漢》《張良傳》作「毒藥苦口利於病」，古語相承，義皆可通，不必以此本偶同《鹽鐵論》，即以爲善也。流俗「流俗」下刊本有「本」字，阮本同。注中脱誤弘多，幾不堪讀。予昔藏南宋刻，亦不如此本之佳也。〔補〕勞權云：「《恬裕齋藏書記》有影宋鈔本，半葉九行，行十七字。首卷至卷二凡十六葉，完善無譌。又有斧季用北宋本、南宋本校本，跋云：『丁卯秋，得北宋刻本，其卷二第十六葉以前已蠹蝕。繼於己卯春復得一本，缺末卷，合之始全。今校改字脱落顛倒者，自卷首至卷二十六葉爲多云。』」鈺案：《愛日志》有臨毛斧季校北南兩宋本。○蔣鳳藻云：「予有明徐興公舊藏正德刻本。」

孔子集語二卷題詞本有。○《述古目》作「淳祐薛據進《孔子集語》二卷」，注「鈔」字。又「《孔子集語》二卷」，注「吴方山藏舊鈔本」七字。計兩見。〔補〕黄録《採遺》云：「據集各書所載孔子之言，類爲二十篇。係景定間經進之本。」鈺案：《四庫》本作三卷。

淳祐丙午，稽山書院山長薛據，鈺案：據字叔容，永嘉人。裒聚孔子集鈺案：「集」字應删。語，成二十篇。所引《尚書大傳》、《金樓子》等書，今皆不可得見。錢校本云：「二書俱在，遵王所言蓋古本不可得見耳。」〔補〕勞權云：「今盧雅雨所刊《尚書大傳》乃惠徵君所輯。知不足齋《金樓子》出自《永樂大典》，俱遵王所不及見。」方山吴岫藏弆，刊本、阮本作「書」。〔補〕題詞本、胡校本作「弆」。○鈺案：岫自號濠南居士，《千頃堂書目》有《姑山吴氏書目》一卷。多舊人鈔本，此其一也。

陸德明經典釋文三十卷案：晁氏《志》云：「釋《易》、《書》、《詩》、三《禮》、三《傳》、《孝經》、《論語》、《爾雅》、《老》、《莊》。」○題詞本有。○《述古目》注「影北宋本鈔」五字。

我刊本、阮本作「吾」，今從吴校。友葉林宗，〔補〕勞權云：「林宗名奕。」鈺案：葉氏世居洞庭山。林宗於明崇禎初流寓虞山。見瞿《目》《沈下賢集》林宗自跋。篤好奇書古帖，搜訪不遺餘力。每見友朋刊本「友朋」二字缺，今從吴校。〔補〕題詞本、阮本、胡校本均有「友朋」二字。案頭一帙，必假歸躬自繕寫，篝燈命筆，夜分不休。吾刊本、阮本作「我」，今從吴校。兩人購刊本、阮本作「獲」。得祕册，即互相傳録，雖昏夜叩門，兩家童子聞聲知之，好事極矣。林宗歿，鈺案：林宗歿於康熙四年乙巳，見《愛日志》《孫覿大全集》葉石君跋。予哭之慟，爲文以祭之曰：「昔我與君，定交杵臼。奇文同賞，疑義相剖。春日班荆，夜雨翦韭。君書我書，我酒君酒。刊本作「君酒我酒」。墊巾步屧，頻煩往來。尺蹏問字，一日幾迴。安榴之館，酸棗之臺。握手談讌，私心徘徊。應氏樵蘇，龐家雞黍。互作主賓，莫辨爾汝。翦燭連牀，共期古處。陶陶尹班，永夕絮語。疇昔之日，經過池上。啜茗噉酥，鬚眉歷朗。檐花窺人，園禽弄響。指點光風，君懷愴悢。云胡別去，曾未浹旬。溘先朝露，命委窮塵。我初聞訃，如毒蓼辛。噭然一哭，痛絶斯人。退筆棲牀，鈔書盈笥。摒當〔補〕刊本、阮本同。題詞本作「擋」。殘帙，狼藉古字。問君囊篋，如是而已。藐孤始孩，〔補〕吴騫云：「林宗有女嫁海寧許氏，最能文，尤愛藏書，書後皆手自題識，惜不詳其名字。」又云：「予得之鮑淥飲云名莘，號心扆。」又云：「葉女名芬，適長洲許心扆丹臣，淥飲似誤記。」鈺案：許丹臣乃崑山葉九來之壻，見黄丕烈《劉子新論》、《蜕菴集》等跋，非林宗壻也。吴説殆因林宗名奕，九來名奕苞而誤。丹臣居甫里，見《愛日志》《揭文安集》王聞遠跋。寡妻何倚。一棺棲室，瓦燈閃影。靈衣披披，孤魂耿耿。冥漠幽壤，誰憐夜永。老屋繐帷，風淒月冷。絮酒沃酹，阮本作「酧」。〔補〕刊本亦作「酧」，管氏殆據別本。涕洒刊本、阮本作「泗」，今從吴校。〔補〕題詞本亦作「泗」。重泉。少微星象，夜隱江天。宿素凋謝，氣運推遷。永懷終古，神理刊本作「聖」，今從吴校。〔補〕題詞本、阮本、胡校本均作「理」。綿綿。」自〔補〕吴校本、黄校本均有「自」字，刊本、阮本無。君亡來三十餘年，徧訪海内收藏家，罕有如君之真知真好者。每歎讀書種子幾乎滅絶乎。此書原本，君刊本無「君」字。〔補〕題詞本、阮本、胡校本均有「君」字。從絳雲樓北宋槧本〔補〕勞權云《絳雲目》二十六册，不云宋本。影摹，案：《竹汀日記》云：「晤安道，見宋槧《經典釋文》一本，《左氏》末三卷，又《春秋左氏釋文》、《禮記釋文》

兩種，亦宋刻，卷首不題『經典釋文』，但題『春秋左氏釋文』、『禮記釋文』，蓋與各經注疏相附而行者。今監本《周易注疏》後别刻釋文，亦宋時舊式也。」又吴槎客言，陸氏《論語釋文》「安見方六七十」句，似陸本「安」作「焉」。逾年卒業。不惜費，不計日，毫髮親爲是正，〔補〕黄丕烈云：「此書藏同郡周香嚴家。」〇勞權云：「此書今在杭州汪氏振綺堂，即通志堂所據本。」鈺案：何焯《通志堂目録》注云：「從遵王鈔本付刊。」伊人所校，滿紙皆譌謬。武林顧氏豹文有宋本，屢勸東海借校，未從也。非篤信好學者，孰能之。君殁後，予從君之介弟石君借來。石君卓識洽聞，著史論甚佳，案：簡莊徵君云：「石君有《續金石録》，唐碑漢帖靡不畢采。予嘗欲借飛鴻堂本傳録，尚未果，自歎好事之不逮前輩遠矣。」鈺案：石君有《史記私論》一書，見府志。交予如林宗，亦不可謂之兩人也。予述此書所自，而題語專屬林宗，〔補〕勞權云：「葉林宗本有馮定遠班、葉石君萬二跋，抱經堂刻本有之。石君又名樹廉，俟考。」鈺案：石君名樹廉，一名萬。或冀後日君託此書以傳，不至名氏翳如，是予之願耳。然予言不文，何足爲君重。且其〔補〕阮本無「其」字。傳不傳有數焉，聊以寫予哀刊本作「衷」。〔補〕題詞本、阮本均作「哀」。而已。〔補〕吴騫云：「葉石君《金石文隨録·跋唐李都尉文墓志》云：『右碑係正書，字類褚河南。予於弱冠之年見此碑於友人家，時有趙靈均題帖數種，未售。友人自誇以爲趙所未見。旋有族兄羽遐購此碑貽林宗，林宗愛之如重寶，靳於示人。今思當日愛護之風如昨日事。友人遭王龍標之禍，書帖散落，已屬雲煙。林宗所藏，變易於成殮之後，煙臺糕擔亦無從究。嗟乎！翰墨一藝文雅事，止可自娱，不可貽厥，何造物之吝惜乃爾。都門旅舍購得此本，風窗展玩，爲之歎息。』觀此跋，則林宗身後之寥落可想。遵王之慨，良有以也。故附載之。」鈺案：《七十二峯足徵集》：林宗二子，修字祖德，裕字祖仁，皆少有才名，迭爲酬唱，名《華萼集》。以失愛後母，祖仁以順治十七年夭死。祖德未詳。《鈍吟雜録》言林宗身死無子遺，疑亦前死矣。石君跋《沈下賢集》，有「林宗物故，書籍星散，宋元舊刻盡廢於狂童敗婦手」之語，亦足爲證。

九經三傳沿革例一卷案：此條刊本佚。阮本在《匡謬正俗》前。〇《述古目》作「岳倦翁《九經三傳沿革例》」，注「宋板」二字。入《宋板書目》。〔補〕勞權云恬裕齋有影宋鈔本。〇鈺案：《鄭堂讀書記》云：「此書任大椿始刻之，鮑廷博再刻於知不足齋，汪昌序又刻影宋本，尤極精善。汪本有焦循序，評斷三本優劣，均極詳核，足爲定論。」

岳倦翁取《九經三傳》所藏諸家本，鈺案：諸家本係倦翁家塾所藏唐石刻本、晉天福銅板本、京師大字舊本、紹興初監本、監中見行本、蜀大字舊本、蜀學重刻大字本、中字本、又中字有句讀附音本、潭州舊本、撫州舊本、建大字本、俞韶卿家本、又中字凡四本、婺州舊本、併興國于氏、建余仁仲凡二十本，又以越中舊本注疏建本，有音釋，注疏、蜀注疏，合二十三本，見本書。次第校刊之。如字畫、注文、音釋、句讀，鈺案：尚有書本、脱簡、考異三目，凡七目。各請本經名士，逐卷讐勘，始命良工入梓。此册存其總例以爲證。予觀其辨對精當，區別詳明，更刺取注疏中語，添補經文脱漏處，其嘉惠後學之心，可謂專勤矣。啓、禎年「年」字從阮本補。間，汲古之書走天下，鈺案：當時滇南官長萬里遺購，見陳瑚《爲毛潛在乞言小傳》。罕有辨其譌舛者。予擬作《毛板刊謬》以是正之，卒卒鮮暇，惜乎未遂此志。鈺案：汲古閣刻書不精，自孫從添《藏書紀要》言其草率錯誤，後議者極多。遵王與潛在父子有交誼，何不面諍，而乃肆詆諆於此《記》也？因思世之任剞劂者，宜取相臺岳氏家塾、廖氏世綵堂所刊「刊」阮本作「刻」。諸經善本，影摹翻雕，傳示後來學者，便可「可」字從阮本補。稱曠代奇書矣。飲食鮮能知味，又安阮本作「何」。用陳羹涂阮本作「塗」。飯之爲乎？

匡謬正俗八卷「匡」刊本誤作「列」。案：錢校云今本俱作「刊」，疑宋人避太祖諱而改。○《述古目》作《刊謬正俗》，注「鈔」字。〔補〕勞權云：「宋茗香云《也是園目》作『刊』。《絳雲目》小學類作『刊』，一册；經解類作『匡』。」鈺案：粤雅本小學類未收此書，不知宋據何本。

揚刊本作「楊」。〔補〕阮本同。庭上其父師古所撰《匡謬正俗》，云：「稿草纔半，部帙未終，謹遵先範，分爲八卷。」汪應辰刊本作「宸」。〔補〕阮本、胡校本均作「辰」。謂：「此書尚非定本，題所疑於尾，如《論語》後不朱標《毛詩》字等類，頗爲有識。讀者勿以其跋語也而漫視之。」鈺案：《皕宋志》有顧千里校本，載汪跋全文。

劉敞七經小傳三卷案：晁氏《志》作五卷。○題詞本有。○《述古目》注「鈔」字。○鈺案：《天禄後目》載有北宋本。

七經者，《尚書》、《毛詩》、《周禮》、《儀禮》、《禮記》、《公羊》、鈺案：《鄭堂讀書記》云：「《公羊》僅一條。又有《左氏》内外傳各一條。當以《春秋》標目。『公羊』二字乃傳寫之誤。」《論語》也。公刊本作「此」。〔補〕題詞本、阮本、胡校本均作「公」。是先生偶拈幾則，未成書而傳之後，非獨有取於七經耳。鈺案：《松厓筆記》云：「元祐史官謂慶曆以前，學者多守章句注疏之學，至敞始異諸儒之説。王安石《經義》仿敞爲之，據楊龜山說。」辟疆鈺案：刊本、阮本均作「彊」。主人鈺案：顧修遠宸嘗撰《杜詩注解》，以「辟彊園」標目，當即其人。云：「雖新刻，最爲罕遇。」

十一經問對五卷案：錢校本云元何異孫撰。○題詞本有。○《述古目》注「宋板」二字，入《宋板書目》。鈺案：遵王殆未考異孫時代，及書中有稱「大元」處，詳《四庫提要》。朱學勤《結一廬書目》有元刊本。以後稱《結一目》。〔補〕勞權云：「係影元鈔本。先友嚴修能先生以贈先君，後轉借失去。今尚存修能手校舊鈔本，從盧學士據元刻鈔本度校，前有二序，爲通志堂所脱。修能有書後，見《柯家山館文集》。」

十一經者，《論語》、《孝經》、《孟子》、《大學》、《中庸》、《尚書》、《毛詩》、《周禮》、《儀禮》、《春秋》、《禮記》也。鈺案：明高儒《百川書志》云：「惟《周易》、《公》、《穀》二傳、《爾雅》四經無説。」〔補〕勞權云：「嚴修能跋云：『案，其序云擇《六經》、《四書》、《十七史》、《左傳》、《通鑑綱目》之可助蒙者，緝爲《小學問對》，後人專取其説經者，以今名名之，非何氏全書也。』」皆設爲問對刊本作「答」。〔補〕題詞本、阮本、胡校本作「對」。之詞，不脱宋人窠臼。然《禮記》中《大學》、《中庸》兩篇，河南二刊本無「二」字。〔補〕題詞本、阮本、胡校本均有「二」字。程子始分爲二書，而此竟同《禮記》列爲三經者，何也？〔補〕繆荃孫云：「《學》、《庸》升爲經，初見此書。」

錢遵王讀書敏求記校證卷一之下

禮樂

文公家禮十卷 案：《直齋》云：「《朱氏家禮》一卷，《古今家祭禮》二十卷。」〇題詞本有。〇《述古目》作「楊復集注《朱文公家禮》十卷」，注「元板」二字。〔補〕勞權云：「《恬裕目》有宋本。」鈺案：瞿《目》宋本《纂圖集注文公家禮》十卷，前有自序，尚係手書。《結一目》亦有此本，云「宋麻沙坊刻」。又案：《四庫》著錄《家禮》五卷《附錄》一卷。《提要》采王懋竑《白田雜著·家禮考》定爲非朱子之書。

文公居母喪盡哀，自初死〔補〕胡校本作「喪」。以至祥禫，參酌古今之宜，成喪、葬、祭禮，又推之於冠、婚，刊本、阮本作「昏」。共成一編，名曰《家禮》。書初成，失之。至歿後始出。鈺案：朱子門人黃榦云，其書始定，爲一行童竊以逃。先生歿，其書始出，今行於世。遵王說本此。楊復惜其未當刊本、阮本作「嘗」，今從錢校。〔補〕宗源瀚云「嘗」字非句，不是「當」字。再加審定，鈺案：「未嘗再加審訂」一語，即出楊復本文，見《鄭堂讀書記》。因採諸家議論有以發明《家禮》之意者，附注逐條下，並載諸圖。鈺案：瞿《目》有元刊七卷本，云楊復跋語中冠以「長溪楊氏復曰」云云，已非楊氏手定本之舊。而劉垓孫刊本缺「孫」字，陳簡莊據《汲古閣書目》補。〔補〕題詞本、阮本均有「孫」字。又增注之，覽者得詳考焉。〔補〕黄丕烈云：「《讀書附志》云：《家禮》五卷，朱文公所定，趙崇思刻之萍鄉者。潘時舉、李道傳、黄幹、廖德明、陳光祖序跋附焉。」又云：「《家禮附志》五卷，陳雷刻於溫州學宮，凡九十九條。」○吴騫云：「《文公家禮》，敬業老人查悔餘有跋，見《文集》。」

夏時正士禮儀舉要九卷題詞本有。○入《述古目》。

時正鈺案：《明史》：時正字季爵，仁和人，正統進士。多所著述，於禮文尤詳。《藝文志》有《三禮儀略舉要》十卷，疑即此書，而名微異。**謂《文公家禮》未脱稿而佚亡，後雖出而行於世，實文公未成之書。因取《家禮》、《儀禮》，節舉其要，集成一編。**

龔端禮五服圖解一卷題詞本有。○《述古目》注「元板」二字。〔補〕黄丕烈云：「《五服圖解》一卷，遵王舊藏。墨敝紙渝，損而重裝，不能覩舊時面目矣。丁卯除夕。」

五服列五門，每門列〔補〕刊本、阮本並作「立」，繆本「立」不改「列」。男女已未成人之科，分正、加、降、義四等之服，分章劃圖。泰定元年，嘉興路牒呈此書於江浙行省，移咨中書照詳。端禮於至順年間，以布衣上書皇帝。鈺案：端禮爲宋宣教郎頣正孫，字仁夫。頣正嘗著《服圖》，端禮是書淵源有自。見《孳經室外集》。朱彝尊《經義考》云未見，《孳經》本係從元至治本影寫。誠有心當世之士，而沉淪不遇，可惜也。

聖宋皇祐新樂圖記三卷題詞本有。○《述古目》作「阮逸、胡瑗《皇祐新樂圖記》三卷」，注「閣宋本影鈔」五字。〔補〕黄錄《採遺》云：「阮逸、胡瑗同撰。據《周禮》及歷代史志，詳定樂律鐘尺，彙爲圖說，共十二篇，有元吴素民、明趙清常跋語。」

宋仁宗景祐三年二月，詔阮逸、胡瑗較定鐘律，蓋以李照樂穿鑿也。至皇祐二年閏十一月，置詳定大樂局。其鐘弇而直，聲鬱不發。著作佐郎劉羲叟曰：「此爲害金，帝時獲〔補〕題詞本作「感」。心腹之疾。」已而果然。則是羲叟審音，更出逸、瑗之上，〔補〕胡校本「上」下補「矣」字。當時何以不令羲叟同較定耶？鈺案：《鄭堂讀書記》云：「《新樂》大抵以横黍起度，仍失於太高，二家不精算術故也。其時蜀人房庶，因撰《補亡樂書》三卷以正之。范鎮論樂宗房庶，鑄樂器上之，亦撰《樂書》一卷。惜二書皆佚。」此從宋「宋」字刊本、阮本無，從陳校。閣本鈔出。鈺案：以上皆趙清常跋語。閣本乃直齋陳伯玉先生嘉熙己亥鈺案：《四庫提要》作「嘉定」者誤。嘉定無己亥年。良月，借虎邱寺本錄。鈺案：吾郡虎邱山有景祐中建御書閣，葉清臣有碑記。蓋當時所賜，藏之名山者也。末用蘇州觀察使印，鈺案：宋太平興國三年，錢俶納土，改平江軍仍爲蘇州。又沿唐制，置諸州觀察使，故有蘇州觀察使一官。郡志失載。長貳押字，志頒降歲月。案：《書錄解題》云：「其末志頒降歲月，實皇祐五年十二月二十一日。」又愛日精廬藏有影宋本，卷末有「皇祐五年十月初三日奉聖旨開板印造」兩行，見《藏書志》。鈺案：「月」字下題詞本有「錄一切仿皇祐五年十月初三日奉聖旨開板印造元本」二十二字，用朱筆抹去。直齋又云：「生平每見承平故物，輒慨然起敬，恨生不於其時。」嗟嗟，刼燒之餘，閣本已不可問，獨此尚在人間，覽之亦有直齋「承平故物」之感。

蔡氏律呂本原一卷律呂辨證一卷

《述古目》作「淳熙蔡元定《律呂新書》二卷」，注「閣宋本鈔」四字。〔補〕胡重云：「鈔本『本原』作『本意』。」〇鈺案：《四庫》本作《律呂新書》二卷，一卷爲《律呂本原》，凡十三篇；一卷爲《律呂辨證》，凡十篇。

蔡氏，建陽蔡元定季常也，〔補〕刊本、阮本同。鄧邦述云沈鈔本、胡校本「常」作「通」。鈺案：作「通」者是。文公極稱許之。此從宋刊本、阮本缺。〔補〕阮本「宋」字在「閣」字下。閣本錄出，清常道人手爲校正。

朱長文琴史六卷以下三書，刊本入卷一禮樂門。鈺編以下三書仍趙刊本，列禮樂門。説見上董彝《四書經疑問對》條下。○題詞本有。○《述古目》注「鈔」字。○鈺案：《天禄目》有影宋紹定刊本，平津館同有。此本每葉二十二行，行十七字。

長文字伯原，人稱樂圃先生。此書序於元豐七年。上自帝堯，下至宋趙忭，凡有涉於絃徽間者，逐卷裒次。而牧翁録其中董庭蘭一則，以辨房琯之受誣，最爲有識。鈺案：見《初學集·跋朱長文琴史》。他如宋太祖謂五絃之琴，文武加之以成七，乃留睿思而究遺音，作爲九絃之琴，五絃之阮，苟非伯原此書，不復知琴有九絃者矣。鈺案：見《宋史》。《四庫提要》謂錢曾以録九絃琴爲異聞，其實可資博識者不止此也。又如竇儼上疏周世宗，凡三絃之通，七絃之琴，十三絃之筝，二十絃之離，阮本作「二十四絃」。〔補〕勞權云，「四」字各本並無。二十五絃之瑟，三漏之籥，六漏之喬，七漏之笛，八漏之篪，十三管之和，十七管之笙，十九管之巢，二十三管之簫，皆列譜錄。偶記得古人《小李毛女》詩「雲裏胡校本「裏」作「裹」。〔補〕題詞本同，作「裹」。巢笙喚鶴騎」，曉然巢、笙爲刊本脱「爲」字，今從吴校補。〔補〕題詞本、阮本均不脱。兩物也。鈺案：《爾雅》大笙謂之巢，何必詞費。學人不多讀書，展卷茫然，幾何而不面牆乎？

太音大全五卷入《述古目》。

凡琴之制度考訂咸備焉。鏤圖鈺案：葉名灃鈔黄丕烈校本作「面」。樸雅，援据賅洽，琴譜中可謂刊本、阮本作「爲」，今從錢校。集大成矣。鈺案：《述古目》録此書外，尚有楊表正《琴譜大全》十卷一目。

臞仙琴阮啟蒙譜一卷見《也是園目》。《述古目》作「《臞仙阮譜》一卷」，注「鈔」字。

阮咸惡琵琶音繁，乃躬自製阮。恐後世不知所始，即以己姓名之。晉風既泯，阮之失傳久矣。鈺案：《文獻通考·樂考·絲之屬·俗部》：「月琴形圓，項長，上按四絃。晉阮咸造，唐太宗更加一絃，開元中編入雅樂用之。」臞仙創爲此制，更造譜以行於世。鈺案：臞仙，明太祖第十七子甯獻王權自號，又號南極老人，見所編《海瓊玉蟾先生集》。此書有弋陽王府刻本，見明周弘祖《古今書刻》。

字學

說文解字三十卷標目一卷《讀書志》作十五卷。錢竹汀云：「借王氏宋板《說文》小字本，每葉三十行，行二十字，分注字疏密不甚勻，大約每行三十字。」○題詞本有。○《述古目》注「宋板」二字，入《宋板書目》。○鈺案：《帶經目》有嘉祐刻本，周星詒假觀未得見。葉昌熾《藏書紀事詩》引星詒《敏求記》校語。《儀顧堂續跋》云：「北宋本，每頁二十行，每行大字二十，小字雙行，每行三十字不等。」平津館所刊即據此本，行款、匡格皆同。

漢太尉祭酒許慎記《說文解字》，唐大刊本、阮本誤「太」。曆中經〔補〕鄧邦述云，沈鈔本無「經」字。李陽冰刊定。徐鉉以陽冰頗排斥許氏，自爲臆說，復加詳考是正。慎時未有反切，今悉依孫愐《唐韻》爲定，凡刊本誤「九」，今從吴校。〔補〕題詞本、阮本、胡校本均作「凡」。十四篇，又序目一篇。鉉謂編帙繁重，每篇各分上下，共三十卷。許沖序云：「立一爲耑，據形系聯，引而申之，以究萬原。畢終於亥，知化窮冥。此始一終亥，原本之所由作刊本、阮本作「隹」，今從吴校。也。」案：簡莊徵君云：「前輩若亭林先生猶謂原本不可見，則毛氏之功亦不可少也。」宋人檮昧，欲便於檢閱，妄以一東二冬依韻分之，大失許氏原書之本旨，其厄更甚於秦坑焚燎矣。鈺案：方東樹《漢學商兑》卷中之下注引《敏求記》云：「按雍熙年，徐鉉校本用孫愐音，即今毛晉汲古閣所刻始一終亥本。明萬曆中，宮氏刻李燾《五音韻譜》，始東終甲本。陳大科敘之，誤以爲即徐氏本。陳啟源、顧炎武並沿其誤。案此説小誤。陳、顧兩家蓋誤以汲古所刻李氏《五音韻譜》當徐鍇《韻譜》耳，非誤認爲鉉始一終亥本也。汲古刻李譜不載燾序，乃由陳大科誤之耳。」又云：「鍇《繫傳》用朱翺《切韻譜》，用李舟《音切》。李舟，獨孤及門人，《毘陵集》首有虔州刺史李舟序。此即杜子美所贈詩之人也。《九域志・唐明州刺史王密碑》，李舟文，顔真卿書。《唐志》有李舟《切韻》十卷，《宋志》五卷。錢曾不知始東終甲《韻譜》始於徐鍇，又未見《文獻通考》所載鉉作《韻譜》序，但見汲古刻李氏書，因妄詈宋人檮昧云云。此所謂無知而強解事也。」鈺又案：李燾《五音韻補》三十卷，楊守敬曾得宋刊大字本，考辨極詳，見《日本訪書志》。

徐鍇説文解字繫傳四十卷 題詞本有。〇《述古目》注「宋板影鈔」四字。〔補〕勞權云係影宋本。鈺案：此書後歸豐順丁氏，轉入吳興張氏。每葉板心有「虞山錢遵王述古堂藏書」十字。瞿《目》有宋孝宗後刻本，爲趙凡夫舊藏。

簡端題云：「文林郎守祕書省校書郎臣徐鍇傳釋。」蓋楚金仕江左，是書曾經進覽，故結銜如此。嘉祐中，宋鄭公曰：「《繫傳》該洽無比，小徐學問、文章、才敏皆優於其兄，何以後人稱道反出其兄下？」子容曰：「楚金少年早卒，鼎臣歸朝後，士大夫從學者衆，宜乎名高一時。」鄭公歎賞之，以爲評論精詣。刊本作「語」，今從吳校。〔補〕題詞本、阮本、胡校本均作「詣」。○鈺案：「嘉祐」至「精詣」，遵王均錄蘇頌題語。今觀此書，《通釋》三十卷，《部敘》二卷，《通論》三卷，《祛妄》、《類聚》、《錯綜》、《疑義》、《系述》各一卷，而總名之「繫傳」者，蓋尊叔重之書爲經，而自比於丘明之爲《春秋》作傳也。《部敘》究竟始一終亥之義，《祛妄》直指陽冰之惑，參而觀之，字學於焉集大成，楚金真許氏之功臣矣。惜乎流傳絕少，世罕有覯之者。當李巽巖時，蒐訪歲久，僅得七八，闕卷誤字又無所是正。鈺案：上說見李燾《說文解字五音韻譜序》。巽巖，燾別字。而況後之學人，年代寖遠，何從覩其全本乎？此等書應有神物訶護。刊本、阮本作「護呵」。〔補〕題詞本同。留心籍氏者勿謂述古書庫中無驚人祕笈也。案：兔床明經云：「琴川毛氏翻宋板《說文解字》，遠不及此本。即如原序之注，鼎臣未嘗有一字，所錄皆楚金語，而又刪其十六七，臆改其字句間或有之。至若前序中『復見遠沫』之爲『遠流』，後序中『朔日甲子』之爲『甲申』，苟非《繫傳》尚存，承訛襲謬，有不可勝言者矣。惜子晉當日未獲寓目，豈非此書之不幸歟？予嘗發願欲爲刊布，摒擋筐篋尚有所待，書此以當息壤。」〔補〕蔣鳳藻云：「陳氏帶經堂藏有宋刻《說文繫傳》四十卷全本，帶往臺灣，不克影寫爲憾。且念祁氏重刻時，以顧千里先生爲之校讐，未得全本，甚可惜也。」鈺案：陳藏宋本《繫傳》亦嘉祐本，與大徐本同入《帶經目》。

郭忠恕汗簡七卷案：簡莊徵君云：「長洲何小山先生有手校本，甚精，淥飲嘗見之。」○《漁洋書跋》云：「《汗簡》，秀水朱氏有鈔本六卷，吴門新刻，逼古可寶。首有李建中題，云《汗簡》元缺著撰名氏。後有天禧元年七月十七日開封府判官虞部員外郎李直方序，又有庚寅六月所南鄭思肖爲山磵葉君題《汗簡》後。」○《述古目》注「鈔」字。〔補〕勞權云：「《恬裕齋藏孱守居士手鈔本三卷，《略敘》一卷，有李建中題詞、忠恕自序、李直方後序、鄭思肖跋，較錢唐汪立名刊本爲優。」鈺案：《儀顧堂續跋》亦載巳蒼手鈔本，云遵王藏本，即《敏求記》所著録，後歸愛日精廬者。與勞說見《恬裕目》者互異。後録巳蒼手跋，言崇禎十四年借山西張孟恭藏本。歲乙酉，避兵城西之洋蕩村，以二十日録畢。又案：汪刻係出朱竹垞藏舊鈔本，見《曝書亭集》。

上中下各分二卷，末卷爲略例、目録。李建中序。爲郭宗正鈺案：忠恕仕周爲宗正丞。忠恕撰。引用七十二家字蹟，刊本作「事蹟」，阮本同。今從吴校。張氏《藏書志》云：「馮巳蒼《汗簡》跋作七十一家。」其體例仿《說文》，故以目録置卷尾。孱守居士云：「此書亦有不可予意處。刊本作「據」，今從吴校。〔補〕阮本亦作「處」。如『沔』、『汸』字俱從水，〔補〕勞校本嚴修能云：「《說文》八下『方』或從水作『汸』，不當從水。」今『沔』從『丏』，『汸』從『方』；『腈』〔補〕阮本同。刊本誤作「膌」。應從『冈』刊本、阮本誤「月」。而入脊部，『郤』應從『邑』而入谷部，『駛』應從『馬』而入史部，『朽』應從『木』而入丂部等類，雖因古文字少，未免援〔補〕刊本、阮本同。○鄧邦述云沈鈔本作「挼」。鈺案：巳蒼原文作「援」，不作「挼」，見《愛日志》。文就部，以足其數，而核其實則非也。」孱守居士爲吾友馮舒巳蒼，別號癸巳老人，阮本作「癸巳人」。〔補〕黄丕烈云：「己巳冬，得馮巳蒼手鈔本。想即《記》中所載之本。」又云馮鈔《汗簡》上有「癸巳人」三字印章，知「老」字乃衍文。○勞權云：「楊凝式生於咸通癸巳，故題識自稱癸巳人，見張世南《游宦紀聞》所載楊傳。巳蒼以此自號，殆生於萬曆癸巳耶？」藏書率多異本，吾邑之宿素也。

增廣鐘鼎篆韻七卷《直齋》云尚功有《鐘鼎法帖》十卷，刻於江州，當是其篆韻之所本。○題詞本有。○《述古目》作「楊鉤增廣薛尚功《鐘鼎篆韻》七卷」。注「文淵閣鈔本」五字。○鈺案：《四庫》失收。見《揅經室外集》。

政和中王楚作《鐘鼎篆韻》，〔補〕勞權云：「《恬裕目》云王楚《書》一卷。」薛尚功重廣之。臨江楊鉤鈺案：「鉤」或作「詢」，見下。《小學考》作「鈞」。信文，鈺案：「信文」又作「信可」，見下。博採金石奇古之蹟，益以奉符黨〔補〕題詞本作「党」。氏《韻》鈺案：當從《愛日志》作「益以党世傑《集韻》」。補所未備，係篆文於《唐韻》下，而以象形奇字等篇終焉。《讀書志》載薛尚功集《鐘鼎篆韻》，云：「元祐中呂大臨所載僅數百字，政和中王楚所傳亦不過數千字。尚功是書所錄凡一萬一百二十有五。」〔補〕勞權云：「《吴文正集》卷十六有楊信可詢《增廣鐘鼎序》云：『宋薛尚功集古鐘鼎韻爲五聲韻，信可重加增訂。』又十三有《與蕭道士書》云：『舊友彬溪楊信可，壯歲以能詩見知盧疏齋學士。又精探古今文字之本原，自編《鐘鼎古韻》，刊板盛行於世。』」馮子振云：「漢有古文《尚書》，唐明皇以隸楷易之，儒者不識古文自開元始。宋景文公《筆記》記故人楊備得《古文尚書釋文》，讀之驚喜，自爾書訊、刺字皆用古文，當時咸不之識，遂有怪人之目。信文得毋阮本「毋」作「無」。〔補〕刊本同作「無」。亦作怪人耶？此書後有洪熙殿刊本、阮本作「侯」，今從陳校。〔補〕胡校本云《愛日精廬志》作「洪熙殿」。○勞權云：「此舊鈔本見《恬裕目》，有馮子振、熊朋來序，朱描巨印『緝熙殿書籍印』六字記云。案《玉海》：宋紹定六年，緝熙殿成，御書二字榜之。《宋史·理宗本紀》：六年秋七月，以緝熙殿榜記宣付史館，是此印當在宋時。其描於此書上，乃出書賈僞爲。《敏求記》仞爲『洪熙殿』。張氏《藏書志》、阮氏進呈《四庫遺書提要》又仞爲『洪熙侯』，俱謬而未考，其不當有是印也。」鈺案：以上諸說，糾紛已甚，未見本書，不能懸斷。惟玩遵王本條下云「内府傳本」，則刊本作「侯」，原稿必係「殿」字。《愛日志》刻本實作「殿」，不作「侯」。瞿《志》亦有誤也。書籍印章，摹寫精妙。凡楊增俱用朱印界之，以識增廣之意，蓋内府所傳本也。張氏《藏書志》云：「是書《文淵閣書目》、毛氏《祕本書目》、《讀書敏求記》俱著録。錢氏《補元史·藝文志》作五卷，或未見足本，有海虞除煩居士從文淵閣影寫一條。除煩居士，未詳何時人。」〔補〕黄丕烈云：「此書今袁氏五硯樓有之。雖無述古藏書痕迹，然與《記》中所載此書序後有洪熙侯書籍章，摹寫精妙，又楊補均用朱印界之云云悉合。當即内府所傳本也。」○勞權云：「《汲古目》七本一套，從文淵閣原本鈔。」

李從舟〔補〕黄丕烈云「周」誤「舟」。**字通一卷**《述古目》注「鈔」字。〔補〕勞權云：「此書見《恬裕目》，係舊鈔本。前有嘉定十三年魏了翁序，後有寶祐甲寅虞兟跋。」

彭城李肩吾鈺案：《四庫提要》云：「從周仕履無考。」**以點畫偏旁，粹類成書。魏了翁爲之序。**〔補〕黄丕烈云：「肩吾，魏文靖門人，能書。」鈺案：黄說本《書史會要》。嘗爲文靖從子令憲書《鄉黨篇》，見《魏鶴山集》。

龍龕手鑑四鈺案：朝鮮古刻本「四」作「八」。考詳《日本訪書志》。**卷**案：簡莊徵君云：「知不足齋主人嘗得宋槧本，今歸吴氏瓶花齋。比聞山左有新刊本。」○《竹汀日記》云：「蕘翁過談，見宋刻《龍龕手鑑》三本，中一本係鈔本。序中『鏡』字缺筆。」又云嚴豹人有鈔本。○題詞本有。○《述古目》注「宋本」二字，入《宋板書目》。又「僧行均《龍龕手鑑》四卷」，注「宋本影鈔」。凡兩見，與《記》文之定爲契丹刻者互異。〔補〕勞權云：「《絳雲目》作三册。」○鈺案：瞿《目》有宋刊本，考爲非遼刻，係汲古閣舊藏。

燕僧行均字廣濟，俗姓于氏，編《龍龕手鑑》，以平上去入爲次，隨部復用四聲列之，計二〔補〕刊本、阮本同。○鄧邦述云沈鈔本「二」作「三」。萬六千四百三十餘字，注一十六萬三千一百七十餘字。刊本作一十六萬三千四百餘字。〔補〕題詞本、阮本、沈鈔本與管校數同。統和十五年丁酉七月初一癸亥，燕臺憫忠寺沙門智光字法炬爲之序。按耶律隆緒統和丁酉，宋太宗至道三年也。案：晁氏《志》云：「《龍龕手鏡》三卷。」引沈存中言云：「契丹書禁最嚴，傳入中國者死。熙寧中，有人自虜中得此書，入傳欽之家。蒲傳正帥浙西，取以刻板。其末舊題云『重熙三年序』，蒲公削去之。」今本乃云統和，非重熙，豈存中不見舊題，妄說之耶？ 是時契丹母后稱制，國勢強盛，阮本作「盛強」。〔補〕題詞本同。 日尋干戈，唯以侵宋爲事。而一時名僧開士相與探學右刊本、阮本作「古」。〔補〕題詞本作「右」。 文，穿貫綫之花，翻多羅之葉，鏤板製序，垂此書於永久。豈可以其隔絕中國而易之乎？ 沈存中言：「契丹書禁甚嚴，傳入中國者法皆死。」今此本獨流傳於刧火洞燒之餘，摩抄刊本誤作「序抄」。〔補〕題詞本、阮本均作「摩抄」。 蠹簡，靈光巋然，洵希世之珍也。〔補〕黄丕烈云：「《龍龕手鑑》四卷，每半葉十行，行大小卅字不等。此書遼刻原名《手鏡》，宋刻改爲『鑑』，遵王仍以契丹鏤板記之，豈以法炬序爲據耶？ 序中『猶手持於鸞鏡』，『鏡』字缺一筆」。○勞權云：「此是宋槧本，遵王說非也。見竹汀跋及《十駕齋養新錄》。」又《百宋一廛賦》注云：「避『鏡』作『鑑』，豈遼刻耶？」

吾衍阮本作「吾邱衍」，下同。 **續古篆韻六卷**《述古目》注「寒山趙靈均手鈔」七字。○鈺案：焦竑《國史經籍志》作一卷。《四庫》失收。謝啟昆《小學考》云未見。又案：全祖望云：「吾衍《續古文篆韻》不過周秦古篆遺字，非續韻也。」見《鮚埼亭集》。是謝山曾見其書。

衍字子行，其生平見《潛溪傳》中。此則趙靈均手鈔本，小宛堂中藏書也。〔補〕黄丕烈云：「李作舟贈予鈔本。」

吾衍學古編一卷《漁洋書跋》云：「《學古編》小册，秀水項藥師家寫本，首有危素、夏溥二序，泰定甲子安處道人跋。又陸文裕深題後云：『元人書法有復古之功，吾邱子行尤長篆籀圖印之學。今京師所刻不工，間爲校定數字，稍加次第，以便考觀云。』」〇見《也是園目》，作二卷。

私印之作，絶盛於元，子行獨精其藝。覩其《三十五舉》，深心篆籀之學，能變宋末鐘鼎圖書之繆。刊本作「謬」。〔補〕阮本同。故子昂亦效其法，虞、揭諸公皆愛重之。人品高潔，鈺案：危素敘云：「衍以不苟合於俗人，不知所終。從游之士，招魂葬之。」非獨游於藝以成名也。〔補〕勞權云：「此説本夏溥序。」又云：「此書至正四年曹南吴主一所刻，附以周秦石刻釋音及唐宋名人書評。危太樸序云：『吴君名志淳，奎章閣侍書學士蜀郡虞公、翰林學士豫章揭公，皆愛重之，故又以虞公《石鼓序略》、揭公《隸書行》附刻於後。』遵王此《記》誤以指子行耳。」〇鈺案：《國史經籍志》作二卷。《絳雲目》同。陳景雲注云：「錢受之、馮定遠兩先生皆深貶此書。」

魏莊渠六書精藴鈺案：《澹生堂書目》：「《六書精藴》，六卷。」**音釋一卷**《述古目》注「鈔」字。〔補〕勞權云：「《絳雲目》：『一册，鈔。』陳景雲注『許謙撰』。」鈺案：《千頃堂目》，謙所著爲《假借論》，陳注誤。

此於六書之學，詳考極佳，尚是徐元懋手寫稿本。案：簡莊徵君云：「魏莊渠名校，徐元懋名官。」鈺案：《明史》，校字子才，本李姓，居蘇州葑門之莊渠，故以自號。官爲校門人，正德進士，浙江蕭山縣匠籍，見《題名碑録》。此書有嘉靖刻本，作《六書精藴》六卷《音釋》一卷。此《記》共作一卷，疑有脱字。刻本前有校自序，後有門人徐官書字小跋。

後附莊渠先生親筆書四紙，亦墨莊中一古物也。

从古正文一卷《述古目》作「黄諫《從古正文》，一卷」。注「焦狀元藏，茹真生手録本」十字。〔補〕勞權云：「《絳雲目》：『一册，鈔。』《存目》作五卷。海昌吴氏拜經樓藏刊本作六卷。《千頃堂目》同。此《記》作一卷，疑誤。」

篆文正楷，點畫不容少差。此書存其遺跡，且依韻易檢。鈺案：《四庫存目提要》云：「明黄諫字世臣，蘭州人，天順進士。此書以小篆作楷，奇形怪態，重譯乃通，實止人人習見之《説文》九千字，非僻書也。無裨義理而有妨施用。」焦弱侯藏，鈺案：入《國史經籍志》作六卷。茹真生手録本。案：兔床先生云：「茹真生係李士龍先生之别號。」鈺案：士龍名登，上元人，官新野縣丞，見

《江南通志》。徐元懋《印史》極稱之。鈺案：徐官《古今印史》一卷，入《四庫存目》。

百壽字圖一卷 題詞本有。○見《也是園目》。

百壽字，紹定乙〔補〕刊本、阮本作「己」。作「乙」誤。丑，靜江令史渭刻於夫子巖。鈺案：《粵西金石略》載永寧州百壽巖有大壽字，正書，徑五尺，内包雜篆小壽字九十九。引《名勝志》云「宋紹定己丑，知縣呂渭鐫百壽字於石崖」，即此。《記》作「史渭」，疑誤。正德丁卯，昆明趙壁刊本作「[illegible]」，疑誤。〔補〕題詞本、阮本、沈鈔本均作「璧」。又得二十四體，編成一書，可謂無體不具矣。宜附《古文奇字》之後。鈺案：郭顯卿《古文奇字》一卷，見《隋志》。

韻書

丁度集韻十卷 此條刊本佚。阮本冠韻書之首。○《述古目》注「宋板」二字，入《宋板書目》。〔補〕勞權云：「《絳雲目》補遺作十册。」

景祐四年，詔命宋祁、鄭巇、鈺案：《讀書志》至《四庫提要》均作「戩」，無作「巇」者，惟阮本作「巇」。賈昌朝、王洙，修定陳彭年、丘雍舊韻，李淑、丁度爲之監修典領。阮本作「丁度、李淑爲之典領」。字五萬三千五百二十五，新增三鈺案：《讀書志》至《四庫提要》均作「二」，無作

「三」者。惟阮本作「三」。萬七千三百三十一字。分卷爲十，詔「詔」字從阮本補。名之曰《集韻》。卷首第二行云：「具官臣丁度等奉勅修定。」「定」字從阮本補。此古人經進之體然也。是書爲韻中之集大成。宋槧本外，「外」字從阮本補。鈺案：陸心源有據影宋本校曹寅刻本，作《校補》一卷。又案：遵王藏宋本，同治乙丑爲翁文恭所得，見《日記》。未見流俗刊行，藏書家亦尠有之，巍然魯靈光矣。鈺案：有淳熙重刻本，見《日本訪書志》。

古文四聲韻五卷題詞本有。○《述古目》注「閣宋本鈔」四字。〔補〕勞權云：「《絳雲目》一册，鈔。」○鈺案：《宋志》作「夏竦重校《古文四聲韻》五卷」。《讀書志》無「韻」字。

慶曆四年二月，夏竦新集鈺案：「新集」二字本《玉海》，與《宋志》言重校者互異。《古文四聲韻》，序之以進。前列所引書，今無一存者〔補〕題詞本無「者」字。矣。鈺案：所引書目，顧起元《說略》全載之，見《小學考》。又全祖望跋云：「予觀是書，所引遺書八十八家，以校郭氏《汗簡》，未嘗多一種。其實即取《汗簡》而分韻錄之。《汗簡》之部居本《說文》，是書則本《廣韻》，絕無增減異同。是書雖不作可也。」序文脫字甚多，鈺案：瞿《目》有宋刊本，已無序可考，云爲雁里草堂舊藏。又莫友芝有紹興本上聲一卷，見《宋元舊本經眼錄》。陸心源有宋本《古文四聲韻》，跋云：「新安汪啟淑有刊本，從毛氏影宋本影摹，甚佳。用校瞿本，尚有譌脫。瞿本原缺卷一、卷四兩卷。」見《儀顧堂集》。《小學考》則全載竦序，一字不脱，未知所據何本。**俟博訪藏書家全本補録之。**

禮部韻略五卷此條刊本佚。〇《述古目》注「宋板」二字。〔補〕勞權云：「《絳雲目》十七册，又五册，宋板。又《禮部韻略》、《七音三十六母通考》一册，鈔。」鈺案：此條勞氏所稱《絳雲目》，乃最初底本，未經陳景雲添注者。鈺有舊鈔本。

是書嘉定六年四月望，鋟板於雲間洞天。鈺案：此書以景祐間丁度等修爲最初本。以後有釋文互注本、增修互注本、淳祐壬子新刊本，皆當時考試官書。在私家者，此類書尤多。具見晁、陳各目。此《記》所載嘉定本，已在紹興四年頒行毛晃增修本之後，即就晃本覆刊。《浙江採集遺書總録》載海寧陳氏影寫本，即從雲間洞天本出，言其本末甚詳，知下一條乃紹興原刻，此爲嘉定覆刻也。又案：《千頃堂書目》載宋高宗御書《禮部韻寶》六册，刊於湖州。吴兔床云：「吾邑陳氏向有是書，係行書。」見蔣光煦《東湖叢記》附注。**前列禮部頒行契勘條式。凡考校舉人，或兼詩賦、不兼詩賦者，自第一場至第四場，著爲格法。牧翁云：「諸凡韻書，元板去宋刻遠甚，校過始知之。」**鈺案：《有學集》有跋。《四庫提要》云常熟錢孫保有影宋鈔本。又案：楊守敬得影宋元祐刻本，見《日本訪書志》。元代有《文場備用排字禮部韻注》，即沿用此書，有至正壬辰徐氏一山書堂刊本，詳《養新録》。

毛晃增修鈺案：元刊本「修」字下有「互注」二字，見《日本訪書志》。**禮部韻略五卷**此條刊本佚。

○《述古目》注「宋板」二字，入《宋板書目》。○鈺案：《四庫》著錄係理宗寶祐四年丙辰秀巖山房重刊本。瞿《目》有紹定庚寅上巳重刊本，附《韻略條式》一卷。又有元至元刊本，「增修」下有「互注」二字。《滂喜記》有元時湖州戶口册紙印本。今京師圖書館有宋元各本。《儀顧堂題跋》云宋本，前有紹興三十三年十二月衢州免解進士毛晃進表。晃字明敬，江山人，學者稱鐵研先生，見弘治《衢州府志》。又《韻略條式》，《藝芸精舍目》作《貢舉條式》。

宋子侯《董嬌饒詩》，出《玉臺新詠》，少陵引用之，初非嬌嬈字。按《玉篇》，嬈音奴了切，苛也。又擾，戲弄也。《廣韻》上聲三十「小」，嬈音而沼切，亂也。從無饒音作平聲也。毛晃取此字增入宵韻，反引杜詩「佳人屢出董嬌嬈」句爲證。歷考古人所用「嬌饒」，並從阮本「從」作「是」。食旁，無有從女者。《藝文》、《樂府》及宋本《杜集》皆然，不知毛晃何據妄增，《韻會》遂成〔補〕阮本「成」作「承」。其誤。阮本「誤」作「譌」。後人惘惘，並改「嬌」爲「妖」，舉世習〔補〕阮本「習」作「襲」用已久，「嬌饒」字竟亡矣。書此以正歷來之繆。〔補〕勞權云：「此說本馮定遠《才調集》跋。」鈺案：又見馮舒《詩紀匡謬》。

司馬溫公切韻指掌圖一卷案：張氏《藏書志》云：「《切韻指掌圖》一卷，從原本錄出，首曰《切韻指掌圖要括》，或即溫公之《檢例》歟。」有自序及嘉泰癸亥董南一序。此條阮本在毛晃《韻略》後。

鈺案：原本當即宋紹定時越中讀書堂刊本，溫公自序、董南一序外，尚有紹定庚寅公四世孫某跋，末有「程景思刊」一行，及溫公小象。又元刊本作二卷，《檢例》一卷，爲元人邵光祖所增定。宋時所行《指掌圖》，原有《檢例》，邵氏以爲全背圖旨，斷非溫公自作，故別爲《檢例》以明之。詳見陸心源《儀顧堂集》。○題詞本有。○《述古目》作「溫公《切韻等子》」，注「宋板」二字。《宋板書目》則作「溫公《切韻指掌圖》」，與此《記》同。○鈺案：《四庫》本作二卷，《檢例》一卷。

溫公以三十六字母約三百八十四聻，刊本、阮本作「聲」。鈺案：「聻」乃「聞」之異文。刊本、阮本皆不誤。管校存疑。別爲二十圖，縱橫上下，旁通曲暢，律度精密，最爲捷徑。嗟乎，韻學之廢久矣。士人溺於章句，如溫公所云：「覽古篇奇字，往往有含胡刊本作「糊」。〔補〕題詞本、阮本均作「胡」。囁嚅之狀，良可憫也。」鈺案：此《記》全本溫公序。

經史正音切韻指南一卷題詞本有。○《述古目》注「元板」二字。

至元二年丙子良月，關中劉鑑士明序云：「僕於暇日，因其舊制，鈺案：《四庫提要》云：「鑑是書以《指掌圖》爲粉本，而參用《四聲等子》，增以格子門法，於出切、行韻、取字乃始分明。」遵王此條，但截取原序數語，於作書大意未能揭出。次成十六通攝，作檢韻之法，詳分門類，並私述刊本作「入」，今從吴校。〔補〕題詞本、阮本、胡校本均作「述」。玄關六段，末兼附《字音動静》，爲斯文之一助耳。」鈺案：《經史動静字音》一卷，見《千頃堂目》。

古四聲等子一卷題詞本有。○《述古目》注「元板」二字。〔補〕勞權云：「《恬裕目》有鈔本，不著撰人姓名。熊澤民序《切韻指南》一書，謂古有《四聲等子》，是其書由來久矣。」

即劉士明《切韻指南》，曾一經翻刻，冠以元人熊澤民序，而易其名。鈺案：此書實非劉士明原書，《四庫提要》已詳加糾正。相傳等子造於觀音，故鄭夾漈云：「切韻之學，起自西域。」鈺案：沈括《夢溪筆談》亦有此説。私謂皆由四十二字母出自《華嚴》。又自神珙《反紐圖》而後，鑒聿有《韻總》，妙華有《互注集韻》，鑑言有《切韻指元疏》，宗彦有《四聲等第圖》，守温有《三十六字母圖》，行慶有《定清濁韻鈐》，皆出宋代釋子，輾轉附會，遂有觀音造等子之説。遵王不加辨正，何也？今僧徒尚有習之者，而學士大夫論及反切便瞪目無語，相視以爲絶學矣。

直指玉鑰匙門法一卷題詞本有。○《述古目》注「鈔」字。

大慈仁寺僧訥菴老人真空，謂劉士明所製門法，始於音和，終於内外，刊本作「外内」。〔補〕阮本、胡校本亦作「内外」。僅十三條，辭意高深，學者未易入。且篇以「門法」爲名，刊本作「允」。〔補〕阮本、胡校本作「名」。不可無鑰匙以啟其關鍵，故爲此書，又加「直指」二字，見明且易焉。鈺案：《天祿目》：明刊改併《五音集韻》，後附真空此書考，云真空始末無考。夏元序稱其「於舊本芟繁就簡，取易出難，意不深刻，聲不聱牙，一覩之餘，即得止宿於聲韻之學，深契其理」。

韻略易通一卷 案：簡莊徵君云：「此書爲蕘圃翁得諸華陽顧聽玉家，乃影天啟間本。」〇題詞本有。〇《述古目》注「鈔」字。〔補〕勞權云：「《絳雲目》一册，鈔。」

正統壬戌九月，和光道人刊本誤作「大」。〔補〕題詞本、阮本不誤。止菴編《韻略易通》成而序之。編以《早梅詩》一首，凡二十字爲字母，鈺案：二十字爲：「東風破早梅，向暖一枝開。冰雪無人見，春從天上來。」見《四庫提要》。標題於上。即各韻平聲爲子調，子下得一平聲字，則上去入一以貫之，故曰《易通》。又分前十韻爲四聲全者，後十韻爲無入聲者，覽之心目了然，可免羊芊之笑矣。案：刊本「心目了然」下云：「止菴不知何人，觀其書可以免羊芊之笑矣。」「芊」字阮本亦作「芋」。簡莊徵君云止菴爲蘭廷秀，見黃俞邰《補明史·藝文志》。鈺案：題詞本「了然」下文同刊本。又案：「芊」字實誤，「芋」誤爲「羊」，詳見《顏氏家訓·勉學篇》。

孫吾與韻會定正四卷 入《述古目》。〔補〕勞權云：「《絳雲目》二册，鈔。」鈺案：《絳雲》「吾與」作

「與吾」。

國初胡校本作「明初」，下同。閣本影鈔。豐城孫吾與撰。平聲不分上下，別作一公、二居、三觚、四江等二十五韻。上聲別作一礦、二矩、三古、四港等二〔補〕阮本同。一本作「一」。勞校云應是「二」字。鈺案：葉名澧《橋西雜記》引作「一」。十五韻。去聲別作一貢、二據、三固、四絳等二十五韻。入聲別作一穀、二覺、三葛、四戛等一十三〔補〕阮本同。一本作「五」。鈺案：《橋西雜記》引作「五」。韻。反切不用沈約韻母，〔補〕勞校本嚴修能云：「沈約有何韻母。」時露西江土音，予未之敢以爲允也。吾與字子初，國初爲太常博士。鈺案：黃虞稷云，吾與元官翰林待制。今《題名錄》以字行，并爲正之。〔補〕勞校本嚴修能云：「此書蓋亦無知之徒所妄作也。」

書法刊本、阮本無「法」字，今從錢校。

石鼓文音釋一卷《述古目》作《石鼓文考》一卷。《也是園目》同，疑即此書。○鈺案：《千頃堂目》作三卷。

石鼓之辨明矣。韓愈以爲宣王鼓，韋應物以爲文王鼓，鄭樵以爲秦鼓，僞劉刊本誤作「刻」，今從吴校。〔補〕阮本作「劉」，一本作「周」。宇文泰指爲後周物。案：周松靄先生春主金馬定國彝堂之說，決爲宇文周物。鈺案：僞劉、僞刻均不可通，疑「僞劉」十字當作「金人指爲後周宇文泰物」。潘迪、薛尚功皆有音訓，而以「朔」作「翊」，以「曈」作「蕃」，學者病之。〔補〕勞校本嚴修能云：「語有譌奪。」楊慎得東坡本於李文正公，篆籀特全，音釋兼具。鈺案：《四庫存目提要》極斥其妄。國朝劉凝又據慎僞本作《石鼓文定本》一書〔二〕，亦見《存目》。恐其本隻〔補〕胡校云一本作「單」。存，久而失傳，刊本下有「焉」字。〔補〕阮本無。爲序其所由來，刊行於世。

集古目錄三卷《直齋》云：「歐公子棐叔弼撰。」〇題詞本有。〇《述古目》作「歐陽公《集古目錄》三卷」，注「宋板」二字。《宋板書目》作「歐陽公《集古錄》三卷」。

歐陽公《集古目》，隨得隨錄，不復詮刊本作「證」。〔補〕題詞本、阮本、胡校本均作「詮」。次。宋刻原本如此，今人以時代次刊本「次」下有「第」字。〔補〕阮本同。之，失公初意矣。鈺案：嚴可均《鐵橋漫稿》云：《敏求記》三卷本即永叔跋尾，非棐書。棐書十卷，絕無傳本。別從《隸釋》、《輿地碑目》、《寶刻類編》等書所載棐書，得跋若干首，依時代爲先後，仍編十卷云云。是《宋板書目》所載爲確。此《記》題中「目」字乃衍文。《記》中「目」字乃「錄」字之誤題，下管氏錄《直齋》說應據此刪去。

隸釋二十七卷《直齋》云：「一十七卷，《續》二十一卷。」○題詞本有。○《述古目》注「鈔」字。〔補〕繆荃孫云此書藏藝風堂。

《隸釋》七百一十餘葉，杜村先生手筆。鈺案：杜村姓沈名原，字質甫，鈔此書時館盛氏蒼潤軒，見本書自跋。雲浦子盛時泰鈺案：時泰字仲交，別號大成山樵，金陵人，見《無聲詩史》。題於後。古人於書率多自鈔。相傳徐髯仙鈺案：髯仙名霖，字子仁，自號九峯道人，見《松江府志》。有宋槧本，甚精妙，後歸毛青城，鈺案：青城名起，字潛濱，夾江人，嘉靖進士，官蘇州知府。載還蜀中。前輩好書風流，洵可慕也。〔補〕蔣鳳藻云：「予有魏稼孫手臨顧千里校宋本，近聞入丁松生家。」

隸續二十一刊本脱「一」字。〔補〕題詞本、阮本、胡校本均不脱。**卷**題詞本有。○《述古目》作七卷，注「元板」二字。《宋板書目》又列一目，卷數與此《記》合。○鈺案：王聞遠《孝慈堂目》有鈔本九十三番，不知所鈔何本。以下稱《孝慈目》。

《隸釋》有續，前後二十一卷。乾道戊子始刻十卷於越。淳熙丁酉姑蘇范至能增刻四卷於蜀。後二年，霅川李秀叔又增五卷於越。明年，錫山尤延之刻二卷於江東倉臺，而葦其板合之越，此景伯之自題若是。嗟乎，一書之付剞劂，遼緩歲月，以潰於成，奈何世罕其傳。元泰定間，刻本亦止前七卷，案：張氏《藏書志》有《隸續》七卷，元泰定刊本。三、四兩卷末有「泰定乙丑寧國路儒學重刊」一條。鈺案：即入《述古目》之七卷本。知此書之亡來久矣。景伯又集字同體異、參差不可齊者，倚聲而彙之，曰《隸韻》。案：簡莊徵君云：「范氏天一閣、曹氏古林、徐氏傳是樓、含經堂所藏皆止七卷。竹垞檢討跋《隸續》，疑末二卷爲《隸圖》、《隸韻》，豈猶未見此書耶？」予家有其半，鈺案：《宋板書目》云《隸韻》半部。洵宋搨〔補〕刊本、阮本「搨」誤「榻」，下條同。鈺案：印本稱「搨」，今所罕用。於《曝書亭集》孝宗大紀書後下云「雕本付搨書手，不戒於火」云云，尚一見之。中之奇寶也。鈺案：《隸韻》，《讀書附志》作七卷。乾隆五十九年汪大完刻本僅存第三卷下平聲之上、第八卷去聲之下，見盧文弨序。

金石錄三十卷題詞本有。○鈺案：明葉文莊有寫本，首尾二紙自書，見《義門先生集》。○《述古目》注「鈔」字。

《金石錄》，清照序之極詳，其搜訪可謂不遺餘力。而予所藏宋搨《章仇府君碑》，鈺案：當即天寶七年《章仇元素碑》。碑文見葉萬《金石文隨錄》。爲明誠所未見，信乎碑板之難窮矣。昔者吾友馮硯祥有不全宋槧本，刻一圖記曰「金石錄十卷人家」，案：兔床先生云：「《金石錄》十卷，後歸雲間朱太史大韶。其家有侍姬，工楷書，因令補錄李易安跋語於後，尤爲精絕。

朱殁後，此書浮沉數十年，復爲吾友鮑以文所得，寶之數十年。有江氏子見而欲得之，以文竟脫贈焉。其人又不知愛，質於武林龔氏，僅得數金以適維揚。龔氏既得此書，頗諱其事，人莫得而究詰也，惜哉！」〔補〕勞權云：「何春渚處士淇《唐棲志略》卷下『寓公』云：『馮文昌硯祥，嘉興人，司成開之夢禎孫也。司成次子褒仲贅於棲里沈氏，遂徙家依之。晚年後居河渚，以守司成之墓。著有《吴越野民集》。硯祥既工詩，兼好古書畫，有宋刻《金石録》十卷，極寶愛之。手跋其後，又爲刻印文曰「金石録十卷人家」。其書僅四册，吾友鮑以文以十金購於湖州書賈，卷尾有朱文石跋、李易安《金石録後序》，其侍兒書也，筆亦秀整有致。惜馮跋不知何人割去，爲可惜耳。是書以文寤寐有年，一旦得之，此歐陽氏所謂物聚於所好也。馮本外又有全帙鈔本，盧運使雅雨在揚聞之，借校付刊。』權案，鮑先生亦有此七字長方印，其仿此式耶？全帙鈔本，乃丁徵君藏。有龍泓館印，抱經學士手校，即開板時底本。所據刻本今在某所。馮氏故居在唐棲水南，去予家不半里。後宅捨爲尼寺，今尚稱馮菴。予得金刻《潛夫論》，有錢受之及硯祥印，亦其故物也。」鈺案：兔床語中江氏子考爲名立，字玉屏，工填詞，儀徵人，有《小齊雲山館詩鈔》、《詩餘》，見《淮海英靈集》。勞氏引《唐棲志》，褒仲所著。《吴越野民集》、《杭郡詩輯》作硯祥撰，不知誰誤。**長箋短札，帖尾書頭，每每用之，亦藝林中一美談也。**鈺案：此書後歸潘文勤公，題識數十家，均載《滂喜記》。江玉屏得此書，見於張芑堂跋中。

鄭枃刊本、阮本作「杓」，下同。**衍極五卷**見《也是園目》。

莆田鄭杓鈺案：或作羅源人。子經述，案：簡莊徵君云：「『杓』字《法書苑》作『杓』。鱣考《廣雅》云：『經梳謂之杓。』故杓字子經。」〔補〕胡校本云：「隆慶大字本尚不誤。」鈺案：《續百川學海》刊本亦未誤。劉有定能靜釋。鈺案：有定亦莆田人，見《書史會要》。蒐討古今書法源流，成一家言。龍溪令趙敬叔爲之鋟梓以傳。〔補〕黃丕烈云：「予所得爲明刻本五卷。近時作二卷者誤。」又云：「甲子夏又得周硯農手鈔本，從孫道明本錄出。」鈺案：明刻本爲婁堅重刻。《孝慈目》載有金孝章鈔本。

二王帖目錄評釋三卷入《述古目》，「評釋」下有「文」字。〔補〕勞權云：「『評』《絳雲目》作『證』，不注卷數。」鈺案：粵雅本仍作「評」。《孝慈目》作「一卷，鈔，白，三十五番」。

取羲、獻之書散於各帖者，彙而合之，附諸家評釋於逐條後。卷尾有許開題辭。〔補〕勞權云：「趙希弁《讀書附志》別集類云：『《志隱類稿》二十卷，許開仲啟之文，信安陳峘〔三〕序。開嘗爲中奉大夫，提舉武夷沖祐觀。《清江二王帖》，開爲守時所刊。』又法帖類云：『《二王帖》三卷，清江所刻羲之、獻之帖也。二像冠於篇端。引周子中之言曰：心慕二王之人品，則瞻之在前。手追二王之墨妙，則忽然在後。目錄、注釋具於卷末。』」又《播芳大全文粹》有紹熙庚戌南徐許開序。然不收《保母帖》，〔補〕勞權云：「《保母帖》出於宋。」鈺案：《曝書亭集》云此志出於嘉泰壬戌，錢清王畿獲之會稽山樵。樵人獲之黄閔興寧中保母葬地。**恐遺漏者尚多，俟續考之。**

書斷列傳三卷雜編一卷《述古目》《書斷列傳》一卷，注「鈔」字。胡校本「雜編」作「續編」。《續編》僅見《也是園目》。

此〔補〕一本「此」下有「書」字。**是舊鈔本。刊於《百川學海》中者，行次失款，且多譌字，以此参校可耳。**鈺案：《唐志》：張懷瓘《書斷》三卷。《四庫提要》云：「所録皆古今書體及能書人名。前列姓名，後爲小傳。張彦遠《法書要録》全載其文。」

雪菴字要一卷入《述古目》。〔補〕黄丕烈云：「張秋塘校云：雪菴字玄暉，大同人。少爲頭陀，號雪菴和尚。大德中詔蓄髮，授昭文館大學士。有《雪菴長語》。」〇鄧邦述云：「此書今藏羣碧樓，有蕘圃題跋，曾藏百宋一廛也。」

當塗詹恩〔補〕刊本、阮本同。錢校本、胡校本均作「思」。鈺案：作「恩」是，見本書序。**好作大字，得詹孟舉**鈺案：明人有詹萬里，休寧人，以善書稱一時。父希賢，工諸體，著有《書筌》一卷。不知即其人否。**墨蹟五字，寶**〔補〕胡校本「寶」下有「而」字。**學之。後見雪菴大字書法，傳其規矩於世。雪菴能捽襟勒式，傳陳宏道之教，**鈺案：宏道，維揚人，見溥光《大字説》。**取永字**

八法，變化爲二十四法。鈺案：溥光《永字八法》一卷，采入馮武《書法正傳》。序作於至大元年菊月望日，自署「圓悟慈慧禪師鈺案：《書史會要》作「賜號玄悟大師」。資善大夫昭文館大學士李溥刊本誤作「浦」。〔補〕阮本同。光雪菴」。其結銜如此，後人稱爲雪菴和尚，蓋有以也。

數〔補〕刊本「數」下有「書」字，阮本無。

王孝通緝古算經一卷題詞本有。○《述古目》注「宋本影鈔」四字。〔補〕勞權云：「宋本題『通直郎太史丞王孝通撰并注』。」

孝通，唐通直郎太史丞。其上言云：「伏尋《九章·商功篇》，〔補〕一本下重出「商功篇」三字。○黃丕烈云：「影宋鈔本。原書表文並無「商功篇」三字重文，舊鈔本不足據。」鈺案：阮本亦無此三字。有平地役功受袤〔補〕刊本誤「袤」。之術。至於上寬下狹，前高後卑，正經之內，闕而不論。致〔補〕刊本、阮本無「致」字，黃校本從影宋本補。使今代之人不達深理。因晝思夜想，遂於平地之餘，續狹斜之法，凡二十術，名曰『緝古』。如有排其一字者，〔補〕黃校本從影宋本，「者」下補「臣欲」二字。謝以千金。」斯可爲篤信而自專矣。

孫子算經三卷題詞本有。○《述古目》注「宋本影鈔」四字。

孫子，莫刊本作「算」，阮本作「筭」，下均有「未」字。〔補〕題詞本、胡校本作「莫」。詳何代人。李淳風等奉勅注釋。案：竹汀先生云：「今本注釋佚。」元豐九年七月，鈺案：鮑刻本作「七年九月」。葉祖洽上進。鈺案：《滂喜記》載宋刻本。

夏侯陽算經三卷案：此書《隋志》作二卷，《唐志》及《通考》俱作一卷，甄鸞注。今本無注。《直齋》以爲元豐京監刊本。〇題詞本有。〇《述古目》注「宋本影鈔」四字。

算數起自伏羲，而黄帝定三數爲十等。隸首因〔補〕黄校本從影宋本，「因」下補「以」字。著《九章》，陽尋覽古今差互，〔補〕阮本同。錢校本、胡校本作「誤」。謹錄異同，列爲三卷。

張邱達阮本「達」作「建」，下同。鈺案：《直齋》作「建」。鮑刻據影宋本，亦作「建」。不知管氏何據改作「達」。**算經三卷**《唐志》作一卷。《直齋》同。〇題詞本有。〇《述古目》注「影宋鈔本」四字。

邱達，清河人。甄鸞注經，李淳風等注釋，劉孝孫撰細草。原其大槩，序列諸分之本元，宣明約通之要法，上實有餘爲分子，刊本誤作「于」。〔補〕題詞本、阮本不誤。黄丕烈云影宋本作「子」。下法從而爲分母，案：兔床先生云此段似有錯誤。不復〔補〕刊本、阮本作「務」。黄校本從影宋本改。煩重，庶其〔補〕胡校本「其」作「乎」。易曉耳。鈺案：遵王此條撮鈔邱建原序，語意未完。又案：《滂喜記》載有宋刊本。

五曹算經五卷題詞本有。○《述古目》注「宋本影鈔」四字。〔補〕勞權云：「宋本十八行，行十八字。題『朝議大夫行太史令上輕車都尉臣李淳風等奉勅注釋』，末有『祕書省』一行，『五曹算經』一行，『共一册』一行。又校勘銜名二行。」○繆荃孫云北宋本歸抱冰堂。

五曹者，田曹、兵曹、集曹、倉曹、金曹也。生人之本，上用天道，下分地利，故田曹爲首。既有田疇，必有刊本作「資」。〔補〕阮本亦作「資」。人功，故以兵曹次之。既有人衆，必用食飫，刊本作「飲」，今從吴校。〔補〕阮本作「飲」。故以集曹次之。衆既曾〔補〕胡校本云「會」，鈔本作「彙」。集，必務儲蓄，故倉曹次之。倉廩貨幣，交質變易，故金曹次之。鈺案：此條遵王録原書注文。

數書九章十八卷題詞本有。○《述古目》作「淳祐秦九韶《數書九章》十八卷」，注「閣本鈔」三字。〔補〕勞權云：「近上海郁氏得遵王此本，并李尚之校大典本校刊。」

《數書九章》，淳祐七年〔補〕胡校本云鈔本「七年」作「九年」。魯郡秦九韶撰。鈺案：錢大昕云：「此書十八卷。其目曰大衍，曰天時，曰田域，曰測望，曰賦役，曰錢穀，曰營處，曰軍旅，曰市易，蓋自出新意，不循古《九章》之舊。」考九韶爲魯人，而家於蜀，疑爲少游之後。詳《養新錄》。清常道人從會稽王應遴一本「遴」誤作「嶙」。鈺案：應遴與徐光啟同以通天算有名，見《明志》及《疇人傳》。此《記》卷三《乾象圖說》即其所撰。借閣鈔本校錄。〔補〕勞權云《脈望目》不載，見《恬裕目》。鈺案：瞿《目》錄趙琦美跋云：「原無目，予爲增入之。」

李冶測圓海鏡十二卷題詞本有。○《述古目》注「鈔」字。

敬齋病革，語其子克修刊本作「兌修」。〔補〕題詞本、阮本作「克修」。曰：「吾生平著述，死後可盡燔去。獨《測圓海鏡》雖九九小數，精心致力，後世必有知之者。」嗟嗟，昔人成一藝，篤信守死而後已。今人留心學問，奈何半途而廢乎？鈺案：李銳云此書爲立天元一法而作。

顧應祥測圓海鏡分類釋刊本作「擇」。〔補〕題詞本、阮本作「釋」。**術十卷**題詞本有。○《述古目》注「鈔」字。〔補〕黄丕烈云：「戊辰夏，得此書刻本。」

箬溪道人謂欒城李學士所著。如平方、立方、三乘方、帶從、減從、益廉、「益」一本誤作「蓋」。減廉、正隅、負隅諸法，以積求形者，皆盡之矣。但每條下細草，俱徑立天「天」一本誤作「失」。圓〔補〕「圓」題詞本、阮本均作「元」。一，反覆刊本作「復」。〔補〕阮本亦作「復」。合之，而無下手之術。故每章去其細草，立一算術。又以其所立，通勾邊〔補〕阮本同。一本作「適」。股之屬，各以類分之。於是李公之術，益便於下學矣。鈺案：阮文達公元云：「明代算術衰歇，顧箬溪應祥作《測圓海鏡釋術》等書，以立天元一無下手之處，每章輒刪去細草，而但演開帶從諸乘方法，舍其本而求其末，不知妄作之罪，應祥實無可辭焉。」又案：文達此說係本唐順之與應祥書。

李冶益古衍段三卷題詞本有。〇《述古目》作二卷。

元人有以方圓刊本作「圖」。〔補〕阮本同。題詞本、胡校本均作「圓」。移補成編，號《益刊本「益」字缺。〔補〕題詞本、阮本、胡校本均有「益」字。某鈔本「益」誤作「孟」。古集》，大小六十四問。敬齋惜其未盡剖露，爲之移補條段，細翻圖式，目曰《益古演段》，使後人易曉，亦數家之一助也。

小學

郭璞注爾雅三卷以下三條阮本在董彝《四書問對》後。鈺案：管氏原輯從阮本，今改從刊本，說見前。○《述古目》注「宋板影鈔」四字。

六畜字本從「嘼」，後人借畜養字用之。故麋、鹿、虎、豹育於山澤者，歸〔補〕胡校本云，「歸」字鈔本作「謂」。下同。之釋獸。馬、牛、羊、狗爲人所養者，歸之釋畜。若一概以獸例之，謬矣。讀《爾雅》宜熟精其義，勿但以終軍辨鼠爲能事也。此本逐卷後附音釋，殊便覽者。

羅願爾雅翼三十二卷《漁洋書跋》云：「《爾雅翼》，宋淳熙初羅端良願撰。其自序皆四言，間雜五言、六言，叶韻，文甚奇肆。洪焱祖爲之注，序之變體也。」鈺案：王應麟後序亦仿願體爲之。○《述古目》注「鈔」字。

羅願，新安人，七歲爲《青草賦》。刊本誤作《責草賦》。然兔床明經云《青草賦》，《鄂州小集》無之。〔補〕阮本亦作《青草賦》。鈺案：方回跋：鄂州甫七歲，能爲《青草賦》以壽其先尚書。南渡後，文章人頗推之。淳熙乙巳，卒於知鄂州之明年，故世稱爲羅鄂州。此書於刊本「於」下有「草木」二字。〔補〕阮本同。鳥獸蟲刊本、阮本作「虫」，下同。然「虫」作「虺」音，不當混。魚之類，正名辨物，貫穿百家，可謂該洽矣。昌黎云：「《爾雅》注蟲魚，定非磊落人。」予就存齋鈺案：存齋，願別字。觀之，殊不以此語爲然。鈺案：《文淵閣目》作「洪焱祖《爾雅翼》」，當係誤題。

博雅十卷題詞本有。○《述古目》作「《博雅》，曹憲音解」。注「宋本影鈔」四字。〔補〕黃丕烈云：「此本予得東城顧五癡家。此書近刻以畢效欽本爲最善。以此本校之，更多是正，影宋鈔本故多佳處也。」

魏博士張揖採《蒼雅》遺文不在《爾雅》者爲書，名曰《廣雅》，表上之。隋曹憲因其說，附以音解，避煬帝諱，更爲《博雅》。正德乙亥，支硎山人手跋此本云：「士人袁飛卿〔補〕黃丕烈云，袁正德丙子舉於鄉。鈺案：飛卿名翼，見《姑蘇名賢小記》。有此書，求之半載，童十數往返，始得〔補〕某鈔本「得」字及下「繕」字之間有空格。刊本、阮本均不空。繕錄，〔補〕題詞本「錄」下有「整然」二字。徵白金五十星乃去。〔補〕錢校本「去」作「云」。阮本亦作「云」。錢物可得，書不可得，雖費當勿胡校本「勿」作「弗」。校耳。」山人惜逸其氏名，亦一佳士也。鈺案：顧廣圻跋愛日精廬藏本云：「支硎山人，遵王惜逸其氏名，然跋後副葉有《與劉太守札稿》，自名曰庠，曾爲河南巡撫。壬申歲，以戶侍歸。其別墅曰東溪。著《東溪吟稿》、《續稿》，求楊儀部序，似非不可考者。」案：明成化壬辰《進士題名碑錄》，鄧庠籍湖廣郴州宜章縣。《四庫存目》有《東溪稿》十卷，爲鄧庠撰。《提要》云庠字宗周，南京戶部尚書，終蘇州巡撫。是庠曾撫吾吳，故以集乞楊儀部循吉作序。儀部亦成化進士，爲當時壇坫。浼人乞請，情事所有。其實支硎山人即儀部別號，《姑蘇名賢小記》載儀部結廬支硎南峯。朱承爵《存餘堂詩話》又稱中吳楊禮曹支硎先生，皆足爲證。以遵王一時失考，澗蘋先生乃捨近求遠，留此疑問，蒐考得之，爲之大快。惟鄧庠札稿因何羼入書中，且疑儀部或有取其詞自錄卷尾，字蹟不分，造成此一段公案。未見原書，尚未敢質言之也。

方言十三卷《直齋》作十四卷。晁氏《志》作三卷，曰《輶軒使者絕代語釋別國方言》。〇題詞本有。〇見《也是園目》。《述古目》作「揚雄《方言》三卷」，注「節文影鈔」四字。

舊藏宋刻一本作「北宋刻」。**本《方言》，牧翁**阮本作「謙翁」。**爲予題跋。**〔補〕勞權云跋見《有學集》。鈺案：《有學集》跋云：「予舊藏子雲《方言》，正是此本，而紙墨尤精好。紙皆是南宋樞府諸公交承啟劄，翰墨燦然。於今思之，更有東京夢華之感。」鈺案：《儀顧堂續跋》有影宋本，云戴東原作《方言疏證》，以曹毅所藏宋本爲證，與此多同。當即從曹本錄出。是謙益跋本外又有一宋本也。**紙墨絕佳，後歸之季滄葦。**〔補〕勞權云此本見《藏書志》。鈺案：季滄葦《宋板書目》有揚子《方言》六卷，牧翁跋一條。《方言》無六卷本，疑季《目》「六」字誤。此即得諸遵王者。勞說「志」字當作「目」。**此則正德己巳**〔補〕胡校本改「已」爲「乙」。鈺案：正德無乙巳。**從宋本手**〔補〕勞權云「手」字疑衍。**影舊**〔補〕勞權云「舊」當作「宋」。**鈔也。二卷中「吴有館娃之宫，秦有榛娥之臺」，俗本脫去「秦有」二字。馮已蒼嘗笑曰：「并榛娥而吴之矣。」劉子駿從子雲取《方**

言》入〔補〕阮本「入」作「八」。籙，貢之縣官。子雲答書：「君必欲脅之以威，凌之以武，則縊死以從命。」古人矜刊本作「務」。〔補〕題詞本、阮本均作「矜」。重著述如此，千載而下，猶爲穆然起敬也。

奇字訓釋一卷《述古目》作「《淳熙奇字訓釋》」，注「鈔」字。〔補〕勞權云《絳雲目》一册，鈔。

書成於宋孝宗淳熙戊申，不著名氏。《萬花谷》後附者非完書，覽者其辨之。鈺案：《錦繡萬花谷》自序題淳熙十五年。是年值戊申，作者成書亦在是年，即附刻其後，恐非事實。《小學考》據此《記》采入，無他考證，下注「存」字，不知果見原書否也。

李成己小學書纂疏四卷入《述古目》。○鈺案：錢大昕《補元史·藝文志》無卷數。以下稱錢補《元志》。○盧文弨補遼金元三史《志》作四卷。

文公先生取古禮之宜於今者，編《小學内篇》。復還漢唐迄北宋刊本誤作「元宋」。文公時安得有元。繡谷亭本作「九」，亦非。〔補〕阮本作「北宋」。賢人君子之嘉言善行，爲《小學外篇》。秦儒李成己友仁於注解内復刊本作「複」，今從吴校。〔補〕阮本作「複」。加注解，前後三百八十五章，增衍正義。洛陽薛延年鈺案：延年字永之，平水人，或作臨汾人。盧文弨、錢大昕

《補元志》均有《小學纂圖》一目。别有《四書引證》、《竹軒集》，見錢補《元志》。又創纂《小學書舉要圖》冠於前。予覽之，竊歎古人分年課程，八歲入小學，十五歲入大學。循循善誘，無躁進弋獲之弊。輓近世道衰，刊本作「輓世道之衰」。〔補〕胡校本作「輓近世道衰」。阮本連下句，作「輓世後生小子」，無「近」字、「道衰」字。後生小子汩沒科舉之業，不復知小學爲何書矣。觀此能無愧心乎！

歷代蒙求一卷《述古目》作「王芮《蒙求》」，注「元板」二字。

汝南王芮撰，鈺案：《宋志》有鄭氏《歷代蒙求》一卷。《百川書志》又載有《歷代蒙求》一卷，云徽休寧陳櫟壽翁撰。彭元瑞《知聖道齋讀書跋》亦載之，云元陳櫟撰。均與此同書名，而作者不符。括蒼鄭鎮孫纂注。鈺案：鄭鎮孫《歷代史譜》一卷，知聖道齋有跋。至順改元，馬速忽守新安，見是書，命郡教授王子宜鋟梓以廣其傳。

錢遵王讀書敏求記校證卷二之上

鈺案：此卷管氏彙録本脱卷首六葉，自《史記》條起，至《鈞磯立談》條「子山之麗」「子」字上止。兹從上元宗氏藏本所録管校補入，而以「原校」二字别之。

史

史記一百三十卷題詞本有。○《述古目》注「宋板」二字，入《宋板書目》。

唐尊老子爲玄元皇帝，開元二十三年勑升於《史記》「列傳」之首，處伯夷上。予昔藏宋刻《史記》有四，而開元本亦其一焉。鈺案：《四庫提要》云，錢曾云開元本尚有宋刻，今未之見。又案：管氏《待清書屋散記》云，高安釋圓至《書宣和〈史記〉後》云：「予居臨安，有持示大板《史記》，而『列傳』以老子爲首，心甚怪之，莫知所從出。閲國朝《會要》，見宣和某年有旨升老子於『列傳』之首，乃悟所見爲宣和本，今不行矣。」見筠溪《牧潛集》，是趙宋亦有此本，足廣異聞。今此本乃集諸宋板共成一書，小大長短，〔補〕題詞本、阮本均作「短長」。各種咸備。李沂〔原校〕「沂」作

「汧」。〔補〕沈鈔本作「汧」。阮本作「沂」。公取桐絲之精者，雜綴爲一琴，謂之「百衲」。鈺案：《鐵圍山叢談》：唐李汧公號善琴，乃自聚靈材爲之，曰百衲琴。王隱《晉書》：董威輦於市，得殘繒，輒結以爲衣，號曰百衲衣。此「百衲」二字之最初見者。又蔡君謨書《畫錦堂記》，每字一紙，擇其不失法度者，連成碑形，當時謂百衲本。見董逌《廣川書跋》。予亦戲名此爲百衲本《史記》，以發同人一笑焉。〔原校〕陳鱣云：「百衲《史記》，每卷作一册。紙墨俱極精好。淥飲嘗從吴中購得十册，友人竟析而分之，有獲數葉者，皆裝界爲册葉而寶藏焉。昔爲百衲之琴，今又散爲千狐之腋。世有好古之君子，當必爲之撫卷而三嘆也。」〔補〕勞權云：「黄蕘圃《百宋一廛賦》誤解百衲之意。」鈺案：《賦》注謂合宋殘本《昌黎先生集》四種爲一種，作述古堂主人百衲《史記》之流裔。勞謂誤解，未知何指。〇蔣鳳藻云：「百衲本《史記》今在姚彦侍方伯處。」鈺案：蔣説與上陳説牴牾。百衲本《史記》當時拼配成部，必不止入此《記》之一本。大興朱氏亦有百衲本《史記》，見《楹書隅錄》宋本《莆陽居士集》後朱錫庚跋。孫從添《藏書紀要》亦載汲古主人集大小各種宋刻《史記》成一部，名曰「百合錦」，知此類遊戲神通不止遵王一人也。

王偁東都事略一百三十卷 鈺案：刊本无卷数，原校補入。〔原校〕歸京江相公。鈺案：此五字作同時人口吻。京江相公必指丹徒張文貞公玉書。考文貞入閣在康熙二十九年，薨五十年。康熙二十九年，遵王生年在六旬左右，疑即遵王自記，非出後人添注。遵王生年詳《補輯類記》。〇《直齋》

云：「一百五十卷。其書紀傳附録略具，但無志耳。所紀太簡略，未得爲全書。」鈺案：卷數「五」字疑「三」字之誤。○《讀書附志》云：「承議郎知龍州王偁所進。本紀十二，世家五，列傳一百五，附録八，間爲論贊以發揚之。以國都大梁以前之事，故謂之『東都』。偁爲眉山故禮部侍郎賞之子。此書既進，遂直中祕云」。○題詞本有。○入《述古目》。入《宋板書目》。

《東都事略》，宋刻僅見此本，〔補〕吴騫云：「先生《小畜集》百二十卷，亦僅有鈔本。」鈺案：《小畜集》乃王禹偁元之撰，吴説誤。○黄丕烈云顧抱沖有宋本。鈺案：此《記》宋本後歸豐順丁氏。近《適園志》載宋光宗時刊本，有「眉山程舍人宅刊行，已申上司，不許覆板」木記一行，疑即從丁氏散出。「偁」字作「稱」，其字爲季平，疑作「偁」者誤。又陸心源有宋槧本，爲汪閬原參配而成。有初印者，有後印者，有明覆本配者。内有十卷爲黄蕘圃舊藏。「偁」字亦作「稱」。《結一目》亦有明繙宋本。先君鈺案：遵王父名裔肅，見《補輯類記》。最所寶愛。榮木樓牙籤萬軸，獨闕此書。牧翁屢求不獲，心頗嗛焉。〔補〕勞權云：「《有學集》跋云：『今年初夏，見述古堂宋刻，即李九如家鈔本之祖。』」鈺案：謙益撰裔肅《合葬志》中尚鄭重言之，不止一見。先君家道中落，要索頻煩，始終不忍捐〔補〕阮本作「損」。棄。鈺案：據《梧子筆夢》，有輦金輿寶報謝探花公之説。此所謂要索頻煩者，殆即指此。此條必謙益死後所記，與此《記》全書詞氣不同。吾子孫其慎守之勿失。〔原校〕錢竹汀云，讀《東都事略》宋祁傳，考其年月，知《唐書》於慶曆中開局，當是四年，至嘉祐五年書成恰十五年。歐公在局不及七年，故不欲專其名。西莊謂歐、宋修史不同時者，誤也。

資治通鑑二百九十四〔原校〕刪「四」字。**卷**〔原校〕《讀書志》作二百九十四卷。又云《目錄》三十卷，《考異》三十卷。○題詞本有。○《述古目》注「顧伯欽校正」五字，入《宋板書目》，注「大字」，又一本。

溫公修《通鑑》成，自言惟王勝之一讀，他人讀未終卷已欠伸思睡矣。當公世而云然，無怪乎後之謏聞小生，拾一芝蔴終，〔補〕題詞本、阮本均作「紙」。便侈談今古也。此爲吾鄉顧塵〔補〕阮本同。宋校本作「麈」。客先生所披閱。先生諱大章，字伯欽，與楊、左諸公同受奄禍，名在斗杓。當其入〔補〕胡校本云「入」，鈔本作「在」。詔獄時，有芝生一莖六瓣，兆六君子之祥，雖天公亦爲之告異。鈺案：此事入《明史》本傳。今觀先生點定此書，自始至終，詳整無一懈筆。心細如髮，晏居不苟如此，允爲王勝之後之一人矣。鈺案：大章著有《羣書節要》、《朝野分合紀事》等書，見《常昭合志》。吾家《通鑑》有大字宋本，復有宋人手披鈺案：「披」疑「批」字之誤。者半部，刻鏤精工，烏絲外標題週遭殆徧，尚是宋人裝潢，未經今人攙釘〔原校〕作「訂」。〔補〕阮本作「釘」。者。然總不若此本之矜重。吾輩當盥頮〔原校〕作「䫌」。〔補〕題詞本、阮本均作「䫌」。莊拜而後讀，如臧榮緒之於《五經》可耳。

劉知幾史通二十卷〔原校〕《讀書後志》作劉子玄。鈺案：王祭酒師刊衢本校語云袁本十四，不云

《後志》。疑原校有誤。○見《也是園目》。

陸文裕公刻蜀本《史通》，鈺案：盧文弨嘗得華亭朱氏影鈔宋本，不云出蜀刻。儼山嘉靖中官四川左布政使，故刻於蜀耳。「蜀本史通」四字似不詞。其《補注》、《因習》、《曲笔》、〔原校〕改「笔」作「筆」。〔補〕阮本不誤。《鑒識》四篇，殘脱疑誤，不可復〔補〕阮本、胡校本「可復」作「復可」。讀。文裕題其篇末，而無從是正。舉世罕覯全書，殊可惜也。鈺案：儼山別有《史通會要》三卷，入《四庫存目》。此本於脱簡處一一補録完好，又經前輩勘對精允。凡標題行間者，皆另出手眼，覽之真有頭白汗青之感。〔補〕勞權云：「《羣書拾補》云得馮巳蒼、何義門、錢遵王三家校本，而不著明錢本鈔刻。又云《恬裕目》有校本，亦云以此三家校，署『丙申元旦後一日立齋校』，當是傳盧校。立齋不審爲誰某。」鈺案：立齋爲崑山徐元文別字，與義門同時，未必即校義門本。疑別有其人。

胡一桂十七史纂古今通要十七卷見《也是園目》，無「古今通要」四字。〔補〕勞權云《恬裕目》有元董鼎季亨《史纂通要後集》三卷，元刊本。○鈺案：《四庫》著録胡書有元大德壬寅自序，并「地理世系」十三圖。

宋以來論〔原校〕鈔本無「論」字。史家，汗牛充棟，率多厖雜可議，以其不討論之過〔補〕

阮本同。宋校本作「故」。也。馮定遠曰：「蘇子由論劉先主云：『用孔明非將也，據蜀非地也。』考《蜀志》，孔明在先主時，未嘗爲將，至南征始自將耳。鈺案：李聯琇云《北齊書·王琳傳》即有「孔明爲將」語，非特子由云云，見《好雲樓集》。先主若不據蜀，則何地自容？此豈非不討論之過乎？」鈺案：此說入《鈍吟雜錄》。胡庭芳纂此書，論議頗精允，絕非宋儒偶〔原校〕作「隅」。〔補〕阮本「偶」，宋校本作「隅」。見者可比，一覽令人於古今興亡理亂，了然胸次。朱子稱《稽古錄》其言如桑麻穀粟，曰：「小兒讀《六經》了，好令接續讀去。」予於此書亦云然。但以昭烈繼建安，一祖朱子《綱目》。予不敢謂溫公正統爲非，〔補〕勞校本嚴修能云：「溫公之不帝蜀，疑非靖王之後，此拘迂之過也。而遵王此說又非溫公之意，悖甚，蓋此亦其家學耳。」請俟百世之君子討論可耳。

曾先之十八史略二卷〔原校〕此條刊本佚。○見《也是園目》。〔補〕宋校本作《古今歷代十八史略》三卷。○鈺案：《南雍志·經籍考》：《歷代十八史略》十卷，廬陵前進士曾先之編，至正間浙東憲使范陽張士和重加校勘。與此《記》卷數不符。又有《十九史略》一種，爲鄱陽余進編。先之所編自太古及宋末，余進所編並及元明。詳見上元朱氏《開有益齋讀書志》。以下稱《開有益志》。

史而云「略」，不成乎其史矣。然古今理亂興廢之由，薈撮於兩卷中。幼學讀之，頗可得其端緒，亦或童子佩觿之一助也。止稱《十八史》者，槩遼金於宋，殆與揭奚斯釐爲三史，各統其所統之論，異乎所聞矣。〔補〕勞權云：「此書見《恬裕目》，元刊本。」鈺案：瞿《目》云爲元時鄉塾課本。

通鑑博論三卷題詞本有。〇入《述古目》。〔補〕黄丕烈云曾見明刻本於經義齋，未收。〇鈺案：《酌中志・内板經書記略》，計三本二百九十葉。《四庫存目提要》云，前二卷論歷代史年大略，後一卷仿史家年表，名之爲「天運記」。末附永樂五年御製文一篇，題曰「歷代受命報復之驗」。《適園志》有明本二卷，云凡例十八，上卷論，下卷表，與此《記》微異。

《通鑑博論》，聖祖〔原校〕「聖祖」字旁加「乚乚」，下同。命寧王權編輯。洪武二十九年九月十七日書成表進。〔補〕題詞本「進」下有「上中爲外紀」五字，朱筆抹去。下卷圖〔補〕題詞本「圖」上有「爲」字，朱筆抹去。格中，獨於至正二十六年丙午，書廖永忠沉韓林兒於瓜步，大明〔原校〕「大明」字旁加「乚乚」，下同。惡永忠之不義，後賜死。牧翁云：「此蓋寧王〔補〕黄丕烈云「寧王」鈔本誤「牧翁」。奉聖祖意，特標此一段以垂示千萬世。鈺案：見《初學集・太祖實錄辨證》。又見《有學集・與吳江潘力田書》。不然，安敢以開國大事自立斷案乎？」予謂沉於瓜步，記其地也。大明惡永忠之不義，痛絕之也。後賜死，明當時未蔽厥辜，而後終以此正其罪也。此非寧王之書法，而聖祖之書法也。德慶一案，盡此二十一字中，又何他辭之説歟！鈺案：《提要》云，林兒之死猶義帝之死，永忠之死猶淮陰之死，一語而解二失，此舞文之曲筆。錢曾以爲定案，於義殊乖。

臞仙史略二卷見《也是園目》。○鈺案：錢塘丁氏《善本書室志》有明萬曆内府刻本。以後稱《善本志》。

賢王奉藩多暇，惇〔原校〕「惇」改「敦」。詩説禮者有之，貫穿歷代興亡，提綱舉要，較〔原校〕「較」作「較」。〔補〕阮本、宋校本均同。其良惡，千古瞭如指掌，蓋未有如寧王者。元順帝爲合尊之子，牧翁取余應詩鈺案：應閩人，詩入程敏政《宋遺民録》，何喬新有注。今知不足齋本删去。與權衡《大事記》鈺案：衡撰《庚申外史》，入《四庫存目》。疏通證明之，作《瀛國公事實》。鈺案：入《初學集》。而此直揭云：「爲宋幼帝〔原校〕改「帝」爲「主」。〔補〕阮本、胡校本均同。子，明宗養爲己子。」又云：「初，明宗出獵回，〔原校〕「回」改「因」。遇大風雨，見寺中火光，往視之，乃宋幼帝生男，〔原校〕改「帝」作「主」，去「生男」二字。胡校本同。〔補〕阮本「帝生男」三字作「主后産」三字。胡校本「男」下補「子」字。明宗取而育之，以爲己子。及長，文宗忌之，貶高麗，遷静江。」臞仙之説〔原校〕「説」改「記」。〔補〕阮本亦作「記」。庚申帝，所謂大書特書不一書而已也。《晉書》於小吏牛氏，諱而不沒其實。當時修《元史》諸公，何以見不及此？牧翁《列朝詩集小序》中詳載臞仙著述，鈺案：《小序》云王所著爲《通鑑博論》二卷，《漢唐祕史》二卷，《史斷》一卷，《文譜》八卷，《詩譜》一卷，《神隱肘》、《後神樞》各二卷，《壽域神方》四卷，《活人心》二卷，《太古遺音》二卷，《異域志》一卷，《遐齡洞天志》二卷，《運化玄樞》、《琴阮啟蒙》各一卷，《乾坤生意》、《神奇祕譜》各三卷，《采芝吟》四卷。其他注纂數十種，經子九流，星曆醫卜，黃冶諸術皆具。又作《家訓》六篇、《寧國儀範》七十四章。而獨遺《史略》，且書瀛國公事，又不援引其言以實之，豈當時未獲見此本歟？

李文子蜀鑑十卷〔原校〕此條刊本佚。○見《也是園目》。○鈺案：元和惠氏《百歲堂書目》有元槧本。《皕宋志》有嘉靖本。

李文子鈺案：字公瑾，光澤人。見《四庫提要》。久仕於蜀，紬繹前聞，命郭允蹈鈺案：字居仁，又字湛溪，資州人，見本書序跋。輯成此書。起自秦取南鄭，迄乎宋平孟㫤。凡山川形勢之險阻阸塞，悉著於篇，而附以西南夷本末終焉。方山子稱其於郡邑地土，標注詳明，使考蜀事者不至混漫無稽，有特長焉。予觀其論荆州，首吳尾鈺案：一本「尾」下有「楚」字。蜀，若中分而與吳共之，則吳可以攻，而蜀不可以守。又論雲長自江陵出襄陽，益德、黃權，有一人爲居守之計，庶可震撼中原，而無後顧之憂。雲長既死，孔明亦末如之何矣。嗟嗟，蜀之興衰，繫乎荆州失，雲長死，自時厥後，孔明雖鞠躬盡瘁，而成敗利鈍悉聽之於天。義山詩云：「管樂有才真鈺案：李詩作「終」。不忝，關張無命欲何如。」與文子之論，適相符合。千載而下，蓋同一嘅歎也。鈺案：《提要》謂此書所論蜀之地勢，可以北取中原，與李舜臣《江東十鑑》同意，所以勵當時恢復之氣也。遵王所論未得著書本意。

吴越備史四卷〔原校〕《吴越備史》，《直齋》云九卷。按《中興書目》，其初十二卷，盡開寶三年，後又增三卷至雍熙四年。今書至石晉開運，比初本尚缺三卷。又《吴越備史遺事》五卷，錢俶之弟錢儼撰。其序言《備史》亦其所作，託名林、范耳。○見《也是園目》。〔補〕黄錄《採遺》云：「此書《通考》有二，《吴越備史》九卷，注吴越掌書記范坰、林禹撰。又《吴越備史遺事》五卷，注全州觀察使錢儼撰。并引陳振孫謂《備史》亦儼所爲，託名林、范者。而今本則有吴焯跋，云嘗得吴越二十四世孫受徵刊本，與此校對，其刊本小傳頗有删節，則此鈔本爲當時林、范原撰亦未可定。又據刊本，武通王二卷，文穆王、忠獻王、吴越國王各一卷，凡五卷。其《補遺》一卷，云是越中比部德洪所纂。則此前四卷當作五卷，鈔本標題誤耳。」鈺案：《四庫》著録四卷。《提要》云據舊目，卷首《年號世系圖》、《諸王子弟官爵封謚表》、《十三州圖》、《十三州考》，今惟存《十三州考》一篇，後附《補遺》一卷。

今本《吴越備史》，武肅十九世孫德洪所刊。序稱忠懿事止於戊辰，因命門人馬藎臣續第六卷爲補遺。鈺案：《四庫提要》云藎臣曾撰《吳越世家疑辨》，自序謂曾作《備史圖表》，不云又續此書。予暇日以家藏舊本校閱之，知其刻之非也。是書爲范坰、林禹所撰，稱忠懿爲「今元帥吳越國王」。自乾祐戊申至端拱戊子，紀王事終始歷然。新刻則於乾德四年後，序次紊亂，脱誤弘多，翻以開寶二年後事爲補遺。〔補〕勞權云胡校本云，宋太祖乾德六年十一月改元開寶。他如王因衣錦城被寇，命同玄先生閭丘方遠建下元〔補〕黄丕烈云鈔本無「下元」二字。金籙醮於東府龍瑞宮。其夕大雪，惟醮壇上星斗燦然，一黑虎蹲宮門外，罷醮而〔補〕阮本、胡校本「而」作「乃」。去。羅隱師事方遠，執弟子禮甚恭，及迎釋迦〔原校〕「迦」下補「舍利」二字。〔補〕阮本、宋校本均有二字。建浮圖以供之，其制度皆出王之心匠，諸事皆失載。其字句紕繆處，又不知幾何也。蓋德洪當日所見，乃零斷殘本，實非完書，以《家王故事》〔補〕勞權云，《家王故事》，《絳雲目》尚有之。急付剞劂，未〔補〕宋校本「未」上有「故」字。遑細心參考耳。〔原校〕張氏《藏書續志》云黄琴六先生手跋云：「《吳越備史》一書，遵王《敏求記》云家藏舊本，四卷，忠懿王自乾祐戊申至端拱戊子，終始歷然，無所謂補遺者。又如錦城被寇，命道士閭丘方遠建醮及迎釋迦舍利建浮圖之事，今本皆失載。據所云今本即此刻本，明十九世孫德洪所刊也。今夏聞陳子準藏有舊鈔善本，假以相勘。書四卷，無補遺。所舉今刻本失載數事，皆備載無遺。其書與刻本異同詳略處頗多，今皆一一校補。中如記閭丘方遠之卒，下注方遠事蹟及梁貞明詔勅，脱佚有至一兩葉者，不第如《敏求記》所云也。書中諸王名字皆缺而不書，即嫌名『劉』字亦以『彭城』二字爲代，其爲此書最先之本無疑。惟明刻第四卷止乾祐戊辰，未載嘉祐丙申錢中孚、紹興壬子錢涣兩跋，知此書在宋時已有佚脱，非盡德洪刊刻之謬也。嘉慶庚辰，黄廷鑑校訖識。」〔補〕鮑廷博云：「《吴越備史》，述古堂鈔本，在吴門江帆處，予曾見之。吴枚菴借録一本。」

錢氏私誌一卷 見《也是園目》。鈺案：勞校本云《述古目》入「小説」。粤雅本未見。説詳《補輯類記》。〔補〕黄録《採遺》云：「宋迪功郎錢世昭撰。自謂叔父太尉昭陵之甥，親見宣政太平文物之懿。其在帝左右，銜命出疆，凡耳目所接，皆能廣記而備言。因請其説，得數萬言，敘而集之。按太尉即愐也，今遂以此書直署愐名，誤矣。」

宋太尉德慶軍節度使錢愐纂輯。愐爲彭城王第三子，昭陵之甥，故記熙寧尚主、玉仙求嗣事獨詳。鈺案：二事載入謙益所撰《錢氏譜牒》。其稱大父寶閣鈺案：《四庫》引此作「寶謨閣」。知台州回者，乃冀國公，諱暄，字載陽，以父蔭累官駕部郎中，知撫州，移台州，進少府監，權鹽鐵副使時也。彭城王諱景臻，字道邃，冀國第九子，建炎二年追封，故稱先王。俗子以〔原校〕「以」下補「此」字。〔補〕阮本有。爲起居舍人彦遠之筆，不知彦遠乃忠遜之孫，翰林學士易之子，與彭城爲再從叔姪，世〔原校〕「世」改「敘」。〔補〕阮本作「世」。次犁然，安得反有先王之稱，鈺案：《四庫提要》全采此説。豈非大謬乎？書此以訂証〔原校〕「証」改「正」。〔補〕阮本、宋校本均作「正」。之。

陸游南唐書十八卷戚光音釋一卷〔原校〕《直齋》云十五卷。○《述古目》作十五卷，注「鈔」字。

〔補〕黄丕烈云丁卯夏得此書。

務觀《南唐書》，詳核有法，〔原校〕陸、馬二書，於小周后事俱寘不録，蓋爲本朝諱也。以此見信史之難。卷例俱遵《史》、《漢》體。首行書「某紀」、「某傳」、「卷第幾」，而注「南唐書」於下。今流俗鈔本竟稱《南唐書》本紀卷第一，卷二、三，列傳亦如之。開卷便見其謬，可一哂也。鈺案：王士禎《古夫于亭雜録》云門人大名成文昭寄此書宋槧本，凡十五卷，與今刻十八卷編次小異。陸心源影宋本跋云：「宋本目録三紀與列傳十五卷，各爲起訖。汲古本則通計爲十八卷。恐漁洋未檢全書，但見卷末題『列傳十五』，而遂誤認爲十五卷耳。」竊謂《直齋》作十五卷，或者有十五卷本。漁洋説未可全非也。是本後附戚光《音釋》甚佳。光嘗輯《金陵志》，搜訪文獻，大〔原校〕「大」作「文」。〔補〕阮本作「大」。有考〔原校〕「考」作「可」。〔補〕阮本作「考」。證，爲當時所稱許。鈺案：光於至順間嘗修《集慶路續志》，未爲詳審。至正初，江南諸道行御史臺將重刊宋周應合《建康志》，聘奉元路學古書院山長張鉉主其事，成至大《金陵新志》。其書略依周志，而元代故實則本光《續志》爲多。見《四庫》本《金陵新志》提要。藏書家尠有知其氏名者矣。

龍袞江南野史十卷《述古目》作二十卷,注「鈔」字。〔補〕黄錄《採遺》云:「袞,宋螺川人。載南唐三主及三十一臣之事,仿紀傳體爲之。竹垞曰《江南野史》,《通志》載有二十卷,此本止錄十卷,當再於別志求之。今按《宋史》及晁《志》作二十卷,共八十四傳。然所傳似非足本也。」鈺案:《四庫》本十卷。

記南唐君臣事蹟頗詳,其行文亦贍雅有致。鈺案:《提要》謂諸傳敘次冗雜,殊乖史體。以馬、陸二書多采之,亦未可廢。

釣磯立談一卷《述古目》作《南唐逸史釣磯立談》,注「鈔」字。鈺案:《四庫提要》云此書有二本。一本爲曹寅刊,佚其自序。一本爲葉林宗從錢曾家宋本鈔出,後題「臨安府太廟前尹家書籍鋪刊行」,前有自序,是所記乃宋本。述古堂《宋板書目》失載。

叟爲山東人,不著名氏。〔補〕勞權云竹汀先生云:「考書中自述,疑爲史虚白之子某所撰。見鮑先生刊本跋。」鈺案:《四庫提要》所考同。清泰年中,避地江表,營釣磯以自隱。李氏亡國,追記南唐興廢事,得百鈺案:《提要》引自序作「二百」。二十餘,〔原校〕「餘」下補「條」字。

〔補〕阮本、宋校本、胡校本均有「條」字。鈺案：李光廷云原本百二十餘條，今所存僅四分之一。見《宛湄書屋文鈔》。疏於此書。序云：「文慚鈺案：管氏彙錄本脱六葉，至此止。子山之麗，興〔補〕黄校本作「典」，阮本作「興」。哀一本作「衰」。則有之；才愧士衡之多，辨亡亦幾矣。」讀之頗爲泫然。

封氏聞見記十卷《述古目》作五卷，注「鈔」字。《也是園目》「氏」作「演」。〇鈺案：陸心源有校雅雨堂本《校補》一卷。

孱守居士從吴岫本錄於空居閣。〔補〕勞權云：「馮本今歸丹鉛精舍，每葉左闌外上方有『馮氏藏本』小隸字。上卷末已蒼手識云。」趙清常本有雲間夏庭芝鈺案：庭芝字伯和，見此書自跋。至正辛丑跋語。吴郡朱良育〔補〕黄丕烈云，即崦西朱叔美。鈺案：良育，正德間吴縣貢生，有《草廬詩集》十卷，見府志。良育積學不第，子鴻成進士，官主事，貤封不受，見《人海記》。與唐子畏借鈔前五卷，又與柳大中借鈔後五卷。其第七卷止存末後兩段，刊本、阮本作「葉」，今從吴校。餘則均之闕如也。鈺案：《四庫提要》云尚有孫允伽、陸貽典二跋。且良育跋云六卷至十卷借於唐，前五卷借於柳，與此《記》不符。貴與《經籍志》云五卷，不知所據何本耳。案：晁氏《志》亦作五卷。鈺案：唐宋《藝文志》、《通志》皆作五卷。《書錄解題》則作二卷。又案：莫友芝曾得明隆慶間人據宋鈔傳錄本，亦作十卷，見《宋元舊本經眼錄·附錄》。

孫光憲北夢瑣言二十卷《述古目》作三十卷，注「鈔」字。

華亭孫道明手鈔本。錄每事前列一題，案：簡莊徵君云，今雅雨堂所刻本仍此式。鈺案：《四庫提要》云世所行者有二本，一爲明《稗海》本，脫誤殆不可讀；一近時揚州新刻，乃元華亭孫道明所藏，尚是宋時陝西刊板，差完整有緒。揚州新刻即雅雨堂本也。流俗本通行削去，其間紕繆脫落，又不待言矣。〔補〕勞權云抱經有跋。

宇文懋昭大金國志四十卷題詞本有。○《述古目》注「鈔」字。〔補〕黃錄《採遺》云，其書於端平元年表上。所志起太祖至寧宗，凡一百七十年事。

宇文懋昭於端平元年表上所輯《大金國志》。懋昭竊祿金朝，爲淮西歸正人，宋改授承事郎工部駕鈺案：「駕」應從刊本，阮本作「架」。閣。其所載誓書下直書差康王出質，且詳列北遷宗族等於獻俘，可謂無禮於其君至矣。敢於表上其書，而端平君臣竟漫置不省，何也？《漁洋書跋》云：「《大金國志》四十卷，宋端平元年淮西歸正人改授承事郎工部架閣宇文懋昭上。其書帝紀二十六卷，開國功臣一卷，文學二卷，張邦昌錄一卷，劉豫錄一卷，立僞楚僞齊册文宗室隨二帝北狩一卷，兩京制度、陵廟儀衛官制、科舉、兵制等四卷，兩國誓書一卷，京府州縣一卷，初興風俗一卷，許亢宗行程錄一卷。記載與《南遷錄》多相合。與史多謬。」鈺案：此書多疑竇，經後人竄亂，說詳《四庫提要》。又案：錢大昕云，書中稱蒙古曰「大朝」，曰「大軍」，曰「天使」，而於宋事無所隱諱。蓋元初人所撰。表文則好事者爲之，嫁名於懋昭。遵王舉「康王出質」、「北遷宗族」二條，以譏端平君臣，其實指斥之詞，有甚於此者，即以「大金」爲稱，亦可知其非當日經進之本矣。詳見《潛研堂文集》。

葉隆禮契丹國志二十七卷 案：諸家藏本僅十七卷，「二」字疑衍文。○題詞本有。○《述古目》作二十卷，注「鈔」字。○鈺案：瞿《目》有元刊本，海豐吴氏有藝芸精舍影鈔元本，皆二十七卷。士禮居藏十七卷，乃殘元本。《述古目》二十卷，係脱「七」字。阮本未誤。〔補〕黄錄《採遺》云：「宋祕書丞嘉興葉隆禮撰。述契丹自阿保機初興迄於天祚，凡二百餘載之事。略仿紀傳體，前有遼國始興本末、九主年譜，末附宋臣紀錄、諸蕃國雜記、歲時雜記等類。於淳熙七年表上。」

隆禮書法謹嚴，筆力詳贍，洵有良史之風。鈺案：《四庫提要》云隆禮生南渡後，距遼亡已久。北土載籍，江左亦罕流傳，僅據宋人所修史傳，及諸說部鈔撮而成。故本末不能悉具。蘇天爵《三史質疑》所論深中其失。錢曾蓋未之詳核也。具載兩國誓書及南北通使禮物。蓋深有慨於海上之盟，使讀者尋其意於言外耳。棄祖宗之宿好，結虎狼之新歡。自撤籬樊，孰當捍刊本、阮本作「扞」。〔補〕題詞本作「捍」。蔽。青城之禍，詳其流毒，實有隱痛焉。存遼以障金，此則隆禮之志也。至降阮本作「夷」。〔補〕刊本亦作「夷」。契丹爲國，不史而志之，其尊本朝也至矣。〔補〕題詞本「至矣」下有「數百年來罕有知其心事者」十一字，朱筆抹去。予特表而出之。《漁洋書跋》云：「《契丹國志》二十七卷，宋淳熙七年祕書丞葉隆禮奉詔撰進。其書帝紀十二卷，后妃、諸王、外戚傳三卷，列傳四卷，石晉降表、宋澶淵盟書、關南誓書、議割地界書共一卷，南北朝饋獻禮物、外國貢獻一卷，四京州縣沿革一卷，風俗、官制、科舉等一卷，王沂公、富鄭公行程錄一卷，張舜民使北記等一卷，諸番雜記、歲時雜記一卷，簡淨可觀。」

劉祁歸潛志十四卷題詞本有。○《述古目》作十卷，注「鈔」字。

序文及首卷乃陸孟鳧先生手錄。鈺案：孟鳧名銑，常熟歲貢生，官至知州致仕。讀書鄉里，稱長者。見邑志。先生當日視予爲忘年小友，鈺案：孟鳧卒國朝順治十一年甲午，年七十有四，長牧齋一歲。有墓志，見《有學集》。所「所」字刊本缺，今從吳校。〔補〕題詞本、阮本、胡校本均有「所」字。居去予舍一牛鳴地。奇書轉假，未嘗三日不相見也。此爲先生所贈，金渾源劉祁京叔著。京叔以布衣遨游士大夫間，文章驚暴〔補〕題詞本作「爆」。一時，爲遺山諸公所推挹。〔補〕胡校本作「挽」。築堂〔補〕某校本作「室」。曰「歸潛」，因以名其書。鈺案：《四庫提要》云祁於元兵入汴時，遁還鄉里，以此一字題其室，因以題其所著。後復出仕，西山之節不終。非其實也。所記多金源逸事，後之修史者足徵焉。周雪客、黃俞邰《徵刻書目》曰八卷，殆未見全書歟？〔補〕蔣鳳藻云：「予有舊鈔足本。」鈺案：《四庫》著録即此本。《提要》云世所行本皆八卷，傳是樓藏本亦然。郭朝釪編金詩，采録僅及前七卷。十四卷本與王惲《渾源世德碑》相合，當猶從元本傳録也。

蘇天爵國朝名臣事略十五卷 此條刊本佚。○見《也是園目》。○鈺案：《汲古閣祕本書目》有元刊本。張月霄以銀六十餅易之吳門黃氏士禮居。見張蓉鏡影元刻本跋。陸心源有校元本，云今本脫落甚多，有至二千餘字者。元本後有「元統乙亥余志安刊於勤有書堂」一行，見《儀顧堂集》。

元之興也，有國人族姓服其勤勞。及定中土，有才臣碩輔任其經畫。鈺案：上數語本原書王守誠跋。趙郡蘇天爵伯修輯。名臣自魯國鈺案：元刊本作「太師魯國忠武王木華黎」。《四庫提要》改「木華黎」作「穆呼哩」。至文正鈺案：《提要》作「劉因」。元刊本因謚「文靖」，作「文正」誤。四十七人，采諸家墓表、家傳，及鉅公文集，彙而録〔補〕阮本「録」作「粹」。之，疏其人以件繫其事，勒成一書。鈺案：錢大昕謂元初四傑，其功相等。《元史》於木華黎事以有碑傳，首尾完具。博而朮、博爾忽二人託於閣復、元明善之碑，猶能書其氏族世系。獨赤老溫則泯然失傳。明初修史諸人，於實錄外，惟奉蘇氏此書爲護身符，不再搜訪，遂使世家汗馬之勳多就湮沒。詳《潛研堂集》。昔涑水之編《通鑑》，先具叢目，繼修長編，然後年經月緯，排纂紀錄，而全書始潰於成。蘇君名此爲「事略」，亦所謂先庀〔補〕阮本「庀」作「庇」。其史者歟？體例仿文公《言行錄》、杜大珪《琬琰集》，今人讀焉而不知之矣。鈺案：《提要》云後蘇霖作有《官龜鑑》，皆采是書。《元史》列傳亦皆與是書相出入。

庚申帝史外聞見錄 鈺案：《四庫》本作《庚申外史》。**二卷** 題詞本有。○《述古目》注「鈔」字。

權衡字以制，吉水人。編輯〔補〕刊本作「緝」。元順帝三十六年事，鈺案：《提要》作二十八年，此當并順帝之元統二年、至元六年并數之。筆之於書，曰《庚申帝〔補〕黄鈔本脱「庚申帝」三字。史外聞見錄》。案：簡莊徵君云，權以制，元末人，隱居黄華山。梨洲先生《與李本晟書》云葛祿與權之《庚申外史》。此書不經見，豈以權衡誤爲與權耶？而李答書又云，權衡撰《庚申大事記》，備載罕祿魯氏生子之詳。洪武二年，采風者上之於朝，而《元史》不載云云。不審即此書否。〔補〕一本作「隱居華山，黄梨洲先生」云云。鈺案：衡於元末避居於彰德之黄華山，一本誤。所記瀛國公生男，明帝求之爲子事甚悉。鈺案：《提要》云《外史》此條最爲無稽，厥後袁忠徹著諸文集，寧王權載諸《史略》。程敏政又選忠徹之文入《明文衡》。錢謙益又引余應之詩證實寧王權之説，其端實自此書發之。又案：全祖望《答史雪汀問宋瀛國帖子》則同袁、錢諸説，謂庚申軼事直元史一定案，不得以呂嬴牛馬之疑等諸曖昧。見《鮚埼亭集外編》。其繫帝於庚申者，蓋以制之微詞也。鈺案：元順帝於延祐七年庚申生，故衡作此稱。先君廣覓是書，僅見之眉公《祕笈》中，脱落舛誤，十亡其五。鈺案：《祕笈》本誤署姓名爲葛祿衡。予後得完本，繕寫藏庋。鈺案：《四庫》本云乃别行鈔本，猶當日原帙。當與此《記》相同。惜先君之不及見。每檢此書，即爲泣下如雨。

歷代紀年十卷缺第一卷。據包履常跋云：「此本缺首卷。」案：蕘圃先生云：「此《歷代紀年》，述古堂舊物也。予留心述古舊物，裝潢式樣，一見即識。然遵王所記不甚了了，即如此書，首缺第一卷，並未標明。其云始之以正統，而後以最歷代年號終焉，似首尾完善矣。然十卷外，又有最《國朝典禮》五葉，此附錄於本書者，而《記》未之及，何耶？」又案：《書錄解題》云《歷代紀年》十卷，其自爲序，當紹興七年。或者此缺第一卷，故自序不傳耳。予友陶蘊輝爲予言，向在京師見一鈔本，是完好者。未知尚在否，俟其入都當屬訪之。又云每葉十行，每行十九字。又云：「予從高書友得來，雖爲宋本，價不甚昂，大是可喜。初書友以是書求售，亦知宋本，需直二十金。予曰此書誠宋刻，且遵王所藏，然殘缺損傷，究爲瑜不掩瑕。以青蚨四兩易之。書友亦以予言爲不謬，遂交易而退。是書外間絶少傳本，故知此者頗稀。」鈺案：「予從高書友」云云一條，係鈺據葉名灃本過錄，非管本原有，類列於此。○題詞本有。○入《述古目》，注「宋板」二字，作二十卷，「二」字當衍。又入《宋板書目》。〔補〕某校本云缺首卷，起三國魏。鈺案：錢大昕云：「予所見係南宋槧本，闕第一卷。」以包跋證之，蓋唐虞三代至兩漢也。見《養新錄》。是某校即錢校也。○勞權云：「宋本有淳熙乙未鼂子綺後序及包履常跋，聞在常熟瞿氏，缺去首葉，未知遵王藏時完缺何如。予有影鈔本，所缺正同。」

晁氏《歷代紀年》，始之以刊本作「于」，今從吴校，下句同。〔補〕題詞本、阮本、胡校本均作「以」，下句同。正統，次之以封建、僭據，再次之以盜賊、四裔、阮本作「夷狄」。〔補〕刊本亦作「夷狄」。道書，刊本作「里」。〔補〕題詞本、阮本均作「書」。而後〔補〕阮本、胡校本無「後」字。以阮本「以」下有「最」字。〔補〕題詞本有「最」字。歷代年號終焉。晁公諱公邁，字伯咎，纂輯此書，鈺案：《絳雲目》亦有此書，陳景雲注：「誤作晁公武撰。」黄校本作「公邁」，不誤。凡節目之大而關於體統者，可以槩見。紹熙刊本作「興」，今從吴校。〔補〕題詞本作「熙」。壬子，樂清包履常〔補〕勞權云包履常爲葉水心僚壻。《水心文集》有墓志。爲之鋟木刊本、阮本作「本」，今從陳校。〔補〕題詞本作「木」。以傳。案：張氏《藏書志》云：「是書上起唐虞，下迄北宋，建國傳緒，用人行政，凡節目之大而關於體統者，靡不臚載。蓋不止於考據四裔年號而已。即就年號而論，夏諒祚有廣禧、清平兩號。廣禧爲嘉祐六年辛丑，清平爲治平三年丙午，而《宋史》不載。案，《玉海》『歷代年號』有廣禧、清平，俱注『夏國』，蓋本諸此，可補《宋史》之缺。至遼天顯爲太宗年號，道宗改元壽昌，而《遼史》作壽隆，以祖諱紀元，此理之所必無者，可訂《遼史》之誤，有裨史學，豈淺鮮哉！此本爲述古舊藏，雖稍有殘缺，終不失爲希世之珍也。」

歷代紀年鈺案：刊本、阮本作「元」。**錄一卷**題詞本有，「年」亦作「元」。○《述古目》作「楊億《歷代紀元錄》」，注「鈔」字。○鈺案：楊億有《歷代紀元賦》，見《郡齋讀書志》。此《記》云錄至元順帝，其非楊億書可知。《酌中志·内板經書紀略》有《歷代紀年》一本，三十六葉，不著撰人，頗疑即此書也。

《錄》自漢武帝至元順帝止，《别錄》自王莽至明昇止。又按雲南自唐世爲蒙氏所據，至元始郡縣之。其間蒙、段二氏，雖互有興滅，然諸夷若安南、日本、渤海等國，亦嘗紀元，未有如雲南之盛者。特備錄之。〔補〕蔣鳳藻云：「以下三書，述古舊鈔，合裝一册，予曾見而未購。」

歷代紀元刊本、阮本作「年」。〔補〕題詞本作「元」。**曆七卷**題詞本有。○《也是園目》有《歷代紀年元曆》一卷，卷數不符，當非一書。○黄丕烈云：「此書歸於予家。」

起自唐虞，至明隆慶元年，紀載頗詳。有以六字爲年號者，如南詔雀拓王法鈺案：《唐書》乾符四年，大禮酋龍卒，子法立，國號「鶴拓」。《通考》「拓」作「柘」。之「貞明承智大同」，夏趙元昊之「天授禮案「禮」又作「理」。法延祚」，夏「夏」字刊本、阮本缺，今從吴校。〔補〕題詞本有「夏」字。李秉常之「天賜禮盛國慶」等類〔補〕題詞本無「等類」二字。是也。

綱鑑甲子圖一卷題詞本有。○《述古目》有《歷代經世甲子圖》一卷，注「鈔」字。鈺案：疑即此書。又陸其清《佳趣堂書目》有《歷代紀年甲子圖》一卷，杭郡李旻撰，亦未審與此書異同若何。〔補〕黄丕烈云：「此書現存顧懷芳處。」

周威烈王元年丙辰，至明崇禎十七年甲申，共二千六十九年，概括於八葉之中，殊便檢閲也。

西漢會要七十卷題詞本有。○《述古目》注「鈔」字。〔補〕黄錄《採遺》云：「天麟取馬、班兩《史》，撮要合編，各以類從。」

嘉定四年九月十一日，徐天麟上進。案：蕘圃先生云：「嘗見宋刻本，今歸劉疏雨家，聊記題銜於此，云『從事郎前撫州州學教授臣徐天麟上進』。」〔補〕蔣鳳藻云：「以下兩書丁雨生中丞家各有宋刻。」鈺案：《持靜目》云首尾完善，爲暝琴山館舊物，與蕘圃說合。李訦、戴溪爲序。崇禎己巳鈺案：二年。閏下有缺文。案己巳當閏四月。月二日，先君校完題於後。是年八月，撲予初度，〔補〕題詞本「是年」八字作「是時予正在母懷」七字。撫今追昔，爲泫然者久之。〔補〕題詞本無「爲」字、「者」字。

東漢會要四十卷題詞本有。○《述古目》注「宋板」二字，入《宋板書目》。〔補〕黄録《採遺》云：「體例與《西漢會要》相類。馬端臨謂此二書所載漢家制度典章，散在紀、傳、表、志者，仿唐以來會要體分門編纂，其用力勤矣。」鈺案：《四庫》本第三十七、三十八兩卷全，闕三十六、三十九兩卷，亦各佚其半。持静齋藏宋本皆不缺。

寶慶二年六月二十二日，徐天麟上進。案：其結銜云「奉議郎武學博士」。葉時序云：「仲祥父子伯仲俱刻意史學，各有書行於世。」仲祥，天麟字也。鈺案：《提要》云天麟事蹟見《宋史·徐夢莘傳》，爲通直郎得之之子，夢莘之從子。樓鑰《攻媿集》載《西漢會要序》曰：「徐思叔爲《左氏國紀》，其兄祕閣商老爲《北盟録》。已而思叔之子孟堅著《漢官考》，次子仲祥又作《漢會要》。」商老，夢莘之字。思叔，得之之字也。即葉序語所本。

唐會要一百卷案：《直齋》云：「初德宗時，蘇冕撰四十卷。武宗時，崔鉉續四十卷。至是溥又采宣宗朝以降故事，共成百卷。」○張氏《藏書志》云：「《唐會要》一百卷，舊鈔本。宋推忠協謀佐理功臣光禄大夫守司空兼門下侍郎同中書平章事監修國史上柱國太原郡開國公食邑二千戶實封四百戶臣王溥纂。」○題詞本有。○入《述古目》。〔補〕黃錄《採遺》云：「此書本於蘇冕，冕弟弁纂四十卷，述高祖至德宗朝止。後楊紹復等續之。溥乃更集兩家，取宣宗以後事，廣爲百卷。卷中多存蘇氏駁義，太祖稱其詞簡而體備，詔付祕閣。」

王溥撰。建隆二年一本作「三年」。〔補〕阮本作「二年」。二〔補〕黃丕烈本作「正」。**月奏進。**案：《直齋》作「二年正月上之」。**明初人鈔。絳雲藏本勘過。**鈺案：《絳雲目》不詳何本。《四庫提要》云今僅傳鈔本，頗多脫誤。八卷題曰「郊儀」，而所載乃南唐事。九卷題曰「雜郊儀」，而所載乃唐初奏疏。七卷、十卷亦多錯入他文。蓋原書殘闕，後人妄摭竄入。又一別本闕卷亦同。而有補亡四卷，采諸書唐事補入，猶可得見大凡。

五代會要三十卷題詞本有。○《述古目》注「鈔」字。〔補〕黃錄《採遺》云：「朱彝尊跋：『五代干戈俶擾，未暇修其禮樂政刑。然當日咸有實錄可采，而歐陽子作史僅成《司天》、《職方》二考，餘槩置之，微是書，典章制度無徵矣。』」勞權云：「竹垞跋本鈔自古林曹氏。康熙甲戌春，復從商邱宋氏借舊鈔本，勘對無異。編中闕紙數番，兩本亦同也。」○鈺案：陸心源影宋鈔本作五十卷。跋云：「卷首有王溥纂銜名一行，卷末有校勘官宋彰銜名一行。又文彥博、施元之兩跋，皆活字本所無。自宋迄今，凡三刊。文潞公始刊於蜀，施元之復刊於徽，至本朝乾隆中，始有活字本，元明無刊本。」

王溥纂。凡五代儀物章程，官名文法，因革損益之由，多可於此考見。鈺案：後唐長興經籍鏤板事，此書載之，歐《史》所闕略，此其一也。見《四庫提要》。

孫逢吉職官分紀五十卷〔補〕黃錄《採遺》云：「此書以楊侃《職林》爲本，而增其門目之已缺，補其事跡之遺漏。元祐七年，秦觀序之。又有趙叡序。」鈺案：《四庫提要》考逢吉寧宗時尚知太平州，距元祐一百數十年。秦觀之序殆誤。丕烈又云，顧抱沖曾得舊鈔本於華陽橋顧聽玉家。〇見《也是園目》。不入《述古目》而入《宋板書目》，疑《述古目》有脱。

富春孫彥同廣楊侃《職林》而成是書。鈺案：侃，錢唐人，官集賢殿學士，後更名大雅。歐陽公，其壻也。《職林》二十卷，見《直齋書錄》。清常道人惜舊鈔譌謬，借金陵焦太史本讐勘。鈺案：《脈望館目》、《國史·經籍志》均有此目，不言何本。而焦本亦多殘缺，復賴此本是正之。清常又從書賈搜得宋槧本第七卷補訂入。鈺案：述古堂《宋板書目》有此目，注「鈔本」二字，知即是書。前輩好書之勤如此，鈺案：此書第三十八卷内有錯簡。錢大昕嘗以意改正，矜爲無縫天衣。見《潛研堂集》。慚予空蝗粱黍，鈺案：四字《初學》、《有學集》中屢用之，未知所出。展卷便欠伸思睡，每覩清常手校書籍，未嘗不汗下如漿也。〔補〕勞權云跋見《有學集》。鈺案：今通行五十卷本未見。

政和五禮新儀二百四十卷目錄六卷題詞本有。○《述古目》注「鈔」字。〔補〕黄録《採遺》云：「宋知樞密院事鄭居中等撰。宋初開寶有通禮，景祐有太常新禮，嘉祐有太常因革禮，率皆繁簡失中。大觀初，乃設議禮局，以居中及郭熙、丁彬、王俣、莫侍、李邦彦、葉著、蘇桓、張崇、劉焕、强淵明、慕容彦逢、白時中等分任纂修，於政和三年進。爲書二百四十卷。首御製序一卷，次御筆指揮九卷，次御製冠禮十卷。其自二十一卷至四十四卷爲序則、序例。四十五至五十卷爲目録。以下分五禮編載，則皆居中等所修者。」○勞權云：「《絳雲目》『禮類』止上四字，二十册。又見《補遺》，亦止四字，無卷數。」鈺案：黄丕烈本《絳雲目補遺》内無《政和五禮》，葉德輝所刻《絳雲目補遺》亦無之，不知勞氏所據何本。又案：《四庫》目作二百二十卷，計御製冠禮十卷，目録六卷，序例二十四卷，吉禮一百十一卷，賓禮二十一卷，軍禮八卷，嘉禮四十二卷，凶禮十四卷，共二百三十六卷，與數目不符。《提要》備記缺卷及佚其半卷者，而前列局官酌議及御筆指揮均不言卷數，與二百二十卷總數殊難確定。《愛日志》計缺卷七十四、卷八十八至九十、卷一百八至一百十二、卷一百二十八至一百三十七、卷二百，共二十卷。與《四庫》本同。《四庫》本第七十五卷、九十一卷、九十二卷亦佚其半。

首卷冠以御製，題「政和心元三月一日」，不知「心元」何謂。案：張氏《藏書志》作「新元」，不作「心元」。〔補〕阮本作「心」。鈺案：「心」乃誤字，《提要》糾正。次九卷御筆指揮，次十卷御製冠禮。其二百二十卷乃鄭居中等所編，政和三年四月廿九日胡校本作「十九日」。進呈者也。劉子云：「悉禀訓指，靡所建明，殆有微意歟。」目録六卷，《文獻通考》謂五卷者誤。案：《直齋》亦作「五卷」。

大金集禮四十卷題詞本有。○《述古目》作三十卷，注「鈔」字。〔補〕黄録《採遺》云：「金明昌六年禮部尚書張暐等進。原四十卷，今止存十九卷。又自十二卷下多缺文。但《敏求記》謂此書諸家目録均不載，藏書家無有蓄之者，今本雖非完書，金源典故猶藉以有考焉。」鈺案：《四庫》本不云有缺卷。《提要》云《金史》諸志藍本全出於此。

首列太祖、太宗即位儀，諸〔補〕宋校本「諸」作「注」。凡朝家大典，輿服制度禮文，莫不班班可考。嗟乎，杞宋無徵，子之所嘆。金源有人，勒成一代掌故。後之考文者，宜依仿編集，以詔來葉。此書諸家目録俱不載，藏書家亦無有畜之者。尚是金人鈔本，撫卷有諸夏之亡之慨。案：張氏《藏書志》云：「《大金集禮》四十卷，舊鈔本，述古堂藏書。金張暐撰。缺卷十二至十八，又卷三十三。是書紙質甚鬆，蓋以閣中預備票擬之紙寫録。《敏求記》直以爲金人鈔本，似未的。」又何義門先生跋云：「此書乃錢遵王故物，康熙己丑，予偶至虞山，得之質庫所鬻雜書中，不知何時何人從文淵閣鈔出者。前代票擬皆裁此紙作簽，今則彌疏而易壞爛，然其種類一也。」〔補〕錢大昕云，晤周漪塘，見《大金集禮》四十卷，中數卷有缺文。

國初祭享儀注十卷題詞本有。○《述古目》無「祭享」二字，注「鈔」字。《也是園目》「國初」下有「壇廟」二字。○鈺案：《絳雲目》「典故類」有《國初儀注》一目，無卷數，未知即此書否。

國初胡校本作「明初」，下同。祭享，一天地，二太廟，三社稷，四山川，五歷代帝王，六孝陵，七孔廟，八五祀，九龍江壇，十真武寶公。此永樂正位南畿，猶未都燕時之儀注也。真武則出自成祖之獨裁，鈺案：太宗靖難以真武神有顯相功，於京師艮隅建廟，以三月二日、九月九日遣太常官祭，用素羞，見《明史·禮志》。寶公則猶是高皇之遺命。鈺案：道林真覺普濟禪師寶誌以三月十八日南京太常寺官祭，用素羞，亦見《明史·禮志》。明孝陵即寶誌瘞所，旁有八功德水。誠意伯奏改葬之，水亦隨往。太祖異焉，敕建靈谷寺，賜莊田甚廣，仍迎其像，建塔居之，命太常歲祭。見《人海記》引董穀《碧里雜存》。禮文秩然，樂章和雅，國初大儒命筆簡淨刊本作「盡」，今從錢校。〔補〕阮本作「盡」。如此。

鹵簿圖一卷題詞本有。○見《也是園目》，上有「國初」二字。

此是國初胡校本作「明初」。常朝《鹵簿圖》。鈺案：此乃白描本，見孫從添《藏書紀要》。按《三輔黃圖》云：「天子出，車駕次第謂之『鹵簿』。」而唐制四品以上咸給鹵簿。則鹵簿者，君臣皆得通稱矣。鈺案：南朝御史中丞、建康令皆有鹵簿。君臣通稱，不始唐制，詳見顧炎武《日知録》。宋王欽若爲《鹵簿記》，鈺案：《宋志》三卷。元曾巽申爲《鹵簿圖》，鈺案：錢補《元志》圖五卷，書五卷。今俱刊本無「俱」字，今從吴校。〔補〕題詞本、阮本均有「俱」字。失傳。《内閣書目》有《宋宣和鹵簿圖》，九册全。刊本誤作「金」。〔補〕題詞本、阮本均作「全」。天聖間宋授刊本作「綬」。〔補〕題詞本、阮本作「授」。鈺案：作「綬」者是。譔集，宣和「和」下一本有「間」字。蔡攸等重修，凡三十五卷。鈺案：見《宋志》。又有《大駕鹵簿》一册，鈺案：《國史·經籍志》尚列此目。《中宫鹵簿》一册，俱畫本。内府之珍，人間罕覯，更不知圖繪爲何等也。

司馬氏書儀十卷見《也是園目》。鈺案：《宋志》作八卷。又《涑水祭儀》一卷、《居家雜儀》一卷。

第一卷詳列表奏、公文、私書、家書之式。餘九卷備述冠、昏、喪、祭之儀。鈺案：《四庫》著録翻宋本，係表奏、公文、私書、家書式一卷，冠儀一卷，昏儀二卷，喪儀六卷。前序云：「是書爲經世之防範，禮法之大端，士大夫家採摭行之，於名教豈曰小補哉！」溫公尚有《家範》十卷，《直齋》云《居家雜禮》一卷。案此《家範》十卷，不識即《雜禮》否。鈺案：《家範》十卷，與朱子《小學義例》差異，而用意略同，與《居家雜儀》當屬二書。見《四庫提要》。與此並藏於刊本、阮本作「諸」。書塾可耳。

二字。

浦江鄭氏旌義類編一卷《述古目》無「浦江」字、「類」字。〔補〕勞權云《絳雲目》「浦江」下有「義門」

鄭氏世居浦江縣東二十五里，鄉名感德，里曰仁義。其遠祖沖素居士綺，自宋建炎初同居至元末已十世，歷二百六十餘年，守詩書禮樂之教弗墜。是編〔補〕黄校本「編」作「書」。則其六世孫太和録家範五十八則，七世孫鉉補續一百餘則，八世孫濤又因時損益之，總一百六十八則，勒成一書，鈺案：事見《元史·孝友·鄭文嗣傳》，文嗣即太和從弟。《四庫》著録二卷，上卷與此《記》合，下卷則彙輯諸家傳記碑銘之文，有關鄭氏事實者。是此《記》所收，僅得其半。《提要》又以宋濂序作三卷爲傳寫之誤。今京師圖書館有洪武丁丑年所刊三卷本，即濤等所輯，疑全書本三卷，此《記》之一卷，四庫之二卷，皆非其全也。以訓子弟。君子於此有感焉。聖經修身齊家之道，終古無能行之如此其久者，而鄭氏子孫世守勿替。迄今循覽斯編，雖百世而下，得不爲之興起乎！鈺案：尚有《鄭氏家儀》一書，爲濤弟泳所撰，入《四庫存目》。《静志居詩話》序其家世甚詳，云「先後貽贈詩文，編爲《麟溪集》二十二卷」，當繼此編而作者。

韓氏參用古今家祭禮一卷案：《直齋》作韓氏《古今家祭式》一卷。○《述古目》：《韓魏公家祭式》一卷，注「宋本影鈔」四字。〔補〕勞權云《絳雲目》《韓氏家祭式》一卷。鈺案：《絳雲目》陳景雲注云：「朱子嘗編集《通典》、《會要》所載及唐宋諸家祭禮，爲《古今家祭禮》二十卷。」殆以魏公《家祭式》爲未備，故更從而廣之也。

魏公得祕閣所有御史鄭正則《祠享儀》、鈺案：《唐志》一卷，又見《直齋書錄》，作「侍御史」。御史孟詵《家祭禮》、鈺案：《唐志》一卷，又見《直齋書錄》，作「侍御史」。殿中御史范正傳《寢堂時享〔補〕阮本作「饗」。儀》、鈺案：《唐志》范傳式《寢堂時享儀》一卷。又見《直齋書錄》，亦作「傳式」。汝南周元陽《祭錄》、鈺案：《唐志》一卷。京兆武功尉賈氏《家薦儀》、鈺案：《唐志》賈頊《家薦儀》一卷。又見《直齋書錄》，作《家祭禮》。金吾衛倉曹參軍徐潤《家祭儀》、鈺案：《唐志》徐閏《家祭儀》一卷。又見《直齋書錄》，亦作「徐潤」。檢校散騎常侍孫日用《仲享儀》鈺案：《唐志》一卷，又見《直齋書錄》。凡七家，採舊說之可行，酌時俗之難廢者，以人情斷之，成十三篇，名《參用古今家祭禮》。刊本、阮本作「儀」。〔補〕黄校本作「禮」。而魯齋門人王仁頗致疑於《祭儀》一節，男女拜位東西相向，與他書爲少〔補〕沈鈔本作「稍」，阮本作「少」。異，意公必有所據耳。

魯班營造法〔補〕刊本、阮本「法」作「正」。**式六卷**題詞本有。○《述古目》作《營造正法》一卷，注「鈔」字，無「魯班」二字。鈺案：當即此書。《脈望館目》有《工部營造正式》一本，疑即此書，託名班作。

《略說》云：「班，周時人。妻雲氏，居江西隆興府，地名市縱。」鈺案：《酉陽雜俎續》載，魯班，燉煌人，莫詳年代，巧侔造化。較遵王所引《略說》，情事較近。**予觀其規矩繩尺，誠千古良工之範圍。然此等書皆後人僞作，非真出於班也。**

李誠刊本作「誡」。〔補〕阮本同作「誡」。鈺案：據本書，作「誡」者誤，下《記》文同。**營造法式三十六卷**案：張氏《藏書志》云《營造法式》三十四卷，影寫本。宋通直郎管修蓋皇弟外第專一提舉修蓋班直諸軍營房等臣李誡奉聖旨編修。前列劄子及進書表。又云宋本後有「平江府今得紹聖《營造法式》舊本并目錄看詳，共一十四冊。紹興十五年五月十一日，校勘重刊。」〇兔床先生云：「《内閣書目》作崇寧間將作李誡等奉勅編。憶壬辰春，金閶陶氏有此書求售。比聞已攜入都矣。」〇簡莊徵君云《通考》亦作李誡。其字明仲，則當以誡爲確。〇題詞本有。〇《述古目》注「閣宋本鈔」四字。〔補〕黄錄《採遺》云宋通直郎李誡撰。陳振孫云前二卷爲總釋。其後曰制度，曰功限，曰料例，曰圖樣。而壕塞、石作、大小木彫、鏇鋸作、泥瓦、彩畫、刷飾，又各分類。據《讀書志》謂熙寧初，勅將作監編作《營造法式》，誡以爲未備，乃考究經史，詢訪匠氏，以成此書，頒之列郡者。案《通考》作李誠，未知孰是。〇勞權云《金石錄》十三云玉璽文元符將作李誠，盧學士校云別本作「誡」。〇鈺案：此書《宋志》史部儀注類《營造法式》二百五十冊，注「元祐間卷亡」。子部五行類李戒《營造法式》三十四卷。戒、誡字少異，不載《目錄看詳》而卷數相符，知即此《記》著錄之本矣。宋晁伯宇嘗節鈔之爲《續談助》二十種之一。《南雍志》作三十卷，注云「存殘板六十面」。《宋志》藝術類有李誡《新集木書》一卷，與此書卷數相懸，疑爲李翱《五木經》之類，或即誡撰《六博經》之異名，非爲營造作也。

《營造法式》三十四卷，《目錄看詳》二卷，〔補〕葉鈔本脫「看詳」二字。牧翁得之天水長公。鈺案：天水長公當指趙玄度。《初學集·趙文毅用賢神道碑》：「子三，琦美居長。」又秦四麟《錄異記跋》亦稱玄度爲今司成定宇公冢器。圖樣界畫最爲難事。己丑春，予以四十千從牧翁購歸。鈺案：此乃白描本，見《藏書紀要》。牧翁又藏梁溪故家鏤本。案：簡莊徵君云《絳雲樓書目》有宋刻本，殆即所謂梁溪本歟？〔補〕勞權云《絳雲目》宋板六册。蔣鳳藻云此宋刻本，舊藏上海郁氏宜稼堂。庚寅〔補〕題詞本「寅」下有「之」字。冬，不戒於火，縹囊緗帙盡爲六丁取去，獨此本流傳人間，真希世之寶也。以下至末一本皆作注。〔補〕題詞本同。誠字明仲，所著書有《續山海經》十卷，《古篆說文》十卷，《續同姓名錄》二卷，《琵琶錄》三卷，《馬經》三卷，《六博經》二卷，今俱失傳。鈺案：《宋志》本書外，有《馬經》一目，不知是否即誡所著。附載刊本、阮本作「識」。此，以示〔補〕宋校本作「俟」。藏書家互蒐討之。〔補〕勞權云：「權案，所著書載墓志及《硯北雜識》。舊鈔《北山小集》三十三《宋故中散大夫知虢州軍州事李公墓志銘》爲傅沖益作，作誡，後僅云諱某字某。」

刑統賦》。

傅霖刑統賦一卷楊淵刑統續賦一卷《讀書後志》云《刑統賦》兩卷，或人爲之注。○入《述古目》，作郗東原韻釋傅霖《刑統賦》，注「鈔」字。又孟奎解傅霖《刑統賦》，注「鈔」字。又楊淵《續刑統賦》。

《刑統賦》藏有二本。一本是延祐丙辰刻本，東原郄氏韻〔補〕胡校本「韻」改「音」。釋，趙孟頫序，案：查初白先生云，此書考趙文敏序云東原郗君章析而韻釋，而不稱其名，則郗必元人。竹垞以爲宋人者誤。○郄君之名久佚。然遵王《述古堂目》作郄秉原，疑字畫少誤。鈺案：粵雅本「郄」作「郗」、「秉」作「東」。〔補〕《愛日志》云《刑統賦解》二卷，舊鈔本，曹倦圃藏書。宋左宣德郎律學博士傅霖撰，元東原郄□□韻釋，益都王亮增注。第四韻「已囚已竊則親等他人」下原脱十句。第七韻「雖戲雖失而不從戲失」下脱十二句。第八韻「親故乞索不論於挾勢」上脱十六句。俱從沈氏疏本補，韻釋增注仍缺，當覓足本補之。鈺案：沈疏謂沈仲緯《刑統賦疏》，《稽瑞樓目》及瞿《目》均有此書。○勞權云《恬裕目》云鈔本，題元左宣德郎律學博士傅霖撰，東原郄□韻釋，益都王亮增注。有趙孟頫序。按是書已見晁氏《讀書志》，則題爲元人者，非《敏求記》所謂延祐丙辰刻本者，當即此書。惟後無李方中韻釋耳。張氏所藏鈔本乃倦圃、初白藏書。後有李方中韻〔補〕胡校本「韻」改「音」。釋《刑統續賦》。一是至正壬辰鈔本，鄒人孟奎解，沈維時序。〔補〕勞權云恬裕藏鈔本《粗解刑統賦》，題鄒人孟奎解。存自序及沈維時跋。又云奎字元卿，至正間人。○某氏云：「此書曾著錄於錢曾《述古堂書目》，凡二種。郗東原韻釋與孟奎解各一卷。此本作東原郄，鈔胥誤倒也。傅霖，他書無可考。《元史·孝友傳》有傅霖，或即其人歟？錢大昕《補元史藝文志》有金李祐之删注《刑統賦》，未知本於何書。又楊淵有《續刑統賦》一卷，亦著録於《述古堂書目》。」鈺案：以上一則見葉名澧傳録本中籤記。

錢遵王讀書敏求記校證卷二之中

時令

夏小正戴氏傳四卷題詞本有。○《述古目》作五卷，注「元板」二字。

《夏小正》，《大戴記》之篇名也。鈺案：《隋書·經籍志》始別出爲一卷。政和中，山陰傅崧卿從其外兄關澮得之。關本合傳爲一卷，不著作傳人名氏。崧卿仿《左氏春秋》列正文於前，而附以傳，月〔補〕葉鈔本「月」作「自」，宋校本同。爲一篇，凡十有二篇，釐爲四卷，重刊於至大元年。〔補〕黄丕烈云：「嘉靖時吴門袁氏翻雕至大本。」

宗懍荆楚歲時記〔補〕沈鈔本「記」作「紀」。**一卷**案：《直齋》作六卷。考懍梁代人，自元日至除夕，凡二十餘事。○題詞本有。○《述古目》注「鈔」字。○鈺案：晁《志》作四卷。《絳雲目》注卷數與晁《志》同。

杜公瞻注。流俗本正文與注混殽。此則舊本也。鈺案：《述古目》注「鈔本」。此《記》云舊本，不知是否一本。又案：《唐·經籍志》「農家」：「《荆楚歲時記》十卷，宗懍撰。又二卷，杜公瞻撰。」《新唐書·藝文志》「農家」：「宗懍《歲時記》一卷。杜公贍《荆楚歲時記》二卷。」似各自爲書。遵王云杜公瞻注，俟考。又「十卷」之「十」，疑「一」字之誤。《新唐志》「瞻」作「贍」，文亦異。《宋志》與遵王記同。

陳元靚歲時廣記四卷題詞本有。〇見《也是園目》。

首列《圖説》，分四時爲四卷。諸書之有涉於節序者，搜討殆徧，亦可入之「小類家」。

〔補〕沇鈔本「家」作「書」。元靚，南宋人，自稱廣寒仙裔。鈺案：陸心源云，元靚仕履無考，當爲福建崇安人，廣寒先生之裔。廣寒先生名字亦無考，墓在崇安。其子名遜，紹聖四年進士。元靚必遜之裔。又有永樂刻本《事林廣記》前集二卷，題西潁陳元靚編，見《儀顧堂續跋》。朱鑑、鈺案：鑑爲朱子之孫，見《四庫提要》。劉純刊本作「沌」，今從吴校。〔補〕題詞本、阮本均作「純」。爲之序。鈺案：《四庫》本卷數與此《記》同。《善本志》有明胡文焕刊本。皕宋樓有四十卷本，刊入《十萬卷樓叢書》。又案：《開有益志》云：「向得《歲時廣記》五卷，《圖説》爲首卷，四時分四卷。爲龔半仙藏書。證以《敏求記》，以爲足本。今至范氏天一閣得四十二卷本，首《圖説》一卷，春、夏、秋、冬四卷，自元旦至除夕三十六卷，末《總載》一卷，始爲完書，乃鈔而藏之。」

韓諤刊本、阮本作「謣」。〔補〕題詞本作「諤」。鈺案：唐宋《志》均作「鄂」。**歲華紀麗七**〔補〕胡校本「七」作「四」。**卷**案：《唐志》作二卷。《宋志》作四卷。○題詞本有。○《述古目》注「鈔本」。鈺案：胡重云「述古堂藏書作三卷」，未知何據。又案：晁《志》作四卷。又載諤《四時纂要》五卷。

此是舊鈔，卷中刊本作「終」。〔補〕阮本作「中」。闕字數行，又失去末葉，無從補入。後見章丘李中麓藏宋刻本，脱落正同，知是此本之祖。蓋因歲久，墨渝紙敝，刊本作「墨敝紙渝」。〔補〕阮本同。字跡不可捫揣，故鈔本仍之耳。胡校云：「汲古閣所刻，分春、夏、秋、冬凡四卷。胡震亨跋云得之鄭端簡公之孫，從宋刻鈔出，爛去末卷二紙，又差訛特甚。予爲校正重刊云云。核之此《記》正同。其爲四卷無疑也。」鈺案：《皕宋志》有張訒菴校舊鈔本，亦作四卷。胡校據毛刻，係四卷，且云與此《記》同，則《記》目「七」字必「四」字之誤。〔補〕黃丕烈云：「王阮亭以爲胡孝轅僞造，何妄也。」

費著歲華紀麗譜刊本作〔補〕，今從吴校。〔補〕題詞本、阮本均作「譜」。**一卷**題詞本有。○《述古目》注「鈔」字。

費著，元人。鈺案：著，華陽人，與兄克誠稱成都二費。此書外又有《蜀錦譜》、《蜀牋譜》各一

卷，入錢《補元志》。記成都歲時嬉游之盛。予得之於癸巳老人，命侍史重録之。○題詞本有。○

臞仙運化元樞一卷《述古目》作三卷。范氏《天一閣書目》作八百六條，有自序。○題詞本有。○《述古目》注「鈔」字。管氏云三卷，未知何據。《也是園目》作二卷，亦疑有誤。

月十有二而成歲，其盈虚消長〔補〕沈鈔本「長」作「息」。之數有差，候氣之運各異。涵虚子謂飲食起居，必順天道以寧化育，故纂此書以備月覽，於攝生之道可謂詳矣。前載《歲占圖》，後附「天地混元」之數，及「三元八會」等辰。其以中元爲丁令威救母之日，釋家謂之「目蓮」，阮本作「連」。〔補〕題詞本、胡校本均作「連」。○鈺案：《翻譯名義》云：「周穆王時，文殊、目連來化穆王。」是「目連」之名之最初見者。未悉其所本何自。一本作「書」。〔補〕題詞本無「何自」二字。姑識於此，以俟〔補〕沈鈔本「俟」下有「世之」二字。博聞者。鈺案：此書《明志》入五行類。《絳雲目》入醫書類。

李泰四時氣候鈺案：《四庫目》「候」下有「集解」二字。《絳雲目》有「解」字。**四卷**《述古目》作一卷。○題詞本有。○《述古目》注「鈔」字，作四卷。管氏云一卷，未知何據。鈺案：泰，明洪武三十年夏榜三甲進士，鹿邑人，見《題名碑録》。

書成於洪熙乙巳，刊於景泰乙〔補〕沈鈔本「乙」誤「己」。亥，視前人訓釋《月令》頗加詳焉。〔補〕黄丕烈云：「甲戌冬見此書於芳草堂王氏，蓋舊刻也。」

器用

鄭文寶傳國玉璽譜一卷此條與下《博聞》，阮本在朱長文《琴史》前。鈺案：《琴史》三種，今仍趙刊本，列第一卷。○題詞本有。○《述古目》注「鈔」字。

嘉靖辛丑刻於金閶。此乃舊鈔也。鈺案：文寶，《宋史》本傳云：「善篆書。」《藝文志》有《玉璽記》一卷。《遂初堂目》入譜録類。《絳雲目》有《秦傳國璽譜》，陳景雲注云：「一卷，唐崔逢修。」案：《宋志》有崔逢《玉璽譜》一卷，嚴士元重修，宋魏損潤色，與陳注不符。《遂初目》亦列其名，不著撰人，俟考。徐樹丕《識小録》云：「鄭氏此譜，一時舟中述其平昔所記憶，有失考證。」

玉璽博聞刊本作「傳聞」，今從錢校。〔補〕阮本作「博」。**一卷**題詞本有。○入《述古目》。

卷終一行「皇昌宋隆夫書」，不知何人。内稱「大元皇帝」，則爲元人無疑。後有匏菴先生跋語。清常道人得之赤岸李氏。鈺案：《脈望館目》未見。赤岸李氏爲李如一貫之，有《得月樓藏書目》。

考古圖十卷續考古圖五卷釋文一卷題詞本有。鈺案：《四庫》著錄即此本，《提要》極稱之。○《述古目》注「元板」二字。鈺案：此《記》所載乃影北宋本。

汲郡呂大臨論次《考古圖》成，并識古器所藏於目錄後。祕閣、太常、內藏外，列三十七家，案：《直齋》作三十六家。即後記謂閱之士大夫，〔補〕沈鈔本「夫」下有「家」字。得傳摹圖寫者，蓋非胡校本作「匪」。〔補〕題詞本同。朝伊夕矣。其《續圖》五卷，鈺案：《四庫提要》：「《續圖》蓋南宋人續大臨之書，而佚其名。錢曾並以爲大臨作，蓋考之未審也。」陸心源據翟耆年《籀史》，定釋文爲趙九成撰。復據李邴《嘯堂集古錄》序，又定《續考古圖》亦趙九成撰。詳見《儀顧堂題跋》。《釋文》一卷，鈺案：《提要》云：「依韻排次，當即吾丘衍《學古編》所稱《韻圖》。」《文獻通考》俱不載，豈貴與暨諸藏書家都未見此本耶？間以元刻讐校，牴牾脫落，幾不成書。鈺案：陸心源有元槧本，云前有呂大臨序，大德己亥茶陵陳才子、陳翼子題識。每卷有目，題「默齋羅更翁考訂」。據才子序，書本巨編，翼子屬更翁臨刻，始縮小。證以《提要》所舉，缺文、顛倒皆同。明泊如齋、寶古堂本皆從此出，葉數缺處皆留空葉，明刻連屬以泯其迹。見《儀顧堂續跋》。此係北宋鏤板，予得之梁溪顧修遠。鈺案：修遠名宸，見卷一，以藏宋板著聞。見《徵刻唐宋祕本書目》。洵縹囊中異物也。後爲季滄葦借去，鈺案：入《延令宋板書目》。屢索不還，耿耿掛胸臆者數年。滄葦歿，刊本誤作「末」，今從吳校。〔補〕題詞本作「歿」。此書歸之徐健刊本作「乾」，今從吴校。菴。○鈺案：《傳是樓宋元本書目》：「《考古圖》八本。」又案：何焯云：「傳是樓宋本《考古圖》比近刻多《續考古圖》五卷，又《釋文》一卷，爲四川布政使宋至豪奪以去。」見《義門先生集》。予復從健〔補〕題詞本誤「乾」。菴借來，躬自摹寫。其圖象命良工繪畫，不失毫髮。楮墨更精於槧本，閱之沾沾自喜。嗟嗟，此書得而失，失而復得，繕寫成帙，予之嗜好可謂勤矣。然聚散何常，終歸一嘅，學者唯以善讀爲善藏可耳。

宣和重修博古圖録三十卷《直齋》云，《博古圖説》十一卷，《宣和博古圖》三十卷。《讀書志》云，《博古圖》，王楚集三代秦漢彝器，繪其形範，辨其款識，增多吕氏《考古》十倍。○題詞本有。○《述古目》無「録」字，注「宋板」二字，入《宋板書目》。

《博古圖》成於宣和年間，鈺案：《四庫提要》云：「書成於大觀年間，其時未有宣和年號。而曰《宣和博古圖》者，蓋徽宗禁中藏古器書畫殿名，且自號曰『宣和人』，見《鐵圍山叢談》。」而謂之重修者，蔡絛曰：刊本此句缺。〔補〕阮本有上三字。「蓋以采取李公麟《考古圖》刊本作「蓋以採取黄長睿《博古圖》」。〔補〕阮本同管校。鈺案：《提要》引此《記》仍作「黄長睿博」四字。此「李公麟考」四字乃後來改正，但不知出何人之手。説在前也。」至大翻雕，鈺案：與目注「宋板」互異。而仍謂刊本「謂」下有「之」字。《重修宣和博古圖》，未知所修何事。循名責實，豈不可笑。

鈺案：陸心源有元槧本，云其圖依樣製者，旁注「依元樣製」四字；縮小者，旁注「減小樣製」四字。明泊如齋、寶古齋本，板既縮小，注字皆刪去。宋板由金入元，故改題「至大重修」之名，板猶宋板也。據蔡絛說，書成於大觀初。《容齋隨筆》又稱政和中置局。疑宋本已有「政和重修」字樣，元人改「政和」爲「至大」，惜無確證。見《儀顧堂續跋》。是書雕造精工，字法均橅歐陽，乃當時名手所書，非草草付諸剞劂者。〔補〕蔣鳳藻云：「孫淵如先生藏有影宋鈔本。」鈺案：《平津館鑒藏記》係明板，蔣說不知何本。凡「臣王黼刊本作「黻」。〔補〕今剜改本作「黼」。撰」云云，元板都爲削去，殆以人廢書云。阮本作「言歟」。〔補〕題詞本、胡校本「書」作「言」。刊本「云」作「歟」。

泉志十五卷 題詞本有。○《述古目》注「鈔」字。

《泉志》，鄱陽洪遵撰。嘉靖壬〔補〕胡校本「壬」作「戊」。午秋茶夢菴鈔本。鈺案：茶夢菴爲明皇象山人姚舜咨齋名。

歷代錢譜一卷 題詞本有。○《述古目》注「鈔」字。

元至大二年十月，詔以歷代舊錢與新錢並行。鈺案：《元史·食貨志》，武宗至大三年，初行錢法，立資國院泉貨監以領之。其錢曰至大通寶者，一文準至元銀鈔一釐；曰大元通寶者，一文準至大通寶錢十文。歷代銅錢悉依古例，與至大錢通用。其當五、當三、折二並以舊數用之。又案：至大通寶其文爲楷書，大元通寶其文爲西番篆書，見柯劭忞《新元史·食貨志》。**是書成於三年季春。**鈺案：《絳雲目》有元人《錢譜》，當即此書。《宋志》小説類有李孝友《歷代錢譜》十卷，在此書之先，其名相同。

查考錢法一卷題詞本有。○見《也是園目》。

萬曆乙巳，清常道人校錄孫蘭上本。鈺案：明末胡我琨有《錢通》三十二卷，專論明代錢法，因及古制。其載明制起洪、永，訖萬曆，於沿革言之最詳，多《明史·食貨志》及《明會典》、《明典彙》諸書所未備，爲《四庫》著錄，《提要》極稱之。此書《四庫》不收。

文房四譜鈺案：《絳雲目》「譜」作「寶」。**五卷**題詞本有。○《述古目》注「鈔」字。○鈺案：《四庫提要》云：「《宋史》易簡本傳但稱《文房四譜》，與此本同。尤袤《遂初堂書目》作《文房四寶譜》。又有《續文房四寶譜》。考洪邁《歙硯說跋》稱揭蘇氏《文房譜》於四寶堂，當由是而俗呼四寶，因增入書名，後來病其不雅，又改題耳。」案：今《海山仙館》本《遂初目》載《文房四譜》、《續文房四譜》，均無「寶」字。

蘇易簡集《文房四譜》，徐騎省序之云：「筆硯紙墨爲學所資，不可斯須闕。予亦好學者，覽此書而珍之，故爲文冠篇，一本「篇」下有「首」字。以示來者。」此序是牧翁手錄，通本皆經勘對疑誤，〔補〕黄丕烈云：「東澗手錄序本，今在香嚴書屋。予於癸酉春借校一過，疑誤尚多也。每葉二十六行，行二十字。」讀者其善視之。案：張氏《藏書志》載黄廷鑑跋云：「是書向無善本。己卯冬，晤錢唐夢華何君，云近得鶴夢山房舊鈔完本，從之借校。今春夢華攜書來，知又新從振綺堂本校過者。狂喜欲絶，遂從兩本合校一過。補卷一箏之雜説脱文四十二條；卷二箏之詞賦一條；卷三硯之敘事九條。其餘缺文錯字約計二百八十餘字，其異同處兩通及存疑者不計焉。是書至是始稱完善矣。特未知視《敏求記》所云絳雲勘對疑似之本相去又何如也。」

硯箋四卷題詞本有。○《述古目》注「宋板」二字，入《宋板書目》。〔補〕黄丕烈云：「辛未秋，收得舊鈔本，勝揚州刻本。」鈺案：揚州本爲曹寅刻，脱一葉，黄藏鈔本不脱。張紹仁有校本。

《硯箋》四卷，高似孫修《經籍志》作一卷，誤也。案：《直齋》亦作一卷。昔刊本誤作「晉」。〔補〕題詞本、阮本均不誤。人言吴融《八韻賦》，古今無敵，惜乎亡來已久。此存《得古瓦硯賦》一篇，鈺案：何焯有校本，云吴賦疑非全篇。應錄入子華詩集中。刊本末句作「巍然魯靈光矣」。

陸友墨史三卷案：簡莊徵君云：「予在翠玲瓏館中見金壽門先生手鈔本《墨史》，最精好，不知視錢本如何。」○《述古目》注「鈔」字。〔補〕黄校本作一卷。

友字友仁，蘇州人，善爲歌詩，工八分、隸、楷，博極羣物。〔補〕胡校本「物」作「書」。闢小室僅可容膝，清坐竟日。自號硯北生，著《硯北雜志》，檇李項氏刊行之。其原本今藏予家。鈺案：見此《記》卷三。又著《墨史》，纂魏晉宋墨法三人，唐及五代墨工二十人，宋一百七十人，附以高麗、契丹、西域、金國。鈺案：《四庫提要》作「魏一人，晉一人，劉宋一人，唐十九人，宋一百三十餘人，金二人」。與此《記》異。其搜訪可謂不遺餘力矣。又云：「新羅墨有蠅飲其汁立死者，不知用何毒，亦異聞也。」鈺案：《絳雲目》注：「友仁又著《硯史》、《印史》。」嘗至都下，虞集、柯九思薦之朝，未及用，歸。見《姑蘇志》。

陳氏〔補〕宋校本旁注「新纂」二字。勞權云《恬裕目》同。**香譜四卷**題詞本有。○《述古目》注「内府元人鈔本」六字。

《新纂香譜》，河南陳敬子中編次。鈺案：《四庫提要》云宋人，仕履未詳。錢《補元志》以有熊朋來序，列入元代。内府元人鈔本。鈺案：此書有萬曆《文房奇書》本、崇禎十三年益府據元至治壬戌刻本重雕本。凡古今香品、香異、諸家修製、印篆、凝和、佩薫、塗傅等香，〔補〕勞權云

《恬裕》無「凡古今」三字、「諸家」二字、「佩薰」四字。「等香」作「諸類」。及餅、煤、器、珠、藥、茶，以至事、類、傳、序、說、銘、頌、賦、詩，莫不網羅搜討，一一具載。〔補〕勞權云《恬裕目》只殘鈔本二卷，所采有沈立之、洪駒父《香譜》，武岡公庫《香譜》，張子敬《續香譜》，潛齋《香譜拾遺》，顔持約《香史》，葉廷珪《香錄》，是齋《售用錄》，《溫氏雜記》諸種。有洪氏《香譜》、顔氏《香史》、葉氏《香譜》三序。鈺案：沈立《香譜》四卷，見《宋祕書省闕書目錄》。洪芻《香譜》二卷，《四庫》著錄。熊朋來序之云：「陳氏《香譜》，自子中至浩卿，再世乃脱稿，可謂集大成矣。古人命筆，雖小道不敢聊爾成書。今人偶撮一二零斷香譜，刊入類書中，鈺案：此殆指毛子晉所著《香國》而言。沾沾誇詡，真不滿鬻芬案：是書二卷，署「汲古閣主人自著」。《四庫存目提要》謂全書不足據。「鬻」當作「鬻」。鬻音「煮」，《周禮·鹽人》：「凡齊事，鬻鹽以待戒令。」《華嚴經》：「鬻香長者善調香。」〔補〕胡校本作「鬻」。香長者之一笑也。」書館琴窗，蕭晨良夜，〔補〕黃校本「夜」作「夕」。阮本作「夜」。靜對此譜，如燒大象藏香一丸，興光網雲覆，甘露味國，爾時鼻觀先參者，爲何如也。〔補〕題詞本「也」作「耶」。

弧矢譜一卷《述古目》入兵家。○《述古目》粵雅本注「鈔」字，入「器玩」。《也是園目》入兵家。

詳論弓弩箭之制。其稱「蹺蹬〔補〕黃校本作「蹭」。宋校本同。弩」，張憲伏之於巾刊本作

「中」。林而捉真珠，郎刊本作「即」，今從錢校。時俊用之於〔補〕胡校本作「以」。射狐關，而刊本作「以」，〔補〕黃校本同。敗四太子。殆是紹興年間經進之書也。鈺案：《宋志》未録。

食經

忽思慧飲膳正要二卷刊本、阮本作三卷。○題詞本有。○見《也是園目》。〔補〕勞權云：「《恬裕目》三卷，延祐中，忽思慧官飲膳太醫時撰進。明景泰内府重刊本。有虞集序及明英宗御製序。」蔣鳳藻云：「述古堂本今藏菰里瞿氏。」鈺案：《酌中志·内板經書紀略》計三本，七百七十五葉。《四庫存目》改「忽思慧」作「和斯輝」。錢《補元志》云有天曆二年刊本。盧文弨《補遼金元三史藝文志》有常普蘭溪《飲膳正要》三卷，不知即此書否。

予擬築刊本作「作」。〔補〕題詞本、阮本均作「築」。一室，顏曰刊本作「額之曰」。〔補〕題詞本作「顏曰」。阮本作「顏之曰」。「養生主」，而列一聯於其旁，云：「也飲酒，也噉肉，素心何必素口；自擔柴，自運水，勞力不肯勞神。」或甚之以遠庖厨之戒，不覺失笑。今觀忽思慧此書，又興「食肉者鄙」之慮矣。鈺案：錢天樹云：「内府板忽思慧《飲膳正要》，繪刻精工，不減圖畫。《敏求記》所載，圖已不存。天一閣所藏亦然。」見《營造法式跋》。

易牙遺意二卷《述古目》作一卷。○題詞本有。○《述古目》粵雅本作二卷。〔補〕勞權云《絳雲目》注「韓隱士」。鈺案：此書入《四庫存目提要》，云元韓奕撰。奕字公望，平江人，入明遁跡不仕，與王賓、王履稱吴中三高士。是編仿古《食經》之遺，疑好事者僞託。

予非知味者，過屠門而大嚼固未必然，但嘉賓互對，促膝〔補〕刊本、阮本均作「席」。行杯，肴核方圓，食單似不可不講。此於蔬菜餚饌造法頗精緻，其亦山家清供之一助歟。

糖霜譜一卷入《述古目》。〔補〕黄丕烈云：「丁卯夏，得此書舊鈔本，校揚州局本，有佳處。」○鈺案：《絳雲目》「譜」作「考」。陳景雲注云：「洪文敏曾采其説，入《容齋五筆》。」

遂寧王灼晦叔撰。書凡七篇。鈺案：《四庫提要》云，宋時產糖霜者有福唐、四明、番禺、廣漢、遂寧五地，而遂寧爲最。灼生於遂寧，故爲此譜。古有柘漿、蔗餳、〔補〕刊本、阮本皆誤作「錫」。石蜜、蔗酒，而無糖霜。唐太宗遣使至摩揭陀國，取熬糖法，鈺案：見《唐書·揭摩陀國傳》。亦似今之沙糖，不言作霜也。大曆間，有僧號鄒和尚者，登繖山鈺案：事見本書。江寧攝山亦名繖山，見江總《棲霞寺碑文》。結茅以居，因取蔗糖爲霜，流傳其法。凡耕種蔗田事宜，及糖霜戶器用，瑣碎採掇，悉著於篇。鈺案：曹寅刻此書入《楝亭十種》。又合宋東溪鈍叟《粥品》及《粉麵品》，元倪瓚《泉史》，元海濱逸叟《製脯鮓法》，明王叔承《釀錄》，明釋智舷《茗牋》，明灌畦老叟

《蔬香譜》及《製蔬品法》爲一書，爲居常飲饌，録入《四庫存目》。

種藝

陸修靜靈芝瑞草象二卷 題詞本有。○《述古目》作《芝草圖》，卷數同。○鈺案：《汲古閣祕本書目》有《神仙芝草圖》一本，綿紙舊鈔并畫，不知與此異同若何。

祥符元年，王欽若獻芝草八千一百九十三本，〔補〕題詞本作「八千餘本」。又獻泰山芝草三萬八千餘本。六年，丁謂獻芝草三萬七千餘本。〔補〕題詞本無「餘」字。七年，又獻九萬五千本。鈺案：均見《宋史·真宗本紀》。元年又有趙安仁獻五色金玉丹紫芝八千七百餘本一事，此《記》未及。予每笑人主侈言符瑞，臣下貢諛者，不獨野鳥可以爲鸞，即朝菌咸可名芝矣。今觀修靜此圖，鈺案：《廬山記》：「陸修靜，吴興東遷人，宋大明五年置館廬山，謚簡寂先生。」《宋史·藝文志》有修靜《老子道德經雜説》諸目。令人興童初蕭閒之想。良常有芝號螢火，人得食一枚，心中一孔明，食七枚，七孔明，便能夜書，鈺案：見《酉陽雜俎》。宜補入此圖之後。因思祥符君臣，當時若見此書，更不知作何等妄想刊本、阮本均作「談」。也。

白雲仙人靈草歌一卷 案：白雲霽《道藏目録注》：與《種芝草法》同卷，言諸草藥靈驗。○《述古目》注「鈔」字。

白雲仙人，不知誰何，圖靈草五十四種，而附以歌，皆世所未見未聞者。鈺案：《國史經籍志》有此目，趙魏《竹崦庵傳鈔書目》亦列此書，云宋人撰，計六十葉。苟非位秩仙班，恐難遇此靈草也。

玉藥辨證一卷題詞本有。○《述古目》注「鈔」字。〔補〕黄丕烈云宋刻。鈺案：遵王《記》中自云摹宋，是黄所指者乃季氏本。季本入《延令書目》。

《玉藥辨證》，舊藏宋刻，後亦歸諸泰興季氏。此從宋刻摹寫者。鈺案：此書遵王不著撰人，當即宋周必大《唐昌玉蘂辨證》。

瓊華集五卷此書已刊入《别下齋叢書》。○題詞本有。○入《述古目》。

曹璿得《寶祐維揚刊本誤作「楊」。志》，知花始末，編成新集。疑作「斯集」。首之以考證遺事，繼之以詩文。鈺案：璿字玉齋，嘉靖丁未編成。自序見本書。所載張三丰與丘汝乘輩游蕃釐觀，取水噀八仙，鈺案：「八仙」上疑脱「聚」字。别下齋刻本同脱。變爲瓊華，香聞十餘里。三丰即於是夕遁去。汝乘詩云：「不知今夕游何處，引鶴同棲貫月槎。」其事獨見於此。

瓊華考鈺案：《四庫存目》「考」作「譜」。《善本志》作「集」。**一卷**題詞本有。○入《述古目》。〔補〕黄丕烈云：「此書予得之於東城任蔣橋顧月槎、張秋塘手。」又云：「予向所得於秋塘者，乃前《瓊華集》五卷，因《記》誤，故注於此。今茲乙卯，予又從顧嘯園手得伊族人懷芳之物，此《瓊華考》一卷適在其中。兩書合璧，亦一奇事。書此志喜。」

成化丁未，四明楊端鈺案：《四庫存目提要》云，端字惟正，鄞縣人。采刊本作「木」。〔補〕黄校本作「朱」。題詞本、阮本、沈鈔本、胡校本均作「采」。輯《瓊華考》成。凡古今〔補〕題詞本、阮本、黄校本均作「人」。序記詩賦，都爲一集。鈺案：《提要》云天一閣藏《揚州瓊花集》，即此書，析一卷爲三卷。流覽之餘，恍如枯樹回春，喚醒瓊華之夢也。

俞貞木鈺案：貞木，吴人，初名楨，後以字行，石澗翁孫，見《姑蘇名賢小記》。**種樹書一卷**見《也是園目》。《絳雲目》作二卷。

樊遲請學稼學圃，夫子目之爲小人。彼隴〔補〕刊本、阮本、黄校本均作「壟」。上輟耕，問園種菜者，殆何如耶？伊予樗櫟庸材，爲時所吐棄，倦而退於野，刊本作「退而耕於野」。阮本作「倦而退耕於野」。滌場除地，類老圃所爲。瓜塍豆籬，參錯於牛欄豚柵之旁，中築室，顏曰「小人齋」。時時偃息其所，白木几上堆《種樹篇》、《探春日記》、鈺案：《也是園目》：《探春歷記》一卷。考是書及《種樹書》，明張師説與他種併刊之，名曰《田園經濟》。《汝南圃中》、鈺案：《四庫存目》《汝南圃史》十二卷，明周文華撰。字含章，蘇州人。《樹藝錄》鈺案：《述古目》：《樹藝篇》六卷。等書，隨意披覽，頗遂息機摧撞刊本作「幢」，今從吴校。〔補〕宋校本作「四」。之志。間或勤其肢體，輒課督便了，芟繁治穢，採掇嘉蔬碩果，與婦子相顧而樂之，更不屑咏南山之萁豆，擊缶而歌呼嗚嗚也。或曰：「夫子之稱小人，猶佛家之謂小乘云爾。鑿混沌者，一日鑿一竅，刊本、阮本「竅」下有「至」字。七日而混沌死。子今蔽影蓬藋，刊本作「廬」，今從吴校。〔補〕宋校本作「藋」。等諸逃虛空者，捲〔補〕宋校本「捲」作「棬」。龜殼而食蛤蜊，鈺案：語本東坡《遠游菴銘》。期與刊本、阮本作「于」。〔補〕宋校本仍作「與」。汗漫游於九垓之外，爲不可離之朽木，真混沌所弗如，豈非小人之尤者歟？借以名斯齋，誰曰不宜？」時予方讀貞木書，聽之听阮本作「欣」。然笑，推卷而起，據槁梧以仰視雲漢，松濤洒面，不辨天首之爲一本無「爲」字。〔補〕刊本、阮本有。乙爲鳧也。鈺案：《弘明集》：張融以《門律》致周顒書：「昔有鴻飛天道，積遠難量。越人以爲鳧，楚人以爲乙，人自楚越耳，鴻常一鴻乎？」遵王之語當本此。「天首」疑當作「天道」。聊識其語於卷末，刊本、阮本「末」下有「以記歲月云」五字。時乙丑鈺案：康熙二十四年。重陽前一日。〔補〕蔣鳳藻云：「予有貞木在元季時手鈔龔子敬詩集，足稱祕笈。因附記之。」

豢養

師曠禽經一卷《述古目》注「鈔」字。

晉張華注。從元鈔本錄出。流俗本刊於《百川學海》者，刊本、阮本作「中」。〔補〕胡校本作「中者」。文注混殽，改盡舊觀矣。鈺案：《四庫提要》云漢、隋、唐諸《志》及宋《崇文總目》皆不著錄。其引用自陸佃《埤雅》始。其稱師曠撰，亦自佃始。其稱張華注，則見於左圭《百川學海》所刻，其僞當在南宋之末。又案：《百川書志》作晉太傅張華著。與作華所注者又異。

鶻譜一卷題詞本有。○《述古目》注「鈔」字。○鈺案：《絳雲目》有此書，不記卷數。宋《祕書省闕書目》錄有《相鷹鶻經》一卷，在此書之前。

檮菴居士校獵平原，知鷹之性能搏而不能擊，鶻之性則擊搏皆能。又知鶻類有二：鴉鶻體小而膽勇，性馴易調習；兔鶻體大而性剛，爲難調，間有能者，則遠勝於鴉鶻。且深悉所以養飼調習，形相美惡，故著《鶻譜》十篇，其十終以「俊鶻擒鵝」。二十〔補〕題詞本作「十八」。圖，圖各有名，系以詩。雖紀一時之興會，亦可見永樂中隆平氣象。奉藩多暇，習騎射於田獵之中，爲足樂也。

古木「木」當從阮本作「本」。**古串鶴鴿論譜一卷**題詞本有。〇《述古目》注「鈔」字。〇鈺案：《絳雲目》有此書，不記卷數。

此內府藏本，鴿房録出者。鈺案：明大内有牲口房收養精禽奇獸，又養貓養鴿，藉以感動生機。見《酌中志》。其名自「嘉興花」、「劈破玉」，至「卧泥挾翅」，共九十四種，逐種詳論之。據云直省異樣異色者盡於是。噫，亦奇矣。

蟋蟀經二卷《述古目》作一卷。〇題詞本有。〇鈺案：《述古目》粵雅本作二卷。長沙袁氏卧雪廬有明時訟狀廢紙鈔本。

《蟋蟀經》，相傳賈秋壑所輯。其於相辨喂養調治之法咸備，文詞頗雅馴。牧翁詩中「更籌帷幄，選將登場」句，採其語也。予昔藏徽藩芸窗道人鈺案：明英宗第九子見沛，封徽王，《萬卷堂目》有徽莊王《和樂餘音》十六卷。此《記》芸窗道人當即其後。五綵繪畫本，爲季滄葦豪奪去。鈺案：《延令書目》未載入。茲則絳雲樓舊藏〔補〕刊本、阮本作「鈔」。本也。鈺案：

明袁宏道有《蟋蟀經》一卷。見明徽藩所刻《欣賞編》。

傳記

廣黃帝本行記一卷《述古目》注「鈔」字，無「廣」字、「本」字。〔補〕勞權云此本今在清吟閣。鈺案：《清吟閣目》注「明鈔本」。

唐閬州晉安縣主簿王瓘進。述黃帝修行道德諸事。案：《孳經室外集》云：「考《新唐書·藝文志》『雜傳記』云，王瓘《廣軒轅本紀》三卷，蓋即此書。此卷首題『修行道德』四字，必每卷各以四字標識。本書帝吹律定姓者十二，注云在中卷。又黃帝有子各封一國，注云具中卷。可證此爲下卷，佚去上、中二卷矣。此從錢曾舊藏鈔本影寫。」鈺案：《平津館鑒藏記》亦有舊影寫本一卷，云王瓘進。瓘始末無考。書末云：「自黃帝乙酉至今大唐廣明二年辛丑歲，計三千四百七十二年。」當是僖宗時人。考漢建元以前紀年，大都從《竹書紀年》爲本，起黃帝元年庚寅，此《記》獨從乙酉起爲異。廣明二年即中和元年也。國朝吴縣人薛大訓撰《列仙通紀》六十卷，中有此書。見《四庫存目提要》。

軒轅黃帝傳一卷案：晁氏《志》有《黃帝内傳》一卷，疑即此書。《述古目》作《内傳》六卷。○《述古目》粤雅本有《黃帝内傳》，作一卷。《也是園目》有《黃帝内傳》，作六卷。〔補〕管校本云《讀書志》：「《黃帝内傳》一卷。序云錢鏗得之衡山石室中，後至漢劉向於東觀校書見之，遂傳於世。」

紀》、《蜀檮杌》等書。《蜀檮杌》爲張唐英所著。則此卷當是南宋人手筆。書中備載黄帝顛末，及其子孫唐虞三代相承世數甚悉，可補《皇王大紀》之缺。鈺案：《平津館鑒藏記》云：「不題撰人姓氏，末有『臣道一曰』，亦不詳何人。」鈺疑即撰《真仙體道通鑑》之趙道一。其目入錢補《元志》。《真仙體道通鑑》一書見本卷後二十二葉。

闕撰者氏名。注引《劉恕外紀》，殆是宋人所著歟。案：《羣經室外集》云注中引劉恕《外紀》、《蜀檮杌》等書。

漢武内傳一卷 案：晁伯宇《續談助》中跋此書云：「唐天寶時終南山居元都仙壇大洞道士王游巖緒之徒所撰。」《述古目》作二卷。○《述古目》粤雅本注「鈔」字，作一卷。〔補〕管校本云：「張氏《續藏書志》：《漢武帝内傳》一卷，鈔本，從陳子準藏舊鈔足本影寫，不著撰人名氏。有晁伯宇跋。黄廷鑑云《漢武内傳》一卷，凡《太平廣記》所録及明《漢魏叢書》諸刻皆非完帙。向稱汲古閣刊《道藏》本爲最善，惜傳本亦稀。今春從陳子準處借得舊鈔足本讀之，知俗本皆删節過半。即毛本亦多脱落。因影寫一帙藏之。復取宋人《續談助》中節本彙諸刻細校一過。間有舊鈔脱誤而他刻得之者，附注於旁，以備參考。又《續談助》卷末載有唐道士跋，詳淮南八公姓氏，爲他書所未經見，與《玉海》所引合，并録之。又内外《傳》本一書，如《吴越春秋》之例。《外傳》即《内傳》之下卷。自删本僅存《内傳》，不知者以《外傳》爲别一書，觀《續談助》跋語自見。然不得此本，又孰從而證明之耶？」○鈺案：晁《志》作二卷，云不題撰人，記王母降。

孱守居士空居閣校本。鈺案：《愛日志》載《續談助》五卷，爲茶夢主人鈔本。中有此書。馮舒此本疑即從姚咨本傳鈔。《廣記》删《玄靈》二〔補〕宋校本「二」作「宫」。曲，乃十二字胡校本「字」作「事」。〔補〕宋校本同。篇目，又脱「朱鳥窗」一段。對過始知此本爲完書。鈺案：《四庫》本一卷。《提要》采此《記》説，定爲完書。

漢武外傳一卷案：竹汀先生云《外傳》即《内傳》之下卷。○《述古目》注「鈔」字。

雜記漢武以後事。雖名「外傳」，實與漢武無涉。

漢武故事二〔補〕阮本作「一」。**卷**案：晁氏《志》云：「世言班固撰。唐張柬之《書洞冥記後》云《漢武故事》，王儉造。」○《述古目》注「鈔」字。

一是錫山秦汝操〔補〕葉鈔本「操」下空一格。○勞權云秦汝操見姚舜咨《寓簡題識》。鈺案：汝操名柄，明無錫人。繡石書堂本，與新刻頗異。一是陳文燭晦伯家本，鈺案：《明詩綜》：「文燭字玉叔，沔陽人，嘉靖乙丑進士，官至大理寺卿，有《二酉閣》等集。」又與秦本互異。今兩存之。鈺案：《四庫》著録爲吴琯《古今逸史》一卷本。《提要》云《敏求記》兩本，皆未見。

虬鬚客傳一卷《述古目》注「宋本」二字。〔補〕勞權云：「《宋史·藝文志》云杜光庭撰，恐誤。《文淵閣書目》『荒』字號《虬鬚客傳》一部一册。」鈺案：《百川書志》有此書，云唐杜光庭撰，又爲張説，未知孰是。明顧元慶《文房小説》題杜光庭撰。《五朝小説》作張説撰。

楊彦淵〔補〕胡校本「淵」作「遠」。《筆録》鈺案：《四庫》著録《楊公筆録》一卷。《提要》云宋楊延齡撰。里居未詳。黄丕烈曾得其書，今入海源閣。亦未詳延齡之字云何。此《記》「彦淵」胡校又改「淵」作「遠」，當有所據。《柳南隨筆》引此書仍作「淵」。云：「口上曰髭，頤下曰鬚，在耳頰旁曰髯，上連髮曰鬢。」髯之不胡校本「不」下有「得」字。〔補〕阮本無。沈鈔本有。混鬚也明矣。《漢·朱博刊本誤「傳」。傳》：「奮髯抵几。」《蜀志》：「猶未及髯之絶倫逸羣。」黄香《責髯奴辭》：「離離若緣坡之竹，鬱鬱若春田之苗。」鈺案：《責髯奴》文，漢王褒撰。此作黄香，係據《古文苑》。古人描寫髯之修美，並未言其虬也。老杜《八哀詩》：「虬鬚似太宗。」《酉陽雜俎》：「太宗虬鬚，常戲張掛弓矢。」《南部新書》：「太宗文皇帝虬鬚上可掛一弓。」蓋虬鬚字之有本若此。今人安得妄改爲虬髯客乎？考其繆始於《紅拂傳奇》，流俗承譌已久，故書此刊本、阮本缺「此」字。〔補〕胡校本、沈鈔本均有「此」字。以正之。〔補〕勞權云案《密齋筆記》二引《太平廣記·虬鬚客》云云。明許自昌刻本《太平廣記》百九十三誤「鬚」作「髯」。

費樞廉吏傳二卷入《述古目》。○鈺案：此《記》所録乃鈔本，見王聞遠《孝慈堂書目》。《宋志》及《直齋書録》均作十卷。《四庫》著録即此二卷本。《提要》云自列國至隋唐，凡百十有四人。與《直齋》所記合。是卷數有所合併，文字並無删薙。《適園志》載舊鈔本，有自序及辛次膺序。何邦基序云所載百四十四人，人數增加，未知其審。明黄汝亨有《增輯》一編，仍名《廉吏傳》，不分卷數，入《四庫存目》。

天地穢濁之氣，生凶庸貪猥之徒，凡弱下愚之類以敗壞國家，未有甚於宋之政宣年間者也。成都費樞鈺案：樞字伯樞，辛次膺序稱其以藝學中高第。《儀顧堂題跋》云考《繫年要録》，紹興十六年，樞以左朝散郎知歸州。采刊本作「秉」。〔補〕阮本、宋鈔本、胡校本均作「采」。某校本作「宗」。經摭傳，類次《廉吏傳》成，序於宣和己巳。阮本作「乙巳」。案：宣和無己巳，其乙巳則改元之七年，明歲即爲靖康元年。〔補〕勞權説同。其言曰：「邇者奸臣當路，羣枉並進。官以賄授，冗濫多門。漢世贓吏禁錮，子孫三世不得入仕。今願以此爲獻。」果哉！費君敢言，不避權惡，志在疾世憂國，借此書以寓激揚之意，夫豈無謂而苟作者。何邦基云：「載公孫弘而不没其忌害之實，載牛僧孺而不舍其朋黨之罪。所學實有以助史官之賞罰，是又淺之乎其知之矣。」

謝諤孝史五十卷題詞本有。○見《也是園目》。

謝諤《孝史》，君紀五卷，后德一卷，宗表四卷，臣傳三十五卷，婦則二卷，文類二卷，夷附一卷，總計五十卷并序目，淳熙十五年三月八日狀奏投進。鈺案：諤爲新喻人，字昌國，官太學博士至御史大夫，淳熙名臣。此書見《直齋書録》。《宋志》未著録。教授臣張綱校正，作後序。此書世罕其傳。予從印胡校本「印」作「影」。〔補〕阮本作「印」。宋本鈔録，藏之家塾，以示子孫。歐陽玄序番陽楊玄翁《忠史》，一本誤作「志史」。鈺案：楊元《忠史》一卷，起夏商，至宋末，得八百餘人。見錢補《元志》。嘉其是非枉直瞭然，不繆於古人。且謂「是書果行，書之幸，亦世之幸也」。予於《孝史》亦云。鈺案：國朝吴興錢尚衡有《孝史》十卷，與謝書同名。見《四庫存目》。

葛洪神仙傳十卷案：簡莊徵君云：「己亥秋八月，從知不足齋見宋刻劉義慶《幽明録》，亦述古舊鈔本。紙墨俱精好，書法端楷，彌可愛玩。此獨未之及，豈得於書成之後耶？」鈺案：《幽明録》見《也是園目》。○《述古目》注「鈔」字。

袁陶齋鈺案：秦酉巖《跋玉照新志》云得吴門袁別駕陶齋遺書云云。《蘇州府志》：袁表字邦正，官臨江通判。當即其人。藏書，後歸秦四麟又元〔補〕元刊本作「玄」。齋，流傳至允〔補〕「允」

刊本作「胤」。伽居士鈺案：《懷舊集》小傳，孫允伽，字唐卿。春〔補〕胡校本「春」作「秦」。鈺案：胡校誤。雪樓。三君皆好古碩儒，刊本作「士」。〔補〕阮本同。所藏率多舊鈔本，故其書正定可傳。刊本下有「覽者勿忽之」五字。〔補〕阮本無。

真仙體道通鑑前集三十六卷後集六卷案：亡友胡蕉窗上舍昔語芬云，昔見述古舊藏《歷代真仙體道通鑑》三十六册精寫本，筆墨俱學唐人小楷。前有竹垞印二、王愷名印一，又有康熙四十年何義門硃筆跋。○題詞本有。○前後集見《也是園目》。《述古目》有《真仙通鑑》十卷。一目注「鈔」字。〔補〕勞權云《絳雲目》「神仙家」作《歷世體道真仙通鑑》三十册。鈺案：所見《絳雲目》均以「道家」、「道藏」、「道書」分類，無題「神仙家」者，不知勞氏據何本。

前集軒轅皇〔補〕胡校本「皇」作「黄」。帝至趙元陽止，後集無上元君至孫仙姑止。蓋以女仙，故而爲之區分也。浮雲山道士趙道一編修。前有表，進之昊天上帝，未免誕刊本作「浮」。〔補〕阮本作「誕」。而夸矣。鈺案：錢《補元志》有趙道一《歷代真仙通鑑》前集六十卷，後集四卷，卷數不符。國朝薛大訓有《列仙通紀》六十卷，亦始於黄帝下至孫仙姑，凡八百七十七人。先刊於明崇禎年間，至國朝板燬，乃改此名，入《四庫存目》。薛書似即用道一書增補成帙。以館臣未見道一原書，故未加糾正。又案：此《記》所錄乃明鈔本，半葉九行，行十八字。首題「浮雲山聖壽萬年宮道士小兆臣趙道一編修」一行。目後有無年月玉真子手跋，云爲遵王所贈，已缺二十四至三十三共十卷。今爲江安傅增湘所收。後集六卷以正統《道藏》本補之。

重編義勇武安王鈺案：汪師韓《韓門綴學》云，元文宗天曆元年，封漢前將軍關某爲顯靈義勇武安英濟王。見《本紀》。**集二卷**胡校作八卷。〇芬案：此書已歸朱述之司馬緒，曾插架，旋攜歸金陵里第，已早墮刀兵劫中矣。鈺案：《開有益志》不載此書。〇見《也是園目》，作八卷。

辛丑鈺案：順治十八年。孟冬初旬，吾邑西鄉迎關神賽會。先期，王示夢里人云：「紅豆莊有警，廿八至初二須往護持，過此方許出會。」是日，牧翁赴李石臺使君之約，入城止宿鈺案：石臺名來泰，臨川人，順治九年進士。十七年授江蘇蘇松糧儲道，道署在常熟縣城。《有學集》有《督漕李使君去思記》。山莊，其夜盜至，而公無虞，王之靈實庇刊本誤作「芘」，今從吴校。〔補〕胡校本同。焉。公齋心著是書者，蓋所以答神佑也。元季巴郡鈺案：《百川書志》作「皇明巴陵」。胡琦編刻《關王事蹟》。鈺案：此書入錢《補元志》。有明刊本五卷，今藏京師圖書館。嘉靖四年，高陵呂柟復校次刻刊本作「刊」。〔補〕阮本同。之，名《義勇武安王集》。公取二書次第釐定，考正刪補，而謂之「重編」者，因名仍呂公之舊耳。公又取錢塘羅貫中撰《通俗演義三國志》〔補〕勞權云《述古堂書目》有《古本演義三國傳》十二卷。鈺案：《述古目》未見此書。《也是園目》小說類有之。《百川書志》別有《三國志通俗演義》二百四卷。及内府《元人雜劇》，鈺案：《也是園目》古今雜劇類有元關漢卿《關大王獨赴單刀會》、無名氏《關雲長千里獨行》諸目。摭拾其與史傳牴牾者，力爲舉正。鈺案：《柳南隨筆》有某宗伯《關壯穆靈應記》云云，似謙益編此集外，尚有一書。海昌周廣業輯有《關帝徵信編》六册，見《拜經樓書目》。而予於此亦有疑焉。神座右塑立周倉像，傳來甚久。徧考書史，絕無其人，僅見於小說傳奇，那可爲據。今王之廟貌徧天下，罕有核及此者，何也？鈺案：元魯貞《武安廟記·迎神詞》曰：「蘭佩下兮桂旗揚，騎赤兔兮從周倉。」沈濂《懷小編》引之云：「出陳實甫《演義》，不可爲典要。」宗老實齋先生學誠《丙辰劄記》云：「關聖廟侍周將軍倉，史傳無明文，而小說載之。」《山西通志》云：「倉，平陸人，初爲張寶將，後遇關公於卧牛山，遂相從。樊城之役，生禽龐德。後守麥城，死之。」與《三國演義》全合，未知有所證否。又案：俞正燮《癸巳存稿·關聖事輯後識語》，明萬曆二十四年封倉威靈忠勇公。且如桓侯字益德，内府板《演義傳》尚未知刊本、阮本作「之」，今從吴校。鈺案：作「之」者是。改，而流〔補〕胡校本删「流」字。俗本竟刊爲「翼德」，豈不可笑。〔補〕勞權云：「案《日下舊聞》載金《重修蜀先主廟碑》作『翼德』。《潛揅堂金石跋尾》云碑作『益德』，『翼』字是竹垞所改。」或有爲之說者，曰：「桓侯諱〔補〕刊本作「名」。飛，揆厥字義，焉知非翼德乎？」予笑語之曰：「如子云云，豈獨桓侯宜此字。即王之諱某，「某」阮本不諱。〔補〕刊本同。亦應移此字字之矣。」其人懡㦬而去，并書之以發一笑。

祠山鈺案：祠山在廣德州西五里，祀漢張真君渤。相傳真君烏程人，治水有功，化於兹山，因立廟祀之。見吴騫《桃溪客語》。**事要指掌集八卷**題詞本有。○見《也是園目》。《述古目》作《祠山事要》五卷，注「宋本影鈔」四字。

嘉熙己亥，三山周秉秀纂類。一世系，二封爵次序，三顯應事迹，四正訛，五祠宇，六生辰，七事始，附雜編，八刊本誤作「入」，今從吴校。〔補〕題詞本、阮本均作「八」。威濟侯方使者。鈺案：《桃溪客語》引《指掌集》云：「方使者，佐張王治水有功，别祀於方山。」王諱渤，清河張氏，相傳生於漢代，吴興郡烏程横山人也。王一妃，二夫人，九弟，五子，一女，八孫，集載之甚詳，洵爲祠山典故。惜乎世罕其本，人見之者尠耳。鈺案：瞿《目》載《祠山事要指掌集》四卷，元刻殘本。元梅應發因宋周秉秀舊本重編。舊止八卷，梅氏始增爲十卷。首冠以明太祖御製詩，疑是明時補板或翻刻本。今存前四卷。後有張月霄跋云：「即《敏求記》著録本。」考《敏求》所載一本，尚存八卷之舊，乃是周秉秀本。目録序次亦不合。張氏以爲即此本，偶失檢耳。《寶書閣》著録者亦爲八卷本。《開有益志》記所見者爲十卷本，則考張真君事尤詳。《百川書志》崇正類有明廣德知州莆田周瑛粱石撰《祠山雜辨》一卷，凡十五條，當爲祠山祀事而作者。

雷神紀事二卷《述古目》作三卷。○題詞本有。○《述古目》粵雅本作二卷。《也是園目》作三卷。鈺案：《百川書志》亦作三卷，云記出處祀事，記文題詠也。

此書載雷神出處甚詳，靈異可怪。鈺案：《輿地紀勝・雷州古迹》有顯震廟，注「在州西南八里」。丁謂撰記曰：「舊記云州南七里有擎雷水，今南渡也。始北里居民陳無子，因射獵獲一大卵，圍及尺餘，攜歸家。忽一日霆震而開，遽生一子，遂承其家。鄉俗異之，曰『雷種陳』。天建二年也。」又景物類有雷耕，云見《投荒錄》。有雷彘，云見《國史補》。按《太平寰宇記》：「貞觀八年，改東合州爲雷州。雷公廟在州西南七里，咸通十二年置。」鈺案：「雷公」二語非《寰宇記》文。遵王當據《紀事》本文。並未及雷神事，止一本作「正」。云俗候雷時，具酒肴奠焉。法甚嚴謹，有以彘肉雜置食者，霹靂即至，鈺案：「止云」以下數語，《寰宇記》錄《投荒錄》語。是神之肸蠁，亘古如一也。宋元时封誥，班班可考。飞來銅刊本、阮本作「鉤」，今從吴校。〔補〕題詞本、胡校本均作「銅」。鼓，猶在廟中，後人焉得以語怪誣之。鈺案：《輿地紀勝》「古迹」載銅鼓，無飛來之說。但《紀事》云「神生於漢朝」，未知古聖人烈風雷雨弗迷〔一〕，迅雷風烈必變，彼時司之者又何神也。

廣異記六卷《述古目》注「鈔」字。〔補〕勞權云：「此書係述古堂書格鈔本，字蹟頗精。向在同里某氏，予曾借閱，未及傳鈔，匆匆索去，以售於人，意甚惜之。」〇鈺案：此書徧檢隋、唐、宋《志》，及晁、陳以下各書目，均無可徵。惟《稽瑞樓書目》有此目，卷數相同，注「鈔」字。《龍威祕書》中有宋戴君孚《廣異記》一卷，疑非原書。

杜詩《諸將篇》「昔日玉魚蒙葬地」，以此書劉門奴〔補〕葉鈔本「奴」作「双」。事注之，流俗本誤爲「明奴」，非也。考之《廣記》善本亦然。丙午鈺案：康熙五年。夏，滄葦邀予渡江，校刊牧翁《草堂箋注》。日長苦志，數月始潰於成。後偶以事還家，忽爲妄庸子改作「明奴」，且行間多以方空界阮本作「介」。字，可恨也。鈺案：今流傳季刻本錢注杜詩《諸將》第一首，注正作「明奴」，如此《記》所說。行間亦多方匡。

李翺卓異記一卷

案：晁氏《志》云：「或題陳翺。記唐室功業特異，并其臣美事二十七類。」〇《述古目》注「鈔」字。〇鈺案：《唐·藝文志》：陳翺《卓異記》一卷，注「憲、穆時人」。《宋志》有李翺、陳翺兩目，卷數均同。《皕宋志》有嘉靖仿宋本，署李翺述，有自序。

開成五年，翺在檀溪述。虚舟道人云：「蕭氏自瑀至遘，八葉宰相，閥閲之盛，有唐莫之與比，而《卓異記》不及，何耶？」按翺書成於文帝鈺案：「帝」字當爲「宗」字之誤。時，焉能下記宣、懿、僖三朝？虚舟此跋，殆亦未之思也歟？

欒史廣卓異記二十卷目録一卷《述古目》注「鈔」字。

欒史集漢魏以來至五代卓異事，都爲一集，撮神仙殊異者附於後。惜其所撰《續唐卓異記》三卷失傳爲恨耳。鈺案：此書《宋志》著録卷數同。惟此《記》作「續」，《唐志》作「續廣」，其文略異。

古列女傳七卷續列女傳一卷案：《直齋》云《古列女傳》九卷，不別出《續傳》一卷。而《通考》作《古列女傳》八卷，《續列女傳》一卷。其載王回序略云：以頌考之，每篇皆十五傳耳。則凡無頌者，疑皆非向本書，不特自陳嬰母爲斷也。故并録其目，而以頌證之，删爲八篇，號爲《古列女傳》。餘十二傳，又以時次之，别爲一篇，號《續列女傳》。此云七卷，則其本又與《通考》異矣。又《讀書附志》亦作八卷，云漢都水使者光禄大夫劉向撰。又一卷，莫知其爲誰續，然亦載於《崇文總目》。王回、曾鞏皆序之。○題詞本有。○《述古目》注「宋板」二字。入《宋板書目》。

《顔氏家訓》云：「《列女傳》，三字刊本缺，今從吴校。〔補〕題詞本、阮本、胡校本均有。劉向所造，其子歆又作頌。終於趙悼后。而傳有更始韓夫人、明德馬后及梁夫人嫕，〔補〕題詞本作「嫕」，下同。皆由刊本、阮本無「由」字。〔補〕題詞本、沈鈔本均有。後人所羼，非本文也。」今此本始於有虞二妃，至趙悼后，號《古列女傳》。周郊婦至東漢梁嫕等，以時次之，别爲一篇，號《續列女傳》。頌義、大序列於目錄前，小序七篇，散見目錄中。刊本有「間」字。〔補〕阮本無，沈鈔本有。頌見各人傳後，而傳各有圖。卷首標題「晉大司馬參軍顧愷阮本作「凱」。之圖畫」。案：《竹汀日記》云：「晤黄蕘圃、周漪塘，觀宋刻《列女傳》八卷。上層有顧愷之畫象，鐫刻極工。目錄後有嘉定七年武夷蔡驥、孔良跋。七卷之目曰母儀、賢明、仁智、貞順、節義、辯通、嬖孽，末一卷則後人所續也。」又記云，得吴槎客札寄《列女傳跋》一篇。據《藝文類聚》、《御覽》諸書，謂當有《嫫母傳》。蓋顔氏所云，而蘇子容嘗見江南人家舊本，其畫爲古佩服，各題其頌像側者，與此恰相符合，定爲古本無疑。〔補〕勞權云此説《有學集》跋云「錢功甫所指示」。〇黄丕烈云宋刻有二本，一爲南城廢殿本，一爲吴門老儒錢功甫本。鈺案：黄氏此説亦本《有學集》。千載而下，覩此得存古人形容儀法，真奇書也。牧翁亂後入燕，得於南城廢殿。卷末一條云：「一本永樂二年七月二十五日，蘇叔敬買到。」當時採訪書籍，必貼進買〔補〕沈鈔本「買」作「賈」。人氏名，鄭重不苟如此。〔補〕黄丕烈云：「永樂某年，蘇叔敬買到云云，予收得殘宋本任淵注《黄山谷詩注》亦然。蓋明代藏書如是也。」内府珍藏，流落人間，展轉得歸於予，不勝百六颷迴之感。〔補〕勞權云：「後歸揚州阮氏瑯嬛仙館影摹重刊。」鈺案：《天祿目》有此本，具載錢謙益跋。蓋錢曾藏後，又入内府矣。阮氏刻本度從内府摹出。又案：《絳雲目》宋板《列女傳》，顧愷之圖。陳注作十五卷，疑卷數有誤。

孟姜女集二卷題詞本有。○《述古目》作一卷。「集」下有「傳」字。○鈺案：明宗正朱睦㮮《萬卷堂書目》有此書，作一卷，注馬理撰。考《明史·儒林傳》，理字伯循，三原人，未知即撰此書者否，俟考。

世傳孟姜女爲范杞梁妻。予暇日考之，蓋所謂俗語不寔，流爲丹青者，此類是也。《傳》襄公二十三年，莒子獲杞梁。齊侯歸，遇杞梁之妻於郊，使弔之，辭曰：「有先人之敝廬在。」杜注：「杞梁即杞植。」疑即「殖」字。劉向《列女傳》：「莊公襲莒，杞梁戰死。妻無子，枕其夫之屍於城下而哭，十日而城爲之崩。既葬，曰：『吾何歸矣。』赴淄水死。君子稱其貞而知禮。」刊本下「崔」字起缺。崔豹《古今注》曰：「《杞梁妻》，杞植妻妹明月[二]所作。植戰死，妻曰：『上無父，中無夫，下無子，人生之苦至矣。』乃抗聲長哭，杞都城感之而頹。遂投水死。其妹悲其姊之貞操，乃作歌，名阮本缺「名」字。曰《杞梁妻》焉。梁，植字也。」以上七十四字從原本補。鈺案：原本即足本，下同。是杞梁去秦刊本作「于」，今從吴校。〔補〕題詞本、阮本、胡校本均作「秦」。築城時已三百四十餘年，安得以此牽合耶？考《孟子正義》，亦有「或云其妻孟姜」之説，譌以傳譌，知其來已久。然謂「或云」者，正疑而未必〔補〕胡校本「必」改「定」。之辭。以下刊本作「斷不得即以范姓加之杞梁也」。〔補〕阮本無「斷不」云云十二字。刊本下「貫」字起缺。貫休《杞梁阮本「梁」下有「妻」字。詩》云：「秦之無道兮四海枯，築長城兮遮北胡。築人築土一萬里，杞梁貞婦啼嗚嗚。」鈺案：宋范晞文《對床夜話》「嗚嗚」下有「上無父兮中無夫，下無子兮孤復孤。一號城崩塞色苦，再號杞梁骨出土。疲魂羈魄相逐歸，陌上少年毋相非」。味其詞，杞梁乃秦之築城卒，其妻亦未嘗死也云云，遵王所引未全。抑何不考左氏、劉向二傳及《古今注》，竟以杞梁爲築長阮本無「長」字。城而死乎？以上六十字從原本補。今此集〔補〕胡校本「集」下補「則」字。云：「女姓姜，楚地澧阮本誤「灃」。人，行一，故曰孟姜。秦始皇築長城，夫范郎往赴其役，久不歸，製寒衣躬往送之。至則范已死，痛哭城崩，瀝血求夫骨，函歸。行至同官山，力竭死。土人即其遺骸立祠以祀。」刊本有「之」字，阮本無。〔補〕題詞本有。自元及明季，诗文盈帙，盡略杞梁之名，而獨稱范郎者，殆有所考而云然歟。千百年來，廟貌猶新，靈爽刊本、阮本、胡校本「爽」皆作「異」。如昨。一種貞烈之氣，自在天壤間。予故錄而存焉。

譜牒

東家雜記鈺案：錢大昕云：「孔傳於宣和六年嘗撰《祖庭雜記》，此書則從思陵南渡以後別爲編輯，改『祖庭』爲『東家』者，殆痛祖庭之淪陷，而不忍質言之耳。」詳見《養新錄》。**二卷**刊本誤作三卷。

案：張氏《藏書續志》云：「《東家雜記》二卷，述古堂精鈔本。宋右朝議大夫知撫州軍州事兼管内勸農使仙源縣開國男食邑三千戸借紫金魚袋孔傳編。格闌外有『虞山錢遵王述古堂藏書』一行。」又黃蕘圃云：「此書每半葉十行，每行十八字。首列《杏壇圖說》，遵王家所鈔。今在抱沖道人處。」○題詞本有，作二卷。○見《也是園目》，作一卷。

牧翁《書趙太史魯游稿後》亟稱《東家雜記》、《祖庭廣記》阮本作「紀」。○案：簡莊徵君云：「《祖庭廣記》，元刊本。蕘圃得之錢塘何夢華。何蓋孔氏之壻也。」**諸書，**〔補〕勞權云見《有學集》四十九。太史字月潭，錫山人。鈺案：月潭名玉森，崇禎十三年進士。牧齋女適其子管。見牧齋《遺事》、《家難紀實》等書。《荆駝逸史》載錢氏《家變錄》。某氏案語，以趙爲趙士春，殊誤。**而惜予之未見也。**阮本作「而惜予未之見也」。胡校本作「惜乎未之見也」。**壬戌**鈺案：康熙二十一年。**冬日，葉九來過訪草堂，云有宋槧本《東家雜記》，**〔補〕黃丕烈云：「是書予於東城顧氏得宋槧本。向藏何義門者，未識即此書否。」**因假借繕寫。**鈺案：瞿氏有宋刊本。「管勾」之「勾」或作「勺」，係避高宗嫌名。**此書爲先聖四十七代孫孔傳**刊本、阮本「傳」下有「所」字。**編。首列《杏壇圖說》，**案：《竹汀日記》云：「此書前有紹興甲寅三月自序，後附四十六代孫宗翰、四十八代孫端朝、五十代孫擬三序，皆家譜也。擬序題『淳熙五年六月』，已在傳著書後四十餘年。又四十九代孫玠襲封衍聖公時，傳已爲本家尊長，而卷中所述世系，訖於五十三代孫洙。計其時代，當在南宋之季，蓋後來續有增入耳。卷首《杏壇圖說》與遵王所記正同。又有《北山移文》、《擊蛇笏銘》、《元祐黨籍》三篇，殆以有關於孔氏而附入之歟。此係宋槧舊本，鄆國夫人并官氏，俱作『并』字不誤。世間鈔寫本皆誤

『并』爲『亓』矣。」鈺案：俞正燮云，孔子娶开官氏。「开」本「幵」字，即「弁」字，即今卞氏。漢《禮器碑》并官聖妃在安樂里，魯相復开官氏縣傜。見《癸巳類稿》。記夫子車從出國東門，因觀杏壇，歷級而上，顧弟子曰：「茲魯將臧文仲誓將之壇也。」覩物思人，命琴而歌。其歌曰：「暑往寒來刊本作「寒暑往來」，今從吴校。〔補〕題詞本、胡校本作「暑往寒來」。阮本作「寒往暑來」。春復秋，夕陽西去水東流。將軍戰馬今何在，野草閑花滿地愁。」考諸家《琴史》俱失載，附錄於此。詳其語意，未知果爲夫子之歌否也。鈺案：《四庫》著錄係另一本。《提要》云，錢曾云首列《杏壇圖說》，此本《杏壇》爲下卷第三篇，且有說無圖，亦無歌詞。

孔氏家譜一卷題詞本有。○《述古目》注「鈔」字。

先聖四十九代孫莘夫名琬，宋乾道二年任臨川丞，遂家於此，爲臨川始遷祖。正德癸酉，吾虞陳言知撫州，鈺案：言字汝昌，弘治九年進士。編此序之。蓋孔氏臨川族譜也。鈺案：《西安縣志》，西安孔聖裔自四十八代孫孔端友始，宋崇寧三年襲衍聖公。建炎初，扈蹕南渡。子玠，紹興二年襲公。琬與玠名俱從玉旁，俱四十九世孫也。

漢天師世家一卷案：《道藏》本作四卷。○題詞本有。○《述古目》注「鈔」字。〔補〕黄丕烈云：

「此書予得於任蔣橋顧月槎處張秋塘手。又見一舊刻，亦錢氏述古堂物。」鈺案：黃校於此目上題「舊鈔」二字，今入瞿《目》。○勞權云：「《道藏》本四卷，見《絳雲目》。予有萬曆甲午五十代孫國祥重刊本，有洪武九年宋濂序，洪武庚午蘇伯衡、四十三代孫宇初後序，及重刊等序。」

嗣漢四十二代天師沖虛子鈺案：韓門《綴學續編》云，王世貞《弇州史料》云洪武中封張正常爲正一教主，嗣漢四十二代天師，沖虛子當即正常別字。命〔補〕勞校本改「命」作「授」。鈺案：瞿《目》「命」下有「弟子」二字。傅刊本、阮本「傅」誤作「傳」。同虛〔補〕勞校本「虛」下有「周應瑜」三字。編次。〔補〕勞校本改「次」作「校」。宋灊溪序其簡端，其子耆山〔補〕勞權本「耆山」作「宇初云」。「授」字、「周應瑜」字、「宇初」字，均據恬裕本改。公又自爲序以行。紀載詳贍。中稱三十代天師諱繼先者，宋崇寧二年，投符解州阮本作「澥州」。〔補〕題詞本作「澥」。鹽池，磔蛟死水裔。上問：「用何將？」隨召關某阮本不避諱。〔補〕刊本同。見於殿左，上驚，擲崇寧錢與之，曰：「以此封汝。」世因祀爲「崇寧真君」。〔補〕題詞本、阮本「君」下均有「此」字。可補神逵〔補〕胡校本、葉鈔本「逵」均作「道」。鈺案：張衡《思玄賦》：「神逵昧其難覆兮，疇克謀而從諸。」作「逵」是。之闕遺也。鈺案：《韓門綴學續編》云封崇寧真君之前一年，先封忠惠公。

宋濂浦陽人物記二卷此條刊本佚。○入《述古目》。

記人物者何昉乎？蓋昉乎《古今人物鈺案：「物」字衍文。表》歟？景濂先生具一代史才，爲此書斤斤不苟，先之忠義孝友，次之政事文學，而以貞節終焉。夫浦陽爲婺屬邑，仙華月泉，毓靈孕秀，實人才之淵府。今登此記者，上下數百年，錄止〔補〕阮本「止」作「此」。二十九人，其載事〔補〕阮本「事」作「筆」。鄭重若此。鈺案：《四庫提要》云卷末有濂自跋，稱始立稿，而廉侯景淵邃遽取刊布，牴牾者多，今補定五十餘處，視舊行爲小勝。末題至正十三年。世之文士好揚富貴而沒貧賤，先生立言惟公，即匹夫列女，咸使光照後裔，真有古良史之風。今人易視邑乘，俾檮杌孟浪之夫，亦得操觚從事，而秉厥成者，一任其執鬼官阮本「官」作「宮」。鈺案：《國語·楚語》：「左執鬼中，右執殤。」「宮」似應作「鬼中」，作「官」作「宮」皆誤。以自雄。閱此能無世降文靡之嘆乎？鈺案：康熙二十二年修《琴川志》者，錢湘靈、陸燦董其事，而嚴武伯熊實與王家震、王孫蘭、馮行賢、王孫芸載筆以從。見湘靈《志序》。檢《河東君殉家難事實》，則武伯嘗首具啟事，聲遵王之罪，有「熊與錢曾均受牧齋錢公教益，今公甫逝，曾與族勢立逼柳夫人慘縊」云云，是遵王於武伯積恨深矣，故藉此隱詆之。觀下文涉及常熟志中人物，意尤明顯。記中王萬自浦陽遷居常熟，爲人物中之傑出者，先生特標乎阮本「乎」作「於」。凡例。邑志知存其姓氏否？〔補〕「姓氏」阮本作「氏名」。鈺案：萬字處一，號抑齋，官至大理少卿，宋理宗嘗褒爲遺直遺愛，已入《琴川志》。

科第

紹興十八年同年小錄《述古目》作一卷。《浙江遺書總錄》云一册。張氏《藏書志》云明初刊本，王佐榜進士題名錄也。末有「虞山錢曾遵王」印記。簡莊徵君云：「《絳雲樓書目》又有《紹興十七年同年錄》，詢之淥飲丈，云即此十八年者，蓋簡端所題誤作十七年耳。」〇入《述古目》，作一卷。〔補〕胡校本「目」下補「一卷」二字。〇黄丕烈云：「也是翁不言刊與鈔，則非宋本可知。予近於蔣藝萱處借得伊友張東畬所藏明弘治本，渠跋語云是宋刻，奚啻癡人說夢。東畬已故，未知此書猶在否。東畬在日需直二十四兩，惜價太昂，難以交易。己未暮春記。」又云：「弘治本今藏彭梧岡家。」〇鈺案：《天祿目》有宋刻本一卷。瞿《目》有云明人張安道有石刻在滁州歐梅亭，惟朱子名字、三代鄉貫全載，其餘僅書姓名及本貫州縣。

唐末進士不第，坎壈失職，如王仙芝輩倡亂。而敬翔、李振之徒，亦皆進士之不得志者。宋祖深鑒其故，廣開科舉之途。開寶二年三月壬寅朔，詔禮部閱貢士十五舉以上曾終場者，具名以聞，特恩各賜本科出身，此特奏之所由始阮本作「起」。也。景德二年三月丁巳，李迪等進士及第，賜特奏名五舉以上，本科六十四人，鈺案：宋李𡌴《十朝綱要》作「特奏名江白等六十二人」。三《傳》十八人，同學究二十三人，三《禮》四十四人，年老授將作監主簿三十一人，此「此」字從阮本補。特奏之名所由立也。祥符八年，又以人多而裁抑之，特奏名並赴殿試，是後循以爲例。故終宋之世，其禍患皆起於朔漠，〔補〕刊本、阮本作「夷狄」。而中國士子雖潦倒場屋，窮老盡氣，無自棄於盜賊，如唐末之亂者，豈非宋祖之明慮遠哉！此九字刊本、阮本均缺，今從吳校補。〔補〕嚴元照校沈會侯鈔本云：「此九字刊本無之，豈蕙圃先生因其文氣未足而增入者歟？抑別有所據歟？然無從考證，姑闕之以俟見多識廣之君子。」此錄後列特奏名一人，殆猶存告朔餼羊之遺意與？鈺案：《韓門綴學》云：「特奏名時稱老榜，《獨醒雜志》載董德元登第詩云『故鄉若問登科事，便是當時老榜官』是也。」第五甲第九十人刊本作「名」，今從吳校。朱熹，字元晦，小名沈郎，小字季延。王同軌記其詳於《耳譚》中。案：邵青門先生記云，宋刻本，藏武林朱氏。蓋奉考亭爲始祖者。今不知存亡若何，當更訪之。○鈺案：王同軌，字行父，明黃岡人，官江寧縣知縣，《耳談》十五卷，入《四庫存目》。予考宋朝《登科錄》，惟此與寶祐四年者僅存。案：簡莊徵君云：「淥飲嘗於旬日間獲二書，以爲生平僅事。」則知此錄之傳，蓋以文公故而垂之久遠耳。

寶祐四年登科錄《述古目》作一卷。《遺書總錄》作一册，明初有刻本。○入《述古目》，作一卷。

〔補〕黃丕烈云：「見有明刻本，在無錫人家。」

高似孫《緯略》，袁録唐之科目，凡六十三阮本「三」作「二」。科。晁氏《讀書後志》：「《唐制舉科目圖》一卷，不題撰人。凡七十六科。」王應麟以上四十二字刊本缺。〔補〕勞權云「高似孫」至「王應麟」四十二字，各本所無。管本有之。鈺案：阮本有此四十二字。《困學紀聞》：刊本、阮本「聞」下有「云」字。「唐制舉之名多至八十有六，故歷來刊本作「當時」。〔補〕阮本作「歷來」。謂之科目。自王安石罷諸科，後之進士有科而無目矣。」今所傳「所傳」二字刊本缺。〔補〕阮本有此二字。《寶祐四年登科録》，宋末稱爲「文天祥榜進士」，蓋制科以人爲重也。鈺案：瞿《目》云是録以文信國、陸君實、謝疊山三人而重，猶《紹興同年録》以朱子而傳。明太祖洪武四年、十七年開科，及刊本缺「及」字，今從吴校。〔補〕阮本、胡校本均有。十八年會試，循元舊例，作經疑〔補〕胡校本「疑」作「義」。鈺案：延祐科舉經義、經疑並試，《記》文未詳。胡校亦微誤。試士，至二十一年始定三場之制。案：簡莊徵君云：「洪武三年始舉鄉試。四年會試。五年又舉鄉試。」此宋景濂題本年《會試録》所云「敕有司自壬子至甲寅三歲連貢三百人」是也。以後罷科舉，至十七年詔復行鄉試。明年會試。以後三年一行遂爲定制。此獨書洪武四年，上下疑有脱誤。瓊山丘氏曰洪武三年、四年所試之文，尚仍元制。至十七年，始定今科場試格式。又案：《明會典》洪武十七年三月定第一場，《四書》義三道，則《記》所云「循元舊制，作經義取士，至二十一年始定三場之制」者，皆誤。三百年來，燈窗小生，熟爛時藝，影掠論策，刺取榮名利禄。自通籍以還，〔補〕胡校本「還」作「上」。未聞仕優則學之大夫，是又人以制科爲重，而非制科以人爲重也久矣。先正丘文莊公言：「士子有登名前列，不知史册名目，朝代先後，字書偏傍者，可不憫哉！可不嘆哉！」大有爲之君，作師於上，仿漢唐宋射策決科，詩賦取士之法，一洗制義陋習，重興儒雅，豈非斯文之大幸歟？〔補〕吴騫云：「吴族枚菴秀才，又有影宋《寶祐四年曆日》，乃收藏家所罕見者。」鈺案：《寶祐四年會天曆》一卷，入《孴經室外集》，係曝書亭舊鈔依様模寫本。又案：《題名錄》宋存兩種外，元有《元統元年題名錄》一卷，見《稽瑞樓書目》。

錢遵王讀書敏求記校證卷二之下

地理輿圖

太平寰宇記二百卷〔補〕勞權云嚴鷗盟曾藏足本，今燬於火。**目録二卷**刊本《目録》作一卷。晁氏《後志》不載《目録》二卷。鈺案：阮本、沈鈔本、胡校本均《目録》二卷。○題詞本有。○《述古目》注「鈔」字。〔補〕黄丕烈云宋本。又云此書上元焦氏、崑山徐氏所藏均闕《河南道》第四卷、《江南道》第十一至十七卷，今本同。鈺案：《述古目》係鈔本。黄氏云宋本，不知何據。瞿《目》著録本云：「此秀水朱氏藏本。竹垞跋云鈔自濟南王祭酒池北書庫，闕七十餘卷。借得傳是樓本補之，尚闕《河南道》第四卷、《江南西道》第十一至十七卷，各家藏本均同。蓋佚去久矣。」《四庫》本作一百九十三卷。《提要》云諸家藏本多闕，惟浙江汪啟淑家進本所闕自一百十三卷至一百十九卷，僅佚七卷。又每卷末附校正一頁，不知何人所作。又案：楊守敬嘗據日本藏宋本補一百十三至一百十八共六卷。又據宋本記現存卷數葉數甚詳。見《訪書志》。

樂史序云：「從梁至周，郡國割據，更名易地，暮四朝三。撰《太平寰宇記》，自河南周於海外，若賈躭之漏落，吉甫之闕遺，此盡收焉。」予考之唐分天下爲十道，後又分山南、江南爲東西道。古今山河兩界之區別，至於斯爲盡善，而此書因之，鈺案：錢大昕云：「此書成於太平興國中，尚無十五路之分，故仍唐十道名目。幽、涿、雲、朔諸州雖未入版圖，猶著於錄。知當日君臣未嘗忘山前後也。」見《養新錄》。且較詳於《九域志》，宜乎樂史之自以爲無挂刊本作「掛」。漏也。案：竹垞先生云：「是編稽之國史，多有不合，殆取稗官小說者居多，不若《九域志》之簡而有要。蓋前輩所見各有不同也。」〔補〕黄丕烈云錢藏本跋謂：「此本寶山朱寄園所贈，與竹垞所藏闕卷相同。宋時刻本既不可得，好事家輾轉迻寫，誤錯甚多，校正非易。其書雖因李吉甫《元和志》而作，而援引更爲詳審。間采稗官亦多，信而有徵，較之王存、歐陽忞實爲勝之。竹垞有意貶抑，非其實也。丁未臘月，錢大昕。」祝穆《方輿勝覽》，鈺案：此書入《述古目》，七十卷。瞿《目》有宋刊殘本，十一卷。楊守敬云宋槧本《方輿勝覽》係首集四十三卷，後集七卷，續集二十卷，拾遺一卷。麻沙坊本，不復分前、後、續、拾遺名目，通爲七十卷。見《訪書志》。止南渡半壁天下，識者能無興「小朝廷」之嘅乎！

王象之輿地刊本作「圖」。〔補〕阮本、胡校本均作「地」。**紀勝二百卷**《述古目》注「宋板」二字，入《宋板書目》。〔補〕黄丕烈云：「吾郡陳氏有宋本，爲阮中丞所得，聞已進入内府。」鈺案：阮文達所得乃影宋鈔本。黃說待考。

紀勝者，凡山川人物，碑刻〔補〕沈鈔本作「記」。鈺案：《輿地碑記目》四卷。《四庫》著錄。**題詠，無不蒐集。首臨安以尊行在，而幅員之版圖未復者不與焉，亦祝穆之例也。**案：《竹汀日記》云晤何夢華，借讀是書，首兩浙西路臨安府，至利州路利州止。前有嘉定辛巳孟夏自序及寶慶丁亥季秋眉山李埴序。象之字儀父，東陽人。其自序云：「少侍先君宦游四方，江、淮、荆、閩，靡國不到。」又云：「仲兄行父西至錦城，叔兄申父北趨武興，南渡渝瀘。」鈺案：瞿《目》著錄影宋鈔本，計闕第十三卷至十六、第五十卷至五十四、第一百三十六卷至一百四十四、第一百六十八卷至一百七十三、第一百九十三卷至二百，凡缺三十二卷。《孴經室外集》記缺卷同，作缺三十一卷，微誤。《儀顧堂續跋》載影宋本，缺卷與瞿《目》同。**鏤刻精雅，楮墨如新，乃宋本中之佳者。**

酈道元注水經四十卷案：簡莊徵君云：「《水經注》苦乏善本，今世所傳者，朱謀瑋《水經注箋》及新安項氏刊本。其中經注混淆及脱誤舛錯不可勝計。錢塘趙誠夫先生嘗有校正，作《水經注釋》四十卷，《附錄》二卷，朱注《刊誤》十二卷。小山堂俱刊行，板甚精好。」〇入《述古目》。〔補〕勞權云不作《水經注》，舊本如是。鷗盟先生云小山堂付梓時，係盧匏廬先生文弨校勘。

昔者陸孟鳧先生有影鈔宋刻《水經注》，〔補〕黃丕烈云：「影宋本，顧抱沖曾得一部。」蔣鳳藻云：「影宋本，今在寧波馮氏，張鳧齋曾經借校一過，欲刊未果。」鈺案：陸心源又有馮巳蒼校宋本，係崇禎十五年用柳大中影宋本校，復以謝耳伯所見宋本增改。見《儀顧堂續跋》。與吾家藏本相同，後多宋板題跋一葉，不著名氏，予因錄之。其跋云：〔補〕黄校本「云」下有「右」字。「《水經》舊有三十卷，刊於成都府學官。刊本、阮本均作「宫」，今從吴校。元祐二年春，運判孫公始得善本於何聖從家，以舊編校之，纔〔補〕黄校本「纔」下有「載其」二字。三〔補〕胡校本「三」作「二」。分之一耳。乃與運使晏公委官校正，〔補〕黄校本「正」下有「削其重複，正其訛繆，□□□考者以傳疑，焉用公布」二十字。募工鏤板，完缺補漏。比舊本凡益編一十有三，刊本作「二」，今從吴校。〔補〕黄校本仍作「三」。共成四十卷。〔補〕黄校本「卷」下有「分爲二十册」五字。其篇刊本作「編」，今從吴校。〔補〕黄校本仍作「編」。帙小失，阮本作「大」。〔補〕黄校本作「大」。次序刊本作「第」，今從吴校。〔補〕黄校本仍作「第」。先後，咸〔補〕黄校本「咸」作「成」。以何氏本爲正。元祐二年八月初一日記。」〔補〕黄校本有「涪州司戶參軍充成都府府學教授彭戢校勘、朝奉大夫充成都路轉運判官上護軍賜緋魚袋孫□、朝議大夫充成都路計度轉運副使兼勸農使上柱國賜紫金魚袋晏知止」官銜三行。詳觀跋語，是本在當時蓋稱完善，惜後人無翻雕之者。予故備錄此跋，以告世之藏書家。鈺案：《直齋書錄解題》於此書經注多貶詞，最爲異聞。《四庫》著錄此書，係排比《永樂大典》原文成編。《提要》謂當時所據猶屬宋槧善本。又案：趙琦美有萬曆丙午一校、己酉再校、庚戌三校《水經注》。全祖望云：「清常藏弆最富，身後多歸於錢遵王。而是書之傳，則葉石君之力。今歸揚州馬氏小玲瓏山館。」見《鮚埼亭集》。

分野一卷題詞本有。○《述古目》注「鈔」字。〔補〕黄丕烈云此書得於東城顧五癡處。

以九州配周天度數，而以十二時分十二分野，各刊本無「各」字。〔補〕題詞本、阮本均有。隸之以二十八宿，離之合之，規布星辰於指掌之中，真奇書也。鈺案：《絳雲目》有《分野指掌》一目，當即此書。

大明清類天文分野書二十四卷題詞本有。○入《述古目》。〔補〕黄丕烈云：「此書予得於五柳居書肆，實陸西屏家物也。」○鈺案：此書《四庫》入術數類《存目》。《提要》云劉基撰，以一州一縣推測躔度，不免破碎。《絳雲目》陳景雲注云：「國子監刻書。中所載北京乃汴梁，非北平也。洪武元年，詔以應天爲京，大梁爲北京。」

《晉·天文志》十二次分野，始角亢者，以東方蒼龍爲之首也。唐十二次，始女虛危者，以十二支子爲之首也。今以斗女〔補〕刊本、阮本「女」作「牛」。爲星分之首者，日月五星起於斗宿。古之言天者，由斗牛以紀星，故曰星紀。則星紀爲十二紀之首，而斗牛又二十八舍之首也。鈺案：以上均《有學集·贈愚山子序》語。此書孝陵阮本作「聖祖」。〔補〕刊本同。

命屬稿於犁眉公鐵冠道人，洪武十七年甲子閏十月二十七日進。始於斗牛吴越分野，首著開天之神功，終以雲漢之末派，龜魚麗焉。鈺案：以上二語本《唐書·天文志》。《贈愚山子序》又有云：「洪武中，詔修《清類分野書》，以斗牛吴越分爲首，而尾箕幽燕之分盡，遼東三韓最居其後。以是爲雲漢之末派，龜魚之所麗，而北紀之所窮也。」是遵王説所本。即一書之始終，可作《運命論》讀矣。鈺案：見《文選》。後之修明史者，於此徵《輿地志》，更何煩他求乎？

范成大吴郡志五十卷芬得之楊芸士明經，云汲古閣得此志宋時版片五葉，因仿其式重刊。○入《述古目》。〔補〕黄丕烈云：「此書予得於東城顧聽玉家。」○勞權云《恬裕目》宋本九行十八字。○蔣鳳藻云：「予有宋賓王手校本，甚精。丁松生願以百金爲壽，不讓也。」

石湖著《吴郡志》成，郡守具木刊本作「本」。欲刻，時有求附某事於籍而弗得者，譁曰：「非公之筆。」鈺案：李履常序謂郡士龔頤正、滕宬、周南，皆嘗薦所聞於公，故有此謗。刻遂中止。書藏學官。刊本、阮本作「宮」，今從吴校。紹定初元，李壽朋以尚書郎出守，始增所缺遺，訂其脱誤，鈺案：壽朋以周必大所撰成大墓志定是書，實成大自撰。又以書止紹興三年，其後諸大建置如百萬倉、嘉定新邑、許浦水軍、顧逕移屯皆未及載，復令校官汪泰亨補之。詳《四庫提要》。而刊行之。案：簡莊徵君云：「宋雕之板，舊藏韋左司祠中。毛子晉嘗於西廡見半架，後復尋之，僅得五片，餘已爲庖丁佐爨矣。合之榮木樓藏本，無絲毫之異。今遵王所記不審即榮木樓本否。」鈺案：《愛日志》有宋刊配舊鈔本，有紹定二年趙汝談序。瞿《目》著録宋本，疑即愛日舊藏。又案：嚴元照曾得宋刻殘本六卷，紙背有宋人書札及詩草。見《悔菴學文》。宋槧本書籍注中有注者惟此及高誘《戰國策》，〔補〕勞權云剡川姚氏本。他則未之及也。案：宋刻《咸淳臨安志》注中詩文，間亦有注。某氏云，宋刻湯漢注陶詩，亦注中有注。

渚宮舊事鈺案：《絳雲目》作「故事」。**五卷**案：晁氏《志》云十卷，自鬻熊至唐江陵君臣人物事跡，史子傳記所載者，悉纂次之。○題詞本有。○入《述古目》。

余知古刊本無「古」字，今從吴校。〔補〕題詞本、阮本、胡校本均有「古」字。《渚宮舊事》十卷。今止存前五卷，餘五卷亡來久矣。鈺案：《直齋書録》已作五卷，云後周太子校書郎余知古撰，與《唐·藝文志》注文帝時人者互異。《四庫》本輯散見他書者，爲《補遺》一卷，附後。

葛洪西京雜記二卷入《述古目》。〔補〕黄丕烈云得於文瑞堂書肆。後晤陶五柳主人，云是叢書樓馬氏故物。

後序云：「此兩卷在洪巾箱中，常阮本作「嘗」。〔補〕刊本亦作「嘗」。胡校本作「常」。以自隨。」則原書之刊本無「之」字，今從吳校。〔補〕阮本、胡校本有「之」字。爲二卷無疑。流俗本妄分六卷，繆甚矣。鈺案：《直齋書録》即作六卷，云《唐志》只二卷。今六卷者，後人分之也。又案：《唐志》兩見，一「故事」，一「地理」。章丘李中麓所藏，卷仍上下。但每事標題，又分自甲至癸。殆猶存子駿《漢書》之舊歟？鈺案：洪自跋有家有劉歆《漢書》百卷云云，故遵王有此説。俟博識者詳論之。

建康實録二十卷題詞本有。○見《也是園目》。

建康，楚金陵邑，秦改秣陵，吳改建業。晉愍帝諱業，又改爲建康。元帝即位，稱建康宮，五代仍之。許嵩鈺案：《四庫提要》考爲唐肅宗時人。舉吳首事之年，通〔補〕沈鈔本作「逮」。西晉東刊本、阮本誤作「革」，今從吳校。吳以迄南朝事，勒成一書，名曰《建康實録》。黄子羽鈺案：子羽名翼聖，號蓮蕊居士。錢謙益爲撰墓志。藏嘉祐年間鏤本，吾猶及見之，〔補〕黄丕烈云「嘉祐年間鏤本，吾猶及見之」者，大約是毛汲古藏本，今歸周香嚴處。又云後見周本有「紹興年間重雕」字樣，知非一本矣。又云或也是翁僅見初印半分，故止言嘉祐耳。又云：「予所得於顧千里者，爲舊鈔本。千里已借周氏所藏宋本校過。」鈺案：千里舊鈔校宋本，後入《愛日志》。卷後列嘉祐三年校正官張庖民等銜名七行，紹興十八年重雕校勘官韓軫等銜名九行。此則子羽家小胥所鈔也。

楊衒之洛陽伽藍記五卷 案張氏《藏書續志》云《伽藍記》以如隱堂本爲最善。○題詞本有。○見《也是園目》。

清常道人跋云：「歲己亥，覽吴琯刻《古今逸史》，中《洛陽伽藍記》讀未數字，輒齟齬不可句。因購得陳錫九、〔補〕刊本作「玄」。阮本作「元」。秦酉巖、顧寧宇、孫蘭公四家鈔本，改其譌者四百八十八字，增其脱者三百廿字。丙午又得舊刻本，校於燕山龍驤邸中，鈺案：琦美以蔭官刑部。《明史·職官志》，刑部十三司掌分省刑名外，各有兼領職務，江西司所帶管者有前龍驤衛。此跋龍驤邸中，未知是否記其衙齋所在。又明宦官劉若愚記其父稱先將軍應祺爲趙公用賢門生，又稱公長子琦美爲先將軍契友，若愚以父執事之，嘗爲同僚。見所撰《酌中志》。是亦清常道人平生之軼聞也。復改正五十餘字。凡歷八載，始爲完善。」清常言校讐之難如此。予嘗論牧翁絳雲樓，讀書者之藏書也。趙〔補〕刊本無「趙」字，阮本有。清常脈望館，藏書者之藏書也。胡校本云趙清常字玄度，所輯《脈望館書目》八本，述古堂有之。〔補〕勞權云《脈望館書目》：「原本予從知不足齋購得，題簽係遵王筆。《述古目》作八卷，此本不分卷，蓋別有重編本也。」鈺案：粤雅本《述古目》作一卷，不知勞據何本。又云《初學集》有《刑部郎中趙君墓表》。○鈺又案：「脈望館，藏書者之藏書也」十字，係補字，說見下。清常歿，〔補〕阮本、黄校本「歿」上有「清常」二字。鈺案：「清常」二字係補字，説見下。其〔補〕刊本、阮本、胡校本均無「其」字。書盡歸牧翁。刊本「讀書者之藏書也」下僅作「清常歿，書盡歸牧翁」八字，今從吴校補十二字。武康山中白晝鬼哭，鈺案：崇禎九年，常熟人張漢儒疏稿訐謙益：「見刑部郎中趙玄度，兩世科甲，好積古書古畫，價值二萬金，私藏武康山内。乘其身故，欺其諸男在縣，離隔五百餘里，罄搶四十八橱古書歸家，以致各男含冤焚香呪詛。」其言不知確否，然足爲清常藏書處所之一證也。嗜書之精爽刊本作「靈」。若是。〔補〕題詞本「之難如此」下「伊予」上，有「予嘗戲論藏書家有三種，俱出虞山。牧翁絳雲樓，讀書者之藏書也。趙清常脈望館，藏書者之藏書也。毛潛在汲古閣，售書者之藏書也」五十二字，無「予嘗」至「若是」三十八字。管氏據吴校補十二字。又補二「趙」字、二「其」字，共五十二字。伊予腹笥單疏，囊無任敬子鈺案：昉謚。之異本，鈺案：見《梁書》昉傳。又何敢厠於墨莊藝圃之林。刊本、阮本作「列」，今從吴校。〔補〕題詞本作「列」。然絳雲一燼之後，凡清常手校祕鈔書都未爲六丁取去，牧翁悉作蔡邕之贈。天殆留此以佽助予之《詩注》耶？鈺案：《詩注》當指注《初學集》、《有學集》事。遵王注《初學集》計二十卷，《有學集》計十二卷，見《蘇州府志·藝文志》。注有玉沼堂刊本。何其幸哉！又何其幸哉！〔補〕胡校本云鈔本無「又」字。

夢華錄十卷案：趙氏《附志》作一卷。近虞山毛氏刻入《津逮祕書》者，失去淳熙丁未浚儀趙師俠介之後序，惟弘治癸亥雕本有之。又竹汀先生曾見元板明初印本，紙背爲國子監生功課簿，前列紹興丁卯元老自序，末有師俠後序。〇題詞本有。〇《述古目》注「鈔」字。〔補〕黄丕烈云：「聞東城顧五癡家有宋本，惜未之見。」又云：「後於張白華處見之，裝潢精妙，楷墨古雅，板大而字細，似元板中之出色者。惟『祖宗』二字空格，餘字不避宋諱，恐非宋刻。因顧抵於張，張又急欲求贖，故予從澗蘋借觀焉。惜需值每本二十金，一時頗難得之。」又云：「嘉慶戊午，以白金二十四兩得顧氏之書，實元刻也。」〇鈺案：瞿《目》有舊鈔校淳熙本外，尚有明弘治甲子刊本。

幽蘭居士孟元老，追敘東京舊游，編次成集。緬想刊本作「懷」。〔補〕題詞本、阮本作「想」。曩昔，如同刊本作「仝」。〔補〕題詞本、阮本作「同」。華胥夢覺，因名曰刊本無「曰」字，從吴校補。〔補〕題詞本有，阮本無。《夢華錄》。書成於紹興丁卯，去靖康丙午之明年又二十一年矣。南渡君臣，其猶有故都舊君之思，如元老者乎？鈺案：鄧邦述藏有大梁常秋厓校録本，後跋以元老爲孟揆，謂書中不載艮嶽事實，元老自諱其罪。言至深刻，爲前人所未道。惜揆字元老，別無佐證。見羣碧樓書衣筆識。劉屏山《汴京絕句》：「憶得少年多樂事，夜深燈火上〔補〕胡校本云「上」一作「下」。樊樓。」蓋同一寤歎也。予衰遲刊本作「運」，今從吴校。阮本、胡校本同作「遲」。〔補〕題詞本亦作「遲」。晼晚，情懷牢落，回首淒然，感慨尤甚於元老。今閲此書，等月光之水觀，刊本無「觀」字。〔補〕題詞本、阮本均有。但無人爲除去瓦礫耳。

夢梁〔補〕題詞本作「粱」，下同。勞權云嚴改「粱」，下同。**錄二十卷**題詞本有。○見《也是園目》。

〔補〕黄錄《採遺》云：「宋錢塘吴自牧劄記南宋雜事，蓋仿孟元老《夢華錄》而作者。其自序昔人卧一炊頃，而平生事業，歘歷皆徧，矧時異事殊，城郭苑囿之富，風俗人情之盛，焉保其常。緬懷往事，殆猶夢也。」

往予讀南濠文，見其跋鈺案：《百川書志》有南濠居士文跋四卷，今未見傳本。《夢粱錄》，凡臨安時序、土俗、坊宇、游戲之事罔不畢刊本作「筆」，今從吴校。〔補〕題詞本、阮本均作「畢」。載。蓋繼元老《夢華》而作者。鈺案：錢大昕云：「自牧自序，後題『甲戌歲中秋日』，蓋元順帝元統二年作也。自牧事蹟無可考，殆隱遯而享高壽者歟？」見《養新錄》。私心竊慕之，而末由覩其書。斧季從刊本無「從」字，今從吴校。〔補〕題詞本、阮本均有。輦下還，解裝出書二百餘帙，邀予往視，皆祕本也。因笑曰：「僕頃游南昌，空橐抵里。途次作得詩三十餘首，每詫於人，此行可爲壯游矣。彼飾竿牘，問苞苴，纍纍若若者，誠刊本、阮本作「曾」。〔補〕題詞本作「誠」。不以易我奚囊中物也。鈺案：遵王南昌之游有《奚囊集》一卷，刻本七葉。子今搜奇覓刊本作「覽」。〔補〕題詞本、阮本作「覓」。異，捆載祕書而還，視予幾句刊本無「句」字。〔補〕題詞本、阮本均有。窮途酸語，所得不已遼乎？」斧刊本無「斧」字。〔補〕題詞本、阮本均有。季嘆曰：「浪跡兩年，未嘗遇一真好書人，歸而求之於子，有餘師矣。當悉索以供繕寫，毋煩借書一瓻。但視世之夢夢粥粥，假牧兒之蓋，而乞鄰女之光者，我兩人好尚之異同，爲何如耶？」予因次第借歸，自春徂秋，十鈔五六。《夢粱錄》亦其一焉。嗟嗟，近代藏書家推章丘李氏、鈺案：中麓藏書，王文簡購之，累年不可得，均歸崑山徐氏。見漁洋山人《山谷精華錄跋》。金陵〔補〕阮本「陵」誤「陸」。焦氏，〔補〕題詞本作「江都葛氏」。〇鈺案：焦弱侯有《焦氏藏書目》二卷，見《千頃堂書目》。所撰有《國史經籍志》六卷。江都葛氏，凡論藏書家，鮮稱述者。查慎行《人海記》云：「江都葛澗，字子常，好積書。撰《國朝人物編》，自洪武迄嘉靖數百卷，人爲列傳甚悉。私謚爲正學先生。」知題詞本所指者即其人也。王孫則西亭之萬卷堂。汴亡後，刊本無「後」字。〔補〕題詞本、阮本均有。竹居文史盡隨怒濤去矣。鈺案：西亭手定《萬卷堂書目》四卷，今有刊本。灰刼之餘，未知金陵圖籍猶有存焉否？今斧季所購，乃中麓祕藏之物，予不敢忘其所自，遂牽連書之如此。

武林舊事十卷簡莊徵君云，以文所藏鈔本十卷，與此正合。〇題詞本有。〇見《也是園目》。〔補〕黄錄《採遺》云：「周密輯南渡後百二十餘年典故及風俗游讌之事，原六卷。明崇禎間工部主事宋廷煥司榷杭州時，復補采數十則，增八卷。今刻前六卷，續四卷。」案密又有《後武林舊事》五卷，見《千頃堂書目》。鈺案：《善本志》别有明刊本高寄齋訂正《武林舊事》六卷，《後集》五卷，云從前後舊本而重刻者。又案：海山仙館複刻阮本，此條獨佚去。

《武林舊事》流俗本止六卷。予從元人鈔仇先生所藏，録得後四卷。案：《汲古閣書目》云：「《武林舊事》四本，精鈔六卷。十四葉以前世有刊本，十五葉以後至十卷，秦西巖從内府鈔得。今覓善書者，通本精鈔。」〇張氏《藏書志》載元人跋語，云：「《武林舊事》乃弁陽老人草窗周密公謹所集也。刊本止第六卷。山村仇先生所藏本終十卷，後歸西湖莫氏家。予就假於莫氏，因手鈔成全書。以識歲月，藏於家塾。至元後戊寅正月，忻厚德用和父。」又陸覯菴先生識云：「遵王鈔本，前六卷舊鈔，缺後四卷。命工寫足。黼季假得，既屬竇伯校此，又浼予校一過，頗有正處。朱筆出竇伯手，墨筆蓋予所校也。」鈺案：覯菴名貽典。乾淳奉親之事，今昔所無，閲之不勝惋〔補〕胡校本作「浩」。歎。後過吴門書肆，又購得一本，校此添補數則，并録入四刊本、阮本「四」均誤「泗」。水潛夫前序一篇，此書始無遺憾矣。

陸游入蜀記六卷題詞本有。〇《述古目》注「鈔」字。〔補〕勞權云錢本向在紹興沈氏詒經堂書坊。

放翁於乾道五年十二月六日得報，差通判夔刊本作「夔」。〔補〕題詞本作「蘷」。州，以久病，未堪遠役。至次年閏五月十八日晚，始即路。十二月二十七阮本作「十月二十七日」。

〔補〕胡校本同。鈺案：阮本、胡校本是。早至夔州。凡途中山川易險，風俗淳漓，及古今名勝戰爭之地，無不排日記錄。一行役而留心世道如此，後時家祭毋忘，蓋有素焉。卷中所記慈姥刊本作「老」，今從吴校。〔補〕題詞本、阮本、胡校本均作「姥」。磯，即南唐樊若冰獻策作浮梁渡王師處。而《宋史》作樊若水，未知孰是，附識於此。

古今輿地圖二卷題詞本有。○《述古目》作《歷代輿地圖》，卷數同。《也是園目》作三卷。

起帝嚳九州，至元末羣雄，悉以明朝鈺案：遵王於明代皆稱「國朝」，此疑刻書人所改。華夷區域爲總要，復朱界〔補〕題詞本「界」作「介」。其間，標舉歷代地理於上。凡古今山水名，〔補〕胡校本「名」下補「勝」字。及一行《山河兩戒圖》鈺案：一行《山河兩戒》文見《舊唐書・天文志》，圖則舊、新兩《唐志》及《宋志》均未著錄。國朝徐文靖有《山河兩戒考》，即爲一行說作注。咸載焉。昔謝莊分《左氏經傳》，隨國立篇，製成木方丈刊本作「製成本方文」。阮本作「製木方文」，均誤。〔補〕題詞本作「木方丈」，無「成」字。圖，山川土地各有分理，離之則州別郡殊，合之則寓刊本、阮本作「宇」。〔補〕題詞本作「寓」。内爲一，鈺案：語見《宋書》莊本傳。後人嘆美之，以爲絕學。此書精心苦志，刊本作「此書苦心志」，今從吴校。〔補〕題詞本作「精心苦志」。不減希逸，惜乎名氏翳如，爲之浩歎。

統輿圖二卷題詞本有。○《述古目》注「鈔」字。

唐貞觀初，以刊本、阮本作「因」。山川形便，分天下爲十道。一曰關内，二曰河南，三曰河東，四曰河北，五曰山南，六曰隴右，七曰淮南，八曰江南，九曰劍南，十曰嶺南。開元二十一年，又分山南、江南爲東西道，增黔中道及京畿、都畿，〔補〕胡校本「畿」作「道」。置十五採訪使，簡察如漢刺史之職。夫所爲刊本作「謂」。江南東道，理吴郡，今蘇州也。江南西道，理豫章，今南昌也。是東西之分，並在大江以南，不得如今之但稱江西也。元起朔漠，四履所至，比隆前代。立中書省一，行省十有一，刊本作「八」，今從吴校。〔補〕題詞本、阮本均作「一」。曰嶺北，刊本此句缺，今從吴校。〔補〕題詞本、阮本均有此句。曰遼陽，曰河南，曰陝西，曰四川，曰甘肅，曰雲南，曰江浙，曰江西，曰湖廣，曰征東。考江西之名省〔補〕宋校本作「省名」，阮本同。至是始大著。刊本作「定」。〔補〕題詞本、阮本均作「著」。蓋因江南西道誤省「南」字之謬耳。刊本、阮本作「設省誤南字之謬耳」。〔補〕題詞本作「誤省南字之謬耳」。不知南昌可稱江西，則蘇州竟謂之江東可乎？明興，太祖刊本作「聖祖」。〔補〕題詞本、阮本均同。肇造區夏，分天下爲兩京十三省，獨江西之名仍其譌而弗改，殊所不解。然古今地圖，莫詳於明代。蓋天下定於一，幅員所被〔補〕吴校本「被」作「隸」。者廣耳。吾家藏《統輿圖》，南北直隸及各省郡縣，以至邊防海道，河圖運漕，外國屬夷，靡不考核詳載。刊本作「靡不考核焉」。〔補〕題詞本、阮本、胡校本均作「靡不考核詳載」。圖如蚊睫，字若蠅頭，繕寫三年而後成。彼柏〔補〕胡校本「柏」作「伯」。翳所圖，豎刊本、阮本作「章」。〔補〕題詞本作「豎」。亥所步，不出戶庭而列萬里職方於几案間，豈非大快事歟？寶護此書，便可壓倒海內藏書家，非予之德刊本、阮本均作「躗」。言也。

一統輿圖一卷 題詞本有。○見《也是園目》。

《輿圖》，桂萼撰。兩京、十三省、四夷，約而爲圖十六。嘉靖八年六月初一日進呈，奉旨謄寫副本留内閣。鈺案：《明志》僅著錄桂萼《歷代地理指掌圖》四卷，明《輿地指掌圖》一卷，不及此書。

重譯圖經二卷 此書《述古目》不載。○題詞本有。○鈺案：《也是園目》亦未載。

圖凡一百三十有四，五綵〔補〕刊本、阮本作「采」。繢畫，精妙絕倫。博采《朝貢典錄》、鈺案：黄省曾撰，見本卷三十葉。《四夷考》、鈺案：本卷三十一葉有《四夷館考》，疑即此書。《島夷志》鈺案：元汪大淵有《島夷志》一卷，見本卷三十葉。等成書，核而可稽，昔人作《王會圖》亦不是過矣。此等書人間絕少，惟吾家有之，披視之，刊本有「間」字。〔補〕阮本無。洵足驚人。《蜾蟲錄》雜採《山海經》異狀圖之，不足存也。鈺案：明胡文煥《格致叢書》有《蠃蟲錄》四卷，未著撰人。《萬卷堂目》有《瀛蟲錄》一卷，署陳清撰。知「蠃」誤爲「蠃」，「蠃」又誤爲「瀛」也。

嶺海輿圖一卷題詞本有。○《述古目》注「鈔」字。

唐鈺案：宋至道三年分廣南路爲廣南東路、廣南西路。此「唐」字乃「宋」字之誤。分廣南爲廣南東路、廣南西路。後人省文，但稱廣東、廣西，如江西之例。承譌襲謬，其來已久，無識者正之，良可嘅也。此稱《嶺海輿圖》，莆田姚虞撰。鈺案：虞，嘉靖壬辰進士，字澤山。虞於嘉靖刊本、阮本「靖」下有「年」字。間按部廣東，著此書，爲圖十二，各係以敘紀。刊本、阮本作「記」。〔補〕題詞本作「紀」。其言雖簡，而要者咸得考焉。

虔臺撫屬地圖一卷題詞本有。○《述古目》注「鈔」字。

贛爲古之虔州，前朝刊本作「國朝」，阮本同。開府於此，故稱虔臺。東則福建漳南道，汀州府八縣；南則廣東嶺南道、南韶道，南雄府二縣，韶州府六縣；北則江西刊本、阮本作「南」。〔補〕題詞本、胡校本作「西」。嶺北道、湖西道，南安州四縣，贛州府十一縣，吉安府五縣；西則湖廣刊本作「河南」。〔補〕題詞本、胡校本均作「湖廣」。郴桂道，郴州〔補〕某校本作

「府」。五縣。皆撫屬之地。長沙李棠鈺案：《明史》：棠，萬曆間巡撫南贛，討平韶州山賊，謚恭懿。鎮臨於此，移行各道府縣，詳考境内地形，畫圖貼説，彙成此帙。六道七府州之隘險，刊本、阮本作「險隘」。瞭然如指諸掌矣。鈺案：《萬卷堂目》有盧守愚《虔臺志》十二卷。

薊鎮東路圖册一卷《述古目》注「鈔」字。

萬曆三十年二月，副總兵麻承訓鈺案：承訓見《明史·麻貴傳》。將所屬山、石、刊本作「右」，今從吴校。〔補〕阮本、胡校本同。燕、建四路，自山海關南海口靖邊阮本作「靖虜」。〔補〕刊本同。一號臺起，至建昌路白道子地方交界白草窪一百四十五號臺止，邊墻刊本、阮本「墻」誤「長」，今從吴校。丈尺，臺墩烽堠，一一畫圖貼説開報，誠聚米畫笏之心事也。

榆林全鎮圖説一卷《述古目》注「鈔」字。

前有總圖，後分極衝、次衝諸圖。榆林乃九邊保障之首，總轄三十六堡，邊墻一千二百里。余肅敏鈺案：肅敏爲余子俊，曾官延綏巡撫，力主沿邊築墻建堡之策，寇以大衂。見《明史》本傳。建設於前，文巡撫增修於後。隆慶三年，蒲坂馮舜漁著此圖説。

九邊圖論一卷刊本此條佚。○《述古目》注「鈔」字。〔補〕勞權云《絳雲目》入典故類。鈺案：陳景雲注張瓘撰，新安人。《明志》作三卷。《萬卷堂目》又有二册，注撰人爲謝少南。均與此《記》互異。

許論進《九邊圖論》。《圖》留覽，《邊論》經兵部看詳，極其奬與之。鈺案：《明史》：許論字廷儀，兵部尚書進子。嘉靖五年進士。幼從父歷邊境，因著《九邊圖論》上之，頒邊臣議行。《絳雲目》又有《九邊圖說》一目，陳注云：「申用懋在崇禎初進，以續許襄毅之後。襄毅爲進謚，是知論實本父說。《澹生堂目》又有《九邊圖說》一目，作馬一龍撰。」

三省礦防圖說一卷《述古目》注「鈔」字。

三省者，浙江、南直隸、江西也。奸民礦徒，往往嘯聚乞掘。隆慶元年，頒行此《圖說》於各屬，以稽考禁止之。鈺案：明世宗末年，公私交騖礦利，而浙江、江西盜礦者且刼徽寧，天下漸多事。隆慶初，南中諸礦山勒石禁止。見於《食貨志五》，知《圖說》即當時官文書也。

建昌諸夷圖一卷題詞本有。○《述古目》注「鈔」字。○鈺案：連下二種，《絳雲目》載之，均無卷數。

建昌所部夷九種。鈺案：建昌爲漢卬都國地。明洪武中，置建昌衛，隸四川都司。今四川寧遠府西昌縣治。嘉靖戊子夏，備兵使上蔡周汝勤，遍刊本作「適」。〔補〕題詞本、阮本、胡校本均作「遍」。訪其風俗所尚，并圖其形狀刻之。

貴州諸夷圖一卷題詞本有。○《述古目》注「鈔」字。○鈺案：《百川書志》有此目，云不著作者。

貴藩參議李公重刊〔補〕某校本作「刻」。《貴州夷圖》，共三十五種。鈺案：貴州諸夷種類非一，明設長官司七十一缺治之。見《讀史方輿紀要》。宣德甲寅歲丑月，徵右參議清陽〔補〕吴校本作「青陽」。賈昭爲之序。

雲南諸夷〔補〕勞權云《絳雲目》此條有「傳」字。貴州等條無「傳」字。鈺案：勞說與粵雅刻陳注本不合，與舊鈔無注本合。**圖一卷**題詞本有。○《述古目》注「鈔」字。○鈺案：《百川書志》有此目。

雲南夷三十七種，舊有圖，刊其爲官、學佛、漁獵、貿易諸狀，其部落種類，質之勇怯，心之慈暴，與居處之險易，各題於其上。鈺案：《絳雲目》有《雲南三十七種夷人圖》一目。「三十七」一作「七十三」。歲久漫漶，布政使毘陵阮本作「昆陵」。殷公請於黔國公，重鋟諸梓。宣德辛亥夏，巡按御史甌閩杜琮序其首。

安南圖刊本作「國」。阮本作「圖」。**志**〔補〕胡校本作「誌」。**一卷**題詞本有。○《述古目》注「鈔」字。〔補〕勞權云《絳雲目》：《安南圖志》，又《安南國志》。鈺案：「圖志」、「國志」必兩書，故《絳雲》兩收。《述古目》收《圖志》，《也是園目》又收《國志》。讀《記》文「輯爲《圖志》」云云，則此作「圖志」爲是。設此《記》爲「國志」，固不必縷述始末如此《記》文也。

漢武帝平南越，置交趾、九真、日南二阮本作「三」。〔補〕題詞本亦作「三」。郡。光武時，女子徵則、〔補〕題詞本「則」作「側」。徵貳反，馬援討平之。建安中，改爲交州。刊本作「建炎中改爲兖州」，誤。唐置都護府，改爲安南。梁貞明中，曲承美、楊廷藝、皎公羨、吴權刊本、阮本作「権」。相繼篡奪。宋初，丁璉據地入貢，太祖封爲交趾郡王。從此不入中國版圖者四百四十六年。永樂初，黎季犛弑其刊本無「其」字。〔補〕題詞本、阮本、胡校本均有「其」字。君陳日焜，誅戮陳氏殆盡。二年，老撾傳送故王之孫陳天平來朝。四年春，季犛偽請天平還國，至芹站，伏兵殺之，并及刊本無「及」字。〔補〕題詞本、阮本均有。使者大理刊本有「寺」字。〔補〕題詞本、阮本均無。卿薛嵓。太宗震怒，命成國公朱能、新城侯張輔、西平侯沐晟，刊本誤作「成」。〔補〕題詞本、阮本均不誤。出廣西、雲南兩路討之。親禡龍江誓師。十月庚子，能病卒於龍州，輔代總其衆。五年五月，禽季犛父子，獻俘。詔求陳氏後，無存者，遂依漢唐時郡縣其地。六年，輔還，進封英國公。厥後交人簡定、陳季擴、鄧宗異輩，狙刊本作「徂」。

〔補〕題詞本、阮本均作「狙」。詐屢叛，復命輔討平之。英國〔補〕宋校本有「公」字。凡三下安南，交人慴服，遂留鎮其地。十五年召還。宣德元年，黎利反，王通討之失利，柳升中伏死，沐晟兵觀望不前。三年，黎利上表，僞稱立陳氏後。英國公輔、尚書蹇義、夏原吉力爭以爲不可從。大學士楊士奇、楊榮引漢棄珠厓之説爲辭，刊本、阮本作「解」。〔補〕題詞本作「辭」。上允其請。君子歎當時廟堂無卓識大臣，命英國鎮交州，如黔國之在雲南，俾世守其土，交人憚英國威名，雖黎刊本、阮本誤作「犁」。利〔補〕題詞本無「黎利」二字，有「表」字。何能爲？乃以祖宗成業，捐於謀國者之片言。履霜堅冰，後時呪〔補〕題詞本有「黎氏」二字，無「呪」字。水之禍，飛走都窮，真可爲痛哭〔補〕某校本作「毀」。者也。黎利又稱陳氏種絕，刊本作「絕種」。〔補〕題詞本、阮本作「種絕」。上心知其安，然業已置之，乃詔利署安南國事。黎氏遂世主阮本「主」作「王」。〔補〕題詞本同。其地。正德十一年，陳暠刊本作「嵩」。〔補〕阮本、胡校本作「暠」。弑其王刊本作「主」。晭自立，莫登庸逐之，立晭兄子譓。無何，登庸自僭爲安南王。上命咸寧侯仇鸞、尚書毛伯溫致討。登庸父子懼，束身乞降。詔赦登庸爲安南都統，使世其職。萬曆間，鄭檢父子立黎暉後維潭刊本誤作「誰渾」。〔補〕題詞本、阮本、胡校本均作「維潭」，下同。爲主，盡逐莫氏遺孽。刊本、阮本作「糵」。〔補〕題詞本作「孽」。維潭遣使詣督臣歸罪。二十四年，受降如登庸，上亦詔之爲都統使。蓋安南自黎利竊據以來，叛服不一，雖奉貢稱藩，然自帝如趙佗，中國不得而主，勞臣志士每興棄交州之歎。鄧鍾鈺案：鍾字道明，晉江人，有《籌海重編》十卷，入《四庫存目》。序此，稱失在召還新城侯，復追思永樂刊本作「國初」，阮本同。命將故事，三致意刊本有「焉」字。〔補〕題詞本、阮本均無。於伏波、英國，輯爲《圖誌》，刊本作「志」。其刊本無「其」字。〔補〕題詞本、阮本、胡校本均有。意念遠矣。予今詳述安南始末於此書之後，寔有隱恫焉。悠悠我心，千載而下，誰則知之？鈺案：予今云云，遵王似指明永曆入緬甸事。上文呪水一事，見《御批通鑑輯覽》，云順治十七年七月，緬酋欲盡殺由榔諸臣，遣告曰：蠻俗貴詛盟，請與天朝諸公飲呪水。至則盡殺之。惟於安南無涉，不知遵王記此何故。

朝鮮八道圖一卷題詞本有。○《述古目》注「高麗板」三字。

八道爲刊本作「圖」。〔補〕題詞本、阮本、胡校本均作「爲」。京畿道、忠清道、全羅道、慶尚道、江原道、咸鏡道、黃海道、平安道。前各係以圖，後列州郡名，下詳四至八到，刊本誤作「所刊」，今從吴校。〔補〕題詞本、阮本均不誤。頗效《元和圖志》例。鈺案：《元和郡縣志》本名《元和郡縣圖志》，淳熙二年程大昌跋，稱其圖已亡，獨志存焉。不知遵王之稱效者何據。鏤板樸雅，繭紙堅緻，裝潢悉依宋時工匠。東國奉箕子風教，留心圖籍，其猶是古人之遺旨阮本作「指」。〔補〕題詞本作「旨」。歟。

日本圖纂一卷題詞本有。○《述古目》注「鈔」字。○鈺案：《絳雲目》作二卷。

鄭若曾鈺案：若曾字伯魯，號開陽，明崑山人，嘗佐胡宗憲平倭寇有功。從奉化人得倭國圖本，持以詢諸使臣降夷通事、火刊本作「大」。〔補〕題詞本、阮本、胡校本均作「火」。長之屬，錯綜互訂，頗得其真。其於山川夷險，風俗強弱，技術巧拙，器物精否，部道驛戶之詳，與夫通貢入寇之路，風汛逆順遲疾之期，按圖可盡得其要領。山陰王畿序之如此。鈺案：畿字汝中，嘉靖壬辰進士，有《龍溪集》。鄭子尚有《萬里海防圖論》，俟更覓之。〔補〕黄丕烈云，道光癸未，見明刻《萬里海防圖論》。鈺案：《萬里海防圖論》及《日本圖纂》，均在《鄭開陽雜箸》十一卷中，見《四庫提要》。

廬山圖一卷題詞本有。○入《述古目》。○鈺案：《述古目》此圖外，有《廬山紀事》十二卷，不著作者。

圖尚總要，故首之以總圖，山勢四面皆奇，非一圖可盡。故次之以分圖，山頂之攢峰叢嶺未及也。廬山之勝在瀑布也，故又次之以山頂之圖、瀑布之圖。三疊泉之奇，更在瀑布上，非畫刊本作「圖」。〔補〕題詞本、阮本、胡校本均作「畫」。家所能及，故圖缺焉。鈺案：日本有宋槧陳舜俞《廬山記》五卷，上虞羅氏影印。

黃山圖經一卷 題詞本有。○《述古目》注「鈔」字。○鈺案：《宋志》有汪師孟《黃山圖經》一卷，疑即此書。

黃山舊名黟山，軒轅黃帝棲真之地，地錢校本有「地」字。當宣、歙二郡。唐天寶六年六月七日，敕改爲黃山，今名《圖經》，尊此書也。予注牧翁《游黃山詩》，大半取此。鈺案：《初學集・游黃山詩》亦引用此書。披覽全圖，真神游於三十六峰之間矣。

勞山仙蹟詩一卷 見《也是園目》。《述古》有此目，無「詩」字。

丘長春詩三十餘首，鈺案：丘處機有《蟠溪集》六卷。王重陽、鈺案：名嚞，有《全真集》十三卷。馬丹陽、鈺案：名鈺，有《漸悟集》二卷。劉朗然鈺案：王嚞七弟子，丘處機、馬鈺外，有劉處玄，見都卬《三餘贅筆》，不知即朗然否。詩刊本、阮本無「詩」字。各數首。是集人間絕少。萬曆乙卯，趙清常借柏臺靖恭堂本繕寫。

台山靈異錄一卷 入《述古目》。○鈺案：《述古目》又有《天台勝跡錄》一書，同入「名勝類」。

瓊臺山人龎樂輯古今靈異圖志二十餘事，編成此書。

別志〔補〕阮本無此一行。

高麗圖經四十卷以下刊本另列「別志」一門。○題詞本有。○《述古目》注「宋板」二字，入《宋板書目》。〔補〕黄録《採遺》云宋朝散大夫尚書刑部員外郎歷陽徐兢撰。詳記其立國始末及制度風俗，於宣和間表進。原書有圖，在宋時已佚。所存者其説也。兢又有《奉使高麗記》四卷，各著録家不載。意者流傳之本，詳略互異，或經後人删節耳。又云辛亥冬日，有書賈持來舊鈔本《高麗圖經》四十卷，凡二百餘番。前列兢自序，後有其兄子蒧記得書顛末，及刊梓歲月。卷末有海鹽姚士粦及鄭弘跋。又有乾道元年張孝伯作《徐兢行狀》。又云丙寅冬，又得養拙齋鈔本。鈺案：此書有毛斧季於康熙甲申從宋中丞借宋板校正，裁割補綴，用力甚勤。紙之黏接處，皆以「虞山毛扆手校」朱文長印鈐縫甚精。卷後有斧季題字。在錢塘何氏夢華館。見《悔菴學文》。

宣和六年，徐兢〔補〕刊本、阮本作「競」，下同。奉使高麗，撰《圖經》四十卷，凡三百條。案簡莊徵君云：今世所傳鈔本，僅説數十番，又不如此本矣。觀震川先生集中跋此書之語，則叔明之志亦可取也。物圖其形，事爲之説，上之御府。乾道三年，徐嘗阮本作「蒧」。〔補〕題詞本同作「蒧」。鏤板澂江，惜乎圖亡而經存。兢字叔明，張孝伯與作行狀，附刊於卷末。鈺案：《絳雲目》陳注，兢深於篆籀之學，在崇、觀間與張有謙仲齊名。

東國史略六卷題詞本有。○《述古目》注「鈔」字，作十卷。鈺案：《絳雲目》亦六卷，疑《述古目》誤。

〔補〕勞校本嚴修能云：「予曾於錢聽默萃古齋見鈔本，已不全。又有萬曆間刻本，予家祇首卷，作《朝鮮史略》。」又云：「《恬裕齋藏書記》有舊鈔本，趙清常有跋，殆即遵王藏本。」趙跋云：「《東國史略》六卷，不著姓氏，於燕京馮滄洲纓仲齋頭見之，因借錄一册。其書雖簡略，而上下數千年間歷歷可指諸掌。至如幽奇理亂之跡，不少槩見，可謂東國之良史也。滄洲別有《東國通鑑》三十册，爲東明石大司馬星取去，聞其書更精於此，惜不得覩之。馮嘗從事於東征，有全城之功，而不見賞。今鬱鬱長安，索五斗米不能如侏儒之飽腹也，悲夫！時萬曆三十八年庚戌季秋朔後三日。」○鈺案：此書乃朝鮮人自記國事，故亦稱《朝鮮史略》。後附明餘姚錢古訓編《百夷傳》一卷。詳見瞿《目》。又案：《鄭堂讀書記》有南滙吴氏藏寫本《高麗史》一百三十九卷，爲明朝鮮鄭麟趾撰。前有進箋，景泰二年進於中朝，見《明實錄》。是《東國史略》當即本鄭書而成也。

《東國史略》宋校本「略」下有「六卷」二字。始自檀君，終於恭讓王，上下千餘年，幽奇理亂之迹，靡不具載。李氏弒君簒位，而此稱成桂爲太祖，芳遠爲太宗，蓋執筆者爲其臣子，不得不然。《史》記鄭夢周忌太祖威德，欲乘墜刊本作「墮」。〔補〕題詞本、阮本均作「墜」。馬病篤圖之。太宗與李濟謀去夢周，遣趙英珪等邀於路擊殺之，籍其家，并放李穡於韓州。至是而王氏之舊臣盡矣。又稱夢周爲人有忠孝大節，國家多故，處大事，決大疑，不動聲色，咸適其當。穡天資明敏，與夢周同心，始終不變臣節。如是而成桂父子之忌二人，惟恐翦除不速，安能頃刻忘之耶？此書諱而不沒其實，信良史也。〔補〕勞校本嚴修能云：「賢於永樂時修太祖實錄者多矣。」鈺案：鄭夢周、李穡詩均入《列朝詩集小傳》，敘事極詳。《明詩綜》亦采之。其猶有箕子之遺教歟？鈺案：楊守敬云：「此書有二種，一爲國別體十二卷，仿《戰國策》；一爲編年體六卷，仿《左氏春秋》，皆不著撰人。六卷本爲明初李成桂朝史臣所爲。明萬曆刻本改稱《朝鮮史略》，是以後來之國稱蒙屢代之名矣。」見《訪書志》。

吴明濟朝鮮世紀一卷入《述古目》。○鈺案：管校本作十卷，疑誤。

會稽吴明濟子魚，萬曆丁酉，鈺案：二十五年。以客從司馬公贊畫東援朝鮮，鈺案：司馬公謂兵部尚書石星，事見《明史·朝鮮傳》及《初學集·蕭應宮墓志銘》。諮訪事蹟，撰《世紀》，記朝鮮〔補〕刊本、阮本作「高麗」。始末最詳。辛禑之事，同乎呂嬴牛馬，子魚謹而書之，不沒其實。王氏自梁末帝貞明四年代高氏有其國，遂并新羅、百濟之地，稱後高麗，傳三十二主，歷年四百七十五。李成桂篡位，復稱朝鮮。明刊本、阮本無「明」字。高皇〔補〕刊本、阮本「皇」下有「帝」字。祖訓云：「朝鮮國即高麗，其李仁人子李成桂，今名旦者，自洪武六年至洪武二十八年，首尾凡弑王氏四王，姑待之。」案：簡莊徵君云，朝鮮在明朝屢疏辨成桂非仁人子及被誣篡弑等事，且請改正《會典》并《吾學編》、《弇山堂別集》諸書，其君臣用心可謂勤矣。要之，成桂之事固屬難明，而必以爲仁人子，則中國諸書恐不無傳聞之誤耳。鈺案：我朝同治二年，高麗尚有請雪寃誣表文，大略言其祖李成桂無簒竊之事。《明史》已備列之。而《廿一史約編》則言成桂係李仁人之子，弑其君王瑤而自主，實爲誣罔，請亟刊正。引乾隆年間勅諭爲據，其意蓋謂《通鑑輯覽》與《明史》牴牾，不敢斥言，故言《廿一史約編》耳。見《翁文恭日記》。太祖刊本、阮本作「聖祖」，下同。之意，蓋以朝鮮遠在屬夷，有稽天討，而於李氏之簒弑則大書特書，垂示萬世，標之曰「李成桂，今名旦者」，直揭王氏舊臣之名氏，嚴於斧鉞之誅矣。三百年來，東國陪臣，伏讀太祖之明訓，有不爲之寒心者乎？

董刊本作「華」。〔補〕阮本、胡校本均作「董」。**越**鈺案：《澹生堂目》「越」作「樾」。**朝鮮賦一卷**入《述古目》，「董」亦誤「華」。○此賦有朝鮮太斗南重刻本，見《訪書志》。

弘治元年，越奉使朝鮮國，夏五歸命，罄其聞見，作《朝鮮賦》，即自爲注之。越字尚矩，寧都人，鈺案：越，成化五年一甲進士。官至南京刊本、阮本無「京」字，從別本補。工部尚書，歿謚文僖，有《文僖集》行於世。刊本作有「文集傳行於世」。鈺案：《明史·藝文志》，越文集四十卷。《四庫存目》有《使東日錄》一卷，《提要》云是集乃越爲朝鮮頒詔正使途中紀行之詩，不載文集。

黎崱安南志略二十卷《述古目》注「鈔」字。

崱字景高，元時安南歸附人。敘其山川文物、風土制度頗詳備。鈺案：《四庫提要》云崱爲東晉交州刺史阮敷之後，幼與黎琫爲子，因從其姓。至元中入朝，居於漢陽。所記安南事實與《元史·列傳》多所異同。白雲老人察罕爲之序。一時名公鉅卿，如歐陽玄、程鉅夫、元明善、許有壬等俱稱許之，乃外志中之佳者。〔補〕勞權云竹垞跋，此書序者十有一人。

紀古滇說集一卷題詞本有。○《述古目》注「鈔」字。〔補〕黄丕烈云舊鈔。

元人張道宗錄。上自唐虞，迄於咸淳。其間方域年運，謠一本作「猺」。俗服叛，一一詳載。所記金馬碧雞事，與《漢書》碩刊本作「頗」。〔補〕阮本、沈鈔本作「碩」。異。道宗滇民，刊本「民」誤作「氏」。沐朝弼，鈺案：《清吟閣目》載校本，題「沐朝弼」名，殊誤。謂其自言風土，當得其實，留此以備參考可也。鈺案：此書《四庫》入《存目》。《提要》謂其書所載，宋、元年代牴牾，説多荒誕，與史傳不合。首有楊慎點校字，疑即慎所依託。又案：《開有益志》記書中自題「咸淳元年滇民張道宗錄」，故《四庫》標明舊本題爲宋人。遵王則據書中載有元統年號，題爲元人，似較得其實。

周達刊本、阮本作「建」，下同。〔補〕胡校本作「達」，下同。**觀真臘風土記一卷**《述古目》注「鈔」字，脫「觀」字。〔補〕黄錄《採遺》云：元永嘉周建觀撰。真臘即占臘也。建觀於元貞、大德間奉使招諭往其國，因知城郭、宫室、服飾、官屬、物產之詳而述焉。建觀自號草庭逸民。○鈺案：刊本、阮本《浙江遺書總録》均作「建觀」。《四庫全書》著録作「達觀」。管氏改「建」爲「達」，蓋據《提要》。

達觀自元貞乙未隨使招諭真臘，至大德丁酉始歸，述其風土國事甚詳。是册從元鈔校録。《説海》中刻者鈺案：入偏記部。牴牾錯落，十脱六七，幾不成書矣。鈺案：《提要》謂吾丘衍作詩題此書，推挹甚至。見衍《竹素山房集》。

鞏珍西洋番國志一卷《述古目》注「鈔」字。

永樂初，勅遣中外重臣循西海胡校本「海」作「洋」。諸國。宣宗嗣位，復命正使太監鄭和、王景弘等往海外徧諭諸番。時金陵鞏珍從事總制之幕，往還三年，所至番邦刊本作「部」，今從吴校。〔補〕阮本作「邦」。二十餘處。鈺案：《四庫存目提要》云：所歷諸番，曰占城，曰爪哇，曰暹羅，曰舊港，曰啞嚕，曰滿剌加，曰蘇門荅剌，曰那姑兒，曰黎代，曰喃勃里，曰溜山，曰榜葛剌，曰錫蘭山，曰小葛蘭，曰阿枝，曰古里，曰祖法兒，曰忽魯謨斯，曰阿丹，曰天方，凡二十國。在處詢訪，紀録無遺。宣德九年，刊本、阮本作「元年」。〔補〕胡校本作「九年」。編次成集。予觀其敘刊本、阮本作「議」。事詳核，行文贍雅，非若《星槎勝覽》鈺案：明馬觀有《瀛涯勝覽》一卷，亦記鄭和出使時事，與鞏書同入《存目》，不知即《星槎勝覽》之異名否。等書之影略成編者。鈺案：《提要》云所記與《明史·外國傳》大致相同，疑即采用此書。蓋三保下西洋，委巷流傳甚廣。内府之劇戲，鈺案：《也是園目》古今雜劇類「明朝故事」有《奉天命三保下西洋》一目。看場之平一本作「評」。話，鈺案：明萬曆間人。羅懋登有《西洋記》一書，體仿太公封神、玄奘取經，而荒誕過之。尚有傳本，見德清俞曲園師《春在堂隨筆》。子虛亡是，皆俗語流爲丹青耳。今夷考之，此册首載永樂十八年十二月初十日勅太監楊慶往西洋公幹。永樂刊本缺年號，今從吴校。十九年十月十六日勅内官鄭和、孔和、卜花、唐觀保，今遣内官洪保等，送各番國使臣回還，合用賞賜，刊本作「使」。〔補〕阮本、胡校本作「賜」。即照依坐去數目，關給與之。宣德五年五月初四日勅南京守備太監楊慶、羅智、刊本作「志」。〔補〕胡校本云：一作「智」。唐觀保，大使袁誠，刊本作「城」。〔補〕阮本、胡校本作「誠」。今命太監鄭和往西洋公幹，大小海船，該關領原交南京入庫，各衙門一應正錢糧并賞賜，并原下西洋官員買到物件，及隨船合用等物，勅至即照數放支與太監鄭和、王景弘、李興、朱良、楊真、右少監洪保等關領前去應用。詳觀前後勅書，下西洋似非鄭和一人，鄭和往返亦似非一次。惜乎國初胡校本作「明初」。事蹟，記阮本作「紀」。載闕如，茫無援據，徒令人興放失舊聞之歎而已。

黄省曾西洋朝貢典録三卷近刻入叢書者不一家，各有異同。○見《也是園目》。〔補〕勞權云：管校本云此書刻入《别下齋叢書》。鈺案：上《瓊華集》，下此書。已刊入《别下齋叢書》一條，係管氏自注，入彙鈔本。據此條，則管氏彙鈔本及宗氏藏于城過録本外，必另有批注本，故勞氏得見而記之。又案：此書《明志》作二卷。

東川居士孫允伽跋云：「此書序見黄公《五岳集》久矣，鈺案：省曾《五岳山人集》三十八卷，入《四庫存目》。往來於胸中者三十年。歲己未，錢受之搜祕册於郡城故家，得黄公手稿，歸以貽予。遂命童子録之。此書初未入梓，自稿本外，只此册耳。」鈺案：《提要》云此録只就内侍鄭和所歷之國編次成書，其精華已采入正史。

汪焕章島夷志一卷《述古目》注「鈔」字。〔補〕勞權云：《採集遺書》云前有己丑三山吴鑒序，末有嘉靖戊申袁褏序。○鈺案：《四庫存目》「志」下有「略」字。

豫章汪焕章，鈺案：名大淵，元代人。少負奇氣，刊本、阮本「氣」下有「負」字。舶浮於海者數年始歸，書其目之所及，不下數十國，勒成一書，名《島夷志》。阮本作「誌」，下同。中一則云：「至順庚午冬十月十有二日，卸帆大佛山下，月明水清，水中見樹婆娑，意謂琅玕珊瑚之屬。命童子入水拔之。出即堅如鐵，高僅盈尺，槎牙奇怪。枝有一蕊一花，天然紅刊本誤作「江」。色。既開者仿佛牡丹，半含者類乎菡萏。舟人咸雀躍曰：『此爲刊本作「謂」。瓊樹開花，海中稀有，千年始一遇耳。』攜歸，留於君子堂，虞邵菴賦詩誌其異。」其所記奇詭，率多類此。是書爲元人舊鈔本，至正年間河東張翥、三山吴鑒序之，咸謂其言可信不誣。鈺案：《四庫提要》謂大淵此書皆親歷手記，非空談無徵者可比。所記羅衛、羅斛、鍼路諸國，大半爲史所不載。鄒衍曰：「九州之外復有九州。」煥章此志，悉前古所未聞，予醯雞也，無能發甕天之覆，聊存其書而已。鈺案：此書不及《西洋番國志》，見《知聖道齋讀書跋》。

日本受領之事一卷題詞本有。〇見《也是園目》。

受領者，受領天朝之賜予也。字形奇詭，是彼國人所書。裝潢楮墨，咸與中華異，而實精於中華。行間復以日本字刊本「字」誤「事」。〔補〕阮本、胡校本均作「字」。注其旁，不可辨識，亦書案間一奇物也。

王宗載四夷館考二卷《述古目》注「鈔」字，作十卷。

明初阮本作「國初」。〔補〕刊本、胡校本同。以遐陬裔壤，聲教隔閡，設四夷館以通達夷情。拔子弟之幼穎者，授胡校本作「投」。譯課業，於彼國之來使，凡山川道里，食貨謠俗，瞭然如觀掌果。胡校本作「如現掌杲」。迨後肄習既廢，籍記無徵，此館幾爲馬肆。萬曆庚辰，王宗載提督四夷館，蒐輯往牒，創爲此書。於柔遠之道，不無小補云耳。刊本無「耳」字。〔補〕阮本有。○鈺案：《明・藝文志》職官類有汪俊《四夷館則例》二十卷，《四夷館考》二卷，似《考》即俊作。今檢此書舊鈔本，上卷《西番》條有「今上嗣歷之六年，予承乏提督」云云，與遵王説合。是《明志》此書名上脱「王宗載」三字。舊鈔本二卷與此《記》合。《述古目》作十卷，誤。《絳雲目》注九册，亦誤。

華夷譯刊本誤作「驛」，下同。〔補〕阮本、胡校本均作「譯」，下同。**語一卷**《述古目》注「鈔」字。〔補〕勞權云《絳雲目》有《增定華夷譯語》一目，不著卷數。鈺案：《絳雲目》勞氏所引外，有《華夷譯語》一條，亦不著卷數。《延令書目》有《增定華夷驛語》十一卷，「譯」亦誤「驛」，作十一卷，未詳。

洪武二十一鈺案：本書作「二」。年，翰林侍講火刊本「火」誤作「史」。源潔鈺案：火源潔，蒙古人。劉三吾序云朔漠之族，生於華夏。明初又有火真，其人亦蒙古歸附者。見《丘福傳》。以華文譯北阮本作「胡」，下同。〔補〕刊本、胡校本均作「胡」，下同。語，三五堆垛而全其字，核對訓釋而明其義，輯錄刊布。太祖阮本作「聖祖」。〔補〕刊本同。命劉三吾序之。凡賜殘刊本作「前」。元世系詔刊本「詔」下有「誥」字。勅書，咸用北語成文，特刊於後。高皇撫綏勝國之苗裔，其至德夐絕古今矣。案：此書爲類凡十七門，天文、地理、時令、花木、鳥獸、宫室、器用、衣服、人物、飲食、珍寶、人事、聲色、數目、身體、方隅、通用，前有凡例六則。鈺案：此即《酌中志·内板經書紀略》之《華夷譯語》原刊本，流傳尚多。火源潔又編有《華夷譯語》一種，朱之蕃序，爲朝鮮館、琉球館、日本館、安南館、占城館、暹羅館、韃靼館、畏兀兒館、西番館、回回館、滿喇加館、女直館、百夷館，計十三館。疑即《内板經書記略》之《增定華夷譯語》。又《絳雲目》此書陳注「二十一年」作「十五年」，「源潔」作「原緊」，皆誤。楊守敬有十三册一種，云明茅伯符輯。朱之蕃序稱伯符領大鴻臚時所輯《四夷考》云云，是《華夷譯語》乃《四夷考》中之一也。見所著《訪書志》，記以俟考。

華夷譯語二卷《也是園目》有此二卷本。

分類聚編，上則番書，中則漢譯，下則北音，阮本作「胡音」。〔補〕刊本同。乃回回館新增者。内府鈔錄，除此無別本，宜祕之。鈺案：譯遵王《記》語，似即火源潔所編十三館譯語之一種。

回回館課三卷見《也是園目》。

諸番進貢駝馬、玉石、梭布，刊本、阮本作「角」，今從吴校。鈺案：《四夷館考》載回回產有梭甫。刊本、阮本「梭角」疑皆「梭甫」之誤。梭甫爲何物，待考。求討膝襴、織金段、茶藥等件，皆寫番書表奏。回回館以中國字逐篇譯之，輯成三册，藏之天府。不知何年流落人間，爲予所得，存之以徵同文之化。

屬裔〔補〕刊本、阮本作「夷」，下同。**枝派錄一卷**《述古目》注「鈔」字。○鈺案：此書一名《朵顏三衛宗支》，全祖望云：明之朵顏三衛，今之蒙古喇爾沁也。其前事見《明史》朵顏本傳。後事則累朝實錄詳之。是册爲職方之底簿，在韓江馬氏藏書中，如有人仿《遼史》例作《部落表》，則是册不爲無用。見《鮚埼亭集外編》。

二祖以元之餘裔歸降效順，賜以大寧全地，立泰寧、朵顏、福餘三衛，鈺案：其地爲兀良哈在黑龍江南漁陽塞北。漢鮮卑、唐吐谷渾、宋契丹皆其地。自大寧前抵喜峰口，近宣府，曰朵顏。自錦義歷廣寧，至遼河，曰泰寧。自黄泥窪逾瀋陽鐵嶺至開原，曰福餘。見《明史·外國傳》。設官襲職，歲通兩貢。其後惟朵顏獨盛。此書於三衛枝派住牧，詳細錄之。鈺案：《澹生堂書目》有《朵顏世系考》一卷、《泰寧世系考》一卷，皆瞿九思名臣寧攘前編本。又《泰寧酋委正傳》一卷、《福餘酋長伯言傳》一卷，皆瞿九思編。萬曆武功錄本。有心哉，斯人也。今撮略其要，以彰二祖撫賞之盛心，并以告後之秉史筆者。泰寧衛裔始祖都督兀捏帖木兒、右都督革于〔補〕阮本

「于」作「千」。帖木兒二枝之後，共五處住牧。朵顏衛裔始祖都督完者帖木兒四世花當生十一男，分十一枝。厥後又分七十派，隨處住牧。外脱羅叉〔補〕沈鈔本、胡校本均作「叉」。兒、古彥卜二枝，隨長昂住牧。晃忽、納猛〔補〕阮本作「猛」。可、海塔力三枝，跟那木寒刊本作「塞」。等住牧。革蘭台認義部落亦隨長昂住牧。福餘衛裔始祖都督指揮使朵兒千、刊本作「于」。都督指揮使可歹、〔補〕勞權云：胡校本云「可歹」下疑有誤。裔始祖影克、掌本衛印信刊本作「使」。指揮使扯売四枝之後，共五處住牧。予慮此書或至刊本、阮本作「致」。湮沒失傳，屬裔枝派便〔補〕某校本「便」作「更」。無從稽考，故書其大凡如刊本、阮本作「於」。此。

錢遵王讀書敏求記校證卷三之上

子

孔叢子七卷題詞本有。○《述古目》注「鈔」字。〔補〕勞權云丹鉛精舍有影宋巾箱本。鈺案：宋巾箱本《孝慈目》云係安正堂刊本。瞿《目》云明人翻梓，有「程以進」一行。《四庫》著録作三卷。黄丕烈於此目上注「名鈔」二字。

孔子八世孫鮒，字子魚，論集仲尼、子思、子上、子高、子順之言及己之事，凡二十一篇，爲六卷，名《孔叢子》，言有善而叢聚刊本作「集」。〔補〕題詞本、阮本均作「聚」。之也。漢孝武朝，太常孔臧又以其所爲賦與書，謂之《連叢》上下篇，爲一卷附於末。嘉祐三年，宋咸注成表進。案：趙氏《附志》云《連叢》上下篇，其書不見於漢、唐《藝文志》。嘉祐四年，提點廣南西路刑獄公事兼本路勸農事朝散郎守尚書屯田郎中上輕車都尉宋咸始爲注釋以進。〔補〕黄丕烈云空居閣是馮氏。此則空居閣藏本，從至正二年元人所鈔録出者也。

荀子二十卷案：晁氏《志》作十二卷，題曰「新書」。鈺案：此晁氏引劉向序録語。晁氏本書題楊倞注《荀子》二十卷，與此《記》同，非劉向校定本也。管氏誤引。○題詞本有。○《述古目》注「宋板」二字，入《宋板書目》。

楊倞胡校本誤「倞」作「倧」。**注《荀子》，凡三十二篇，爲二十卷，并劉向篇目。淳熙八年六月，吳郡錢佃**刊本誤「佃」作「伷」。案：《直齋》云：佃字耕道。〔補〕題詞本、阮本作「佃」，不誤。○黄丕烈云：「錢佃宋刻本，丙寅年見之，後歸予家。」○鈺案：佃字又作仲耕，紹興十五年進士。見《常熟縣志》。**得元豐國子監本，并二浙西蜀諸本參校，刊於江西計臺。其跋云：**刊本無「云」字。〔補〕題詞本、阮本均有「云」字。**「耳目所及，此特爲精好。」**〔補〕勞權云恬裕齋有鈔本錢佃《荀子考異》一卷，有佃跋。《藏書記》全載之。**予又藏呂夏卿重校本，**案：張氏《藏書志》云：「《荀子》二十卷，影宋呂夏卿大字本。唐登仕郎守大理評事楊倞注。後有『將仕郎守祕書省著作佐郎充御史臺主簿臣王子韶同校、朝奉郎尚書兵部員外郎知制誥上騎都尉賜紫金魚袋臣呂夏卿重校』兩行。案：呂本宋槧尚存，惟是本從宋槧初印本影寫。」鈺案：《愛日志》此下云：「現存之宋槧則紙質破損，字跡模糊，且爲庸妄子描補，殊失廬山真面。故宋槧轉不若影宋本之可貴也。」管氏節去。**從宋刻摹寫者，字大**阮本誤作「太」。**悅目，**案：《竹汀日記》云：「觀黄蕘翁所藏宋板《荀子》，每葉八行，行十六字。」〔補〕黄丕烈云：「呂夏卿重校本從宋刻摹寫者，予借觀於周香巖家。字大悅目，信然。又見一宋刻，在顧竹君處，即影寫本之底本也。後歸予家。」**與**刊本「與」作「於」。〔補〕題詞本、阮本均作「與」。此可稱雙璧矣。鈺案：日本又有台州本，在錢佃、呂夏卿兩本之外，刻入《古逸叢書》。

李軌注法言十三卷音義一卷案：《直齋》云錢佃得舊監本刻之，與《孟》、《荀》、《文中子》爲四書。〇《述古目》注「北宋本影鈔」五字。〔補〕勞權云跋見《有學集》，考結銜年月極詳，係治平本。

《法言》十三篇，篇各有序，總附之卷末，案：張氏《藏書志》云：「絳雲舊藏李注揚子《法言》序篇在卷末，未淆本書次第。後轉入泰興季氏，又歸傳是樓。」鈺案：《愛日志》「絳雲」上尚有「揚子《法言》十三卷，臨義門何氏校宋刊李氏注本」十九字，後有「老潛記」三字。管氏未錄。又案：《季滄葦藏書目》有此書，下注「牧翁跋」三字，是張氏藏者校本，季氏所藏乃原本也。同乎班固之敍傳然也。鈺案：《書》序、《詩》序以來，體例如是，不始班固。詳《困學紀聞》注。宋咸升序於篇首，〔補〕勞權云《困學紀聞》云升序於首，始於溫公。殊失漢人著述體裁。李軌仍其舊而不更，唐以前學人卓識如此。軌字洪一本作「宏」。〔補〕阮本作「洪」，胡校本、宋校本又作「弘」，下同。範，東晉尚書郎、都亭侯。所著書見《隋書·經籍志》。鈺案：《隋志》軌所著者，有《周易音》、《儀禮音》諸目，又集八卷。此本後附《音義》一卷，撰之者不知何人。是又洪範之桓山君矣。一本作「君山」，阮本同。鈺案：桓譚字君山，當時稱揚雄書必傳者，故遵王引之。刊本、阮本皆不誤。

不知管改何據。

顏氏家訓七卷 張氏《藏書志》云《顏氏家訓》七卷，附考證，舊鈔本。考證後有結銜九行。前有無名氏序，後有淳熙七年沈揆跋。○題詞本有。○《述古目》注「宋板」二字，入《宋板書目》。鈺案：此《記》所載乃景宋本。

《顏氏家訓》，流俗本止二卷。胡校本作三卷。鈺案：作二卷者是。《四庫》著錄即二卷本。不知何年爲妄庸子所殽亂，遂令舉世罕覩原書。近代刊行典籍，大都率意劖改，俾古人心髓面目晦昧沉錮於千載之下，良可恨也！嗟嗟，一本作「嗟乎」。〔補〕題詞本、阮本均作「嗟乎」。秦火之後，書亡有二，其毒甚於祖龍之炬。一則蒙師刊本作「宋時」，阮本亦作「蒙師」。之經解。逞私說，憑臆見，專門理學，人自名家，漢唐以來諸大儒之訓詁注疏，一概漫置不省，經學幾幾乎滅熄矣。一則明朝鈺案：「明朝」二字，疑非遵王原文，說見前。之帖括。自制義之業盛行，士人專攻此以取榮名利祿，《五經》旁訓之外，何從又有《九經》、《十三經》，而況四庫書籍乎？三百年來，士大夫劃肚無書，撐腸少字，皆制義誤之，可爲痛惜刊本作「哭」。〔補〕阮本、胡校本皆作「惜」。者也。是書爲宋人名筆所錄。〔補〕勞權云「宋人名筆」云云，似遵王不知是影宋本，竟以爲宋人鈔本矣。淳熙七年，嘉興沈揆取閩刊本、阮本作「閣」。〔補〕

題詞本、胡校本亦作「閣」。本、蜀本互爲參定。又從天台胡校本「天台」作「元祐」。故參知政事謝公所校五代和凝本，辨析精當，後列考證二胡校本「二」作「一」。十三條爲一卷。案：《竹汀日記》云，淳熙槧本，凡七卷。前有序一篇，不題姓氏，當是唐人手筆。後有淳熙七年二月沈揆跋，云去年春來守天台郡云云，及《考證》一卷。後列朝奉郎權知台州軍州事沈揆、朝請郎通判軍州事管鈗、承議郎添差通判軍州事樓鑰、迪功郎州學教授史昌祖同校。又有監刊同校諸人銜，皆以左爲上，蓋台州公庫本也。而前序後又有長記云廉臺田家印，則是宋槧元印，故於宋諱間有不缺筆處。〔補〕黄丕烈云台州公庫本，七卷。每半葉二十行，每行十八字。後附嘉興沈揆《考證》一卷，凡三册。每册首尾有「省齋」一印、「共山書院」一印。省齋未詳。共山書院有藏書目錄，柳待制爲之序，稱汲郡張公，不詳其名。延祐三年，參議中書省又每册首尾紙背有一長方鈐記，云「國子監崇文閣官書。借讀者必須愛護，損壞闕失，典掌者不許收受」。皆逸聞也。按：揆字虞卿，紹興中嘗以中大夫祕閣修撰知吴郡。其述古影鈔本，鮑氏已刊入《叢書》。沈君學識不凡，讐勘此書，當時稱爲善本。兼之繕寫精妙，古香襲人，置諸几案間，真奇寶也。

續顏氏家訓七卷 案：《直齋》作八卷。○題詞本有。○《述古目》作董正功《續家訓》八卷，注「宋板」二字。〔補〕勞權云：《恬裕目》云晁《志》題董正功。焦氏《經籍志》題李正公，首卷已缺。未詳孰是。

《續顏氏家訓》，半是宋槧本之絕佳者，半是影宋本舊鈔。《經籍志》云：「左刊本無「左」字，從陳校補。〔補〕題詞本有。朝請大夫李正公胡校本作「李正己」。鈺案：李正己，唐高麗人，代李希逸爲節度使，與田悅同叛。胡校非是。撰。」案：張氏《藏書志》云：「《續顏氏家訓》殘本三卷，宋刊本。宋董正功撰，原八卷，今存卷六至八三卷。自《誡兵》至《終制》，凡七篇。卷六缺一、二兩頁。其書以《顏氏家訓》列前，而正功所續者繫於後，敘次體例一依原書。引據詳贍，辭義宏博，視之推如驂之靳矣。原書崇尚內典，是其一失。是書《歸心篇》載李翺之論佛，《終制篇》載姚崇之遺令，深斥釋氏之妄，顯闢崇奉之非，亦足矯顏氏之失，而解後人之惑也。《讀書敏求記》云云，則遵王時已不獲宋槧全書矣。此本止存三卷，較錢氏時又多殘缺。然神物會合，要自有時，安知述古藏本不更出於異日耶？且安知今所缺之宋槧五卷，不尚在人間耶？姑識此，以俟博訪。」〔補〕黄丕烈云：「小讀書堆向有殘宋刻本，計六、七、八三卷，今歸常熟張氏。予家曾借鈔一本。」蔣鳳藻云：「此本今在瞿氏。」鈺案：黄丕烈又跋云，此書先列顏氏正文於前，取校廉臺田家印本，多出《書證篇》「《禮樂志》『給大官挏馬酒』」云云一條，計三行有奇，爲張月霄所拈出。

元經薛氏傳十卷案：晁氏《後志》云：「隋王通撰，唐薛收傳。皇朝阮逸學。起晉惠帝太熙元年，終於陳亡。予從兄子逸任安康，嘗得其本，歸而示四父。四父讀至帝問蛙鳴，哂其陋，曰：『六籍奴婢之言，不爲過。』按《崇文總目》無其目，疑逸依託爲之。」此書《通考》及《宋志》作十五卷。《天一閣目》云九卷，又《續元經》一卷。鈺案：阮逸字天隱，建陽人，天聖五年進士。景祐初，與胡瑗同校鐘律。生平喜作僞書，此其一也。詳見《四庫提要》。○見《也是園目》。

陳亡而五國具，所以存中國也。江東，中國之舊衣冠禮樂刊本作「義」，阮本同。之所就也。其未亡，君子責其國焉，曰：「中國之禮樂安在？」其已亡，君子與其國焉，曰：「猶我中國之遺人也。」此《元經》之大旨也。《春秋》抗王而尊魯。《元經》抗帝爲刊本作「而」。〔補〕阮本同。尊中國。文中子之與刊本、阮本無「與」字。孝文猶帝魏也，殆夫子之遺意歟。宋儒高談性命，不達經權，數百年來抹略其書，無有揚之如司空表聖、皮襲美其人者，鈺案：表聖、襲美均撰有《文中子碑》，見《唐文粹》。宋釋契嵩《鐔津文集》亦有《文中子碑》、《文中子傳書後》二篇。可不嘆乎！昔有〔補〕刊本、阮本「有」作「者」。賈人持宋本蕭常《續後漢書》鈺案：常書四十七卷，與元郝經《續後漢書》九十卷同爲《四庫》著錄。求售，刻鏤精妙，楮墨簇新，見者皆爲悅目。牧翁不開卷擲還之，以其與運統背馳耳。〔補〕勞校本嚴修能云：「此等議論，謙益之所以成謙益也。」獨此書於文字中往往服膺不少置。嗟乎，銅川之志，其即公之志也。夫《春秋》成而周存，存周者天也。《元經》之專斷，亦禀之於天命，鈺案：《鄭堂讀書記》引朱子《王氏續經說》云，宋魏以來，一南一北，校功度德未有以相君臣也。其天命人心之向背，統緒繼承之偏正，亦何足論，而欲攘臂其間，奪彼予此，自列於孔子之《春秋》哉？據此則是書固一無可取也。惜乎公所成〔補〕胡校本「成」作「藏」。書，一旦不戒於火，案：簡莊徵君云，蒙叟詩：「謏聞人自謌三家，曲筆天應下六丁。」《明史》：成不旬日，而歸於絳雲之一炬。豈非天哉！又查初白先生《人海記》云，辛卯十月，絳雲火作，時見朱衣人無數出煙焰中，頃刻隻字不存。鈺案：絳雲之災，在順治七年庚寅，查說誤。三百年來之琬琰，與冷風劫灰同澌滅於終古，鈺案：曹溶《絳雲樓書目序》云：「絳雲災後，予特往唁之。宗伯謂予曰：『古書不存矣，尚有割成明臣誌傳數百本，俱厚四寸餘，在樓外。昔年有志國史聚此，今已灰冷，子便可取之。』予未敢議值，託葉聖野轉請，遽爲松陵潘氏購去。」與上簡莊、初白之說兩歧。當以遵王此說爲準。天實爲之，謂之何哉！

帝範一卷案：《舊唐書》作四卷。《宋志》作二卷。○見《也是園目》。鈺案：《世善堂目》亦作一卷。

貞觀末，胡校本「末」作「中」。唐太宗御製《帝範》十二篇賜高宗。晁氏曰：「今存者六篇。」而此爲完書，豈不全於宋而反全於今日歟？鈺案：《四庫》著錄《永樂大典》本，凡一十二篇。後有元吴萊跋，謂征雲南僰夷時所得，始見完書。事在泰定二年。此書南宋佚其半，至元復得舊本，故明初轉有全文採入《大典》。遵王殆未深考。又案：《唐·藝文志》載此書爲賈行注。《舊唐書·敬宗本紀》稱寶曆二年，祕書省著作郎韋公肅復注以進。是此書唐時有二家注本。楊守敬有日本舊刊本二卷，注文不詳爲賈爲韋。以正文考之，當是太宗原本。詳見《訪書志》。

馬融忠經一卷《天一閣目》云漢馬融撰并自序，鄭玄注，宋太原王安國後序，顧元緯跋。○入《述古目》。〔補〕勞權云，嚴修能謂此僞書，不足存。鈺案：此書入《四庫存目》。《提要》云《隋志》、《唐志》皆不著錄，《崇文總目》始列其名，爲宋代僞書。《玉海》引宋兩朝《志》，有海鵬《忠經》，是本有撰人，詐題馬、鄭，轉使真本變僞耳。又案：丁晏謂《崇文總目》有馬融《絳囊經》一卷。融乃唐居士。《忠經》序有「臣融巖野之臣」云云，馬季長貴戚豪家，安得自稱「巖野」？是唐之馬融所作明矣。見《〈論語〉孔注辨僞》。又以「民」字避作「人」，「治」字避作「理」，證爲唐人無疑。見所撰《尚書餘論》。

季〔補〕阮本誤「李」。長爲漢南太守，鈺案：本傳不載。漢南爲隋郡，亦僞託之據。比擬《孝經》而作是書，亦分一十八章，大司農鄭玄爲之注解。此本注中脫字俱用宋刻校添。

司馬溫公潛虛一卷張敦〔補〕刊本作「惇」，阮本、胡校本作「敦」。**實潛虛發微論一卷**案：《發微論》，《天一閣目》作三卷，云宋朝請郎監察御史張敦實撰。○《述古目》溫公《潛虛》一卷，注「鈔」字。《發微論》見《也是園目》。〔補〕勞權云《恬裕目》影宋本，即遵王藏本。題宋太師溫國公司馬光撰。卷首有「虞山錢曾遵王藏書」、「安樂堂藏」、「季振宜印」、「滄葦」諸印記。

萬物祖於虛，生於氣，故有氣圖。氣以成體，體以受性，故有體圖、性圖。性以辨名，名以立行，故有名圖、行圖。行以俟命，故以命圖終焉。鈺案：此皆本溫公說。張敦實曰：

「子雲作《太玄》以明《易》，溫公作《潛虚》以明《玄》。《易》之所謂人道者，不過乎仁義。《玄》之所謂大訓者，不過乎忠孝。虚之所謂人之鈺案：「之」字衍。務者，不過乎五十五行。其立辭命意，左右前後，横斜曲直，皆有成刊本作「義」。〔補〕阮本作「成」。理。因即其圖，各爲總論，庶幾學者易覽耳。」案：晁氏《志》云此書以五行爲本，五五相乘爲二十五，兩之得五十。首有氣、體、性、名、行、變、解七圖，然其辭有缺者，蓋未成也。其手寫草稿一通，今在子健姪房。淳熙中，陳應行苦此書建陽書肆本脱略不可讀，邵武本繇辭〔補〕刊本作「詞」。多闕，從文正公曾孫得家藏稿本，鈺案：《四庫提要》云，朱子跋張氏《潛虚圖》曰：「范仲彪炳文家多藏司馬公遺墨，示予《潛虚》別本，其闕文甚多，云溫公晚著此書，未竟而薨，故所傳止此。近見泉州刻本，乃無一字之闕。讀至數行乃釋然曰：此贋本也。」其説與公武合。此本首尾完具，當即朱子所謂泉州本，非光之舊也。附以張氏《發微論》校刊之，洵稱完善善，阮本作「書」。矣。案：《竹汀日記》云是書有淳熙壬寅泉州教授陳應行跋，毛氏影鈔，爲袁又愷所藏。〇鈺案：黄宗羲《宋元學案》中《涑水學案》全録《潛虚》無缺，及張敦實《發微論》，當即由泉州本出。

邵子皇極經世行數前集五十五卷見《也是園目》，卷數同。〇鈺案：錢補《元志》儒家類蔡仁《皇極經世行數》一百五十四卷，注前集五十五卷，後集五十三卷，別集十五卷，續集十六卷，支集十五卷。仁字和仲，饒州布衣。或曰占卜書。是此書爲蔡氏全書之一種。

此書世罕其傳，儒者雖究之終身，亦難得其端緒，非有師承，不可強爲之解也。

邵子皇極經世觀物篇解六十二卷 見《也是園目》，卷數同。

楚東祝泌述。後附《皇極數起例》一册、《斷訣》一册、鈺案：《四庫》著録爲泌撰，《觀物篇解》五卷、《皇極經世解起數訣》一卷。皕宋樓藏舊鈔本，係泌撰，《康節先生觀物篇解》十一卷、《皇極經世起數訣》一卷、《皇極經世鈐》一卷、《皇極起數例》一卷、《康節先生觀物篇斷訣》一卷、《附録》一卷。《聲音韻譜》二册。泌字子涇，刊本「涇」作「堅」，今從吴校。阮本與吴校同。淳祐間提領所幹辦公事。鈺案：泌，鄱陽人，自號觀物老人，官承直郎充江淮荆浙福建廣南路都大提檢坑冶鑄錢司幹辦公事。見《提要》。官守之餘，推明康節之旨，輯成此書。真偉識拔俗士也。憶己丑鈺案：順治六年。春杪，一本作「杪春」。〔補〕阮本作「杪春」。侍牧翁於燕譽堂，適見檢閲此册，予從旁竊視，動心駭目，刊本作「動目駭心」。〔補〕阮本同。嘆爲奇絶。絳雲一燼後，牧翁悉舉所存書相贈，刊本作「所存書悉舉以相贈」。〔補〕阮本作「悉舉所存書相贈」。此本亦隨之來。今歲僑居也是園，檢點縹囊緗帙，藏弆快然堂，偶繙一本作「番」。及此書，追理前塵，杳如宿劫，日月易〔補〕胡校本「易」作「逾」。邁，屈指已三十七年矣。棲遲衡泌，爲草茅賤士，有負公刊本「公」下有「書」字。〔補〕阮本、胡校本均無。斯文屬累之意，每爲淒然泣下。然京洛風塵，緇衣欲化，擾擾於肩摩轂擊之刊本、阮本無「之」字。中者，我勞如何？予獨擁此殘編蠹簡，展卷自娱，借之以送餘年，耗暮齒，其樂不減君山，又不可不謂斯世之幸人也。

擊視陰符一〔補〕題詞本、阮本「一」均作「二」。**卷**題詞本有。○《述古目》注「鈔」字，入術數類。《也是園目》「擊」上有「邵子」二字。

此邵子皇極經世之學也。通刊本無「通」字，下同。〔補〕阮本、胡校本有「通」字，下同。上爲上卷，通下爲下卷，各有序原，展卷茫然，不敢強不知以爲知。偏訪藏書家，罕有畜之者，人間惟此本耳。

鮑雲龍天原發微五卷此條刊本佚。阮本有。案：《天一閣書目》云此書刻於元元貞間，有魯齋、虚谷、戴表元〔二〕序。○見《也是園目》。〔補〕勞權云《恬裕目》：天順間，同里鮑寧重刻并序。目録後有墨圖記，云天順辛巳，歙西鮑氏耕讀書堂。鈺案：《皕宋志》有明本，係嘉靖庚戌，秦藩掌中道人刊。《古今書刻》又載有徽州府刻本。

雲龍字景翔，號魯齋，古歙州歙縣人，鈺案：《四庫提要》：雲龍，景定中鄉貢進士，入元不仕。客居同里鄭敬齋家。鈺案：敬齋名昭祖，字孔明，官廣西道儒學提舉。見方回序。著《天原發微》二十五篇，與方回反覆問難者十年而後成書。觀其答揚子之玄云：「前賢好之，不敢沒其善。」又云：「以一歲觀之，自子至巳，六陽之月，光風霽月之時也。此臯、夒、一本作「夔」。稷、禼、伊、傅、周、召之徒，得以行其志，又有復、臨、泰、壯、夬、乾缺「夬乾」二字，從吴校補。鈺案：阮本不缺。之別，各有斟酌，順時而動可也，豈可一於出？自亥至午，六陰之月，鈺案：「月」下疑脫一句。阮本同。此商山四皓、竹溪六逸之徒，隱居以求其志，又有姤、遯、否、觀、剝、坤之殊，自分劑量，相時以處脫「相時以處」四字，從吴校補。鈺案：阮本不脫。可也，豈可一於入？」其辭殊有合於天人易數之旨，蓋能道問學而終身無忘者。宜乎曹涇鈺案：涇字清甫，休寧人，咸淳丙科，馬端臨嘗師事之。見《宋元學案》。稱許此書：「如靈犀照水，百怪洞見無遁形；如導江至〔補〕阮本「至」作「自」。岷，一瀉千里注之海；如一聚狐之裘，其完無際，而人不知其得之之艱。」知言哉！窮理盡性，詳說反約，細心披閱，始可究其佳處。謐齋鮑寧復爲訂譌補闕，阮本「闕」作「缺」。詳著辨證，阮本「證」作「正」。列凡例、各圖、《名義》、《問答》於簡端，是又魯齋之功臣矣。

家山圖書一卷《述古目》注「宋本影鈔」四字，「家」上有「考亭」二字。

《家山圖書》，晦菴私淑子弟之文，蓋逸書也。李晦顯翁〔補〕勞權云李見《風俗通》跋。得之於劉世常平父，鈺案：《皕宋志》載明嘉靖本《風俗通義》，有大德丁未李果跋，無李晦其人。果跋中有錫守劉平父云云，知即世常也。劉得之於魯齋許。文正公其書以《易》、《中庸》、古《大學》、古《小學》參列於阮本作「成」。〔補〕胡校本同。圖，而於修身之指歸綱領，條分極詳。此本惜不多覯，道學家宜刊布刊本、阮本「布」下有「之」字。以廣其傳。鈺案：《四庫》著錄係《永樂大典》本。《提要》云錢曾藏本已不傳，《大典》尚載。原文先圖後說，與朱子《小學》可相輔而行。

公是先生極沒要緊一卷題詞本有。○《述古目》注「鈔」字。〔補〕勞權云《絳雲目》亦與《弟子記》兩書并列，說詳下。

即《劉原父刊本脫「原」字。阮本作「原甫」。一本誤作「厚父」。〔補〕題詞本、胡校本均作「原甫」。弟子記》也。於時人或稱名或稱字，鈺案：於王安石、楊慥之徒書名，於王深甫、歐陽永叔之徒稱字，見晁公武《讀書志》。蓋以微旨別其人之賢否耳。案：趙氏《附志》云右劉敞原父之說也。謝艮齋得之於劉司業焞，以遺清江守江溥刻之。趙不黯以閣本校正，而識其後云，如「叔貢問《尚書》記人之功」，下缺五段。「梓慶削木爲鐻」至「不敢以爵賞攖其慮」下缺七段。文勢差錯，至不可讀。其他以二段爲一，一段爲二者，皆正之。鈺案：《四庫》本作《公是先生弟子記》四卷。《提要》云晁公武以爲敞自記其問答之言。敞墓志及《宋史》本傳均稱《弟子記》五卷。《讀書志》則作一卷。今釐爲四卷。《敏求記》載《極沒要緊》一卷，云即《劉原父弟子記》。考《浙江所進遺書》有《極沒要緊》一卷，亦題公是先生撰。皆采掇《莊子》郭注，與此顯爲二書。今別存其目於道家中。檢粤雅本《述古目》，《公是先生弟子記》及《公是先生極沒要緊》，本屬二書並列，不解此《記》何以誤指爲一也。

河上公注老子二刊本「二」誤「一」。〔補〕胡校本作「二」**卷**案：晁氏《志》云傅奕謂「常善救人，故無棄人。常善救物，故無棄物」四句，古本無有，獨得於河上公耳。○《述古目》注「宋本」二字，作一卷。又入《宋板書目》，作二卷。〔補〕黄丕烈云得葉文莊公藏宋本。○勞權云：《恬裕目》有宋本，作四卷，云分《道經》第一、第二，《德經》第三、第四，前有序及河上公傳，題太極左仙公葛玄造。目錄後有「建安虞氏刊於家塾」一條。半葉十行，行十七字，注廿四字。又《百宋一廛賦》有建安虞氏本，作二卷。十行，行大小二十字不等。

開元七年，劉子玄上議：今之所注《老子》是河上公。鈺案：《四庫提要》云《隋志》「道家」載老子《道德經》二卷。漢文帝時，河上公注。又載梁有戰國時河上丈人注《老子經》二卷，亡。則兩河上公各一人，兩《老子注》各一書。戰國時河上公書在隋已亡。今所傳者實漢河上公書。其序云：「漢文帝時人，結茆〔補〕刊本、阮本作「茅」。菴於河曲，因以爲號。以所注《老子》授文帝，因沖空上天，不經之鄙言，流一本誤「沈」。俗之虛語。《漢書・藝文志》注《老子》者有三家，河上所釋無聞焉。請黜河上公，升王弼所注。」司馬微云：「漢史實無其人。然所注以養神爲宗，以無爲爲體，請河上刊本、阮本作「王」，今從吴校。二注鈺案：「二」字上當脱「王弼」二字。俱行。」鈺案：此議見《舊唐書·劉子玄傳》，司馬微乃司馬貞之誤。當時卓識之士，辨析之如此。惜乎輔嗣注不傳，〔補〕勞權云：抱經曾以明刻校聚珍板本，遵王蓋未之見耳。鈺案：《提要》云弼注《老子》，明萬曆中，華亭張之象實有刻本，錢曾蓋偶未之見。而獨傳此。書之日就散亡，惜哉！刊本作「而獨傳此何耶」。〔補〕阮本、胡校本亦作「書之日就散亡，惜哉」八字。

嚴君平道德指歸論七卷至十三卷 案：晁《志》云《唐志》有嚴遵《指歸》四十卷，馮廓注《指歸》十三卷。此本有序，而題谷神子，疑即廓也。〇入《述古目》。

谷神子序云：「《道德指歸論》，陳隋之際已逸其半。」今所存者止《論德篇》。鈺案：全祖望疑此書非君平所作，見《鮚埼亭集外編》。近代嘉興刻本，〔補〕勞權云《有學集》跋嘉興刻，「是吾邑趙玄度本」。列卷一之六，與序文大相徑刊本、阮本作「逕」。庭，其中闕落者尤多。鈺案：《四庫》著錄亦六卷本。《提要》云胡震亨《祕册彙函》據嘉興本刻，後以板歸毛晉，編入《津逮祕書》。牧翁從錢功甫得其乃翁叔寶鈔本，自七卷訖十三卷。前有總序，後有「人之飢黄校本「飢」作「饑」。也」至「信言不美」四章，〔補〕吴騫云，按「人之飢也」至「信言不美」，實尚有六篇。

此作四章，與胡震亨缺七篇之説並誤。○勞權云，兔床云四章，當作六章。是書今歸黃蕘圃處。見《愚谷文存續編》。與總序相合。焦弱侯輯《老氏翼》，鈺案：《老子翼》三卷，《提要》云輯韓非以下解《老子》者六十四家，附以竑之《筆乘》，共成六十五家，各採精語裒爲一書。亦未見此本，真祕書也。鈺案：陸心源得影鈔錢叔寶本及張紹仁據《道藏》校本，刻有《校補》三卷。辛丑鈺案：順治十八年。除夕，公於亂帙中檢得，題其後而歸之予。鈺案：《有學集》跋末云「屬遵王遣人繕寫成本」，是此《記》所著錄乃是傳鈔本。來札云：「此夕將此殘書商確，一本作「榷」。良可一胡盧。」嗟嗟，公之傾倒於曾阮本作「蘇」，疑誤。〔補〕刊本亦作「蘇」。至矣，慚予湮阨〔補〕阮本同。刊本作「厄」。無聞，爲里中兒〔補〕刊本脱「兒」字。阮本、各校本均有。所賤簡，未能副公仲宣之託。撫今念昔，回首泫然。抱此殘編，徒深侯芭之痛而已。以下刊本皆缺。〔補〕阮本、胡校本均有。鈺案：吴騫傳朱文藻校本，亦缺。壬申鈺案：康熙三十一年。冬，阮本作「秋日」二字。〔補〕黃校本作「冬日」二字。繙閲晁氏《讀書志》，有谷神子注《老子指歸》十三卷。按舊序云「陳隋之際已逸其半」，則谷神子爲唐人無疑。且所注止《論德篇》，而公武以宋人反得「得」字缺，從吴校補。〔補〕阮本不缺。見全書，何也？

白玉蟾道德寶章一卷《述古目》作《老子白玉蟾注》二卷，注「鈔」字。○鈺案：《四庫》著錄。《提要》云宋葛長庚撰。長庚，閩清人。舊本題紫清真人白玉蟾。白玉蟾其别號，紫清真人則嘉定間徵赴闕下所封。其注少於本經，語意近於禪偈。陳繼儒《寶顔堂祕笈·彙集》中刻之，改題曰《蟾仙解老》。陳振孫《書録解題》《羣仙珠玉》條下云，白玉蟾嘗得罪亡命，蓋奸妄之流也。

序稱趙孟頫愛其言不類諸家，手書以傳。〔補〕黄丕烈云見過初刻本，係趙書入本。鈺案：海源閣所藏又有一本，云書高二尺一寸，有奇字，徑一寸五六分，作歐、虞體。有木記題「金正大戊子平水中和軒王宅重刊」，則在此本之先矣。予觀所注，皆修煉之言，存於道家可耳。

郭象注莊子十卷《述古目》注「宋板」二字，入《宋板書目》。○鈺案：何焯云項子京家有宋板《莊子》，郭象序改作王霶。「霶」字當與「雱」同，必東京新學盛行時，有爲此射利者。見與其弟煌書。

《晉書·郭象傳》：「象刊本、阮本無「象」字。竊向秀解《莊子》爲己注，乃自注《秋水》、《至樂》二篇。又易《馬蹄》一篇，其餘點定文句而已。」案：晁氏《志》云：「《漢書·志》書本五十二篇，晉向秀、郭象合爲三十三篇，内篇八，外篇十五，雜篇十一。唐世號爲《南華真經》。」鈺案：王祭酒師校云，三十三篇當作三十四篇。予覽陸氏《釋文》，引向注者非一處。疑秀尚有别本行世，時代遼遠，〔補〕胡校本「遠」作「邈」。傳聞異詞，〔補〕胡校本「詞」作「辭」。《晉書》云云恐未必信然也。鈺案：《四庫提要》即據《釋文》證明郭竊向書，點定文句爲有據。斥曾說謂曲爲之解，其文極詳。

成玄英疏莊子二十卷案：《直齋》云三十卷，唐道士西華法師成玄英撰。初隱東海，貞觀五年，召至京師。永徽中，流郁州，不知坐何事。見《唐志》。又晁氏作三十三卷，云本郭象注爲之疏義。玄英字子實，陝州人。李利涉爲之序。○《述古目》注「北宋板」三字，入《宋板書目》。○鈺案：《唐志》作十二卷。楊守敬云宋刊作十卷，與《宋志》合。見《日本訪書志》。

南京解元唐寅藏書，北宋槧本之佳極〔補〕胡校本作「極佳」。者。《通考》云三十三卷。予案端臨《經籍志》，每因篇帖〔補〕阮本、胡校本「帖」均作「帙」。浩繁，無暇取原書覆核，阮本作「校」。〔補〕繆校本云吴校作「核」。鈺案：胡校本亦作「核」。卷數大抵牴牾。學者當原之，莫謂其不足援據也。〔補〕黄丕烈云：「王西沚家有鈔本，爲蕭山人買去。丁丑除夕，聞有湖賈攜殘宋本於吴城求售，止四卷。」○鈺案：《揅經室外集》云此書各家著録卷數不同，今依明《道藏》本鈔出，爲三十五卷。錢曾所藏北宋本，乃當時單行之書也。序文云莊子字子休，生宋國睢陽蒙縣，師長桑公子，受號南華仙人，殆出《真誥》之類，可廣異聞。

徐靈府注文子十二卷題詞本有。○《述古目》作《文子通玄真經》十卷，注「鈔」字。○鈺案：《鄭堂讀書記》載明天啟乙丑楊爾曾刊《文子合注》十二卷，云舊題默希子徐靈府、正儀子朱弁、南谷子杜道堅合注。爲《敏求記》所未載，洵足寶貴。

辛銒刊本、阮本作「妍」。〔補〕胡校本同。○吴騫云《宋濂溪集》作「妍」。亦號計然，文子其字，葵丘〔補〕沈鈔本作「卷丘」。胡校本作「葵丘」。濮刊本誤作「暵」。阮本誤「瞨」。〔補〕題詞本、胡校本亦作「瞨」。上人，老子弟子，范蠡嘗師事之，著書二十篇。天寶中，稱《通玄真經》，鈺案：見《唐・藝文志》注。默希子注而刊本無「而」字。〔補〕題詞本、阮本均有。爲之序。《直齋》云，案《史記・貨殖傳》徐廣注，計然名銒。裴駰曰，計然葵丘濮上人，姓辛氏，字文子。默希子引以爲據。然自班固《漢書》時已疑其依託，況又未必當時本書乎。至以文子爲計然之字，尤不可考信。默希子，唐徐靈府自號也。鈺案：《文子》一書，自北魏以來有李暹、徐靈府、朱元三家注，惟靈府注僅存，見《四庫》著錄杜道堅《文子纘義》提要。《子彙》云：「吴中舊刻僅十餘葉。近得默希子本，刊本脱「本」字。〔補〕題詞本、阮本均有。始覩其全。」不知何故不照原書翻刻，又盡削靈府之注，殊所不解。此是太原祝氏依宋板摹寫者，〔補〕黄丕烈云：「見宋刻本在蔣氏池上草堂。」亦希有之本也。〔補〕蔣鳳藻云：「此本前序惜已失去，今刊予家鐵華館中。」

關尹子闡玄三卷《述古目》作《關尹子》杜道堅注，注「鈔」字。〔補〕《恬裕目》題「元南谷子杜道堅述」。鈺案：《四庫提要》云元大德中有杜道堅注，名曰《闡玄》，今未之見。

關喜鈺案：《經典釋文》載喜字公度。李道謙《終南山祖庭仙真内傳》云終南樓觀爲尹喜故居，則秦人也。見《四庫提要》。著書九篇，始宇鈺案：瞿《目》載明刊本《文始真經》三卷，每卷冠以「關尹子曰」，分一字、二柱、三極、四符、五鑑、六匕、七釜、八籌、九藥九篇。此《記》「宇」字乃「字」字之誤。終藥，以九字爲一書之綱領，凡一百七十章。其曰「闡玄」者，杜道堅述其微意也。道堅，元成宗時人。〔補〕勞權云見《松雪齋集》。鈺案：道堅，當塗人，武康計籌山昇元館道士。注成於大德年間。卷首有《篇目衍義》一通，述九字相承次之意，仿邠卿《孟子篇敘》例爲之，覽者毋忽焉。鈺案：杜道堅之前，尚有《關尹子言外經旨》一書，爲宋陳顯微撰，同時王夷鋟本。見《孳經室外集》。

玄真子外篇三卷入《述古目》，注「鈔」字。○鈺案：《四庫》著錄《玄真子》一卷。《善本志》有明刊本，亦一卷，云右爲《碧虛》、《鸑鷟》、《濤之靈》三卷，如以篇爲卷，與陳振孫時所見相合。故錢遵王著錄《玄真子外篇》三卷是也。此不題「外篇」，不知何時并三卷爲一卷。

張志和，刊本誤作「叔和」。〔補〕阮本不誤。黄丕烈云張秋塘校精鈔本作「志」。唐肅宗時人，自稱煙波釣徒，亦號玄真子。鈺案：《四庫提要》云事蹟具《新唐書·隱逸傳》。沈汾《續仙傳》載其行事甚怪，皆好事家附會。又案：《書錄解題》有云「志和事蹟詳見予所集碑傳」。著書名爲「外篇」，應有内篇失傳於世。案：《唐志》作十二卷，今纔三卷，非全書可知。鈺案：《書錄解題》引《唐志》十二卷。檢《新書·藝文志》，衹二卷，《舊書·經籍志》未見，此説待考。此與《鄧析子》鈺案：《鄧析子》二卷，注「鈔」字，入《述古目》。同册，俱是元人手鈔本。未刊本、阮本作「不」。〔補〕胡校本作「未」。知與新本有異同否。

墨子十五卷《述古目》作三卷。胡校作十三卷。○《述古目》粵雅本作十五卷，注「鈔」字。〔補〕某校云《直齋》云三卷，《漢志》七十一篇，《館閣書目》有十五卷六十一篇者，多訛脱不相聯屬。又二本，止存十三篇者，當是此本也。鈺案：明萬曆辛巳坊本并作六卷，日本寶曆七年重刻。見《訪書志》。

潛溪《諸子辨》云：「《墨子》三卷，戰國時宋大夫墨翟撰。上卷七篇，號曰經。中卷、下卷六篇，號曰論。共十三篇。考之《漢志》七十一篇，《館閣書目》則六十一篇，案：簡莊徵君云下云九篇，則當作六十二。已亡《節用》、《節葬》、《明鬼》、《非樂》、《非儒》等九篇。今書則又亡多矣。」刊本、阮本「矣」下有「潛溪之言如此」六字。予藏弘治己未舊鈔本，卷篇之數恰與其言合。又藏會稽鈕氏世學樓本，鈺案：鈕氏失名，字石溪，黄宗羲《天一閣藏書記》云越中藏書之家，鈕石溪世學樓其著也。共十五卷，七十一篇。内亡《節用》等九篇。蓋所謂《館閣書目》本或即此歟？潛溪博覽典籍，其辨訂不肯聊且命筆，而止題爲三卷，豈猶未見完本歟？案：《直齋》亦作三卷。抑此書兩行於世，而未及是正歟？〔補〕黄丕烈云：「予藏舊鈔本，亦與潛溪所言本卷數合。則當時固兩行於世也。」姑識此以詢藏書家。〔補〕勞權云：「權案潛溪及遵王説均有誤，見畢沅跋。」○蔣鳳藻云：「此書東洋舊刊最善，遠勝畢本。所惜者，近來日本重刊《墨子》，轉祖畢氏經訓堂本，致使舊刊罕覯爲可歎耳。」

陶弘景注鬼谷子三卷 案：《唐志》作二卷。鈺案：《四庫》本一卷，不云陶弘景注。○《述古目》作六卷，注「鈔」字。〔補〕勞權云：「此是舊鈔本，後歸知不足齋，今在清吟閣。」鈺案：入《清吟閣目》。又云：「江都秦氏石研齋初用藏本刊刻，後盧抱經學士得此本校正，屬重刊之。所校殊有漏略。予有蕭山徐北溟先生傳校本，甚精到。」鈺案：北溟名鯤，與編《經籍籑詁》，有校勘名。

鬼谷子無鄉里俗鈺案：「俗」爲「族」之誤。姓名字，戰國時隱居潁川鈺案：《史記正義》作「雒州」。陽城之鬼谷，故以爲號。其《轉丸》、《胠篋》二篇，今亡。貞白曰：「或云即《本經》、《中經》刊本「中經」下有「是」字。〔補〕阮本亦有。也。」此書《唐志》直以爲蘇秦自撰，似誤。鈺案：《提要》云《隋志》稱皇甫謐注，則爲魏晉以來舊書，固無疑也。

淮南子阮本「淮南」下無「子」字。〔補〕胡校本同。**鴻烈解二十一卷**入《述古目》，作二十卷。

《淮南子》善本極少。此從宋刻影摹者。案：簡莊徵君云，此影宋本之殘者，宋芝山曾得之於陶氏五柳居。嘉慶己卯，芬於邑城故籍鋪中得此書殘本一册，係卷一至卷四，影鈔細字，精妙絶倫。每頁後幅邊線中有「述古堂鈔藏」五小字。戚友潘芸樵茂才見而欲得，即以贈之。旋遊京師，歿於旅館，行笈散亡，此册亦歸烏有，不能與宋氏所藏殘册作延津之合矣。**流俗刊作二十卷，**鈺案：《述古目》所録乃二十卷本。《也是園目》所録爲二十一卷本，上有「許慎注」三字。陸心源云，讀《蘇魏公集》及高氏序，應以《原道》、《俶真》、《天文》、《墬形》、《時則》、《覽冥》、《精神》、《本經》、《主術》、《氾論》、《説山》、《説林》、《修務》十三篇定爲高誘注，《謬稱》、《齊俗》、《道應》、《詮言》、《兵略》、《人間》、《泰族》、《要略》八篇定爲許慎注。詳見《儀顧堂集·淮南子高許二注考》。**踳**刊本誤「踏」。〔補〕阮本、胡校本不誤。**駁尤甚，讀者宜辨之。**蕘圃先生云：「予得曹楝亭所藏宋刻本，係細字，亦十二卷。此所影摹者，未知與予所得本同否也。」鈺案：「亦十二卷」四字存疑。〔補〕勞權云《恬裕目》宋本十行，二十字，題「國子監祭酒許慎記」。鈺案：今瞿《目》所著録者，爲宋本、明刊本兩種，並無宋刻十行二十字本。且國子監始於隋代，勞説疑誤。○周星詒云：「復翁藏宋本，後歸藝芸精舍。陳碩甫先生奂爲陳蘭鄰傳校一本。乙丑冬，陳氏出以歸予，爲譚仲修乾沒。」○蔣鳳藻云：「復翁宋刻，今在瞿氏《目》中。」鈺案：瞿《目》未見，説見上。○鈺又案：日本島田翰《古文舊書考》載有明萬曆《道藏》二十八卷本。

高誘注戰國策三十三卷案：簡莊徵君云，此蓋牧翁以二十千得之梁溪安氏者，未幾又得一本於梁溪高氏，紙墨精好，此本遂居第二。近時雅雨堂刻者，乃虞山陸敕先舊藏安高二家本合勘者也。○題詞本有。○《述古目》注「宋本影鈔」四字。

吴澂〔補〕勞權云：嚴修能云當是吴師道。鈺案：師道有《戰國策校注》，自序撮舉鮑彪注之謬者凡十九條，此下《東西周辨》即其一也。而其説實本吴草廬。修能未知所出，勞氏亦失於糾正。《東西周辨》曰：「周三十六王，前十有二王都鎬京，中十有三王都王城。王城對鎬京，則鎬京在西，而王城在東，其東西之相望也遠。季十王都成周，赧一〔補〕刊本無「一」字。題詞本、阮本、胡校本均有。王都王城，王城對成周，則成周在東，而王城在西，其東西之相距也近。一王城也，昔以東周稱，今以西周稱。夫周末東西之分，因武、惠二公各居一都而名。刊本、阮本誤作「各」。〔補〕題詞本、胡校本作「名」，不誤。王則或東或西，東西刊本缺「東西」二字。〔補〕阮本、胡校本不缺。之名繫乎公，不繫乎王也。邵子《經世書》紀赧王爲西周君，與東周惠公並，而西周公無聞焉。則直以西爲王，東爲公矣。知東之有公，而不知西之亦有公也。知王之在西，而不知赧以前之王固在東也。《戰國策》編題首東周，次西周，豈無意哉。近有縉雲刊本誤作「澐」。〔補〕題詞本、阮本、胡校本均不誤。鮑彪注謂：『西周正統而〔補〕題詞本、阮本無「而」字。不應後於東周，升之爲首卷。於西著王世次，於東著公世次。』蓋因邵子而誤者。」案：《汲古閣書目》云《戰國策》三本，從絳雲樓北宋本影寫，乃高誘注，與世行鮑彪注大不同。鮑注西周起，此東周起，此東西者乃東遷後之東西也。其中如今日不兩，明日不兩，方與蚌字叶韻，蚌不開口則合而爲一矣，故云兩謂開口也。今作「雨」，謬甚。他如此類甚多，良可寶也。嗟乎，文正一代大儒，其辨援據詳洽，問學淵源。〔補〕刊本同。題詞本、阮本「源」均作「深」。惜高誘注亡來已久，鈺案：《四庫》著錄即影宋三十三卷本。《提要》考爲二卷至四卷、六卷至十卷，皆有誘注。遵王此語未諦，且與此條標目矛盾。舉世夢夢，無從是正鮑氏之訛。予初購此書於絳雲樓，乃剡川姚宏鈺案：宏字令聲，爲删定官，忤秦檜，死大理獄。見吴師道跋。校阮本作「較」。〔補〕題詞本、胡校本均作「校」。定宋槧本，案《竹汀日記》云：「讀蕘圃新刊本、剡川姚氏本《戰國策》，有紹興丙寅中秋剡川姚宏伯聲題，又臣朴校定，下接孫元忠，知元忠即朴之字。」○黄蕘圃云：「剡川姚氏本三十三卷，每半葉十一行，行二十字。其注之所校又雙行，分系於注下，所謂注中有注也。癸亥年予影摹重刊。」又云：「桐鄉金雲莊主政家有宋刻本，今歸予家。」○吴志忠云：「先祖樂意軒藏書中有影宋剡川本，與黄氏刻本別出，有錢楚殷印記。今思適居士有跋附後。」鈺案：志忠字有堂，其祖名企晉，與定宇、竹汀諸先生齊名。影宋《國策》，顧千里集中有爲有堂藏本跋語可證。楚殷名沅，遵王長孫。○蔣鳳藻云：「阮文達曾得宋刻本，後入杭州汪氏。」○鈺案：蔣說阮氏所得宋刻，不知是否剡川姚氏本，錄以待考。得之如獲拱璧。即以傳示同人，共相繕寫，然非草廬之辨，互爲證明，學人是今非古，焉知鮑注殽亂如此。予故備著文正之言，以俟好古敏以求之者。

鮑彪注戰國策十卷題詞本有。〇入《述古目》。

鮑彪鈺案：彪字文虎，官尚書郎。此注成於紹興丁卯，序中不及姚本，蓋二人同時。宏又忤秦檜死，其書未盛行也。見《四庫提要》。注此書，四易稿乃成，其用心可謂專刊本作「甚」。〔補〕胡校本作「專」。勤矣。而開卷之端，不免謬誤，反譏高氏注爲疏略，何也？〔補〕胡校本「也」作「耶」。題詞本此下尚有「此本紹興辛亥括蒼王信刊於會稽郡齋」十六字。鈺案：《天祿目》所載即此本。瞿《目》亦載之。瞿氏又有元至正乙巳重校勘本。〇周星詒云：「星詒家有元刻本。」蔣鳳藻云：「係元刊明印，今已歸予。」〇鈺又案：黄丕烈《影刊剡川姚氏戰國策札記序》略云，鮑氏率意改竄，謬妄不待言。雅雨堂據陸敕先鈔校姚本刊行，反從鮑本改入姚本中，是爲厚誣古人。

雜家

世說新語三卷案：晁氏《志》作十卷。趙氏《附志》作三卷，云：「《讀書志》引《唐·藝文志》及《崇文總目》，有十卷、八卷之疑。又云一本最詳，一本殊略，未知孰爲正。希弁所藏本，有紹興八年董弅題其後曰：『右《世說》三十六篇，世所傳釐爲十卷，或作四十五篇，而末卷但重出前九卷中所載。

予家舊本蓋得之王原叔家，後得晏元獻公手自校本，盡去重複，其注亦小加翦裁，最爲善本云。』」○題詞本有。○入《述古目》。〔補〕勞權云絳雲樓有宋刻三冊。

宋刻《世說》三卷，刊本「三卷」二字作「新語」二字。〔補〕題詞本、阮本、胡校本均作「三卷」。劉辰翁批點刊行，元板分爲八卷。間嘗論之，晉人崇尚清談，臨川王變史家爲說家，撮略一代人〔補〕胡校本「人」作「文」。物於清言之中，使千載而下如聞謦欬，如覩鬚眉。孔平仲依仿而爲《續世說》，鈺案：《續世說》十二卷，據宋沅州刻本傳寫。見《揅經室外集》。此真東家之矉矣。又嘗論之，說詩至嚴滄浪而詩亡，論文至劉須溪而文喪。此書經須溪殽亂卷帙，妄爲批點，殆將喪斯文之一端也歟。鈺案：辰翁字會孟，廬陵人。須溪，其所居地名。《四庫》輯《永樂大典》，釐其集爲十卷。《提要》云辰翁宋亡不出，嘗以對策忤賈似道，幾爲所中。其文章亦見重於世。論詩評文往往意取尖新，太傷佻巧。其所批點如《杜甫集》、《世說新語》及《班馬異同》等書，大率破碎纖仄，無裨來學。又王士禎《香祖筆記》云《續文獻通考》載劉辰翁《須溪集》一百卷，今所傳惟《記略》二卷及批點老、莊、列、班馬、《世說》、摩詰、子美、長吉、子瞻詩九種。又張宗柟云，須溪評點尚有王荆公、韋左司集，較《提要》所舉爲詳。

趙璘因話錄六卷題詞本有。○《述古目》注「鈔」字。〔補〕黃錄《採遺》云，唐衢州刺史趙璘撰。大中時人，書多記唐末逸事。又云：「予家藏有毛鈔本。」○勞權云此書見《恬裕目》，係舊鈔本。卷分宮、商、角、徵、羽。宮爲君，朝廷及宮闈事入之。商爲臣，王公至有秩以上入之。角爲民，不仕者入之。徵爲事，不爲〔補〕胡校本「爲」作「論」。其人其物而概說者〔補〕胡校本去「說者」二字。入之。羽爲物，瑣雜不專其人其事者入之。璘爲水部員外郎，鈺案：璘字澤章，開成三年進士及第，官至衢州刺史。並見本書及《唐書·藝文志》。明商濬刻入《稗海》，題爲「員外郎」，未知所據。見《四庫提要》。紀載玄宗至宣宗時事甚核。

李上交近事會元五卷題詞本有。○《述古目》注「鈔」字。

上交鈺案：宋贊皇人。見《四庫提要》。退寓鍾〔補〕某校本作「鐘」。陵，尋近史及小說雜記之類鈺案：《提要》云所記皆關典制，在崔豹《古今注》、高承《事物紀原》之間。陳振孫《書錄解題》云雜務細事皆載之。故遵王沿其誤。凡五百事，釐爲五卷，目曰《近事會元》。《唐史》所失記者，鈺案：《書錄解題》云自唐武德至周顯德。遵王所指亦未盡。此多載焉。鈺案：《四庫》及瞿《目》皆有萬曆壬午夏五元素齋錄本，此《記》、《述古目》注「鈔本」，當同一本也。

陶穀清異錄四卷案：《直齋》作二卷。**補遺一卷**此書《述古目》未錄，下至《玉照新志》共十七條皆同。鈺案：管氏所云十七條，見粤雅本者，凡十四條。今仍逐條注明。○《直齋》云其書殆似《雲仙散錄》，不類國初人。蓋假託也。鈺案：《雲仙散錄》爲王銍僞作，見張邦基《墨莊漫錄》。《四庫》所著錄《雲仙雜記》十卷，係後人改名。明葉盛菉竹堂有刊本。○入《述古目》，作十卷。

至正二十五年，華亭孫道明借果育齋本手錄。鈺案：道明字明叔，居泗涇。見《松江府志》。手鈔書甚多。詳下《自號錄》條下。二十六年，又得常清刊本、阮本誤作「清常」。靜〔補〕胡校本「靜」作「淨」。齋藏本讐校，正譌易舛，不下三四百字。復補足喪葬、鬼、神、妖四類及天類一則，魚類三則，始爲全書矣。鈺案：《持靜目》有二卷本，云姚咨手鈔，即《敏求記》所載本。此《記》乃孫道明寫本，《持靜目》誤。又案：《四庫》著錄亦二卷本。

茅亭客話十卷《讀書志》云：「茆亭其所居也。暇日賓客話言及虚無變化、謠俗卜筮，雖異端而合道旨屬勸懲者皆錄之。」○《述古目》注「宋板」二字，入《宋板書目》。〔補〕黄丕烈云：「癸亥秋，予得宋刻本。」○蔣鳳藻云：「在滬曾得吴枚菴手鈔宋本，跋云借自蕘翁家，意即此本所自出與？」○鈺案：《結一目》亦有影寫本。

江夏黄休復集。多紀西蜀事。案：《直齋》云休復又有《成都名畫記》。鈺案：聚珍本作《益州名畫錄》三卷。元祐癸酉，西平清真子石京爲後序，募工鏤板以廣其傳。此則太廟前

尹家書籍鋪刊刊本無「刊」字。〔補〕阮本有。**行本也。**

邵氏聞見錄二十卷原注有「陸其清家有宋人鈔本」九字，刊本脫去，阮本同。鈺案：「原注」二字，管氏似指爲遵王手筆。按遵王收書在順治、康熙年間，其清收書則在康熙季年，是否爲遵王自注，俟考。又案：嚴元照有元天曆元年鈔本，云《津逮祕書》本中脫四番，遂并兩條首尾爲一，而自撰數語以聯綴之，其妄如此。又顏之曰《前錄》，亦謬。《悔菴學文》有跋詳之。○《述古目》注「鈔」字。

伯溫爲童子時，侍康節先生，得盡閱天下士。垂老著其所聞見於篇，鈺案：書成紹興二年。其子博爲次第之，以傳於世。〔補〕周星詒云藏有何仲子傳校陸其清本。○蔣鳳藻云：「何校在汲古閣刊本上，此書今已歸予。」又云：「陸其清名漻，蓋隱於醫者。吳縣人，生平手自鈔書三萬卷，有《佳趣堂藏書目》，原本今藏予家。其清嘗得文竹塢舊藏《玉山草堂詩》元刊本，同時若朱竹垞、曹秋岳、何義門、何仲子輩往來甚密，蓋皆以祕笈善本互相借鈔者也。」鈺案：蔣云手鈔三萬卷，恐無此理。《佳趣堂書目》，康熙五十六年自序，序中亦無全出手鈔之說。

邵氏聞見後錄二十卷阮本作三十卷。○《述古目》注「鈔」字。〔補〕繆本錄管校云，簡莊徵君云阮本三十卷，「三」字誤。《文獻通考》亦作一十卷。鈺案：《四庫》本三十卷。士禮居藏兩舊本皆三十卷。

予既繕寫伯溫《聞見錄》，又購得邵博《後錄》舊鈔本，曾經前輩勘對疑誤。惜乎前書無善本一校爲憾耳。鈺案：《善本志》有明汲古閣寫本三十卷，前有紹興二十七年三月邵博自序。遵王所稱舊鈔，當出一源。

默記一卷 刊本作「一本」。〇題詞本有，作一卷。〇《述古目》作王性之《嘿記》十卷，注「鈔」字。鈺案：「十」字疑「一」字之誤。

《默記》爲王銍性之撰。其所載事多耳目未及。如玄宗腦骨爲玉髑髏，及肅宗之震刊本無「震」字。〔補〕阮本、胡校本有。死如武乙，僅見此書。此從舊本錄出，〔補〕勞權云知不足齋所刊即據此本。較世行類書中刻者多大半，鈺案：遵王係指《藝圃搜奇》、《古今說海》中各刻本。非讎勘莫知也。〔補〕黃丕烈云：「甲申夏見此本於式飲堂顧氏，後歸諸小山。予家有穴研齋鈔本。」〇周星詒云：「穴研齋鈔本藏陳氏帶經堂，丁卯秋歸予，凡十一種，皆佳本也，宜蕘翁一再稱之。」〇蔣鳳藻云：「穴研齋本今已歸予。穴研齋似是國初賴姓，江南人也。」〇鈺案：葉昌熾《藏書紀事詩》記蔣香生述周季貺之言曰：「穴研齋裝潢精美，似國初旗人之風雅好事者，或出自明相國家。」與上說不合。知均推測之詞。

冷齋夜話十卷案：《通考》作六卷。鈺案：《宋志》作十三卷。○題詞本有。○見《也是園目》。

釋慧洪一本作「惠洪」。鈺案：《四庫》本作「惠洪」。《提要》云一名德洪，本彭氏子，於淵材爲叔姪。**覺範集。此書大都一時人之詩話爲多。雷轟薦福碑事見第六卷。洪本筠州高安人，**鈺案：淵材，宜豐人。洪爲筠州高安人。筠州，今瑞州府，高安屬之。宜豐，今瑞州府新昌縣治。**韓子蒼作《寂音尊者塔銘》，**鈺案：《石門文字禪》有寂音自序一篇，述其平生出處甚悉。錢謙益編，明密藏禪師撰《藏逸經目》有《法華經合論》、《楞嚴論》、《僧寶傳智證》、《傳林間錄》諸書，皆寂音尊者作。**即其人也。**案：晁氏《志》云惠洪喜游公卿之門，後坐事配隸嶺表。

捫蝨刊本作「虱」，下同。**新話十五卷**《述古目》注「鈔」字。〔補〕勞權云《絳雲目》上有「潮溪先生」四字。

《捫蝨新話》，吾家所藏有二。一是宋鈔本，不分卷。帙末有羅源、陳善子兼鈺案：明徐𤊹《紅雨樓題跋》云善登紹興庚辰梁克家榜進士，官終太學錄。郡縣志無傳，《捫蝨新話》亦未著錄。跋云：「丙寅歲，予由海道將抵行在所，遇颶〔補〕繆本「颶」作「颺」。風，船壞，盡失平日所業文字。既而於知友間刊本「間」作「處」。〔補〕阮本、胡校本、繆本均作「間」。得所著《捫蝨新話》，因加刊削，得一百則。時紹興己巳正月二十一日也。」此本墨渝紙敝，刊本、阮本作「墨敝紙渝」。古香馣馤，或者疑爲子兼稿草。鈺案：黄丕烈云，戊辰秋見一舊鈔本於濂溪坊蔣氏，當即此《記》所云之宋鈔本，今歸壽松堂蔣氏。又張學仁有手鈔宋寫本，黄丕烈傳校一本，見黄跋。一是影摹宋刻本，標題云「朝鈺案：應作「潮」。溪先生捫蝨新話」，釐爲十五卷，不列子兼名氏，〔補〕胡校本作「氏名」。并脱跋語。鈺案：《四庫存目》十五卷本，實有自跋。遵王所見之本偶脱末葉耳。二者未知孰爲定本，姑兩存之，以備參考可耳。

文瑩玉壺野史十卷案：晁《志》作《玉壺清話》。鈺案：《宋志》同。○《述古目》注「鈔」字。〔補〕勞權云《絳雲目》作《野史》，無卷册數。鈺案：皕宋樓有吴翌鳳校本，云前明止傳五卷，吴人吴岫訪得後五卷，乃成完書。

沙門文瑩玉壺隱居之筆，成於元豐戊子。鈺案：《四庫提要》云自序有云，收國初至熙寧間文集數千卷，其間神道、墓志、行狀、實録、奏議之類，輯其事成一家。蓋與所著《湘山野録》相輔而行。本作《玉壺清話》，元人《南溪詩話》已引爲《玉壺野史》，則其來久矣。稗官家罕見刻此書。是本行間脱誤字，牧翁一一補録完。蓋居榮木樓時手校本〔補〕胡校本「本」作「定」。也。〔補〕周星詒云：「丙寅年，見吴繡谷藏寫本，有手跋四行。星詒家藏者，則爲貞節堂舊藏紅豆山房寫本。」○蔣鳳藻云：「紅豆山房惠定宇鈔本，今歸予藏。」

湘山野錄鈺案：《四庫提要》云作於荆州之金鑾寺，故此書以湘山爲名。**三卷續錄一卷**刊本作二卷。案晁氏《志》不分續錄，僅云四卷。○題詞本有。○《述古目》注「鈔」字，續錄作二卷。鈺案：阮本亦作二卷。胡校本、勞校本均作三卷。

成化間尹直鈺案：直字正言，泰和人。等奉敕編纂《宋元通鑑》，鈺案：見《明史》直傳。所編者爲《續宋元資治通鑑綱目》二十七卷，入《明志》。辨宋太祖、太宗傳禪之誤，蓋自李燾刪潤《湘山野錄》啟之。并載《野錄》謂：「太祖、太宗對飲〔補〕刊本無「飲」字。題詞本、阮本、胡校均有。燭影下，刊本作「不」。〔補〕題詞本、阮本、胡校本均作「下」。時見太宗有不可勝之狀。」而燾改「不可勝」爲「遜避」。「太祖戳雪刊本作「地」。〔補〕題詞本、阮本均作「雪」。顧太宗曰：『好做，好做。』」而燾改「戳雪」爲「戳地」，「好做」爲以上十九字刊本缺。〔補〕題詞本、阮本均有。「好爲之」，又加「大聲」二字。遂不免有畫蛇添足之病。今檢此事刊本、阮本作「書」。〔補〕胡校本作「事」。在《續錄》，刊本、阮本「錄」下有「上卷」二字。字句恰好相刊本、阮本無「相」字。〔補〕題詞本、胡校本均有。符合，知蹇齋鈺案：蹇齋，直別字。有《蹇齋瑣綴錄》八卷，見《也是園目》。所見者亦宋刻也。案：簡莊徵君云蕘圃藏有宋刻元人補鈔本。黃云釋文瑩《重雕改正湘山野錄》三卷，續一卷，每半葉九行，每行二十字。〔補〕周星詒云，見明鈔本在帶經堂。○鈺案：此錄文瑩作於熙寧中，《玉壺清話》作於元豐中，此《記》次序應先後互易。刊本、阮本皆誤，管校亦未糾正，今姑仍之。

碧雞漫志五卷題詞本有。○《述古目》注「鈔」字。○鈺案：此條管本未見，知已照阮本入卷四詞類，今仍刊本原次。說見卷一《經疑問對》條下。管本卷四已佚，說見卷四之卷首。又管本已列入卷四，故此條亦不在《清異錄》下管校所記「《述古目》未錄，下至《玉照新志》共十七條皆同」之内。

王灼晦叔，客寄成都碧雞坊之妙勝院，追記詞曲所由起，作爲此志。〔補〕題詞本、阮本、胡校本「志」均作「書」。予暇〔補〕題詞本作「假」。日輯《詞目》一卷，自十六字鈺案：應以十四字之《竹枝》起，不應以《十六字令》起。至二百四十字止，調凡八百餘。沿波討源，自謂差勝於《花草粹編》等書。鈺案：《花草粹編》二十二卷，明陳耀文編。因《花間集》、《草堂詩餘》而起，故各采一字名書。惜乎詞學失傳，末由考調之何自而名，視此書有餘愧耳。〔補〕吴騫云：「予所藏《碧雞漫志》祇一册，不分卷，末有王漁洋跋，云此卷考核援據最詳，雅可與段安節《樂府雜錄》並傳爲詞林佳話。然則池北書庫本亦如此。乾隆甲午，於書局見趙氏小山堂舊鈔本，亦同。究不知五卷視此本多寡若何，當更訪之。」○蔣鳳藻云：「予有文湖州手鈔本。」鈺案：蔣說「湖州」必「和州」之誤。明文嘉官和州學正，有《和州集》，故後人以文和州稱之。文與可曾守湖州，有文湖州之目，決非寫此書者。

羅壁識遺鈺案：《四庫提要》云壁字子蒼，自號默耕，成書在宋亡以後。**十**〔補〕刊本「十」誤「四」。**卷**見《也是園目》。〔補〕黄丕烈云：「此書予得於海鹽友人李作梅處，即所謂雁里草堂舊寫本。」又云：「癸酉夏，見錢述古藏鈔本首二卷，當即此《記》所載本也。」

潛溪《孔子生卒歲月辨》：「《公羊》云魯襄公二十一年冬十有一月庚子，孔子生。《穀梁》年與日同，而謂冬十月孔子生，與《公羊》實差一月。司馬遷《世家》云孔子生於襄公二十二年，與《公》、《穀》實差一歲，日與《公羊》同，而月復與《穀梁》異。杜預主司馬以注《左傳》。司馬貞主《公》、《穀》以證《史記》。馮去疾造爲調人之言，以曆法積之，謂刊本、阮本謂下有「之」字。三者皆非誤。鈺案：朱彝尊《經義考》云馮氏去疾《四書定本》佚。《姓譜》：去疾，宋理宗時知興國軍。潛溪曰《公》、《穀》爲傳經之家，當有講師以次相授，且去孔子時甚近，其言必有依據。司馬遷雖良史，後於《公》、《穀》。孔子所生之年，當從公羊、穀梁氏。然以《春秋長曆》考之，二十一年己酉十一月無庚子，庚子乃刊本、阮本「乃」下有「在」字。十月之二十一日，孔子所生月當從穀梁氏。其卒之時，左氏云魯哀公十六年夏四月己丑，孔子卒。司馬遷遵之，諸儒又從而遵之。孔子所卒之年，當從左氏。然十六年乃壬戌歲，是歲四月戊申朔有乙丑而無己丑。己與乙文相近，故誤書也。」潛溪一代醇儒，學識度越前人，故其辨精鑿一本作「鑒」。如此。今觀子蒼所記《孔子生年》云：「《五行書》謂孔子生庚戌刊本以下缺。〔補〕阮本有。年二月二十三庚子日甲申時。考庚戌以上十五字，從足本補。〔補〕胡校本同。乃魯襄公〔補〕刊本、阮本無「公」字。二十二年，周靈王二十一年，與《公》、《穀》年月俱差。信《五行書》固不若信《公》、《穀》。」又云：「杜預《長曆》魯襄二十一年庚戌歲十一月無庚子，《左傳》書孔子壬戌夏四月己丑卒，四月無己丑，有乙丑。然《孔子家刊本、阮本「家」作「氏」。譜》、〔補〕某校本云《孔子氏譜》，《識遺》作《孔子家譜》。《祖庭廣記》俱云『魯襄二十二年十月二十七日庚子，孔子生』，案：《路史》辨孔子生日，亦據《氏譜》及《廣記》，以周正十月爲今之八月，定著八月二十七日爲孔子生日。又案：丘臥堂《燕居祕集》引《祖庭廣記》則云周靈王之十九年，實魯襄公之二十年戊申也。明年己酉冬十月乙亥庚辰朔，越二十一日庚子甲申，時孔子生。與此所引之說又異。與《公羊》、《穀梁》、《五行書》俱差，不知又何所本乎？刊本無「乎」字。〔補〕阮本亦無。某氏校云「乎」字，從《識遺》補。子蒼之討論，亦以《公》、《穀》、《左氏》爲歸，其旨適與潛溪合。予故撮略其言，俾通人參互觀之，知儒生立千載下，據先正遺文訂諸家之牴牾，展卷曉然，得考見聖人之生卒歲月，一何刊本「何」下有「其」字。〔補〕阮本同。幸與。方山吴岫題此書云：「考據精，論斷審。」即此一則觀之，可概其餘矣。鈺案：吴岫本陳簡莊從五硯樓藏本傳校。見《拜經樓書目》。

能改齋漫錄十八卷案：《直齋》作十三卷。趙氏《附志》云二十卷。○《汲古閣書目》云《能改齋漫錄》十六本，此書從内閣宋本鈔出。内閣本原缺第二卷，今焦弱侯先生藏本完全者，以第一卷後半僞作第二卷，當以此本爲正。鈺案：《四庫提要》云明人從祕閣鈔出，原闕首尾二卷，焦竑家傳寫之本，以第一卷、第十七卷各分爲二，以足其數。較《汲古目》説爲核。○簡莊徵君云今所傳鈔本十八卷，後又增沿襲一卷，實十九卷。鈺案：一本「今所傳」上尚有「以文所校者，缺談諧、戲謔二門，豈因當日聚訟而去之耶」二十二字。○見《也是園目》。

端臨《經籍志》云：「《漫錄》十三卷，太常寺主簿臨川吴曾虎臣撰。」案：《附志》云虎臣嘗主奉常簿，爲玉牒檢討官，終於吏部郎。其卷數與此剌繆，阮本作「謬」。〔補〕刊本同。何耶？《漁洋書跋》云：「《能改齋漫錄》，宋臨川吴曾虎臣著，十五卷。京鏜愛其書，始板行。虞山錢公注杜詩多引之。」鈺案：京鏜刊此書事，漁洋係據盛如梓《恕齋叢談》，見《提要》。惟如梓本書作「庶齋」，不知《提要》何本。

鐵圍山叢談六卷案：《直齋》作五卷。○題詞本有。○《述古目》注「鈔」字。〔補〕黄錄《採遺》云宋都尉蔡絛撰。絛，京子也。此乃謫鬱林時所作。

蔡絛〔補〕一本誤作「條」。《鐵圍山叢談》，類書中刊行者止十之二。鈺案：淡生堂《餘苑》本三卷，《古今説海》本一卷，當即遵王所指者。此則嘉靖庚戌雁里草堂舊寫本也。〔補〕黄丕烈云：「此書予得於海鹽友人李作梅處。」〇勞權云：「此本亦多誤謬。知不足齋用別本參校。」〇周星詒云：「星詒藏繡谷寫校本，有手跋。」〇蔣鳳藻云：「繡谷本今在心矩齋中。」

朱弁曲洧舊聞十卷案：《直齋》作一卷。〇簡莊徵君云，是書曾藏海鹽黃椒升家。〇題詞本有。〇《述古目》注「鈔」字。〔補〕黃丕烈云：「此本予得諸海鹽黃椒升處。」又云：「予家有書棚鈔本。」鈺案：《四庫》著錄係影宋本，每卷末均有「臨安府太廟前尹家書籍鋪刊」字，知影鈔不止一帙。〇勞權云此書見《恬裕目》，係舊鈔本。

少章刊本作「張」，今從錢校。〔補〕阮本亦作「張」。黃丕烈云張秋塘校「張」爲「章」之誤。鈺案：少章爲朱子從父，事蹟見《宋史》本傳。**拘留北庭甚久，紹興癸亥**鈺案：少章以建炎元年丁未奉使至癸亥，凡十七年。**南歸。秦檜惡其直言，奏以初補官易宣教郎，直祕閣而卒。讀此爲之扼腕浩歎。**

張端義鈺案：端義字正夫，自號荃翁，鄭州人，居蘇州。見《四庫提要》。**貴耳三集**鈺案：本書自序云，成於淳祐元年，本著《短長錄》一帙，爲婦所火，因追舊事記之。見同上。**三卷**題詞本有。〇《述古目》注「鈔」字。〔補〕黃丕烈云精校本。

《三集》鈺案：《述古目》三集各一卷。載道君北狩，金人凡有賜賚，必索一謝表，鈺案：有建炎四年，謝金國以女六人爲宗室次婦，謝賜縑絹，謝優予館伴；紹興元年，謝賜時服四表，見無名氏《呻吟語》。勒成一帙，刊諸榷場中。傳刊本、阮本作「博」，今從吴校。鈺案：博易見《宋史·龜茲國傳》。傳易不可通，管從吴校，似誤。易更有《李師師小傳》，同行於時。鈺案：錢功甫有此書，見遵王《藏書目》後序。不知南渡君臣覽之，何以爲情？吁，可哀也。〔補〕黄丕烈云：「予有舊本，又有校本。」○周星詒云：「嚴長明歸求草堂藏茶夢菴手錄本，今歸詒家。」○蔣鳳藻云：「茶夢菴本，今在心矩齋。」

徐度卻埽編三卷《述古目》注「鈔」字。

是册原書爲王百穀家藏宋刻，後歸牧翁，亦付之絳雲一燼中矣。鈺案：《絳雲目》未載。存此摹本，猶有中郎虎賁之想。〔補〕黄丕烈云，平湖錢夢廬家藏有宋本，曾假校於毛刻本。鈺案：陳鱣又據黄校本傳校照曠閣本，云照曠本多嘉泰壬戌邵康一跋。見簡莊《文鈔續編》。度字中立，刊本作「仲立」，阮本同。趙氏《附志》云，中立，丞相處仁之子，《直齋》作「敦立」。鈺案：《四庫提要》亦作「敦立」。紹興吏部侍郎。不能苟合於時，讀書卞山之陽，紀其平日聞見。時方杜門卻埽，即以名其編云。《漁洋書跋》云：「宋代官制淆亂難稽，徐度專詳累朝官制沿革異同之故，有用之書也。」

張世南案：《直齋》作「士南」。〔補〕阮本同作「世」。○鈺案：士南字光叔，鄱陽人。見《四庫提要》。**游宦紀聞**鈺案：士南官閩中，多記永福縣事，見同上。**十卷**《述古目》注「鈔」字，上有「張師正」三字。○鈺案：此《記》二本皆鈔本，不知《目》所著錄者爲何本。士南作師正，存考。

影宋本舊鈔，乃停雲館藏書，有衡山先生圖記。〔補〕黃丕烈云得影宋鈔本，每卷尾有唐伯虎題字，又有「玉蘭堂」、「竹塢」圖記，未知果爲衡山先生故物否也，後歸諸藝芸精舍。○勞權云道光丁未，得下帙後五卷於書肆，十行十八字，前有白文「文徵明印」、「衡山」二方印。又有「虞山錢曾遵王藏書」朱文長印。卷十末有「枝指生葉祖仁讀書記」白文方印、「宋少保石林公二十一世孫裕」白文方印。有紹定壬辰中冬前一日，忠定後人李發先跋。○蔣鳳藻云：「案錢氏所藏影宋本，每卷後有唐伯虎標題，卷首有文竹塢、季滄葦等諸家藏印累累。卷後蕘翁又有手跋。今歸予家。得諸上海郁氏。」**別一本**〔補〕胡校本「本」作「卷」。**爲秦西巖手錄，**〔補〕黃丕烈云此本以張檜谷鈔本、陳抱沖宋板參校。鈺案：西巖有《穆天子傳》、《極玄集》手鈔本，入瞿《目》。**行草絕佳，宜爲書家**刊本作「當時」。〔補〕阮本作「書家」。**之所重也。**〔補〕黃丕烈云此別一本。今顧抱沖得自華陽橋顧氏，行草絕佳，信然。又云己卯秋日，從小讀書堆得之。○周星詒云：「士禮居藏秦西巖手鈔本，今歸予家。」○蔣鳳藻云：「予得周氏諸書，惟此秦酉巖手鈔原本未來。然予已得《敏求記》中影宋本矣。今黄蕘翁所刊毛氏《祕本書目》、《季滄葦書目》所載，蓋皆收録影宋本也。然予失之於此，得之於彼，差強人意，因一再記之。」

玉照新志五卷題詞本有。○《述古目》注「鈔本」，作十卷。《也是園目》作五卷，疑《述古目》有誤。

王明清鈺案：明清字仲言，汝陰人，慶元中寓嘉興。見《四庫全書·揮麈録》下提要。**得一玉照於永嘉鮑子正，又獲米南宫書「玉照」二字，揭之寓舍，因名其所著書曰《玉照新志》。李元叔長民上《廣汴都賦》於裕陵，由此進用。**鈺案：陸心源云見《繫年要錄》。又案：賦序云，元豐中，太學生周邦彥嘗草《汴都賦》，記述未備，因改前賦而推廣焉。**其全篇備載於此，**鈺案：曾布、馮燕《水調歌頭·排遍》七章，爲詞譜之所未載，足見宋時大曲之式，亦見此書。見《提要》。**他書未之見也。**〔補〕黄丕烈云：「此書予家藏一本，係秦酉巖、吴方山兩先生合鈔本。」○周星詒云：「復翁藏本今入予家。」○蔣鳳藻云：「蕘翁舊藏，今自周季翁歸予。蓋秦、吴兩先生手鈔殘本湊合成書，亦奇緣也。」

學齋佔畢四卷見《也是園目》。

唐末進士張曙宴巴州郡樓，坐中作《擊甌賦》極精工，樓以此顯名，後人遂命之曰「擊甌」，而此賦獨不傳。鈺案：擊甌者爲馬處士，見曙《擊甌樓賦序》。王象之《輿地紀勝》載擊甌樓，云在郡治綠淨亭東，張曙有賦并序。唐人尚擊甌之技，見《樂府雜錄》。《溫庭筠集》有郭處士《擊甌歌》。《英華》、《文粹》俱失載，今全錄於此。警句如「董雙成青璅鸞饑，啄開蛛胡校本作「珠」。〔補〕阮本作「蛛」。網；穆天子紅纏馬解，踏破瓊田。」非唐後人所能道。曙又有《鄂郊賦》，敘長安亂離，亦《哀江南》、《悲甘陵》之比，今不可得見矣。鈺案：「警句」以下云云，遵王全錄《北夢瑣言》文。郭囦曰學齋先生學紫陽者，鈺案：此書爲史繩祖撰。繩祖字慶長，眉山人。是書亦孫奕《示兒編》之亞。嘗受業魏了翁之門，《鶴山集》中有題其《孝經》一篇。見《四庫提要》。紫陽之誨人曰：「學問思辨四字，〔補〕刊本「字」作「者」。皆所以窮理。」先生此書，蓋庶幾近之矣。〔補〕周星詒云：「黃復翁藏周香巖家宋刻殘本，今在予家。」鈺案：黃丕烈藏宋殘本有跋，已刻入《蕘圃藏書題識》。

張舜民鈺案：舜民字芸叟，自號浮休居士，坐元祐黨籍。見《四庫提要》。**畫墁錄**鈺案：陳、馬兩家「錄」字作「集」。按芸叟詩文名《畫墁集》，此編自當作「錄」爲是。見《鄭堂讀書記》。**一卷**見《也是園目》。

己卯鈺案：康熙三十八年。立夏日録完，隨校刊本作「復」。〔補〕阮本、胡校本作「校」。一過。新刻鈺案：明萬曆商濬《稗海》有刻本。遵王當即指此。顛倒譌謬，不足存也。〔補〕周星詒云：「帶經堂陳氏有《畫墁集》一百卷，屢借不出，真異書也。」鈺案：《帶經目》有影宋殘本二十九卷，非晁《志》所録之張浮休《畫墁集》百卷本，周説殆傳聞之誤。〇蔣鳳藻云：「陳氏帶經堂者，即《鐵橋漫稿·北堂書鈔跋》謂歸安令三山陳澂之者是也。江浙間宋元名槧舊鈔祕本收藏甚夥，同時尚有溫陵張氏，歷官江寧道府，收藏亦富〔三〕。」鈺案：帶經堂主人名徵芝，閩縣人，嘉慶七年進士，官浙江知縣。溫陵張氏當即張鞠園太守祥雲，晉江人，乾隆五十二年進士。葉昌熾《藏書紀事詩》記太守藏書多歸蔣氏心矩齋。

雲煙過眼録一卷案：原本脱「一卷」二字。〇題詞本有。〇《述古目》注「鈔」字。〇鈺案：《四庫》本四卷，續一卷。嚴元照鈔丁敬本作二卷，後有別録二卷。見《悔菴學文》。

周公謹《雲煙過眼録》，隆慶三年秋八月，周日東從至正二十年刊本作「廿年」。夏頤手鈔本鈺案：此書藏有劉履芬影寫本，手鈔之人正作夏頤。葉昌熾曾以鄭元祐停雲軒記松江夏頤貞事，謂《學津討原》跋《封氏聞見記》之夏庭芝，疑即頤貞，而脱「貞」字。考夏頤有《東園友聞》一書，入錢大昕補《元志》。證以此録後記，亦無「貞」字，知葉説未諦也。重書一過，字畫端楷。且與居士貞、刊本脱「貞」字。〔補〕題詞本、阮本、胡校本均不脱。鈺案：士貞名節，吳人，文徵明弟子。錢叔寶諸公友善，共相摹〔補〕題詞本作「傳」。寫，洵一名士也。《錄》云：「焦達卿有吳彩鸞書《切韻》一卷。其書『一先』爲『二十三先』、『二十四仙』。」相傳彩鸞所書《韻》，散落人間者甚多，鈺案：葉德輝《書林清話》徵集舊文言此事極詳。予從延令刊本、阮本皆作「陵」。〔補〕題詞本、胡校本均作「令」。黄丕烈云「陵」當是「令」之誤。延令乃泰興季氏，即滄葦侍御也。鈺案：延令，泰興縣治，舊村名。宋紹興中，移縣治於此，即今城也。季氏曾覩其真蹟，「一先」仍作「一先」，與達卿所藏者異。逐葉翻看，展轉至末，仍合爲一卷。張邦基《墨莊漫錄》云旋風葉者即此，〔補〕題詞本無「張邦基」以下十四字。鈺案：今見舊本有稱胡蝶裝者，大致似之。真曠代之奇寶。因悟古人「玉躞胡校本「躞」作「蹀」。金題」之義，《唐六典》所以有「熟紙裝潢匠」之別也。自北宋刊本書行世，而裝潢之技絕矣。予幸遇此《韻》，得覩刊本、阮本「覩」作「覯」。唐時卷帙舊觀。今季氏淩刊本、阮本作「零」，今從吳校。替，鈺案：季氏淩替之由，事無可考。遵王康熙五、六年間，售宋本於滄葦。後又有《寄懷百韻》，自注云：「君聞兩親之喪，帶星奔赴，擗地呼天，人稱真孝。」又云：「歎君哭泣積勞，哀慕成疾。」詩無年月，在丁巳自編《夙興草堂集》中。丁巳爲康熙十六年，是季書散失當在是年之後。此卷歸之不知何人。世無有賞鑒其裝潢者，惜哉！

硯北雜志一卷題詞本有。○見《也是園目》。

此書籤題云：「陸宅之輯，谷陽繕寫，柘湖手校。」宅之名友，元統元年索居吴下，追錄所欲言者，取段柯古之語，名曰《硯北雜志》，鈺案：友自序云取段成式語，名曰《硯北雜志》，庶幾賢於博弈爾。明年書成，而序於卷終。〔補〕勞權云今本序在前。谷陽不知何人，筆法蒼勁，洵爲名家。柘湖則何刊本誤「柯」。〔補〕題詞本、阮本不誤。柘湖也。〔補〕勞權云義門《金石錄跋》有「《隸釋》乃盛仲交以吾宗柘湖孔目所傳」云云，則柘湖何姓。又云何良俊字元朗，松江華亭人，嘉靖中由歲貢生授南京翰林院孔目，《明史》附見「文苑」《文徵明傳》。卷首有檇李項藥師圖記。項氏曾刊行是書，此乃其原本耳。〔補〕勞權云：「項氏宛委堂刊本二卷，近頗不易得。昔年曾於吴山陶氏集古齋購一本，今以得月樓傳鈔本校項本，少五則，次第有互異處，又多譌脱，據其跋似别一本也。」鈺案：《四庫》作二卷。《提要》云《敏求記》所稱何柘湖校本、項藥師本，今皆不見。鈺案：《皕宋志》載宛委堂刊二卷本，有徐獻忠、錢叔寶、林應楨、陳繼儒四跋。

自號錄一卷案：《揅經室外集》云是編依錢遵王所藏元孫道明本過錄，凡宋時墨客騷人以及名公鉅卿之號，彙爲一書，自處士以及村莊，分類三十有六，附雜類於卷末。此書《述古目》不載。○《述古目》粵雅本注「鈔」字。

錢塘徐光溥刊本、阮本作「浦」。〔補〕胡校本作「溥」。輯宋時名公鉅卿、騷人墨客之號，裒爲一編。刊本作「卷」，今從吴校。〔補〕阮本亦作「編」。○鈺案：明楊慎有《古人別號》一卷。國朝葛萬里有《別號錄》九卷，見《竹崦庵書目・鈔本》。淳祐丁未，其友譚友聞《揅經室外集》作「聞友」。〔補〕阮本亦作「友聞」。勞權云譚友聞字明之，號西齋。爲序。至正壬寅，〔補〕勞校本此下有「九月廿五日丁卯」七字。華亭孫道明手鈔於泗北村居之映雪齋，時年六十有〔補〕勞校本「有」作「又」。六。〔補〕勞校本「六」下有「也」字，云孫跋從原本增改。予見道明所鈔書不下數十種，鈺案：《愛日志》有《北夢瑣言》，道明六十八歲鈔。士禮居有《衍極》，七十歲鈔。《皕宋志》有玉峯先生《脚氣集》，七十一歲鈔。海昌查燕緒有《南部新書》，七十六歲鈔。又此《記》所載之《臨漢隱居詩話》，八十歲所鈔，即遵王語所本。《續夷堅志》亦六十七歲所鈔。自稱「在家道人」，見通行本。又案：道明又作道易，字景周。《四庫存目》小說類有《東園客談》一卷。外又有《廣客談》一種，卷末題「洪武十二年歲次乙未八月二十九日壬辰，雲間映雪老人孫道易寫於平溪草舍，時年八十有三」。原書有「毛晉私印」、「徐乾學印」、「士禮居藏」諸朱記，見王頌蔚《古書經眼錄》。皆在崦嵫景迫之年，老而好學，真炳刊本作「秉」。〔補〕阮本、胡校本均作「炳」。燭之明也。〔補〕勞權本嚴修能云，道光癸卯，借上元朱述之大令傳鈔本手鈔，係錢遵王所藏，末有「虞山錢曾遵王藏書」一行。○周星詒云：「星詒藏有趙素門手寫本。」○蔣鳳藻云：「素門楷書精謹絶倫，此等書籍與字册並重。閩中最易殘蝕，季貺甄擇固精，收藏亦富，今歸於予。十書九破，惜不能善爲保護耳。」

朱翌猗覺寮雜記二卷《漁洋書跋》云：「《猗覺寮雜記》，南宋朱舍人翌字新仲著。凡四百餘則，甚博辨。」鈺案：《四庫提要》云近時知不足齋刊本，割下卷六十八條移入上卷，以均篇頁。與此編上卷皆詩話，下卷雜論文章兼史事之意不合。〇《述古目》注「鈔」字。

洪邁序鈺案：翌有《與丞相洪适求序書》，适未及序而卒。其弟邁始爲序，極推重之。見《提要》。云：「**右上下二**刊本作「兩」。〔補〕阮本同。**卷，凡四百三十五則，故紫微舍人桐鄉朱先生所記也。」黄俞邰**《**徵刻書目**》云三刊本作「一」。〔補〕阮本、胡校本作「三」。**卷，謬矣。**

〔補〕周星詒云：「星詒有繡谷亭藏明人寫本。」〇蔣鳳藻云：「此本今歸予家。」

履齋示兒編二十三卷刊本誤作一卷。趙氏《附志》作二十四卷，云孫奕季昭所編，蘇大章諸人題後。《竹汀日記》亦作二十三卷，云開禧元祀九月上浣廬陵孫奕自序，明滎陽潘膺祉校刊。〇《述古目》、《也是園目》均未載。〔補〕黄丕烈云曾見曹秋岳所藏宋本。又見吴方山藏舊鈔本。〇鈺案：陸心源有顧千里校宋胡楷刻本，云季昭嘗上周益公書，請修改《三國志》，見元蘇天爵《滋溪集》。餘無可考。

潘方凱鈺案：方凱以製墨名。明顧起元有《潘方凱墨序》，據《竹汀日記》，知其名膺祉也。**得**

是書於金陵焦氏，請李本寧鈺案：本寧字維楨，京山人，隆慶戊辰進士，官至南京禮部尚書，有《大泌山人集》。爲之序而刊行之，所以嘉惠後學，甚盛心也。間以此本讐勘，《字說》云《書·盤庚》翼奉傳作「般庚」，後闕文六條，〔補〕勞權云思適居士宋本跋云，此乃宋本，複衍三行，又大半行。鈔本改每條提行，故爲六行也。遵王誤以爲闕文。鈺案：此宋本爲劉氏學禮堂刊，見《思適齋集》。又《佳趣堂目》有宋板一目。而潘刻聯去。兼之行款差殊，不循舊格，深可惋惜。季昭辨「伊尹放太甲於桐」，「放」當作「教」。古隸字相近，遂刊本作「後」。〔補〕阮本、胡校本亦作「遂」。從而譌耳。潛溪稱其言爲有識。句曲外史張天雨取此說書於伊尹古像之後，豈非知言者哉！鈺案：嚴元照云季昭之論說，喜出新意。其論伊尹放太甲，「放」爲「教」字之譌，爲後人所賞。然實非也，予嘗辨之。見《悔菴學文》。

錢遵王讀書敏求記校證卷三之中

農家

賈思勰齊民要術十卷《讀書志》云《齊民要術》十卷，元魏賈思勰撰。記民俗、歲時、治生、種蒔之事，凡九十二篇。○入《述古目》。〔補〕勞權云《恬裕目》校宋本前六卷，云賈自序，又葛祐之序。華亭沈氏竹東書舍刻本，較胡震亨刻本脱誤尤多。又云曾見舊人據□本校胡氏《祕册彙函》刻本前五卷。咸豐甲寅季冬，借上元朱述之司馬鈔本，五卷止存□葉，手勘胡校本，正千百字，第五卷刻本脱一葉。

嘉靖甲申刻此書於湖湘，鈺案：湖湘本有王廷相序。每葉二十行，行十七字。見《皕宋志》張紹仁校本跋。惜乎注中删落頗多，如首卷簡端《周書》曰「神農之時，天雨粟」云云，原係刊本作「條」，今從吴校。〔補〕阮本、胡校本均作「條」。細書夾注，竟刊作大字等類，鈺案：《四庫提要》云毛晉《津逮祕書》亦然。今以第二篇至六十篇之例推之，其説良是。文注鈺案：此書之注不題撰人，以《通考》所載李燾序證之，知爲其時運使祕丞孫某所作。《宋志》不著錄，故其名無從知之。卷首《雜説》五則，疑亦孫某附入。詳見《鄭堂讀書記》。混殽，殊可笑也。按：張氏《藏書續志》黄琴六跋云：「《齊民要術》爲隋唐以前僅存之舊籍，久無善本。嘉慶初，照曠閣據胡震亨本梓入《學津討原》。予以《農桑輯要》校補脱誤，胡本《桑柘篇》脱去一葉，亦從《輯要》中掇拾補完。惟出於後人徵引，其中文句，保無增損竄易，至今耿耿。今春月霄於鹿城書肆得明人單刻本，其卷首序文雜記已失，疑即所謂湖湘本也。客邸苦雨，取胡本勘之，亦無甚異同。蓋胡本即從此本出也。同里陳君子準曾手臨吴門士禮居所藏校宋本六卷，月霄假以畀予，遂合照曠新刊本逐條細勘，知《農桑輯要》所引與宋本悉合。而凡徵引所未及可刊落胡刻之脱繆者，復得十之二三。前後計補脱正文百餘字，注文七百餘字。卷五脱葉文注四百一十餘字。零星羨文、訛字及塡補空墨，又得五百一二十字。此書至是始復舊觀矣。惜校宋本缺後四卷，而《農桑輯要》中又緣非關民生樹藝，罕所徵引，無從通校。幸此四卷舊刻脱誤本少，無害完書耳。道光乙酉，拙經逸叟書。」○鈺案：近有北宋本第五、第八兩卷，印入上虞羅氏《吉石盦叢書》。

王氏農書十卷阮本作十集。○《述古目》：《農書》一卷，注「宋本影鈔」四字。《也是園目》：《王氏農書》三十六卷。鈺案：《述古目》卷數不符，疑非此書，待考。〔補〕黄錄《採遺》云，詳載農桑、藝植、蔬穀及器具等物，並有圖説。惟《穀譜》内缺末一卷。○鈺案：儀顧堂原本王楨《農書》跋云《農桑通訣》集六，《穀譜》集十，《農器圖譜》集二十，改卷爲集，可稱創格。嘉靖中，山東布政使顧應祥刻。

《農桑通訣》六，《農器圖譜》二十，《穀譜》十，總名曰《農書》。元豐城縣尹東魯王楨撰。鈺案：楨字伯善，東平人。所載牛耕蠶事起本及譜圖之類，詳而有法。民事不可緩，其學識定乎平日，非聊爾成書者也。鈺案：《四庫》本二十二卷。《提要》云元人農書存於今者三本。《農桑輯要》、《農桑衣食輯要》，一辨物產，一明時令，皆通俗易行。惟楨書引據賅洽，文章爾雅，繪畫亦皆工緻，所圖水器尤於實用有裨。

農桑輯要七卷入《述古目》，上有「王磐」二字。鈺案：磐係序此書者，《目》誤。

延祐元年皇帝聖旨裏「這《農桑》册子字樣不好，教真謹大字書寫開板」。〔補〕刊本作「本」，阮本作「板」。蓋元朝以此書爲勸民要務，故鄭重不苟如此。序後資〔補〕胡校本「資」作「次」。行結銜皆江浙等處行中書省事官，鈺案：「事」上疑有脱字。則知是板刊於江南，當日流布必廣。今所行唯小字本，而此刻絕不多見，鈺案：《結一目》有元延祐七年大字本。瞿《目》載有《農桑撮要》二卷，元魯明善撰。初刻於延祐元年甲寅，又刻於至順元年庚午。瞿云足補《輯要》所未備，係另一書也。何耶？〔補〕勞權云《永樂大典》載有至順三年印行萬部官牒。《元文類》載有蔡文淵序一篇，稱延祐元年仁宗特命刊板於江浙行省。明宗、文宗復申命刊布。蓋有元一代，以是書爲經國要務。鈺案：以上説本《四庫提要》。《提要》又云前有至元十年翰林學士王磐序，書分典訓、耕墾、播種、栽桑、養蠶、瓜菜、果實、竹木、藥草、孳畜十門。又案：《絳雲目》注作者爲羅文振，未知何據。

便民圖纂十六卷題詞本有。〇入《述古目》。

《便民圖纂》不知何人所輯，鈺案：《明史·藝文志》農家類鄺璠《便民圖纂》十六卷，是書爲璠撰無疑。同治《蘇州府志》「名宦」：璠字廷瑞，任丘人，進士。弘治七年知吴縣，循良稱最。鏤板於弘治壬戌之夏。首列《農務》、《女紅圖》二卷。凡有便於民者，莫不俱刊本作「具」。〔補〕題詞本、阮本均作「具」。列。爲人上者與刊本、阮本脱「與」字，今從吴校。〔補〕題詞本、胡校本均有。《豳風圖》等觀可也。鈺案：嘉靖丁亥有陳維一重編刊本，見《天一閣目》。

兵家

玄女六甲陰符經八卷案：晁《志》云《陰符經》一卷，有唐少室山布衣李筌序。云《陰符經》者，黄帝之言。或曰受之廣成子，或曰受之玄女，或曰黄帝與風后、玉女論陰陽六甲，退而自著其事。陰者，暗也。符者，合也。天機暗合於事機，故曰「陰符」。皇朝黄庭堅魯直嘗跋其後，云《陰符》出於李筌。

熟讀其文，知非黄帝書也。又妄託子房、孔明諸賢訓注，尤可笑。惜不經柳子厚一掊擊也。鈺案：史志及《道藏》目注《陰符》者極多，八卷本則未見。管録晁《志》，以《記》文徵之亦未符合。○見《也是園目》。

前有趙普經進表云「得之羅浮隱士劉罡」，予不敢以爲信然。然猶是宋元時舊鈔本，或亦昔人假託而爲之，非今人僞作刊本作「詐僞」。〔補〕阮本、胡校本均作「僞作」。也。

握機經傳六卷題詞本有。○見《也是園目》。○鈺案：《四庫》著録《握奇經》一卷。《提要》云一作《握機經》，一作《幄機經》。舊本題風后撰，漢丞相公孫弘解，晉西平太守馬隆述。高似孫《子略》云馬隆本作《幄機敘》云，幄者，帳也，大將所居。言其事不可妄示人，故云「幄機」。考此書《宋志》始著録，作風后《握機》一卷，注晉馬隆略序。此六卷，則盧文弨《補遼金元藝文志》載之，注云不知撰人。

《握機經傳》流俗本止刊首卷，餘五卷刻其目而無書。是册乃方山吴岫從王子家鈔出者，刊本、阮本無「者」字。〔補〕題詞本、胡校本均有。洵爲祕本，覽者勿漫視之。鈺案：《竹崦庵傳鈔書目》有《握機經》二卷，明程道生輯，一百五十七葉，不知與此書異同若何。姚元之又以《握機經》爲明曹允儒撰，云於衡衝、風雨諸陣皆繢爲圖。見《竹葉亭雜記》。

風角鳥占經一卷題詞本有。○《述古目》注「鈔」字。

《風聲》、《鳥聲》爲玉女所述，《角聲》爲黄帝所述。鈺案：《隋志》有《戰鬭風角鳥情》三卷，《翼氏風角鳥情》一卷，臨孝恭《風角鳥情》二卷。此《記》稱玉女、黄帝所述，於史志無考。此是宋鈔，人間〔補〕刊本作「家」，葉鈔本同。阮本、胡校本均作「間」。見者絶少，宜録副本藏之。

風角書四卷題詞本有。○《述古目》注「鈔」字。

《古風角書》乃樂產本，李淳風删其繁亂，著之於占。馬承勣謂陰陽五行所主，亦有不同，因細詳之而爲之集類焉。鈺案：《宋志》天文、五行、蓍龜、曆算、兵書諸類録陳樂產、唐李淳風書屢見，此無可考。《明志》天文類有馬承勣《風纂》十二卷，亦未列此目。

神機制敵太白經一卷《述古目》注「鈔」字。

遙山路雄纂，共二十四篇。鈺案：《太白經》無可考。《太白陰經》爲唐李筌撰。路雄則爲元魏人，附見《魏書・路恃慶傳》，遠在筌前，隋唐《志》亦無雄，他種著述存疑待考。

神機制敵太白陰經十卷案：《浙江採集遺書録》云《太白陰經》八卷，寫本，不著撰人。統論兵陣之法。疑即一書。鈺案：《宋志》李筌《太白陰經》十卷。《四庫》著錄八卷。《提要》疑非全帙，以首尾完具，謂後人傳寫，卷數或有所合併。《結一目》有影宋本十卷。〇《述古目》注「鈔」字，無「陰」字。

此書詳整有法，篇次精允，軍家之要典也。卷末六行云：「祕閣楷書臣羅士良寫，御書祇候臣錢承灝勘，入内黄門臣張永〔補〕胡校本「永」作「允」。和、朱鈺案：瞿《目》作「宋」。允中監，入内内侍高班内品臣譚元吉、趙誠信監。」疑是宋朝内府鈔本，俟〔補〕刊本無「俟」字，阮本有。識者辨之。〔補〕勞權云：臨海洪頤煊《讀書叢錄》云《神機制敵太白陰經》十卷，唐都虞侯李筌撰。前有唐永泰四年李筌進書序，後有羅士良、張永和、宋永中、譚元吉、趙承信等銜名。影宋鈔本。《四庫全書》止八卷，前缺《天無陰陽》、《地無險阻》二卷。又失卷八分野、風角、鳥情，卷九遁甲，卷十元女式。此本備全。鈺案：洪說與《提要》不合。勞權又云《恬裕目》云舊鈔本，題唐河東節度使都虞侯李筌撰。卷首書表末有六行，云祕閣楷書臣云云。瞿云表尾聯銜六人，爲唐永泰時内臣。遵王未見前葉，以爲宋朝内府鈔本，非也。此本較《四庫》本少《宴娱》、《音樂》二篇，而篇首總序及《天地無陰陽》篇猶存十卷之舊。鈺又案：此書以遵王說宋内府鈔本爲合。以祕閣爲宋端拱初所建，祇候黄門、高班内品等，亦政和前内侍省舊制。瞿《目》目爲唐代内臣，殊爲失考。〇蔣鳳藻云：「曾見舊鈔足本十卷，以惡劣未購。通行本皆八卷，孫淵如先生曾以羣書校定十卷本。求之多年，迄未一遇。」〇鈺案：又有《太白陽經》一書，凡二十四篇，不著撰人。自述大曆中得於廬山。明文淵閣有此目。見張文虎《舒藝室雜著》。

九賢祕典一卷入《述古目》。〔補〕黄丕烈云，甲子夏，得吴枚菴手錄本。

《祕典》云：「九者，太公《軍鏡要術》、鈺案：《隋志》載《六韜》外，有《陰符鈐錄》、《金匱》、《伏弢》、《三宫兵法》諸目，未載此書。鬼谷子《風雲氣候章》、鈺案：晁《志》有《鬼谷子占氣》一卷。孫武子《行軍氣色雜占》、鈺案：《隋志》有《孫子兵法雜占》一卷吴起《軍錄雜占》、鈺案：《宋志》有吴起《玉帳陰符》三卷，此書未見。張子房《行軍災異錄》、鈺案：《唐·經籍志》有《張良經》一卷，《張氏七篇》七卷，此書未見。武侯《行軍風候歌》、鈺案：《宋志》有《諸葛占風雲氣圖》一卷。袁天罡〔補〕胡本「罡」作「綱」。《占風雨訣》、鈺案：《唐·藝文志》載天綱相書外，有《要訣》三卷，未知即此書否。崔浩《氣色占》、刊本脱「占」字，從吴校補。〔補〕胡校本有「占」字，阮本亦脱。李靖《行兵術要》，鈺案：《宋志》靖有《韜鈐祕術》三卷、《用軍手術》等目。鈺案：此書各史志均無可考。共纂成一書。刊本有「也」字。〔補〕阮本、胡校本無。

許洞虎鈐經二十卷見《也是園目》。〇鈺案：《宋志》作《虎鈐兵經》。明天一閣有刊本。

景德二年，許洞表上其書。前又有許洗〔補〕一本「洗」下有「馬」字。爲之序。鈺案：《四庫提要》云洞字淵夫，吴興人。《浙江採集遺書録》作字洞天，吴郡人。《廉石居藏書記》載舊鈔本，前有洞序，稱其書就於吴郡鳳皇里。又記其父太子洗馬仲容墳在城西。龔明之又述其學行於《中吴紀聞》，似作吴郡人者爲合。各本著録皆言有自序，而不言有許洗序或許洗馬序。遵王前有云云俟考。平津館又載有影寫本，有缺佚。姚元之云兵家書有圖者惟《虎鈐經》，撮天時人事之變，凡六壬、遁甲、星辰、日月、風雲備舉。其占有飛鶚、長虹、八卦、四陣諸圖，見《竹葉亭雜記》。

白猿經一卷《述古目》作三卷。此條阮本無。○《述古目》注「鈔」字。○鈺案：《明志》天文類有《白猿經》一卷，不著撰人。

此僞書也，不必存之。案：《浙江採集遺書録》云《白猿經風雨占候説》一册，天一閣寫本，明青田劉基撰。取漢諸葛亮《白猿經占》逐加注解，後附圖解。鈺案：見《四庫存目》。

神機武略望江南一卷案：《浙江採集遺書録》作李衛公《望江南歌訣》。○題詞本有。○見《也是園目》。

諸占以《望江南》詞調之，取其易於省記也。相傳黄石公以授張良者，未知留侯時已有此詞此調否。案：晁氏《後志》云《兵要望江南》一卷，黄石公以授張良者。按其書雜占、行軍、吉凶，寓聲於《望江南》詞，取其易於記憶。《總目》云武安軍左押衙易靜撰。蓋唐人也。鈺案：《四庫存目提要》云一本題唐李靖撰。段安節《樂府雜録》云《望江南》詞，本李德裕爲亡妓謝秋娘作。德裕封衛國公，李靖亦封衛國公，此書以《望江南》談兵，蓋合兩衛公而一之。又案：瞿《目》有明刊本。

天文軍鏡九宫行營一卷題詞本有。○入《述古目》，上有「孫武子三家」五字。

《九宫行營》，章貢曾朝類編。凡軍行、雜占，莫不詳載焉。鈺案：檢史志及各家藏目，未見著録。曾朝亦未詳何代人。

城書一卷見《也是園目》。○鈺案：《傳是樓目》作四卷。《培林堂目》作郭子章《城書》一册。

守城事宜，散見諸書中。此八章條約詳明，繪圖以便覽者，宜與《守筌》並存之。鈺案：《守筌》亦見《也是園目》。《明志》一卷，冒起宗撰。

火器大全一卷見《也是園目》。

古無所謂火攻也，肇自積刊本作「即」。〔補〕阮本、胡校本同。鈺案：作「即」非誤，不知管校何據。墨之牛始。〔補〕勞校本嚴修能云，《左傳》燧象乃楚昭王事，在即墨之前。其後之刊本無「之」字，從吴校補。〔補〕阮本亦無「之」字。兵法著火攻五，亦止火人、火積、火輜、火庫、火隊而已，芻膏胡校本「膏」作「藁」。之屬，未云器也。有器必有械，《大全》之所以獨善於近代，其神奇爲不可測歟？此未知撰自何人，稱李承勳、朱騰擢、趙士楨，鈺案：《明史》有李承勛，字立卿，嘉魚人。曾巡撫遼東邊防，有功勳。勛字少異。《澹生堂目》有《神器譜》四卷，趙士楨撰。朱騰擢無考。皆負笈其門，隨才〔補〕胡校本「才」作「材」。授藝。夫三子骨騰肉飛，聲施當世，而其師之氏名，〔補〕阮本作「名氏」。予竟無從考得之，徒撫殘編，惜其苦志未申，亦可以觀世矣。

火龍萬勝神藥圖一卷入《述古目》。

首列二十八草，應二十八宿。和以諸毒藥，煉爲神砂、神煙、神水，開刊本、阮本無「開」字，一本又作「用」。以制敵，奇矣哉。必有所試而云然，非徒楮上浮談也。繼列火攻諸藥品，并水戰神器。鈺案：《述古目》別有《神器圖》三卷。專閫外者，宜覓此書珍祕之。刊本「之」作「也」。〔補〕阮本、胡校本作「之」。○勞權云：「恬裕齋藏書云鈔本，舊爲趙文毅手寫，文毅九世孫允懷影鈔見貽。」又云：「《敏求記》云首列至神水云云，案之悉合。其所列二十八草之前，尚有陣法五篇，惟《風候篇》全缺，《地利篇》僅存一行，而《制器》、《藥法》、《兵戒》三篇故在，又遵王所未見也。權案：若文毅手鈔其書，當即遵王之本，《敏求》不詳記耳。」鈺案：勞權所引云云，今鐵琴銅劍樓本未經編入。

少林刊本并下皆誤作「少陵」，今從吴校。〔補〕趙刻誤「陵」，剜改本作「林」，下同。**棍法三卷**見《也是園目》。

茅元儀采〔補〕刊本、阮本均作「採」。之刻入《武備志》中。此刊本作「凡」。〔補〕阮本、胡校本均作「此」。從稿本繕寫者。或謂「圖訣」俱是鎗法，程沖斗云：「千打不如一劄。」故少林三分棍法，七分鎗法。兼鎗帶棍，此得於棍法之深者也。鈺案：《絳雲目》有《少室集》一種，列於「兵家」，疑亦言棍法者。《適園志》藏明本《少林棍法闡宗》三卷，明程宗猷撰。宗猷字沖斗，海陽人。又著有《蹶張心法》一卷，《長鎗法選》一卷，《單刀法選》一卷，同刻一帙，圖畫至精。

白打要譜胡校本「譜」作「訣」。**六卷**見《也是目》。「白打」上有「文山武備」四字。

今盛傳宋太祖長拳三十二勢，鈺案：《也是園目》載《長拳三十二勢》一卷。又《拳法》一卷。溫家七十二行拳，三十六合瑣，二十四棄探馬，八閃番，十二短，以至綿張之短打，各擅所長，表表著名於世。潁川汪伯言集諸家之應變，備成要訣，鈺案：《竹崦菴傳鈔書目》有《拳法集要》一卷，不著撰人，不知與此書異同若何。與少林棍、楊氏鎗並藝稱獨絕矣。

天文

靈臺祕苑十二卷案：《竹汀日記》作十五卷，云嘉興沙溪以《靈臺祕苑》十五卷求售，似是贋本。《靈臺祕苑》，後周庾季才撰。此卷首有編修官于大吉等名，而不言季才撰。第一卷即用丹元子《步天歌》。丹元子係唐人，其非季才書明矣。○胡云此書原本一百五十卷，宋人刪爲十五卷，係庾季才撰。原足本今不可得見矣。或作唐季才者，恐非。鈺案：《隋志》天文類《靈臺祕苑》一百一十五卷，太史令庾季才撰。《唐書·經籍志》作一百二十卷。《新唐書·藝文志》作一百二十卷。○題詞本有。○《述古目》作十五卷，上有「于大吉、王安禮等編」八字。又有三卷鈔本一目。〔補〕黄錄《採遺》云宋司天監于大吉、丁洵同輯，專言星象。今作十五卷。

此係宋朝勅進之書。編修官臣于大吉、臣丁洵，同看詳官臣歐陽發，看詳官臣王安禮。

案：《竹汀日記》又云是書結銜首列看詳官翰林學士承議郎兼判尚書吏部集賢院提舉司天監公事上騎都尉劇縣開國男食邑三百戶賜紫金魚袋王安禮、同看詳官奉議郎監粳米中第七界輕車都尉賜紫金魚袋歐陽發、編修官司天監中官正權判司天監兼提點歷書賜紫金魚袋丁洵、編修官司天監丞管句測驗渾儀刻漏賜緋魚袋于大吉。《宋志》載王安禮《天文書》十六卷，疑即此書，惟卷數稍異。或謂刪庾季才之書，恐未必然。鈺案：《四庫》本作十五卷，與竹汀所見本卷數同，疑此《記》作十二卷者誤。《提要》云北周太史中大夫新野庾季才原撰，宋人重修。宋世司天臺所修各書，如《乾象新書》、《大宋天文書》、

《天經星史》等類，見於《文獻通考》者，今俱佚弗傳。惟蘇頌《儀象法要》與此書僅存。一則詳渾儀測驗之製，一則誌日官占候之方。其考核頗精確，非聊爾成書也。鈺案：《四庫存目》別有一百二十卷本一書。《提要》云與《北史·庾季才傳》書名卷數皆同。書中徵引故實迄於元末，蓋方技之流，雜鈔占書爲之。

乾象通鑑一百卷芬案：疑亦庾季才之書。〇題詞本有。〇《述古目》注「鈔」字。〔補〕勞權云《恬裕目》李季撰。係傳鈔遵王藏本。有自序曰：「臣季著爲成書，不遠萬里赴行在獻之。」卷末自署「河間府免解進士李季奉聖旨編。」又云嚴修能云，鮑以文先生言臣季姓李。勞格云《老學庵筆記》云秦會之初得疾，遣前宣州通判李季設醮於天台桐柏觀。季以善奏章自名。又云秦會之十客，李季以設醮、奏章爲羽客，未知即其人否。〇繆荃孫云：「荃孫藏此書。」〇鈺案：《宋志》失收。

序云：「臣季言據經集〔補〕胡校本「集」作「籍」。諸家之善，考古今已驗之變，復以景祐《海上祕〔補〕繆本「祕」下有「書」字。法》鈺案：《景祐乾象新書》三十卷，宋司天春官正楊維德撰。見陳振孫《書錄解題》。《海上祕法》，《宋志》及阮元撰《疇人傳》中宋人言曆學者，皆未載。參列而次第之，著爲成書，不遠萬里赴行在獻之。」臣季一本下注「李姓」二字。不知誰何，其稱獻之行在，應是宋高宗時人。援引該洽，凡天之所示，時之所變，鑑古驗今，無一不在，其用心可謂專勤矣。宜珍而祕之。〔補〕蔣鳳藻云：「予有梁茝林舊藏鈔本，爲潘伯寅尚書借去。此書阮氏亦未進呈，惟見《鐵橋漫稿》中，可寶也。」鈺案：見《鐵橋漫稿・書葛香士林屋藏書圖後》。惟作天聖間李季所編，與遵王之定爲高宗時者不同。蔣本爲潘文勤所借，未入《滂喜齋藏書記》。

乾坤寶典十二卷題詞本有。○《述古目》注「鈔」字。

脈望館錄本，清常道人校過。鈺案：《脈望目》未載。《絳雲目》有此書，注四百十七卷。宋史序撰。《國史經籍志》同。考序，宋京兆人，字正倫，善推步曆算，知司天監事，見《宋史・方技傳》。乾隆五十三年，軍機處奏《全燬書目》有此書名，當非序書。此《記》云十二卷，與序書多寡懸殊，當非一書也。

璇璣類聚六卷題詞本有。○《述古目》注「鈔」字。○鈺案：此書史志及《疇人傳》諸書均無徵，惟絳雲樓有此目。

古之言天者八家：一曰渾天，張衡靈憲是也。二曰宣夜，絕無師學。三曰蓋天，《周髀》所載。四曰軒天，姚信所說。五曰窮天，鈺案：「窮」當作「穹」。見《晉書・天文志》。虞聳所擬。六曰安天，虞喜所述。七曰方〔補〕沈鈔本作「古」。天，王充所論。八曰四天，釋氏阮本作「祅胡」。〔補〕刊本亦作「祅胡」。寓言。李淳風取渾天近理，特載靈憲刊本作「臺」。〔補〕題詞本、阮本、胡校本均作「憲」。於《乙巳占》之首。此獨宗淳風說，採刊本、阮本「採」下有「取」字。諸家之異同，考古今之占驗，斷以渾天爲主。今人紊亂列宿，刊削四餘，殆狂而比於悖刊本作「背」，阮本作「悖」。〔補〕題詞本、胡校本均作「悖」。矣，視此能不滋愧乎？

璣衡祕要二卷刊本作四卷，今從吴校。○題詞本有。○入《述古目》，注「鈔」字，作四卷。○鈺案：此書史志無徵。《脈望》、《絳雲》皆有此一目。

首載婁景賣日月於漢家，鄙俚可笑。委巷〔補〕題詞本作「市井」。之談而取之，何也？

天元刊本誤作「大元」。〔補〕阮本、胡校本均作「天元」。**玉曆森羅記十二卷**〔補〕題詞本有。○《述古目》注「鈔」字。○鈺案：《明志》「天元」作「天文」，云不知撰人。

此是牧翁早年手錄，凡疑誤字標題於上。暮年筆力老蒼，字法俱橅東坡，與此截然兩手。公悉以前後詩文稿付予，故予識刊本作「認」。〔補〕阮本、胡校本作「識」。之最真，他人則不復知誰氏所書矣。〔補〕胡校本云末二句鈔本作「他人見之不能辨也」。○黄丕烈云，己巳春，得舊鈔本，爲惠定宇藏本，卻十三卷。○鈺案：乾隆五十三年，軍機處奏《全燬書目》有《天元玉曆》一目，注「鈔本」，劉伯溫原本。《四庫存目》「星占」中又有明劉孔昭撰《天元玉曆》一書。《提要》謂孔昭乃基十三世孫，或禁或存，均不知與此書異同若何。

天文機要鬼料竅十卷題詞本有。○《述古目》注「鈔」字。○鈺案：《明志》作一卷，云不知撰人。《四庫存目》無「機要」二字，無卷數，與此《記》疑非一本。

術家祕《步天歌》爲「鬼料竅」。鈺案：《提要》云《步天歌》本朝有官刻專本。此書前半詳解丹元子之説，後則兼採衆論，附列諸圖，而終以汪默《渾天注疏》、張孝忠刊本作「宗」。〔補〕阮本、胡校本均作「忠」。《渾象圖説》，非天官家膚學者所能企及也。〔補〕黄丕烈云是書得於海鹽人。○鈺案：《善本志》有摘鈔本《天文鬼料竅》四卷，晉丹元子撰，王希明注。計《步天歌》三十一首，即二十八宿三垣歌訣，每句下希明詳注。《通志》稱《步天歌》只傳靈臺，不傳人間，術家祕之，名曰「鬼料竅」。此四卷不附汪默注、張孝忠圖説。又案：錢大昕云丹元子《步天歌》不著撰人。相傳爲王希明撰。鄭樵獨非之，以爲丹元子隋之隱者，與希明各是一人。然歌詞淺陋，不似隋人文字。《隋書·經籍志》亦無此書，其非隋人明矣。

天文主管釋義三卷題詞本有。○《述古目》注「鈔」字。

李泰鈺案：泰有《四時氣候》一書，考見前。依丹元子《步天歌》分布垣舍之星爲主，案：

《天文主管》一書，本明昌二年金司天臺少監武亢重行校正，以《步天歌》分繪其圖而解之，似非始於李泰。鈺案：李泰係釋武亢《天文主管》而作，亢書一卷，入《四庫存目》。管説微誤。〔補〕勞權云《十駕齋養新録》云未審泰爲何時人。據鄭明德《僑吴集》定爲岳熙載撰。謂遵王所見或別是一書。鈺案：亢於章宗時官少監。熙載據錢氏《補元志》亦於金時官司天大夫，與亢時代相接，未必爲亢作《釋義》。《釋義》爲泰作，遵王所記似無可疑。復以漢唐宋《天文志》觀象立儀之意爲法，正譌注疑，此句刊本作「王注款」三字，費解。〔補〕題詞本亦作「正譌注疑」。阮本「譌」作「僞」。勒成此書。萬曆戊子清常校記。鈺案：泰書又有別本，名《天文釋義》，不分卷，十二册，署潄清居士蔡汝進重録。前有宣德甲寅泰自序、萬曆四十六年汝進序。本名《三垣二十八宿釋義》，汝進更名。孫星衍有跋。見王頌蔚《古書經眼録》。

天文占書類要四卷題詞本有。〇《述古目》注「鈔」字，上有「岳熙載注」四字，無「占書」二字。

李淳風撰，鈺案：《新唐書·藝文志》載淳風所撰，較《舊唐書·經籍志》爲詳。其入天文類者，計《釋周髀》二卷、《乙巳占》十二卷、《天文占》一卷、《大象元文》一卷、《乾坤祕奧》七卷、《法象志》七卷。與袁天綱合撰者，《太白會運逆兆通代記圖》一卷。凡七目。此書名《類要》，當不出此七種中。岳熙載注。繕寫古雅，鈔本中之佳者也。鈺案：熙載撰有《天文精義賦》四卷，入《四庫存目》。

天元玉曆璇璣經七卷刊本「元」作「文」。○題詞本有。○《述古目》注「鈔」字。○鈺案：《明志》作五卷，云不知撰人。

陳沆刊本誤作「汎」。〔補〕題詞本、阮本、胡校本均作「沆」。跋云：「此本爲吾家先世舊物，丹陽孫仲穡鈺案：「穡」當爲「牆」之誤。仲牆名楨，明嘉靖時人。見《好古堂書畫記》。得錄本於江右陶孔啟，有魚魯之憾。予取而讐勘之，兩爲善本矣。」

天文異略四卷題詞本有。○《述古目》注「鈔」字。〔補〕黄丕烈云辛酉冬得舊鈔本。○鈺案：《汲古閣祕本書目》有此目，亦注舊鈔。

此亦玩占書也，有後序，不知何人撰。

十一曜躔度一卷題詞本有。○《述古目》注「鈔」字。○鈺案：《脈望館》、《絳雲樓》皆有此目。

十一曜者，日、月、五星、四餘氣也。積久歲差，斜絡於二十八宿之間，皆其經歷之道，故躔與度交次，增減而成二十四氣。首行九刊本重「九」字。阮本不重。〔補〕題詞本、胡校本皆不重。行薄食，并五星遲留伏逆之圖。旋轉而觀，更一奇也。鈺案：《直齋書錄解題》有《二十四氣中星日月宿度》一卷，似即此書。云得於太史局官荆大聲。《國史經籍志》「荆」作「謝」。

梁令瓚五星二十八宿神形圖一卷見《也是園目》。

前結銜云：「奉義郎〔補〕勞權云《唐書·百官志》從六品上曰「奉議郎」，此「義」字誤。守隴州別駕集賢院待制仍太次臣刊本作「仍大臣」。〔補〕阮本、胡校本亦作「仍太次臣」。鈺案：爲「仍太史令」之誤，見下。梁令瓚。」〔補〕勞權云《春明退朝錄》云，祕府書畫予盡得觀之。有梁令瓚《五星二十八宿圖》，李公麟謂不減吴生婦女，疑蜀手也。○勞權云，案令瓚事蹟見鄙著《集賢注記補》，係唐玄宗時人，李公麟以爲蜀手，非也。相傳此册從唐本繪畫，予購良工以五彩臨摹之，刊本無「之」字，阮本有。不爽毫髮，亦書庫中之奇物。偶閲方于魯《墨譜》，鈺案：《明志》四卷。《四庫存目》作六卷。見其圖列宿四，與此像〔補〕阮本作「象」。適合，知于魯之考核亦精，一技所以成名也。〔補〕勞權云，此書繪畫絶精，每幅列像於後，繫説於前，共三十三葉。壬寅秋，以重價購諸杭州積古堂主人陶一齋，藏於丹鉛精舍。當詳考爲之跋。每葉邊闌外有「錢遵王述古堂藏書」八字。○王懿榮云，光緒己丑，見梁令瓚原畫卷子本於廠肆，結銜「奉義郎守隴州別駕集賢院待制仍太史令臣梁令瓚」，後有董思翁、陳眉公二跋，真神物也。○鈺案：令瓚見《唐書·天文志》，與一行受詔改治新曆。令瓚爲鑄鐵儀。又《廣川畫跋》：唐閻立本《五星二十八宿真形圖》，祕閣所藏五星獨有金、火、土，二十八宿存者十三。畢文簡公家所收與此同。《道藏》傳《五曜圖》，金爲女形，火爲童子形，木爲帝王形，土爲老人形。而此畫金形若美女，兩鬢如羽翼垂，飛鳳而翔洋。土爲道人，不知何據。經説昴形如梯，畢形如芝，參形如婦人，井如足跡，鬼如佛胸，柳如蛇，張如瞿曇，軫如人手，房如瓔珞，心如大麥，尾如蝎，此圖皆異。惟翼形如牛頭，斗爲人形，虛如鳥，婁如馬，與經相合，不知經之所云如是，而畫者又異於經，果得言有據耶？遵王所摹梁本，度亦如是。又梁張僧繇、宋李公麟均有一本，見《宣和畫譜》。又編入明李泰《天文釋義》，見《古書經眼錄》。

二十八宿形圖一卷題詞本有。○見《也是園目》。《絳雲目》「形」上有「真」字。

二十八宿，朝爲本形，晝暮互變刊本作「變互」。〔補〕題詞本、阮本、胡校本均作「互變」。爲他物，不知從何考定。圖後注解，軍占用之。鈺案：《新唐書·藝文志》有寧州寧真觀《二十七宿真形圖》一卷，記天寶中獲玉像，皆列宿之真，惟少氐宿與此書當相近。《直齋書錄解題》有《二十八宿禽星圖》一卷，書名略同，係江西人爲風水之學者，非一書也。

永樂元年月五星凌犯錄案：《也是園目》作一卷。○見《也是園目》。〔補〕胡校本「錄」作「圖」，有「一卷」二字。

内府鈔本。總計三百六十五次，相犯一百一十三次，入宿四十八次，不相犯二百四次。存之，備《明史》天官家採錄可也。

乾坤變異録四卷案：《直齋》作一卷，不著名氏，云《雜占變異》凡十七篇，疑別一書。○題詞本有。○《述古目》上有「李淳風」三字。〔補〕黄丕烈云，得舊鈔本，爲惠定宇所藏。鈺案：此書後入《持靜目》。今見《適園志》，係一厚册，不分卷數。《汲古閣祕本書目》有棉紙舊鈔三本。

李淳風搜刊本、阮本作「收」。〔補〕題詞本、胡校本均作「搜」。覽古今變異事，勒成三十六篇，釐爲四卷，鈺案：《宋志》一卷，不著撰人。序而傳之。

乾象圖説一卷題詞本有。○入《述古目》。

山陰王應遴刊本、阮本作「遵」。〔補〕某校作「麟」。鈺案：《述古目》亦作「遵」，皆誤。此書入《明志》。《志》又載應遴與徐光啟、李之藻及西洋人羅雅谷等奉敕撰崇禎《曆書》一百二十六卷。《疇人傳》載應遴此書外，又有《中星圖》一卷。輯。是圖首渾天、七衡、刊本、阮本作「衡」，今從陳校。九重，而天漢、晷影，以至正中偏向，並窺天之事也。次日月行度距刊本作「躔」。〔補〕題詞本、阮本、胡校本均作「距」。差，而朔望盈虚，以至交食、見食，並步推二曜之事也。次中星、五緯行道，而星宿合犯，以至分野招差句股，並測算經緯之事也。計圖三十，圖之先各爲一説，使談天者解説以證〔補〕刊本作「証」。圖，據圖以觀天，不屬之渺茫影響，亦可謂知天之深者矣。

渾蓋通憲圖說二卷題詞本有。〇《述古目》注「鈔」字。

李之藻受西法於歐邏巴人，鈺案：之藻字振之，仁和人，萬曆戊戌進士，從利瑪竇游。又與龐迪我、熊三拔等同譯西洋法，見《疇人傳》。**以「蓋」佐「渾」，故名《通憲圖說》。**案：之藻自序云，全圜爲渾，割圜爲蓋，《渾儀》語天而弗該厚載，《周髀》兼地而見束地圜。以渾詮蓋，蓋乃始明。以蓋佐渾，渾乃始備。崔靈恩以渾、蓋爲一義，而器蔑□測，說亦莫考，故爲此書。憲者，法也。謂其法相通也。鈺案：錢大昕云，近世歐羅巴人入中國製器，有「渾蓋通憲」之名，而後步天家知蓋之不殊於渾，而平儀之用視渾儀，尤簡而易曉。然考之梁代崔靈恩已有渾、蓋合一之論，北齊信都芳亦云渾天覆觀，以《靈憲》爲文；蓋天仰觀，以《周髀》爲法。覆仰雖殊，大歸是一，則古之人早有先覺者矣。見《養新錄》。**予非瞽史，焉知天道。覩此惟有口呿舌撟**刊本作「橋」。〔補〕題詞本、阮本均作「撟」。**而已。**鈺案：《四庫提要》云梅文鼎有《訂補》一卷，又有《璇璣尺解》一卷，皆足與此書相輔而行。

神鈺案：《也是園目》「神」誤「坤」。**道大編**〔補〕沈鈔本誤作「道」。**象宗圖學**鈺案：《述古堂目》無「學」字。**一卷**題詞本有。〇入《述古目》，「圖學」作「圖說」。

自周秦至元明，共三十六圖。閩人趙淳卿篆於卷首。披視之，有仰觀俯察之感。

五行

譙子五行五卷題詞本有。〇《述古目》注「鈔」字。〔補〕勞權云《恬裕目》云《唐志》及《崇文總目》謂唐時濮陽夏撰。鈺案：《新唐志》「譙」作「樵」。《宋志》「夏」作「復」。《愛日志》有《譙子五行志》五卷，唐濮陽夏撰，與瞿《目》合。唐、宋《志》微誤。

譙子不知何時人。五行各以類次，注解甚明。此等書惜不多傳於世爲恨耳。刊本無「耳」字。〔補〕題詞本、阮本均有。

五行類事占七卷案：簡莊徵君云，朱竹垞所藏嘉靖時人鈔本，今爲黄蕘圃所得。〇題詞本有。〇《述古目》注「鈔」字。

宋司天臺張正之輯。其言簡，其事覈。正之嘗著《祛惑鈐》，爲史丞相所賞。鈺案：此書皕宋樓有朱竹垞舊藏明鈔本。無名氏序，云司天臺張正之，重黎代職，晏爲王國舊賓，昔所著《祛惑鈐》，大丞相賞音久矣。即遵王語所本。陸心源跋謂正之似宋人入元者，則《記》中史丞相，「史」字疑誤。以史浩相孝宗，去元代尚遠也。錢補《元志》有張居中《六壬祛惑鈐》，注字正之，是正之乃居中字。《祛惑鈐》亦爲六壬作者。今不可得而見之刊本、阮本無「之」字。矣。〔補〕蔣鳳藻云：「予初到福建，有以明中葉綿紙初印本來售。彼時不知此書之足重，惜未之購。」鈺案：此書《宋志》未載。《四庫存目》有《五行類事占徵驗》六卷，不著撰人。是《類事占》原本罕見，六卷乃後出之書，爲《類事占》而作者，《提要》故言之不詳也。

禮緯含文嘉三卷題詞本有。○《述古目》注「鈔」字。〔補〕黄校本「目」上注「鈔本校」三字。

分《天鏡》、《地鏡》、《人鏡》爲三〔補〕勞校本「三」下補「門，凡六十」，共四字。**篇。紹興辛巳張師禹跋**。案：「跋」當作「自序」。是書本宋觀察使張師禹撰。乃兵家之書，凡三門共六十四篇。倦圃曹氏有寫本。見《遺書總録》。鈺案：「觀察使」上應有「東南第三正將」六字。**原書亡來已久，此姑存之可也**。〔補〕黄丕烈云：「予所見有二本，一得於顧五癡處，一爲吴枚菴物，今歸顧抱沖。」○鈺案：此書入《四庫》術數類《存目》。《含文嘉》本《禮緯》三種之一，據管説爲張師禹撰，則師禹實用《禮緯》舊名。此書朱彝尊所見凡二本，一本畫雲氣星煇之象而附以占書，一本分《天鏡》、《地鏡》、《人鏡》，皆非《禮緯》原書。遵王未詳其故，故記語亦言之不瞭。

黄帝龍首經二卷題詞本有。○見《也是園目》。○鈺案：《唐・藝文志》著録平津館有《道藏》「董」字號本，《日本國見在書目》注董氏撰。

《龍首經》雜占諸吉凶，〔補〕沈鈔本「凶」下有「者」字。昔黄帝受之於玄女。帝將上天，召刊本「召」誤「台」。〔補〕題詞本、阮本、胡校本均不誤。三子口授之，三子拜起，龍忽騰翥，止見其首。因以名其經云。

乙巳占十卷題詞本有。○《述古目》注「鈔」字。〔補〕黄丕烈云：「予於癸亥夏得舊鈔本，亦十卷。」○蔣鳳藻云通行本皆三卷。○鈺案：《宋志》著録。瞿《目》有舊鈔本，九卷，缺末《風氣》一卷。《皕宋志》有明鈔本，不缺。

李淳風集。其所記以類相聚，編而次之。始自《天象》，終於《風氣》，凡爲十卷。賜名「乙巳」，鈺案：《遂初堂目》作《乙巳占瑞録》。蓋以起算上元乙巳故耳。序文博贍整雅，非唐後人之刊本、阮本無「之」字。所能及。鈺案：係淳風自序。

乙巳略例十五卷題詞本有。○《述古目》注「鈔」字。○鈺案：《宋志》著録。

《乙巳略例》藏本有二，一爲清常道人手校，鈺案：《脈望目》不載。一是舊鈔。後俱附《占例》。鈺案：《四庫》未得《乙巳占》而得此書，原題李淳風撰。《提要》據《曝書亭集》有《乙巳占》跋語，謂《乙巳占》近時尚存，今偶未見。此書所占至天寶九載，非淳風所及，因定爲非淳風作。

黄石公潤經一卷《述古目》未録。○鈺案：《也是園目》及《絳雲目》均不載。《淡生堂餘苑》有此書，不著撰人。

視一身之動静爲吉凶，凡七十二條。君子不以卜占小伎一本作「技」。而忽之，亦省身之一助也。〔補〕黄丕烈云此書今歸士禮居。蓋得諸觀前師德堂，實爲式飲堂顧氏舊藏。

六壬鈺案：《隋書·經籍志》有《六壬式經雜占》、《六壬釋兆》二目，「六壬」之名始見於此。

六壬畢法二卷刊本作一卷，今從吴校。○見《也是園目》。○鈺案：胡校本云《述古堂目》作二卷，今粤雅本無之。《四庫存目》作《六壬畢法賦》一卷。

黄帝受式法於玄女，戰勝蚩尤。遵式立文傳經於後，世久殽譌，淺注穿鑿，遂致失其妙理。徐道符擬經作歌，名爲《心鏡》，鈺案：《四庫存目》：《六壬心鏡要》三卷，後集一卷。《提要》云道符自號無欲子，東海人，所著有《六壬六經歌》，已佚。此書尚存，收入《六壬大全》中。假例占以證經，遺規永久。建炎中邵彦和復能發揮素藴，究入幽微，著書曰《口鑒》。寶慶改元，凌福之用彦和法，作七言百句注釋之，以成此書。案：此書并有寶慶甲辰自序。鈺案：《提要》云收入《六壬大全》。夫六壬之義，謂天一生水，壬水建禄於亥，亥乃乾天之位，數六屬金，金生水，故名之刊本、阮本無「之」字。「六壬」。予今備述諸書，他日就正有道，庶不至冥行擿埴耳。

壬課纂義十二卷見《也是園目》，「壬」上有「六」字。

六壬之課，有七百二十，得其名六十四，總其約，惟宗首九課而已。考之占法，分門擇刊本、阮本作「釋」。例，則又無所不該也。夷山老叟得其傳於無僞子，撮課書之要於日用者，勒成十二册。卷帙繁重，繕寫艱難，世之得覩刊本作「覩」。〔補〕阮本、胡校本均作「覩」。此者或〔補〕胡校本或作「蓋」。尠矣。

六壬節要直講二卷見《也是園目》。○鈺案：《明志》有楊瓚《六壬直指捷要》二卷，當屬一書。

雲中衲衣子楊瓚，惜六壬書浩瀚紛紜，因搜羅衆説，去僞存真，節其要篇，分二十四門，刊本誤「門」作「分」，今從吴校。〔補〕阮本、胡校本均不誤。俾高明之士鑒而正之。

六壬易鑑鈐阮本誤「鈐」作「鈐」。**一卷**見《也是園目》「鈐」作「銓」。

序云：「李公考楊太史之餘〔補〕胡校本「餘」作「遺」。文，補通真子之不足，刊本作「補過真子之不及」。〔補〕阮本「過」作「通」、「及」作「足」，胡校本同。削除訛舛，添注幽奇，明排釋例於前篇，細局課鈐於後集，俾學者得觀禍福焉。」

六壬開雲觀月經一卷見《也是園目》。

始以元首，終以五福，卦共六十四刊本、阮本作「五」，今從吴校。鈺案：作「五」者是，見下。篇。此書與所藏《碎金集》、鈺案：見《也是園目》，一卷。《神樞經祕訣》鈺案：見《也是園目》一卷。焦氏《經籍志》有《六壬神樞萬一訣》一卷，不著撰人。是否即此書，待考。俱不著撰人。鈺案：《四庫存目》：《六壬開雲觀月經》一卷，《提要》據《國史經籍志》定爲蔣日新撰。云分爲八門，凡六十五卦，載入《六壬大全》中。總爲「六壬」中之一種耳。

六壬金匱玉鎖刊本「鎖」誤「瑣」。〔補〕阮本、胡校本均不誤。**全書一卷**見《也是園目》。○鈺案：《傳是樓目》有《金鎖玉匙》，詳注「鈔本一卷，無撰人」。

此書分例八，宗原一，青深一，鈺案：疑有誤字。凶否一，中平〔補〕阮本作「平中」。一，吉泰一，凶一，凶卦反吉、吉卦反凶各一。茅山沖和子撰，郭天進注。

六壬神機游都魯都法一卷見《也是園目》。

此兵家捉將擒賊法。游都爲賊盜刊本、阮本作「盜賊」。〔補〕胡校本同。之所主，魯都是寇兵之所居。主者，根也。居者，往胡校本「往」作「住」。〔補〕阮本作「往」。也。孫武子集此，以傳後世之有大將才者。鈺案：「游都」爲「都將」，「虜都」爲「天賊」，見李筌《太白陰經》。「魯」乃「虜」之改寫字。《四庫存目》有《六壬行軍指南》，無卷數。《提要》舉書中《游都魯都占法》，當即此書之異名。云爲好事者臆撰，無集自孫武之說。

六壬辯神推將集一卷見《也是園目》。

辯刊本作「辨」。神者，凡用十二神，看其所臨，相生相尅。若上尅下，只取上位神言之。下尅上，取地盤言之。若上下相生，比取天盤言之。推將者以月將加正時將，先用前五，次用刊本、阮本無「用」字，從吴校本。〔補〕胡校本有「用」字。後三。一本作「六」。其書絕佳，明辯〔補〕刊本、阮本作「辨」，繆本作「辯」。俱在注中。

六壬兵帳賦一卷案：《遺書總録》載有寫本《六壬軍帳賦》一卷，劉啟明撰，言行軍時休咎，疑即此書。○《述古目》注「鈔」字，作十卷，無「賦」字。鈺案：《絳雲目》作十冊。

臨戎占式，以四時識神之雌雄，是或一道也。鈺案：入《四庫存目》。《提要》云河南劉啟明撰。《崇文總目》有劉啟明《占候雲氣式》，《宋史·藝文志》有劉啟明《雲氣測候賦》，蓋北宋以前人，明人刻入《六壬兵占》中。

壬式兵詮一卷《述古目》有《六壬兵鈐白文》一卷，注「鈔」字，疑即此書。〇見《也是園目》，「詮」作「銓」，卷數同。

前列白文，後著〔補〕胡校本「著」作「註」。解義，皆軍占也。

大定新編四卷見《也是園目》。〇鈺案：《傳是樓目》有楊向春《大定新篇》二卷，又續二卷。《明志》有楊向春《皇極經世心易發微》一目，入《四庫存目》。《提要》云向春字體元，號野厓，雲南普洱人。

大定者，以年、月、日、時錯綜布算，成千百十零，加入奇偶數，而分元、會、運、世。年刊本、阮本作「元」。〔補〕胡校本同。符元，月符會，日符運，時符世。看上下生尅何如，以定其吉凶，此書之大凡也。〔補〕黄丕烈云：「予家有舊刻本。」〇鈺案：向春所撰《心易發微》，《提要》云推衍《皇極經世》舊說，立占卜之法，推論干支生尅，五行制化。與遵王所記相類，疑一書而二名也。

大定新編便覽二卷見《也是園目》。

野厓楊向春輯。謂理者太虛之實義，數者太刊本作「大」。〔補〕阮本作「太」。虛之定分。未形之初，因理而有數，因數而有象。既形之後，因象以推數，因數以推理。故看數之法，於卦數上下，縱横反覆，推究體用，生旺刑尅。探其玄奥，則貴賤吉凶，瞭然如指諸刊本、阮本作「之」。〔補〕胡校本同。掌矣。

大定續編纂要一卷《述古目》作三卷。○見《也是園目》，作二卷。○鈺案：今粵雅本《述古目》無。

《續編》專論格局，定之以理與時。亦野厓復元子所輯也。鈺案：連上二種，《汲古閣祕本書目》均有緜紙舊鈔本。

神女清華經一卷見《也是園目》。○鈺案：《宋志》五行類有《玄女簡要清華經》三卷，疑即此書。

玉清圓〔補〕胡校本「圓」作「園」。編次。凡五十四篇。

太乙

太乙統宗寶鑑二十卷入《述古目》。

吾家藏舊鈔《統宗寶鑑》有二，前俱有大德癸卯曉〔補〕一本「曉」作「統」，阮本、繆校本不誤。山老人序。案：《遺書總錄》云海昌許氏學稼軒藏有寫本，作大德七年曉山老人自序。是書以太乙周行統運六十四卦，旁綜星象，兼注史事，標類成編。鈺案：流傳舊鈔本云明吴琉撰，與此《記》題曉山老人者不合。考琉有《皇極經世鈐解》，入《明志》，時代亦異，俟考。其一後附《起例》、《真數》、《淘金歌》三書各一卷，其一後附《數林》、《籌數》、《專征集略》、《神機三鏡》四書各一卷。鈺案：《起例》三種、《數林》四種，均一卷，見《也是園目》，「專征」作「專政」。《淘金歌》一種，見《宋志》。此書入《四庫存目》，不附各種。《提要》采王肯堂《鬱岡齋筆麈》說，斥其演記尋元，不足爲據。又案：乾隆五十三年，軍機處奏《全燬書目》有《太乙統宗寶鑑》一目，注無名人撰，疑別有一書也。

太乙星書二卷

鈺案：此條管氏照阮本改，列星命類，今仍趙本。說見卷一《經疑問對》條下。○《述古目》注「鈔」字，作三卷。

高季迪跋云：「此書世所罕傳，爲元季星學第一。趙仲光手書，鈺案：仲光名奕，孟頫子雍弟，工書，可與魏公亂真。見《書史會要》。更不易得。世傳文敏仲穆書不少，而仲光不多見。前後小印，傳謂〔補〕胡校本「謂」作「爲」。元世祖鈐縫小璽，亦無所據。」鈺案：錢《補元志》作二十卷，云元季人作。年代與季迪說合，卷數相懸，疑別一書。是本是洪武年間影鈔仲光手錄本，並〔補〕刊本作「并」。附季迪跋於後。

奇門

景祐遁甲符應經三卷《述古目》注「鈔」字，作一卷，無「景祐」二字。〔補〕胡校云《書錄》作《景祐遁甲玉函符應經》三卷。

宋仁宗御製序云：「遁甲之旨，〔補〕阮本、吴校本「旨」作「書」。出於《河圖》，黄帝之世命風后創名，始立陰陽二遁，共一千八十局。迨周公約七十二局，刊本、阮本脫「局」字。〔補〕胡校本有「局」字。留侯佐漢，議一十八局。朕萬機一本作「幾」。〔補〕阮本亦作「幾」。在念，法神道而設教，因取其書，命太子洗馬兼司天春官正權同判監楊維刊本、阮本「維」皆作「惟」。德、〔補〕胡校本云《書錄》「德」作「得」。春官副王用立、翰林天官刊本作「翰林官」。〔補〕阮本作「翰林天官」。李自正、何〔補〕某校本「何」作「句」。湛等，於資善堂撰集。又命内侍省東頭供奉官管勾御藥院任成亮、鄧保信、皇甫繼〔補〕某校本「繼」作「維」。和、周維刊本、阮本「維」作「惟」。德總其工程。庀事數月，成書三卷，命曰《景祐遁甲符應經》。案：《揅經室外集》云是書宋楊維德等撰。維德附《宋史·方技·韓顯符傳》，字里未詳。顯符稱其能傳渾儀法。是編不見於《宋志》。鄭樵《通志》始著錄。焦竑《經籍志》、錢遵王《述古堂書目》所載卷帙並同。惟馬端臨《通考》則作二卷，乃傳寫之誤。此從舊鈔本依樣過錄。卷首有宋仁宗御製序，末載永樂間欽天監五官司曆王巽序。其書以遁甲論行軍趨避之用。如言「九天之上，九地之下」，即孫子《形篇》所謂「善守者，藏於九地之下；善攻者，動於九天之上」。亦即李筌所云：「以直符加時於後一所臨宮爲九天，後二所臨宮爲九地。地者，靜而利藏。天者，運而利動。」巽云其書立術精密，考較詳明，宜五行家所不廢也。鈺案：楊惟德《景祐遁甲符應經》三卷，《宋志》入五行類。《肇經》說有誤。

金鎖刊本作「瑣」。**遁甲二卷**《述古目》作一卷。○見《也是園目》。○鈺案：今粵雅本《述古目》無。

此書大有裨於兵家，惜無善本校其譌耳。

遁甲奇門星起法一卷題詞本有。○《述古目》注「鈔」字。

陽遁九局，陰遁九局，中又分上中下三局。是内府舊鈔本，人間希有之書也。鈺案：《國史經籍志》有《陽遁甲》九卷，《陰遁甲》九卷，《三元遁甲》三卷。此疑併鈔刪節之本。《星起法》無可徵。

新式遁甲天書一卷題詞本有。○見《也是園目》。

首列《新式奇門圖》，終列《海運第一船之圖》。注云：「非止漕運係京邊命脈，正欲假刊本作「解」。〔補〕題詞本、阮本、胡校本均作「假」。此以援北，世無沈謀，遂視爲迂著。竊恐運河梗塞，東南輸輓，終非我有耳。昔勝國初用朱清、張瑄議建海漕，終元之世賴之。鈺案：錢補《元志》有《海運紀原》十卷，餘杭人徐泰亨撰。此書及焉。」誠哉卓識之士也。

曆法

新儀象法要三卷《述古目》作一卷，誤。○《述古目》粵雅本《儀象法纂》一卷，注「鈔」字，上有「蘇頌」二字。「法要」作「法纂」，與此《記》異，亦與管説異。〔補〕周星詒云收入《天祿目》。

前列蘇頌進儀象狀，鈺案：《宋志》天文類有蘇頌《渾天儀象銘》一卷，曆法類有《新儀象法要》一卷，曆算類有《儀象法要》一卷，紹聖中編，均不著撰人。卷終二行云：「乾道壬辰九月九日，吳興施元之鈺案：元之字德初，即注東坡詩者。刻本於三衢坐嘯齋。」此從宋刻影摹者，圖樣界畫，不爽毫髮，凡數月而後成，楮墨精妙絶倫，又不數宋本矣。案：別下齋得顧伊人影摹宋本甚精，可以傚遵王矣。

卜筮

陸森玉靈聚義五卷入《述古目》，注「宋板」二字。鈺案：「宋」字當爲「元」字之誤。〔補〕勞權云《恬裕目》《新刊圖解玉靈聚義占卜龜經》四卷，元刊本，題王洙撰，陸森類聚，駱天祐校正。卷二中雜入《埜菴龜經》一種。審全書次第，與《敏求記》、《四庫》著録微有不同。森，吴人，爲陰陽教諭。卷中有「從祕閣所藏《龜經》參定」一條，豈《龜經》即洙所撰，故首行題其姓氏耶？

此書泰定乙丑刊本作「己丑」。〔補〕阮本作「乙丑」。某校本云：「泰定僅四年，其二年爲乙丑。」翰林待制趙孟暄序於簡端，平江路陰陽教授駱天祐校正，天曆二年申奉總管府指揮鋟梓刊刊本無「刊」字。〔補〕阮本、胡校本均有。行。鈺案：述古堂誤列入《宋板書目》。當時校刻流傳，殊非草草，勿以其卜筮之書而忽之。刊本無「之」字，從吴校補。〔補〕阮本、胡校本均有。予別藏竹隱老人邵平軒鈺案：瞿《目》題霅溪竹隱老人，有淳祐己酉自序。《玉靈照膽經》一卷、陳大經鈺案：《也是園目》「經」下有「校」字。《玉靈聚義》二卷、埜菴先生鈺案：《也是園目》「生」下有「校」字。《龜經》二卷，〔補〕勞權云《恬裕目》《埜菴龜經》一卷，舊鈔本，序目皆全，鈔者合之耳。鈺案：今刻《鐵琴銅劍樓目》不載。皆係舊鈔，流俗罕有其本。筮短龜長，備之一本作「諸」。書庫中可耳。

龜經祕訣一卷入《述古目》。

篇數止十，圖簡而允，是宋末時槧本。鈺案：龜卜諸書，《漢志》著録最多，後則《隋志》有史蘇《龜經》諸目，《新唐志》有孫思邈《龜經》一目。此條不著撰人，疑本術家依託之書。

星命

注解珞琭子鈺案：《四庫提要》云《曲洧舊聞》據序文謂周世子晉所爲。陶弘景又以珞琭子自稱。其書始見《宋志》，當爲北宋人所作。舊稱某某，皆依託也。**三命消息賦二卷**題詞本有。○見《也是園目》。

李獻臣云：「珞琭者，取珞珞如玉，琭琭如石之義，鈺案：見《老子》。推人生休咎否泰之法。」鈺案：《直齋》云此書禄命家以爲本經，其言鄙俚，閭巷賣卜之所爲也。此注解者，〔補〕勞校本「者」下有「保義郎監内香藥庫門臣」十字。王廷光、〔補〕勞權云，徐氏《含經堂目》有王廷光《珞琭子三命消息賦》三卷。李仝、刊本作「同」，今從吴校。〔補〕題詞本、阮本、胡校均作「仝」。又勞校本「李」上有「宜春」二字。鈺案：《鄭堂讀書記》引此《記》作李同，云李同當即李全。「全」誤爲「仝」，「仝」又誤爲「同」也。釋曇瑩、〔補〕勞校本「釋」上有「嘉禾」二字。鈺案：曇瑩號蘿月，以談《易》名。《容齋隨筆》稱曰「易僧」。見《提要》。徐子平〔補〕勞校本「徐」上有「東平」二字。鈺案：

子平名居易，五季人。與麻衣道者陳圖南、吕洞賓俱隱華山。見《提要》引劉玉《已瘧編》術家之言，亦無確據。四家也。鈺案：《提要》云《敏求記》稱王廷光、李仝、釋曇瑩、徐子平四家注，《永樂大典》有二本，一本獨題曇瑩名。而廷光與仝之説，皆在錢本，乃後人輯四家之説合爲一書，故所題撰人互異。宣和五年，廷光表進之。〔補〕勞權云：「《恬裕目》影元鈔《新編四家注解經進珞琭子消息賦》六卷。《賦》不著撰人。其作注者云云，校於《記》中。《四庫》本從《大典》鈔出。此係原書。」鈺案：勞所據本，與此《記》同，有「經進」字樣，當出一本。惟卷數不同。《經籍考》有《珞琭子疏》五卷。晁氏曰：「皇朝李仝、東方明撰。」〔補〕勞權云焦氏《經籍志》：東方明《珞琭賦疏》十卷。未知仝與全爲兩人乎，抑亦一人而誤其名歟？〔補〕黄丕烈云：「《珞琭子疏》五卷，李仝、東方明撰者，於道光元年收得宋刻本，後歸藝芸精舍。今士禮居中僅錄副本。」此本後附李燕《陰陽》一書，但有正文無注疏。○勞權云：「《新雕注疏珞琭子三命賦》三卷，宜春李仝注，東方明疏。校正李燕《陰陽三命》二卷，有嘉祐四年己亥十二月二十一日宜春李仝序。三十三葉，十二行，行大二十字，注約三十、二十九字。李燕書連刻半葉，十四行，注約三十三四字，明人學圃堂、國初傳是樓有題墨跡印記。又《三命通會》載《賦》，與此大同小異。云珞琭子注，育吾子解。注解不分，與此注疏不同，疑明人也。又《傳是樓宋元板書目》：《三命消息賦》二卷，喬子晉。」鈺案：勞權所引《三命通會》，《四庫》著錄。《提要》云卷首題育吾山人，世俗所傳之《星學大成》撰者，爲萬民英。英字育吾，是育吾即萬民英也。又傳是樓《三命消息賦》下未載「喬子晉」三字，不知勞據何本。

經世祝氏鈐一卷題詞本有。○《述古目》注「鈔」字。○鈺案：此書即《皕宋志》所載祝氏「皇極」諸書之一種，題爲《皇極經世鈐》者。

二十年前，嘉禾陳獻可〔補〕勞權云，獻可名藎謨。經歷無功子，有《皇極圖韻》一卷，大致取《皇極經世》聲音唱和之説而推衍之。過予草堂，訪求遺書，見《經世祝氏鈐》而有感，鈺案：祝泌撰《皇極經世觀物篇解》，已見本卷之上。曰：「我行四方，留心籍氏久矣，無從搜此書。不意垂老得見刊本脱「見」字。〔補〕題詞本、阮本、胡校本均有。之，展玩終日，似有會於心。惜乎卒卒別去，未及請正之爲恨耳。」予今觀其説，以元會運世，推算年月日辰，〔補〕胡校本「辰」作「時」。四象運行，八卦變化，總是先天象數之機要，古人於星命之學，亦必窮年盡氣以求精一藝，豈予淺夫所能窺其閫奧。聊記故友刊本作「交」。〔補〕題詞本、阮本、胡校本均作「友」。之言，以志予之嘅耳。

演禽龍眠感化真經一卷入《述古目》。

或云李伯時撰，朝列大夫張浩注。一本「注」下衍「浩」字。龍眠，舒城人，登進士第，官至朝奉郎。作書〔補〕一本誤作「畫」。有晉宋風格，繪事集顧、陸、張、吳及前世名手所善以爲己有，爲刊本、阮本無「爲」字。宋畫中第一。未聞其留心禄命，姑識一本作「志」，阮本作

「誌」。此，以詢博識者。鈺案：此書《述古》及《也是園》兩目外，他無可徵。《汲古閣祕本書目》有龍眠居士注解《通天竅》、《龍眠神占經》二種，皆星卜之書。疑龍眠乃術士别號，未必即爲善畫之伯時也。

圖注解千里馬三命三卷見《也是園目》。

宋徐子平鈺案：《宋志》有董子平《太陰三命祕訣》一卷，疑「董」字爲「徐」字之誤。得《軒轅奥旨遺文》七十二卷，注釋流傳。徐大昇鈺案：盧文弨《補宋藝文志》有徐大昇子平《三命通變》三卷。嫌其篇卷浩大，尋其捷徑，類成編次。神谷子又取其《定真論》、《喜忌篇》、《繼善刊本作「喜」。〔補〕阮本、胡校本均作「善」。篇》增注之，刊行於世。神谷子失其名氏，〔補〕刊本作「氏名」。〇鈺案：《四庫存目》：《子平三命淵源注》一卷，元李欽夫撰。《提要》據嘉定丙寅王瓚序，稱子平《三命》，自錢塘徐大昇後，知此者鮮。五羊道人李欽夫取子平《喜忌》、《繼善》二篇，特加注解，其語與遵王所記吻合，是神谷子即李欽夫也。錢《補元志》收李欽夫《子平三命淵源注》，又收神谷子《圖注解千里馬三命》。是目一人爲二人，分一書爲二書矣。序於天曆年間，蓋元文宗刊本誤作「宋」，今從吴校。〔補〕阮本、胡校本均不誤。時人也。鈺案：《古今書刻》：建寧府書坊有《千里馬》一目，與《子平淵海》同列，當即此書之簡稱。

三辰通載一本作《三通辰載》，疑誤。〔補〕阮本不誤。**三十四卷**案：簡莊徵君云：「錢塘趙功千先生曾從述古堂借鈔。今小山堂典籍散佚殆盡。癸巳季冬，予於湖墅書肆見此書，有朱筆標識。以文云是功千手筆也。今歸插架。」○入《述古目》，注「宋板」二字，入《宋板書目》。〔補〕勞權云述古影宋鈔本，今歸丹鉛精舍。九行十七字。卷一、四、十二、十六、二十、卅四末有「淳風後裔玉林清一」二行。卷八、廿四、廿六有「玉林清一」四字。卅卷後有跋云《三辰通載》、《五行精紀》二書，乃推論星命之奧旨。至元甲午收贖得此，以爲衣食之本云云，末署「皇慶癸丑上巳後淳風後學玉林子清一書」，中有朱筆評閲並標識，無述古印記，因其裝潢知之。

《通考》云：「錢如〔補〕胡校本「如」作「汝」。璧撰集。」案：《直齋》云嘉禾錢如璧編集《五星命術》。鈺案：《國史經籍志》亦有此目。此是南宋槧本，有南京解元唐寅印並題字，知爲伯虎所藏也。

五行精紀三十二卷案：《直齋》作三十四卷，云清江鄉貢進士廖中撰。周益公爲之序。集諸家三命説。○《述古目》注「鈔」字。〔補〕勞權云《恬裕目》：舊鈔三十三卷，云校《敏求記》多一卷。鈺案：《國史經籍志》三十四卷，與《直齋》同。《持静目》亦有精鈔三十三卷本。

此書鈔寫精妙，又經舊人勘對過，〔補〕阮本無「過」字。洵爲善本無疑。所引書五十一種，予所有者惟《珞琭子》，他則均未之見。撫書自慚，何敢與收藏家相埒乎？

相法

許負相法一卷《述古目》作許負《相法》十六篇一卷，注「鈔」字。○鈺案：《宋志》有許負《形神心鑑圖》一卷。《國史經籍志》有許負《相書》三卷、許負《金歌》一卷。

《相法》十六篇，言簡而旨明，爲古今相書之祖。前代若姑布子卿、鈺案：《國史經籍志》有姑布子卿《相法》三卷。唐舉、鈺案：《國史經籍志》：《麻子經》三卷，注唐舉。又唐舉《相顯骨法》一卷。吕公、許負、管輅、袁天罡〔補〕胡校本「罡」作「綱」。○鈺案：《新唐志》有袁天綱《相書》七卷。《國史經籍志》列目尤多。《四庫存目》有《貴賤定格五行相書》一卷，舊本題唐袁天綱撰。輩流，曠世間出，其術刊本作「世有其術」，今從吴校。〔補〕阮本亦作「曠世間出其術」，刊本作「曠世間世有其術」，似誤。非有得於異傳，安能明察幾微若是乎？

焉度集二卷刊本作一卷。○入《述古目》作一卷。〔補〕阮本、胡校本作二卷。鈺案：《傳是樓目》有四卷本。

平度李巒刊本作「蠻」，今從吴校。〔補〕阮本作「巒」。著。上卷論神形氣色周身之相，下卷總括歌賦及飛走四十九條，其詞刊本「詞」下有「亦」字。〔補〕阮本、胡校本無。詳而辯〔補〕刊本、阮本、胡校本均作「辨」。矣。

麻衣石室神異賦一卷《述古目》注「鈔」字。○鈺案：《國史經籍志》有此目。

陳希夷師麻衣學相，鈺案：此事朱子《名臣言行錄》因錢若水事載之。《明志》有鮑栗之《麻衣相法》七卷。戒以深冬擁鑪而教。如期往，引至華山石室中，用銅筯阮本「筯」字誤「筋」。畫字灰中刊本脱此句七字，今從吴校補。〔補〕阮本、胡校本均不脱。傳此，又名《金鎖賦》。别有《銀匙歌》授希夷，今絶傳。

宋齊邱玉管照神十卷案：《直齋》有《玉管照神》一卷，不著撰人名氏，疑另一書。○入《述古目》。○鈺案：《絳雲目》有無名氏《玉管照神》一卷。

上局所論，皆人之體貌，有形可見，故謂之陽局。下局所論，皆出形之外，無象可觀，故謂之陰局。齊邱之大旨盡於此矣。案：此書外，别有《玉管照神局》三卷，亦題齊邱撰，《宋志》並存其目，然論相之法與《敏求記》所云分陰局、陽局者，其説不同。鈺案：管氏此説本《四庫提要》。《持静志》、《善本志》均有鈔本。

五行生剋丰鑑十卷見《也是園目》。

呂廷玉云：「《丰鑑》一書，或云紫府真人所著，傳於道叟孫復陽，然散逸無序，刊本脫「序」字。〔補〕阮本、胡校本均不脫。王刊本誤「主」。〔補〕阮本作「王」，胡校本作「三」。先生又爲添刊本「添」下有「序」字。〔補〕阮本無。補其缺遺，始稱完備。」予觀其書，頗寓勸戒之意，使人知吉凶趨避之因，誠有道者之言也。

相字心易一卷見《也是園目》。○鈺案：《國史經籍志》「相字」有三目，與此記皆不合。《永樂大典》有《神機相字法》一卷、《龜鑑易隱皇極數》一卷，皆測字術，入《四庫存目》。

相字神刊本作「成」。〔補〕阮本、胡校本均作「神」。於宋之謝石，然「秦頭太重，壓日無光」之對，不可以其伎術之士也而小之。鈺案：事見宋何薳《春渚紀聞》。予觀此法，前古未聞，殆射覆之遺意歟。

宅經

宅經二卷案：竹汀先生云，是書舊題黃帝撰，僞也。疑即《宋志》所錄之《相宅經》。○題詞本有。○見《也是園目》，「宅」上冠「黃帝」二字。

隨宅大小，中院分四面，又分十干十二支，乾、艮、坤、巽作一阮本作「二」。〔補〕胡校本亦作「二」。鈺案：作「二」者是，見下。十四路。考尋宅之休咎，無出於此矣。鈺案：《四庫》著録《宅經》二卷，《提要》云：「舊本題曰《黄帝宅經》。其法分二十四路考尋休咎，以八卦之位向乾、坎、艮、震爲陽，巽、離、坤、兑爲陰，而主於陰陽相得。」此記即是本也。故《也是園目》作《黄帝宅經》。《宋志》《相宅經》不著撰人，似即一書，故錢説云然。

葬書

鄭謐注釋刊本作「鄭謐釋注」，阮本作「鄭謐注釋」。〔補〕胡校本作「鄭謐注釋」。鈺案：各書均作「謐」，作「謚」者誤。**郭璞葬書一卷**見《也是園目》。〔補〕黄丕烈云：「癸亥秋，得明刊本。」鈺案：當爲弘治十一年新安謝子期所刻，見瞿《目》，改題爲《葬經集注》，有洪武五年宋濂序。

《葬書》世鮮善本，流俗所傳二十篇，皆後人增益。建安蔡季刊本作「李」，今從錢校。〔補〕阮本作「季」。通鈺案：季通名元定，朱子門人。其相地之書有《發微論》一卷，《四庫》著録，謂其父發所作，詳見下四十一葉。去其十二，内外各分篇四。其雜篇二首，俗本散入正書中。更爲釐一本作「釐」。定，敘次井然矣。元默刊本作「嘿」。〔補〕阮本、胡校本作「默」，繆本作「默」，云刊本作「黑」。鈺案：應作「默」。謐自號元默居士。生鄭彦淵得此書於劉庶幾，云傳之於杜待制，繼又得王伯刊本作「邦」。〔補〕阮本、胡校本亦作「伯」。昌手錄孫院判刊本誤「刊」。〔補〕阮本、胡校本均不誤。本，標題下書「劉刊本脱「劉」字。〔補〕阮本、胡校本亦脱。江東家藏善本」七字。二者俱有吴草廬題跋，而孫本尤爲精密，因加訂定，從而釋之。凡經曰云云，皆引《青烏經》中語也。鈺案：此書入錢補《元志》。又案：《四庫全書》著録《葬書》，《提要》據《宋志》名《葬書》，謂後來術家尊爲《葬經》。毛刻亦承其譌。《稽瑞樓書目》有「葬經」一目，注「葬書附」三字，分一書爲二，未喻其故。彦淵又著《太極圖集義窮神》等書，鈺案：《太極圖集義窮神》一書，亦入《補元志》。許存仁序而行者，予不得見之矣。

楊筠松撼龍經一卷入《述古目》，作三卷。

阿㛹胡校本作「㛹」。達池之水，自香山南大雪北流，爲中國之河源，與北刊本、阮本作「地」，今從吴校。絡相會並行，而地師莫之知也。天下山河之象，又存乎兩戒。北戒自三危積石，負終南地絡之陰，乃至東循塞垣，抵濊貊、朝鮮，是謂北紀。南戒自岷山嶓冢，負地絡之陽，乃至東循嶺徼，達東甌、閩中，是謂南紀。鈺案：南戒、北戒，「戒」字錢大昕據《史記·天官書》、《漢書·天文志》，定「戒」爲「戍」之誤。戍星在南北河之間，故曰河戍。南戍即南河，北戍即北河。唐一行《大衍術議》謂天下山河之象存乎兩戒，蓋由誤讀《史》、《漢》，後人又承一行之誤也。見所著《養新錄》。茫茫堪輿大地，理之當明者盡於此矣。鈺案：以上本錢謙益《贈愚山子序》，見《有學集》。筠松鈺案：《直齋書錄》有《楊公遺訣曜金歌并三十六象圖》一卷，云楊即筠松也，人號楊救貧。《宋志》有楊救貧《正龍子經》一卷，《四庫提要》云：「術家相傳以爲筠松名益，竇州人。掌靈臺地理，官至金紫光禄大夫。廣明中，遇黄巢犯闕，竊禁中玉函祕術以逃。後往來虔州，不足信也。」獨能曉暢其説，仰觀俯視，千古來無有目空宇宙如其人者。龍而曰撼，神矣哉，又刊本、阮本作「有」。〔補〕胡校本作「又」。何首尾之可見乎？遇一本作「寓」。其意於地理之外可也。鈺案：《四庫》有《疑龍經》一卷，《葬法倒杖》一卷，皆筠松作，與此書同著錄。《絳雲目》又有《楊救貧九星玄妙流水訣》一目。

賴布衣催官賦一卷《述古目》注「鈔」字。○鈺案：《四庫》著錄「賦」作「篇」，二卷。《提要》云：「宋賴文俊撰。字太素，處州人。嘗官建陽。棄職浪游，自號布衣子。」

是書堪輿家咸知之，惜無善本校閲，獨此未改舊觀，龍沙〔補〕胡校本「沙」作「砂」。水穴，條疏明白。其繕寫古雅，非今人之筆也。鈺案：《四庫》本書中舊有注解，不知何人所作，闡發頗詳。

廖瑀葬法心印一卷《述古目》注「鈔」字。○鈺案：《國史經籍志》有瑀《地理正鵠》四卷。

經云：「穴吉葬凶，與棄屍同。」葬法之宜講也明矣。金精山人鈺案：瑀字伯禹，宋雩都人。鄉人稱廖五經。以得金精山善地，自號金精山人。謂地之真僞在於龍，地之消息在於葬。精心研究而著是書，於葬法頗造三昧。雲外老人傳刊本誤作「傳」。〔補〕阮本、胡校本不誤。旭序而傳之子姪，可謂寶愛之至矣。後附《玄女分金集》一卷，鈺案：入《也是園目》。亦人間希有本子，〔補〕繆本「子」下有「孫」字，云從胡校補。阮本無「孫」字。某校本云「本子」句不應加「孫」字。勿漫視之。鈺案：《四庫存目》有《九星穴法》四卷。《提要》云舊題宋廖瑀撰。地理家以楊、曾、廖、賴並稱，瑀書獨不傳。是書莫知所自來，疑出依託。此書爲《存目》所未載，當亦術家託名之作。

劉文正公平砂玉尺經六卷後集四卷見《也是園目》，作十卷，不分前後集。鈺案：《四庫存目》四卷，疑僅得後集。錢《補元志》兩種外，有《玉尺心鏡》二卷。

趙國公邢州劉秉忠著，青田劉基解，敬仙賴從謙發揮。

金函玉篆天機素書一卷《述古目》注「鈔」字。○鈺案：《四庫存目》有《天機素書》四卷，《提要》云唐丘廷翰撰，當即此書。惟卷數不符。

干支五行定山之局，二十八宿管其數，玄女另〔補〕繆本云「另」一本作「别」。爲之解，亦一奇書也。

青囊正經三卷見《也是園目》。

《青囊經》者，即《玄女海角天涯經》也。鈺案：《宋志》《天涯海角經》一卷，注不知作者，九江李麟注解。上中六卷，凡俗末由見之。下三卷，赤松子譯，以隸文傳世。蓋述地理四龍陰陽之法，希夷爲之序。

青囊正源赤松經一卷《述古目》注「鈔」字。

函雅堂藏舊鈔本，前有賴太素序文。鈺案：太素即賴文俊。上《青囊正經》，《記》稱即《天涯海角經》，赤松子譯。考《宋志》又有漢赤松子《海角經》一卷，是一是二，疑莫能明。《述古目》又有《青囊赤松經》一卷，亦注「鈔」字。

玉髓真經三十卷案：此書宋國師張洞元輯。尚有後集二十一卷。嘉靖間刻於福州。《也是園目》

亦載後集，作二十卷，疑傳寫之誤。○《述古目》作張洞元《地理玉髓經》二十卷。《也是園目》卷數與《記》同。○鈺案：《國史經籍志》作四十卷。盧文弨《補宋志》，作五十卷。

分爲十册，甲二、乙一、丙一、丁三、戊一、己一、庚三、辛六、壬二、癸十，共三十卷。此書詳明博雅，真地理之指南也。間以流俗刊本鈺案：《古今書刻》建寧府有坊本。勘對，牴牾脱落，盡失舊觀。惜乎不可是正，始知原書之貴重如此。〔補〕黄錄《採遺》云，明張經序云宋張子微氏洞曉陰陽，推測造化，乃采諸家之所長，而參以獨見。龍明貴賤，穴别正偏，砂之順逆，水之向背，凡前人所未發者，皆發明無遺。又擬諸形容，以作圖像。而劉允中之注釋，蔡季通之發揮，皆互相表章，如指諸掌。曰玉髓以言乎至精，曰真經以言乎至當，蓋集其大成而爲地理之全書也。鈺案：陸心源云子微，宋初人，太祖將定都，徵地師十七人議之，主汴京之策，見後二十卷。慕容德修序。貢師泰言朱子嘗篤信而明辨之，此書頗爲儒者所重。又案：此書不載《宋志》，《四庫全書》亦失收，未審何故。

堪輿賦一卷《述古目》注「鈔」字。

錄於正德年間，不著撰人氏名。惜無别本勘其譌〔補〕刊本、阮本、胡校本均作「僞」。耳。

鈺案：以「堪輿」二字標目，見於史志者，以兩《唐志》爲最先。《舊志》有《堪輿曆注》二卷，《黄帝四序堪輿》二卷，殷紹撰。《新志》二種外，有《地節堪輿》二卷。《宋志》又有《堪輿經》一卷。《國史經籍志》有劉伯温《堪輿管見》二卷。《明志》尤多。此賦則偏檢無徵。

堪輿纂略三卷《述古目》注「鈔」字。

聚《狐首古經》、鈺案：《狐首經》一卷，見《直齋書錄解題》，云不著名氏，稱郭景純序，亦依託。《浙江採集遺書總錄》有宋濟水游光敬集注刊本。《四庫存目》《葬經》一卷。《提要》云：「題青烏先生《葬經》，出後人依託。」《青烏先生葬經》、鈺案：《四庫存目》《管氏啟蒙》二册，謂管輅之書，集隋蕭吉、唐袁天綱、李淳風、宋王伋注，不知集者何人。《管氏指蒙》鈺案：盧文弨《補宋藝文志》：三書爲一帙，全載其文，而謂之《纂略》者，蓋以堪輿家注述甚富，未能備錄，止集此三種，以爲陰陽書之祖，非纂其語句而略之也。

地理發微論集注一卷入《述古目》。

牧堂蔡發神與〔補〕胡校本云「蔡發神與」，鈔本作「蔡發坤」。鈺案：《四庫》著錄《發微論》一卷。《提要》云《地理大全》載此書，題曰蔡牧堂撰。考蔡玄定父發，自號牧堂老人，則其書當出發手。後人誤屬之玄定，諸本題玄定撰者爲多，故仍以玄定名著錄。又考神與乃發之字，胡校誤。著《發微十六論》，以《感應篇》終之。談地理而揆諸天道，使人子無倖心焉，其用意良厚矣。燕翼詒謀，古人垂裕後昆者，唯是聿修厥德，初無陰陽吉凶之說，殽惑其志。新安謝昌鈺案：昌有《地理四書》，見《明志》。注釋此書，〔補〕黄丕烈云此爲《地理四書》之一，癸亥秋，得明刻本。務期葬親者一歸於正，不墮刊本作「墜」。〔補〕阮本、胡校本同。庸術星卦之誤。其得於牧堂者深，君子勿以堪輿書等視之可也。

地理泄天機十二卷案：亡友胡蕉窗上舍云《述古》十二卷，精鈔本，曾藏桐鄉金鄂巖比部家。○《述古目》注「鈔」字。

卷首題云：「金精山人廖瑀術，〔補〕繆本云一本作「述」。海岱清士余芝孫述。」括陰陽諸家之説而總成其書。别一部止六大卷，鈺案：《萬卷堂目》有八卷本。與此互異，今兩存之。鈺案：《述古堂》、《也是園》兩目，均載十二卷本。六卷本兩目均未載。

地理總括二卷見《也是園目》。〔補〕黄丕烈云，丁丑冬，得舊鈔本。

鄱陽羅珏〔補〕胡校作「琞」。繆本作「玉」。鈺案：刊本不誤。珏字世美，見《四庫提要》。撰集。上卷爲《陰龍》，下卷爲《陽龍》，猶是其稿本歟？案：是書明理氣，審星垣，參用二劉、廖、賴諸家之説。《遺書總録》作六册，疑别一書。鈺案：此書入《四庫存目》，作三卷，爲萬曆二年刻。前二卷論陰陽局，第三卷爲平原三法。遵王此《記》祗前二卷，非全書也。

陰陽正源五卷《述古目》注「鈔」字。

八卦五行之説，錯綜而變化之，具有别解，非予能知也。

太素心印一卷見《也是園目》。

著論於穴之下，少奇見特解，婺人之書也。

相山骨髓一卷《述古目》注「鈔」字。

相山之術，取骨肉皮氣爲四體，復舉四十字總其奥妙，而窮之以五行相合之理，穴法盡其中矣。鈺案：相山之書，以《宋志》所録《陰陽相山要略》二卷爲最先。《菉竹堂目》有《相山經》一册，不知即此書否。

楊公六段機一卷見《也是園目》。

此又名《金門玉鑰匙》。鈺案：《述古目》有《金門玉鑰匙紫囊》一卷。《也是園目》作三卷。《也是園目》並收《楊公六段機》一卷，一書兩載，未詳其故。「六段」者，一論後龍，二論龍虎，三論朱雀，四論水城，五論明堂，六論捍門。其辭明達洞暢，非深心於此者弗能作也。鈺案：

《菉竹堂目》有《楊公直指論》一册，不知即此書否。

魏成訣黃金葬法一卷見《也是園目》，「法」下有「經」字。

成訣，宋時人，採諸地師之論，以成一家言，備之可也。

吳景鸞鉗龍經一卷見《也是園目》。〇鈺案：《四庫存目》有宋吳克誠《天玉經外傳》。《提要》云其子景鸞續成之。克誠父子，古籍無徵，惟術家相傳爲德興人。克誠學於陳摶，景鸞承其指授，慶曆中授司天監正。其遺書爲廖瑀所得，瞿《目》有《天機望龍經》一卷，題宋雲水山人吳景鸞祕授，廖金精筆記，知吳、廖固有淵源也。

審龍之貴賤在權將，圖三百穴以別其真僞，其術詳《祕訣》中。鈺案：《也是園目》「葬書」有《造福祕訣》一卷，當即此《記》所稱。

騎龍穴法一卷《述古目》作《騎龍三十六穴法》一卷，注「鈔」字。〇鈺案：瞿《目》有舊鈔本。

江村道人案，騎龍穴法三十六，倒騎龍穴法凡十，未有文字。別刊本作「刻」。〔補〕阮本、胡校本均作「別」。本檢王趙卿歌附録之。鈺案：王趙卿歌疑即《通志》所載《尋龍入式歌》。

龍穴明圖十一卷《述古目》作十二卷。○見《也是園目》。○鈺案：粵雅本《述古目》不載。勞權云《述古目》五卷，與管說又互異。《延令書目》作十一卷，與此《記》同。《菉竹堂目》有《地理龍穴圖》一册。

谷一清編次。元時刻本。凡穴之形勢，備於此矣。

錢遵王讀書敏求記校證卷三之下

醫家

外臺祕要 鈺案：《宋志》作「祕方」。**四十卷**《述古目》注「宋板鈔本補」五字，入《宋板書目》。○鈺案：陸心源有北宋刊初印本，見《儀顧堂題跋》，有校補九卷。又案：《宋志》別有《外臺要略》十卷一目。

朝散大夫守光祿卿、直祕閣判登聞檢〔補〕胡校本「檢」作「鼓」。院、上護軍臣林億等上進。熙寧二年五月二日，准中書劄子，奉聖旨鏤板施行。《醫說》云：「此書撰於唐王珪。」《經籍志》云：「唐王燾撰。」案：《直齋》云燾自爲序，乃天寶十一載也。鈺案：燾爲珪孫，《唐書》附珪傳。《述古目》作林億《外臺祕要》，爲《四庫存目》所糾。此《記》遵王未誤。《目》作林億者，殆一時不檢耳。則知林億等乃校刊上進也。〔補〕黄丕烈云：「澗薲爲予言，抱沖曾得密行細字者，予未及見。」又云：「己未從抱沖弟借觀，止一册。」鈺案：黄氏藏有宋本，僅目錄及第廿三兩卷，見《百宋一廛賦注》。疑即抱沖所藏之殘本。

伊尹湯液仲景廣爲大法一卷入《述古目》。○鈺案：《四庫》著録作《湯液本草》三卷。

伊尹《湯液》，散見諸書，醫家未覩其全。仲景獨能廣而行之。古〔補〕胡校本「古」誤「故」。趙王好古，鈺案：好古，趙州人，字進之。復纂成此書，鈺案：平津館有此書，録好古題辭云：「伊尹《湯液》，人莫之知。仲景所廣之書十卷，世又未聞。予故纂爲此書。」又爲仲景之功臣矣。

羅知悌心印紺珠一卷《述古目》注「鈔」字。

知悌字子敬，號太無先生。集六散三丸十一刊本作「六」。〔補〕阮本、胡校本均作「一」。湯，以總持萬病，意在康濟斯民，甚盛心也。是册繕寫精楷，乃名手所書，宜珍祕之。鈺案：戴良《九靈山房集·丹溪朱震亨傳》稱，震亨得羅知悌之傳。考知悌爲宋内官，其學由劉完素而遞及震亨，中隔一傳，並非及門受業。錢《補元志》録知悌此書，以知悌爲元人，未免失考。至《四庫存目》所録《心印紺珠經》二卷，作明李湯卿撰，且稱其書議論純正，惟以十八劑爲主，未免拘泥。與此《記》所稱以六散三丸十一湯爲治者，亦極相類。《千頃堂書目》又有《心印紺珠經》二卷，云元朱撝撰，搊傳醫學於李湯卿。未知朱、李二書是否即羅氏此書，俟達者詳考之。〔補〕周星詒云：「詒家有明刻本。」〇蔣鳳藻云：「今歸藻矣。」

潔古老人醫學啟源三卷《述古目》注「鈔」字。〔補〕黄丕烈云：「乙亥予友張訒庵得此舊鈔本於玄妙觀東書坊。予曾影寫一本。」鈺案：《愛日志》有傳録黄本。

金易水張素元一本作「元素」。鈺案：作元素者是。元素入《金史·方技傳》，所著《病機氣宜保命集》，嘗誤題爲河間劉完素，至李時珍《本草綱目》始訂其誤。見《四庫提要》。此書則《四庫》失收。著。潔古治病，不用古方，刻期見效。劉守真嘗病傷寒，潔古診其脈，而知用某藥之差，刊本、阮本作「而知其用藥之差」。〔補〕黄鈔本作「而知用某藥之差」。守真大服，自是名滿天下。是書採輯《素問》「五運六氣」、《内經》「治要」、《本草》「藥性」刊本、阮本脱「藥性」二字。〔補〕胡校本補二字。而成。其門下高弟刊本作「第」。〔補〕阮本、胡校本均作「弟」。李明之請蘭泉張建吉甫序於卷首。刊本、阮本作「首卷」。〔補〕胡校本作「卷首」。

竇太師注標幽賦二〔補〕阮本「二」作「一」。**卷**《述古目》注「鈔」字。

蘭江鏡潭王仁整集。鈔寫樸陋，墨渝紙敝，刊本、阮本作「墨敝紙渝」。惜無善本是正之爲憾耳。鈺案：竇默字漢卿，肥鄉人。金末以醫自給，入元官至昭文館大學士，卒贈太師，謚文正，見《元史》。錢《補元志》因著錄是書。《絳雲目》作金太師，殊誤。又案：《四庫存目》有《瘡瘍經驗全書》十三卷。《提要》云舊本題宋竇漢卿撰。卷首署燕山，而申時行序乃稱爲合肥人，以瘍醫行於宋慶曆、祥符間，曾治太子疾愈，封爲太師。《提要》糾之，而未舉《元史》爲證。且言《宋志》有竇太師《子午流注》一卷，今檢《宋志》並無此書，館臣以誤滋誤，至爲可異。又《愛日志》有影寫元刊本《鍼灸四書》，内《鍼經指南》一卷，題金竇傑字漢卿撰。有其子桂芳至大辛亥序，云南北有二漢卿，姓同字同，爲醫亦同。北之漢卿，官至太師，南之漢卿，隱居濟世云云。一竇漢卿爲宋爲金爲元，離奇至此，洵屬異聞。似當以見《元史》者爲有據。

陰秉暘黃帝内經始生考六卷入《述古目》。

秉暘自號衛涯居人。謂「原病有式，鍼灸有經，醫療有方，診視有訣，運氣則《全書》，藥性則《本草》，獨始生之說所未及聞」。因詮次《内經》，條疏圖列，收四時，斂萬化以成章，一本誤作「草」。〔補〕阮本不誤。其用心亦良苦矣。鈺案：秉暘，明人，有《内經類考》十卷。《明志》著錄此書，當即《類考》之一種。

忽先生金〔補〕胡校本作「靈」。鈺案：錢《補元志》及《萬卷堂目》均作「金」。**蘭循經取穴圖解一**

卷見《也是園目》。

忽先生名公泰，字吉甫，元翰林集賢直學士中順大夫。是書與《素問》若合符節，大德癸卯刊於吳門。圖長尺有四，折而裝潢之，他書未見〔補〕刊本、阮本作「有」。也。

内外二景圖一卷《述古目》注「鈔」字。○鈺案：《宋志》著錄作二卷。

朱肱，吳興人，登進士科，鈺案：肱自號無求子，徽宗朝授醫學博士。深於醫。以上十二字刊本缺。〔補〕阮本、胡校本均有。政和八年刊本「年」下有「朱肱」二字。取嘉祐中丁德用畫左右手足井滎刊本、阮本誤作「并滎」。俞鈺案：「俞」當作「腧」。經合原，鈺案：《經絡孔穴圖》云所出爲井，所流爲滎，所注爲腧，所行爲經，所入爲合，所過爲原。見《銅人鍼灸腧穴經》。及石刊本「石」誤「右」。藏用畫任督二脈、十二經流刊本「流」誤「疏」。〔補〕阮本、胡校本不誤。注，楊介畫心肺肝膽脾胃之系屬，大小腸膀胱之營壘，較其訛舛，補以鍼法，名曰《内外二景圖》。此係舊鈔，復以朱介刊本、阮本作「界」。其穴而標之，未知有刊本行世否。

注解病機賦一卷《述古目》注「鈔」字。○鈺案：《萬卷堂目》作二卷。

柯城劉全備〔補〕胡校本「備」作「脩」。克用撰。舊人鈔本，後附《去病延壽六字法》、《四季養生歌》。

丹溪手鏡二卷《述古目》注「鈔」字。

此爲清常手校本。鈺案：《脈望目》有《丹溪藥要或問》一目，此書未見。序稱丹溪著醫書數帙，鈺案：《格致餘論》一卷、《局方發揮》一卷、《金匱鈎玄》三卷，均《四庫》著録。錢補《元志》所載尤多，不具録。皆行於世。此乃耄年所作，故傳之獨祕獨遲。未知清常從何本是正，其校書可謂專勤矣。〔補〕吴騫云：「予家有《丹溪手鏡》，乃天啟元年醫官丁承祖刻本。遵王殆未知世有刻本耶？壬戌冬夕。」鈺案：此本未入《拜經樓題跋記》。

滑伯仁診〔補〕阮本同。繆本云刊本誤作「證」，下同。**家樞要一卷**《述古目》注「鈔」字。

暇〔補〕胡校本「暇」作「假」。日讀朱右《攖寧生傳》，鈺案：伯仁名壽，自號攖寧生，入《明史·方技傳》。右字伯賢，臨海人，明初徵赴史局，有《白雲稿》十二卷。采其治病奇中者，表著成編，辭繁而不殺。蓋謂世以人試術，生以術活人耳。今閲其《診家樞要》，知其於脈理微矣。生嘗聚諸家《本草》爲《詩韻》，與是書同付板刊行。鈺案：錢《補元志》有滑壽《醫韻》一卷，疑即此書。惜予不得見，爲惋恨刊本作「惜」，今從吴校。〔補〕阮本、胡校本均作「惜」。者久之。

戴元禮證治要訣十二卷入《述古目》。○鈺案：《述古目》尚有戴復菴《證治要訣類方》二卷。

復菴受文皇寵顧，供奉之餘，著爲此書。鈺案：《四庫目》朱震亨《金匱鉤玄》，《提要》云明戴原禮校補。原禮，浦江人，洪武中名醫。本名思恭〔二〕，以字行，故史作戴思恭。朱國楨《湧幢小品》云：戴元禮，國朝之聖醫也，太祖稱爲仁義人。太孫即位，拜院使云云。元禮即原禮，國楨得之傳聞，故音同字異。所撰《推求師意》二卷，《四庫》著錄。此書未收。正統八年春，朝鮮人泛海刊本作「朝鮮入海」，今從吴校。〔補〕阮本、胡校本均作「朝鮮人泛海」。捕魚，風飄至浙江，官軍以爲倭寇，擒獲解京收〔補〕胡校本「收」作「守」。候，飢寒困苦。復菴悉備刊本脱「備」字，今從陳校。〔補〕阮本、胡校本不脱。衣糧供贍〔補〕阮本同。某校本作「膳」。之，卒使之寧歸，其存心濟物如此。是書惟以活人爲念，有功於醫道，豈淺鮮哉？吴文定公錄而藏於叢書堂，重其人，并以重其書也。鈺案：《絳雲目》有吴文定手鈔《東坡藥方》一目，知匏菴好鈔書，尤好鈔藏方書。

扁鵲指歸圖一卷見《也是園目》。

聽聲視色，察病之端。言句〔補〕胡校本「句」作「所」。不能曉者，圖以狀之。文義或繁多者，記〔補〕胡校本「記」作「詩」。以歌之。萬理盡歸一指，故曰《指歸圖》云。鈺案：入《四庫存目》。《提要》云不著撰人名氏，以脈證形色，編爲歌括，以便記誦，蓋坊市俗醫所爲。

難經三卷案：《直齋》作二卷。《通考》作五卷。○《述古目》作一卷，注「鈔」字。○鈺案：始見《隋志》，作二卷。

陸孟鳧先生云：「《難經》從未見宋槧本。」予留心搜訪，僅購得此舊鈔，〔補〕繆本「鈔」下有「本」字。字法俱橅松雪翁。疑是元人所書，不識賞鑒家以爲然否。

杜光庭了證歌一卷見《也是園目》。

光庭謹傍《難經》各推了證爲之歌，刊本作「歌爲之」。〔補〕阮本、胡校本亦作「爲之歌」。以決生死。鈺案：《四庫》作杜天師。《提要》云光庭所著多神怪之談，不聞以醫顯，殆出僞託。《敏求記》以爲真出光庭，殊失鑒別。又附有《持脈備要論》三十篇，不知誰作。宋高氏爲之注，東越伍捷又爲之補注。其於脈理可謂研奥義於精微者矣。〔補〕勞權云《恬裕目》廣成先生《玉函經》一卷，宋刊本。半葉十一行，行廿一字，題傳真天師特進檢校太傅太子賓客主管大學士戶部侍郎徽國廣成杜光庭撰，盱江水月黎民壽注。前有自序。後有黄丕烈跋，云《敏求記》有杜光庭《了證歌》一卷，云光庭謹傍至補注云云，此書自序則云謹傍《内經》，略依《決證》，乃成《生死歌訣》一門，實是一書。惟注本不同，故更其名耳。黎注中引王德膚《易簡方》，謂宋人王碩也，知民壽亦宋人矣。鈺案：王碩《易簡方》一卷，見《宋志》。惟「碩」誤作「磧」。

太素脈法一卷見《也是園目》，上有「崆峒仙翁」八字。

序云：「仙翁不知何地人，隱崆峒刊本誤作「空峒」。〔補〕阮本、胡校本均不誤。山，常帶一篦一本作「鹿」。〔補〕阮本作「篦」。丸藥，出山救人。更於指下決未兆吉凶壽限，時人莫不神之。後不知所終。唐末有樵者，於其石室石函中得此書，以傳於後。」鈺案：此書入《四庫》術數類《存目》。《提要》云其說荒誕，蓋術者所依託。原序稱上下兩卷，今祇一卷，或經合併，或佚其下卷。又案：脈望館有此目，未記卷數。

太素脈訣一卷《述古目》注「鈔」字。○鈺案：見《明志》。《國史經籍志》亦有此目。別有黃帝傳《太素脈訣》一卷，疑一書兩錄。

樂平楊文德，以醫士徵詣刊本無「詣」字。〔補〕阮本、胡校本均有。太醫院。洪武戊寅，老歸鄱陽，寓劉烈之祖閨〔補〕胡校本「閨」作「閏」。芳家，授以《太素脈訣》。烈恐舊本湮沒無聞，刻而傳之。

紫虛崔真人四原論刊本作一卷。《也是園目》同。鈺案：阮本無「一卷」二字，故管說云然。○《述古目》注「鈔」字。

四原者，原脈、原病、原証、原治也。予又藏《紫虛脈訣》一卷，鈺案：《國史經籍志》有《崔真人脈訣》一卷，《四庫》入《存目》。《提要》云紫虛真人爲宋道士崔嘉彥，見陶宗儀《輟耕錄》。《四原論》，《四庫》未收。句如《蒙求》，案：《紫虛脈訣》，《也是園目》不載。鈺案：《也是園目》有《崔真人咏脈》一卷，當即《脈訣》。《述古目》作《崔真人脈訣》一卷，殆一書而二名也。蓋欲初學醫者易知耳。

玄珠密語十六卷刊本作十七卷。案簡莊徵君云：「予所藏乃滬城成孚氏從雲間陳氏宋刻本影鈔，止十六卷。」○題詞本有。○《述古目》注「鈔」字，作十七卷。○鈺案：《宋志》有王冰《素問玄珠密語》一卷。

唐啟玄子王砅，刊本、阮本作「冰」，下皆同。簡莊徵君云「冰」當作「砅」，音例从水从石。杜子美有《送重表姪王砅》詩，即其人也。又云砅雖寶應間人，然《唐人物志》不言其爲王珪玄孫，當再考。鈺案：以上簡莊諸說皆本晁氏《讀書志》。述其師密授之口語也。砅云能究其言，見之天生，可以延生；見之天殺，可以逃殺。百年間，不逢志求〔補〕胡校本作「求志」。之士，遂書五本，藏五岳深洞中，遇者可〔補〕胡校本「可」作「宜」。寶愛之。砅之言如此。予讀其書，浩瀚詰刊本作「委」。「補」題詞本、阮本均作「詰」。胡校本作「佶」。曲，莫得其津涯，大概直申《素問》六氣之隱奥耳。〔補〕黄丕烈云:「乙亥秋,得明人舊鈔,出於《道藏》本。此書本名《素問六氣玄珠密語》。」〇鈺案:《廉石居藏書記》有鈔本十卷,題唐王冰撰。前有麟德元年自序。是十七卷本外又有一本,與鄭樵《通志・略》卷數相符。其自序云:「此十卷書可見天之令,運之化,地産之物,將來之災害,可以預見」云云,與遵王此《記》所引序文口吻相同,其爲一書可知。惟麟德元年甲子,至寶應元年壬寅,相距至九十九年。寶應間人,必不能於麟德年作序。非僅廉石本作「冰」,晁《志》屢引作「砅」之可疑也,記以待考。

産科備要八卷案:蕘圃先生云:「嘉慶辛酉,於京師琉璃廠得宋淳熙刊本,板刻墨氣與《敏求記》所記合。其目録題曰《衛生家寶産科備要方》,每卷題曰《衛生家寶産科備要》。目録後官銜一行,『翰林醫學差充南康軍駐泊張永校勘』。書凡六册。」〇題詞本有。〇入述古堂《宋板書目》,與《述古目》注「鈔」字互異。〇鈺案:《宋志》作朱端章《衛生家寶産科方》八卷。《皕宋志》有影寫本,作六卷。

長樂朱端章以所藏諸家産科經驗方,編成八卷。淳熙甲辰歲刻板〔補〕刊本作「校」。南康郡齋,案:蕘圃又云長樂云云,宋本分爲三行,刻在八卷末。「淳熙甲辰歲」五字,在「刻板南康郡齋」下,較此所載多「十二月初十日」六字,餘並同。楮墨精好可愛。首列〔補〕勞校本「列」下增「入月産圖」四字,云據《恬裕藏書記》「宋刊本」改,下同。借地、禁草、禁水〔補〕勞校本「水」下增「逐月安産」四字。三法。〔補〕勞校本去「三」字。古人於産婦入月慎重如此。今刊本、阮本脱「今」字。〔補〕題詞本有。罕有行之者，亦罕有知之者矣。案：《竹汀日記》云，是書所載有孫真人《養胎論》、徐之才《逐月養胎方》、李聖師《産論》廿一篇，大觀三年序，郭稽中附方。又虞氏《備産濟用方》，紹興庚申重陽日餘姚虞流序。鈺案：《唐志》有徐之才《八代效驗方》、《家祕方》二種，《逐月養胎方》當出其中。《宋志》有郭稽中《産育保慶集》一卷，附方當亦出其中。餘無考。

王氏小兒形證方二卷《述古目》作一卷。○《述古目》注「鈔」字。○鈺案：脈望館有元刻本。

醫之科有十三，惟小兒爲啞科，察形觀色，刊本、阮本作「察色觀形」。最爲難治。〔補〕繆本「治」作「診」。漢東王氏祕其方爲家寶，鈺案：《直齋書錄》有漢東王氏《小兒方》三卷，注不著名。良有以也。此書刻於元貞新元。序之者爲古梅野逸，不知何人。後附錄《祕傳小兒方》三十二，鈺案：入《也是園目》，作二十二方。及秣陵孟氏刊本誤「陵」作「林」，脱「孟氏」二字，今從吳校。〔補〕阮本同誤「林」。胡校本不脱。《牛黄鎮驚錠子方》，鈺案：入《也是園目》，無「秣陵孟氏」四字。皆庸醫所不知者。刊本末有「宜珍視之」四字。〔補〕阮本、胡校本無。

眼科捷一卷鈺案：《述古目》「捷」下有「徑」字。○《述古目》注「鈔」字。

趙清常得此書於洪州李念襄。〔補〕勞權云《脈望目》不載。李傳寫於道士藍田玉。藍幸於世廟，名位顯隆，旋以不循道度刊本作「庚」。〔補〕阮本、胡校本皆作「庾」。鈺案：皆「瘐」字之誤。死。鈺案：田玉爲鐵柱觀道士，嘉靖中供奉西内，因交歡内監趙楹論死。此蓋刊本、阮本「蓋」下有「錄」字。内府祕藏本也。

還睛祕論一卷入《述古目》。〔補〕勞權云《絳雲目》有「表」字。鈺案：粤雅本無此目。

舊鈔本，不著撰人。詳論目病之所由起，而續之以治之之法，深心於眼科者也。

鍼灸

銅人鍼灸經七卷入《述古目》。

《銅人鍼灸經》傳來已久，而竇氏祕傳鈺案：疑即竇默《銅人鍼經密語》，見錢《補元志》。内有金津玉液，大小骨空，〔補〕胡校本「空」作「穴」。八風八邪，髁骨八法，此書與《明堂灸經》俱不載，何耶？〔補〕黄錄《採遺》云，此書七卷，不著撰人。專言鍼灸部穴禁忌，周身穴道分某某處詳論之。并著各圖。又云與西方子《明堂灸經》八卷，皆明平陽府刊本。於辛未夏得之西山書肆。鈺案：此書《四庫》著錄。《提要》云與晁公武《讀書志》、王應麟《玉海》所言《銅人腧穴鍼灸圖》相合，疑爲天聖舊本，析三卷爲七卷。今三卷本，瞿《目》有舊鈔。前有正統御製序。又案：《鍼灸經》，宋有石刻本。仁宗御書額，與《銅人腧穴圖》同在京師太醫院三皇廟，即《提要》所謂「天聖舊本」也。見《曝書亭集》。又案：宋李𡌴《十朝綱要》：元祐六年，高麗遣使黄宗慤來，獻黄帝《鍼經》，是高麗又有別本。

太師鍼灸一卷《述古目》注「鈔」字。

竇太師《鍼灸》傳於婺縣鈺案：今金華縣，元代爲婺州。此「縣」字爲「州」字之誤。**王鏡澤，**鈺案：「澤」當爲「潭」之誤。鏡潭見上竇太師注《標幽賦》條。別有增注《醫鏡密語》一卷，見錢補《元志》。**共計一百二十八法。鈔**刊本無「鈔」字。〔補〕阮本、胡校本均有。**錄於成化辛丑夏五月。藏書家未見有此本也。**

西方子明堂鍼刊本無「鍼」字。〔補〕阮本、胡校本有「鍼」字。**灸經八卷**入《述古目》，無「鍼」字。○

鈺案：此書《四庫》本題《明堂灸經》。《提要》云王燾《外臺祕要》力言誤鍼之害，惟立灸法一門。此書言灸不言鍼，猶燾志也。是不應補「鍼」字。阮、胡兩本皆誤。瞿《目》藏元刻本。繆荃孫藏與《銅人鍼灸經》合刻本，均無「鍼」字。元竇桂芳編《鍼灸四書》，內附黄帝《明堂灸經》三卷，卷數不同，不知是一是二。

西方子不知何解。昔黄帝問岐伯以人之經絡，窮妙於血脈，參變乎陰陽，盡書其言，藏於金刊本作「靈」。〔補〕阮本、胡校本均作「金」。蘭之室。洎雷公請問，乃坐明堂以授之。後世言明堂者以此。今醫家記鍼灸之穴，爲偶人點識刊本作「志」。〔補〕阮本、胡校本均作「誌」。其處名明堂，非也。〔補〕黄丕烈云，己巳夏，得明刻本，題曰「山西平陽府重刊」。乙亥秋，見有舊刻，題曰「熊氏衛生堂重刊」。知山西平陽府重刊者，謂重刊元本也。

瓊瑤真人鍼經三卷《述古目》注「鈔」字。〇鈺案：《萬卷堂目》有《瓊瑤發明神書》一目，《浙江採集遺書》著録云二卷。宋賜太師劉真人，不著名。專論鍼灸之書，載經絡腧穴并醫治諸法，前有崇寧間序，似即此書。惟《萬卷堂目》下注「劉黨」二字，疑「黨」即劉真人名也。

題云「賜太師劉真人集」，莫刊本誤作「算」。〔補〕阮本、胡校本不誤。詳何時人。神農煮鍼法，他書俱失載，獨備於此，亦可寶也。〔補〕黄丕烈云，乙亥冬得明翻宋本。

瓊瑤真人八法神鍼紫芝春谷全書二卷入《述古目》，無「紫芝春谷全書」六字。〇鈺案：《也是園目》有碧峰道人《八法神鍼》一卷，疑「瓊瑤真」三字係涉上條誤寫。錢《補元志》作「瓊瑤道人」，當即據此《記》入録。「真」字作「道」，微異。「紫芝」六字，各目均無可證。

峨眉山人黄士真序而傳之。録於至正乙未仲秋。

楊氏玉龍歌一卷《述古目》注「鈔」字。○鈺案：《四庫》著録元王國瑞《扁鵲神應鍼灸玉龍經》，内《玉龍歌》八十五首，不云楊氏。《述古目》録此書外，又載楊氏《鍼灸撮要穴法》一卷，當係一人之書。《天一閣目》有《鍼灸玉龍經》一目。

玉龍一百二十穴，看穴行鍼，恐時人有差别，故作此歌，以爲衛生之寶焉。

本草方書

本草元命苞九卷《述古目》誤作一卷。○《述古目》粤雅本注「元板」，作九卷，與《記》合。胡校本亦作一卷。《也是園目》「本草」上有「尚從善」三字，作九卷。〔補〕黄丕烈云，得殘本舊鈔，後借香嚴藏本補完。

元朝崇尚醫學，設立刊本作「令」。〔補〕阮本、胡校本均作「立」。醫官，考試出題以《難》、《素》爲經疑，《仲景》爲治法，《本草》爲藥性。故當日醫士皆留心《本草》，刊本爲「藥」至「本草」十三字皆缺。〔補〕阮本、胡校本皆不缺。而又苦其繁冗，尚從刊本「從」作「仲」。〔補〕阮本同。善集此書，案：張氏《藏書志》云元御診太監宣授成全郎上都惠民司提點尚從善編類。求簡易於愼微《本草》之中，總四百六十八種。蓋便於時人之采摭也。鈺案：此説皆本尚從善序文。爲前序者，至元刊本作「正」，今從吴校。〔補〕阮本、胡校本均作「元」。三刊本作「二」。〔補〕阮本作「三」。年平江路常熟州知州班惟志。案：《藏書志》又云有海粟老人馮子振序，及從善自序。〔補〕勞權云《恬裕目》云刻於至順中，前有至元三年平江路常熟州知州班惟志序。○黄丕烈云張秋塘校云，班惟志字彦功，號恕齋，大梁人。鄧文肅公舉入經局，補州教授，累官至集賢待制。至元間，官常熟州知州，陞江浙儒學提舉。今以至正紀年，殆是至元之誤。未知邑乘中列其人否，附識以俟參考。鈺案：今《常昭合志》本《姑蘇志》載入「宦績」，云「惟志」舊志作「恕」，又大梁人作松江人，云能文工詩，尤善揮毫。

千金鈺案：葉昌熾謂「千金」之名不始於孫思邈。《隋書·經籍志》有徐世英《千金方》三卷，亦六朝人，見《奇觚廎文集》。**要**鈺案：《新唐志》、《宋志》均無「要」字。**方三十卷**《述古目》注「閣宋本鈔」四字。〔補〕勞權云《恬裕目》元刊本，有孫序及錢象先進書序。

孫思邈，雍州刊本「州」下有「之」字。〔補〕阮本、胡校本均無。華原人，救昆明池龍，得仙方三十首，散入此書中，逐卷一方，鈺案：《酉陽雜俎》云孫著《千金方》三十卷，每卷入《龍宮方》一方，與此《記》所引同。後人無從辨之。新刊本、阮本「新」下有「刻」字。本攙改譌刊本、阮本「譌」

作「僞」。謬，不可是正。此猶是其刊本無「其」字，今從吴校。〔補〕阮本、胡校本均有。原書也。

〔補〕黄丕烈云：「予初獲是書於故家，甚寶之。後獲殘宋本，又獲元刻全本，此鈔本易去。」鈺案：殘宋本後歸陸心源，見《儀顧堂題跋》。〇蔣鳳藻云：「先輩於宋本珍重如此，雖殘本亦甚寶貴可知。吴中未遭兵燹以前，宋本之罕覯已然矣。」

千金翼方三十卷案：近世行本作九十三卷，與《要方》渾殽，不知何人所定。鈺案：《四庫》著録爲九十三卷本，即合《千金方》、《千金翼方》兩三十卷計之，溢出尚多。考唐宋《志》，均載有《千金髓方》二十卷。如得各舊本互勘，疑有《千金髓方》併入其中。〇《述古目》注「閣宋本鈔」四字。

孫真人既撰《千金方》，猶慮或有缺遺，更撰《翼方》以輔之。宋仁宗命高保衡、孫奇、林億等校正刊行。後列《禁經》二卷，凡二十二刊本作「一」，今從吴校。〔補〕阮本作「二」。篇。今之俗醫有知其法者否？真人之爲神仙無疑。然以用蝱蟲、水蛭之類害刊本、阮本脱「害」字，今從吴校本補。生命，不得沖舉。天之惡殺若此，活人者可不有戒心哉？鈺案：用蝱蛭入本草，後一紀得解形，乃陶隱居事，見《神仙傳》。遵王以屬思邈，乃據《仙傳拾遺》。見宋施元之《蘇詩注》引。

郭思千金寶要八卷入《述古目》，「千」上有「纂」字。

宣和六年，河陽郭思取《千金方》中諸論，逐件條而出之，使人知防於未病之前。又取諸單方，逐件列而出之，使人知治於已病之後。并附經用神驗者，各别稱説，推行孫真人妙法之本意，仍以《千金寶要》名篇，買鉅石鐫之，立於華州公廨。案：《揅經室外集》云郭思刻石在宋宣和間，其所依據當是思邈原本。刻石在華州公廨，明正德、景泰間又重刻石本。又有木刻本。至隆慶時，燿州真人祠復有石刻。書中稱痘瘡爲小兒丹毒，即元人《奇效良方》所謂痘疹也。或謂此疾出自近代者，殆不可從。今從石刻本録副以備唐人方書之厓略。鈺案：此《記》八卷，阮本獨作十七卷，存疑。吾家藏墨刷舊本，刊本作「吾家墨刻舊本」，今從吴校。〔補〕阮本、胡校本亦有「藏」字，「刷」作「刻」。鈺案：葉昌熾云，遵王此本不知流落何所。蘭泉、淵如諸公皆未著於録。訪之關中，打碑人亦無有知之者。見《奇觚廎文集》。字畫完整，古香襲人，暇日當取以校對，始知是本之佳否也。〔補〕勞校本嚴修能先生云，於華秋槎寓館見墨刻，似非宋本。又云，案近本六卷，秦王守中刻。跋云華州石刻舛譌最多，木刻及蜀中郭定武木木[三]譌從石刻，門類錯亂，茲皆類明。拾遺一段，附之各類。小兒兩類，併而爲一，爲其便於檢閲。其間字句之謬，可以意會者，乃敢更之。中有文字高古不能讀者，不敢輒易。鈺案：《平津鑒藏記》有六卷本。隆慶六年，秦王守中序云《千金寶要》者，宋徽猷閣直學士郭思按唐孫真人先生所集《千金方》中纂要，凡十七篇。第六卷《千金論》、《千金須知》，題小有居士河陽郭思纂，末有跋，後題委官李海立、生員謝沾書，祋祤鄒鳳臯刻。

聖散子方一卷入《述古目》。

此方不過二十二味，鈺案：《傷寒總病論》二十二味，《蘇沈良方》二十味，少吴茱萸、吴朮二味。諸病俱刊本無「俱」字，今從吴校補。〔補〕阮本、胡校本均有「俱」字。可治。鈺案：《聖散子方》，葉夢得《避暑録話》極論其謬，而不能明其所以然。宋陳言《三因極一病證方論》中亦指其通治傷寒諸證之非，而獨謂其方爲寒疫所不廢。見《四庫提要》。東坡得之於眉山人巢轂。刊本作「穀」。〔補〕阮本、胡校本皆「轂」。鈺案：《總病論》、《蘇沈良方》均作「穀」。謫居黄州，時疫盛行，合此藥散之，所活不可勝數，因製序以傳不朽。惜其方世罕之見，〔補〕一本作「見之」。郭五常得之於都憲袁公，即爲梓行於郧陽。附録華佗〔補〕阮本作「陀」。《危病十方》鈺案：隋、唐《志》《華陀方》皆十卷。《宋志》一卷。《危病十方》未詳。及《經驗三方》。繼得者復刊爲續録。坡序稱「濟世之具，衛家之寶」，真此書之謂也。

永類鈐方二十二刊本作「三」。〔補〕阮本作「二」，胡校本作「三」。**卷**《述古目》注「元板」二字，作二十三卷。○鈺案：吴翌鳳本《絳雲目》注元孫允賢、李仲南同著。錢《補元志》作李仲南《錫類鈐方》二十二卷，别録孫允賢《醫方大成》十卷。疑《絳雲目》注有誤。《汲古閣祕本書目》有宋板，未裝釘本，「宋」字乃「元」字之誤。

棲碧山中人李仲南，搜刊本作「校」。〔補〕阮本、胡校本均作「搜」。檢古今醫書，并以脈、病、因、證、治增爲五事，鈐而爲圖，貫串彼此，發明成書，使人一覽了然。其初名曰《錫類》，〔補〕勞校本作「其兄天池名之曰《錫類》」云，依恬裕藏本改。鈺案：今鐵琴銅劍樓本未載此書。後改爲《永類》者，仲南以書成於親歿之後，啣哀茹痛，所以著其永感耳。〔補〕黄丕烈云：「蕘翁所謂「予家有元刊最精本。又有元刻殘本，得之顧氏，後贈袁綬階，今歸陳仲魚。」〇蔣鳳藻云：得之顧氏者，想即小讀書堆。以一殘本而輾轉持贈，先輩之風雅好事可知。」

風科集驗名方二十八卷《述古目》注「元鈔」二字。〇鈺案：錢《補元志》列於金代，《國史經籍志》亦有此目。

此書乃趙大中編修。值金亂，遁於吴山。覃懷趙子中傳習之。虚白處士趙素才卿獲原本於湖湘，訂譌補闕。〔補〕刊本、阮本均作「缺」。元方六百三十二，續添一千三百四十七，通計一千九百七十九方，釐爲二十八卷，得成全書。才卿被召賜還，處於皇極道院，元遺山爲之作銘。鈺案：虚白，河中人，入全真教而能服膺儒術，見《遺山皇極道院銘》。是書傳世極少，醫家尠有知虚白處士者，予故著其詳於此。

劉涓子鬼遺方五卷案：簡莊徵君云蕘圃曾得此本於朱文游家。○《述古目》注「鈔」字。〔補〕黄丕烈云華陽橋顧氏有宋刻本《鬼遺方》五卷，第五卷末葉鈔。○勞權云：「今刻於讀畫齋，《恬裕目》有宋刻本。半葉十三行，行廿三字，板心但一「鬼」字。」○鈺案：瞿《目》云遵王所藏係宋鈔本。

劉涓子，不知何許人。晉末於丹陽郊外射中一物，夜不敢追。刊本作「迫」。〔補〕阮本、胡校本均作「追」。明日率門人鄰巷數十人蹤跡至山下，見一小兒云：「主人昨夜爲劉涓子所射，取水洗瘡。」因問：「主人是誰？」曰：「黄父鬼。」乃共至其處。遥見三人，一人臥，一人開書，一人搗藥。即齊聲叫突而前。三人並走，遺一帙癰疽方刊本脱「方」字，今從吴校補。〔補〕阮本、胡校本不脱。并一臼藥，涓子得之。後從宋武帝北征，被創者刊本、阮本脱「者」字。以藥塗之，隨愈。用方爲治，千〔補〕胡校本云「千」一作「十」。無一失，故號刊本作「名」。〔補〕阮本、胡校本均作「號」。《鬼遺方》。是書極爲奇祕，收藏家罕見之。予别有劉涓子《治癰疽神仙遺〔補〕勞權云《也是園目》無「遺」字。鈺案：粤雅本《述古目》「鈔本」，《也是園目》均有「遺」字。論》一卷，鈺案：《直齋書録》有《神仙遺論》十卷，《解題》云《唐志》有龔慶宣、劉涓子《鬼方》十卷，未知即此書否。卷或一板，或止數行，名爲十卷，實不多也。據遵王說，則《鬼遺方》、《神仙遺論》各自爲書，足解《直齋》所疑。《皕宋志》載舊鈔本，即係兩種舊鈔本，全録入《羣書校補》中。與此同是宋鈔，皆宜刊本「宜」下有「别」字。〔補〕阮本無。録副本備之。〔補〕周星詒云：

「此本予得之復翁家滂喜齋書肆，後以赴官閩中，寄所藏萬卷於傅節子司馬。辛酉紹興被寇，此書遂莫可蹤跡矣。」○蔣鳳藻云：「茹里瞿氏恬裕堂藏有此書宋槧印本，殆即周季翁得諸我蘇，失諸浙紹者歟？近菊翁代爲影鈔，朋好之情，不可忘也。」鈺案：菊翁係指葉編修昌熾。

傷寒

劉守真〔補〕勞校本據恬裕本改「河間」。**傷寒直格三卷後集一卷續集一卷別集一卷**案：《也是園書目》統作六卷，不分後、續、別三集。○入《述古目》，作六卷。〔補〕勞權云《恬裕目》元刊本有圖記，曰「歲次癸丑仲冬妃仙陳氏書堂刊」，有無名氏序。蓋元時書肆刊本，題河間劉完素撰，臨川葛雍輯。其論「傷寒」一門，附以劉洪云云。癸丑爲元仁宗皇慶二年。○黄丕烈云戊辰得元刊本，後又得一本。○鈺案：《儀顧堂續跋》載有元刊本，「直格」下有「方」字。

仲景《傷寒書》，金河間劉守真深究其旨，著爲《直刊本、阮本作「真」。〔補〕胡校本作「直」。格》，便於習醫者要用。臨川葛雍仲穆校刊之。附以劉洪《傷寒心〔補〕刊本、阮本同。某校本作「必」。要》爲後集，馬宗素《傷寒醫鑒》爲續集，張子和鈺案：子和名從正，見錢《補元志》。《心鏡》爲別集。鈺案：以上三家三書均入《四庫存目》。於是河間之書粲然可觀矣。

朱震亨傷寒摘疑一卷《述古目》注「鈔」字。○鈺案：《四庫》失收。錢《補元志》有此目。

彦脩鈺案：震亨字。**謂：「《仲景書》，儒家之《論》、《孟》也，復何所疑？摘之者，竊恐摘**〔補〕某校本「摘」作「錯」。**簡斷文，章句或誤，故略紀所疑，而附以己意，非敢致疑於仲景也。」**

張仲景注解傷寒百證歌五卷傷寒發微論三卷案：《直齋》《傷寒歌》作三卷。又有《治法》八十一篇，及仲景《脈法》三十六圖、《翼傷寒論》二卷、《辨類》五卷，皆未見。○張仲景注解《傷寒百證歌》入《述古目》。《傷寒發微論》見《也是園目》。〔補〕勞權云《恬裕目》：元刊本。是書乃述張仲景之意而申言之，刻者誤加「張仲景注解」五字於書名，以至難通。《湧幢小品》記知可所作各書有《擬傷寒歌》三卷，凡百篇，當即是書。惟誤「五」爲「三」。又有《翼傷寒論》二卷，疑即《發微論》。○黄丕烈云，己巳春得元刊本。○鈺案：遵王藏本後歸陸心源，見《儀顧堂續跋》。

翰林學士白沙許叔微知可述。鈺案：叔微，宋人。曾敏行《獨醒雜志》作真州人，紹興二年進士，醫家謂之許學士。宋代詞臣以學士爲通稱，不知所歷何官。見《四庫》著錄《普濟本事方》提要。《本事方》有陳白陽藏殘宋本，先歸士禮居，後歸皕宋樓。此《記》二書《四庫》未收。**述者，推明仲景之意而申言之也。**

何滋〔補〕胡校本云《述古堂藏書目》「滋」作「鎡」。鈺案：粵雅本作「許補之」。**傷寒辨疑一卷**《述古目》作淳熙許補之《傷寒辨疑》。《也是園目》作「乾道何滋」。〇鈺案：據《記》文，知《述古目》有誤。錢《補元志》：朱震亨所撰有此書名，疑即何滋所作，羼入震亨書中。

滋於乾道年間為保安大夫，診御脈，兼應奉皇太子宮。撮略《仲景書》，凡病症刊本作「証」。〔補〕阮本、胡校本均作「症」。之疑似，陰陽之差殊，共三十種，悉為辨之，使人釋然無疑焉。

海藏老人陰證略例一卷入《述古目》。〇鈺案：《四庫》未收，入錢《補元志》。《脈望目》有甲乙兩本。

海藏老人王進之，鈺案：進之名好古，見前。盡傳東垣李明之之醫學，謂：「傷寒乃人之大疾，而陰症毒爲尤慘。覃思數年，掇古人之精要，附以己說，釐爲三十餘條，有證有藥，有論有辨，以成是書。」爲之前序者刊本作「刻之爲前序者」。〔補〕阮本、胡校本亦作「爲之前序者」。麻革信之，乃遺山之好友也。鈺案：杜思敬《拔萃方》乃摘本，此則足本也。陸心源說。

傷寒明理論四卷入《述古目》。〔補〕黃丕烈云此書曾得一精鈔本，不知是影宋本否。後歸藝芸精舍。

道光三年秋，復得一元刻本，首尾有闕頁。又云：予見成無己注解《傷寒論》，知是書亦無己撰。蓋王鼎後序云然。○周星詒云甲子冬得元刻本。

此書〔補〕阮本及胡校本、宋校本「書」下均有「首」字。尾斷爛，序作於開禧改元，稱成公，

案：《竹汀日記》云晤周漪塘，見毛氏影金刻鈔本成無己《傷寒論》十卷，小字密行，凡四册。又《傷寒明理論》二册，大字，亦影金鈔本。據此則成公爲無己可證。〔補〕《竹汀日記》又云成無己《傷寒論》，前有皇統甲子洛陽嚴器之、大定壬辰澠池令魏公衡、武安王緯三人序，後有冥飛退翁王鼎後序。兩本皆蕘圃所藏。

當乙亥、丙子歲，其年九十餘。則必生於嘉祐、治平之間。誠仲景之功臣，醫家之大法。成公不知誰何，蓋北宋時人也。

案《孳經室外集》：嚴氏《明理論》三卷，後集一卷，宋嚴器之撰。其書惟見《敏求記》，云此書尾斷爛，序作於開禧改元，稱成公云云。今此書首尾完好，失去開禧中之序，蓋所藏本非宋刻也。案：《宋史·藝文志》有嚴器之《傷寒明理論》四卷，書名、卷數均合。此本從宋版影鈔，雖不著撰人，其爲器之之書無疑。成公殆即器之之表德也。鈺案：《宋志》成無己《傷寒論》一卷，嚴器之《傷寒明理論》四卷，兩目並載。孳經未全檢《志》文，定所得本爲嚴作，駁遵王《記》文，殊誤。又案：大定壬辰，王鼎《注解傷寒論》序有云，此書乃前宋國醫成公無己注解。公別有《傷寒明理論》，十五年前已鏤板行世。是《注解傷寒論》、《傷寒明理論》兩書皆成氏所撰。嚴器之序《傷寒明理論》紀年壬戌，序《注解傷寒論》紀年甲子，均明言成無己作，並非自著。《宋志》既誤《明理論》爲嚴作，孳經又以《宋志》爲據，以誤滋誤有如此者。目下黄丕烈説極諦，特證明之。王、嚴各序，張

金吾均輯入《金文最》。又無己生宋嘉祐、治平年間，竹汀亦未檢《宋志》著録，以序文皆出金人，《補元志》遂複列於金代，亦應訂正。

吴恕傷寒活人指掌圖三卷入《述古目》。〔補〕《脈望目》有此目。錢《補元志》亦載之。

恕號蒙齋，錢塘人，撰《傷寒指掌圖》。首以《八韻賦》述傳變之緩急。中則隱〔補〕繆校本云「隱」疑作「櫽」。括仲景三百刊本誤作「十」。〔補〕阮本、胡校本均作「百」。九十七法，又述後代效驗方法，横竪刊本作「竪」。界爲八十九圖。至元年刊本脱「年」字，從錢校補。〔補〕阮本不脱。間賈度、尚從善爲之序而刊行之。

攝生

五龍甘卧法一卷題詞本有。○見《也是園目》，上有「陳希夷」三字，無「甘」字。〔補〕勞權云：「《絳雲目》神仙類二無『甘』字，上有『希夷真人』四字。」鈺案：粤雅本《絳雲目》無神仙類，道家類有此目。

五龍以卧法授之希夷，爲千古獨得之祕。予生坎壈，刊本作「壈」。〔補〕題詞本作「廩」。兩眉外未知有安樂窩否。將從希夷高枕，圓人間未了之夢，五龍其許我耶？

端必瓦成《也是園目》作「咸」。鈺案：鈔本《也是園目》作「成」。**就同生要一卷因得囉菩提手印道要一卷大手印無字要一卷**題詞本有。〇三種均見《也是園目》。

此爲庚申帝演媟兒法。張光弼《輦下曲》：鈺案：光弼名昱，詩集見此《記》卷四之中。《四庫提要》謂《輦下曲》諸作足備史乘所未載。「守内番僧日念吽，御厨酒肉按時供。組鈴扇鼓諸天樂，知在龍宮第幾重？」描寫掖庭祕戲，與是書所云「長緩提〔補〕宋校本作「擬」。阮本亦作「提」。稱吽字，以之爲大手印要」殆可互相證一本作「註」。〔補〕刊本作「証」。明。凡偈頌文句，悉揣摩天竺古先生之話言，閱之不禁笑來。其紙是搗麻所成，光潤炫目。裝潢乃元朝内府名手匠，今無有能之者，亦一奇物也。

藝術

貫經一卷題詞本有。〇《述古目》注「鈔」字。

臞仙以陶質爲壺，取其脆而易破。以荻葦製矢，取其柔而易折。仿古投壺之義，射禮之儀，著爲《貫經》，鈺案：《列朝詩集》寧獻王小傳未列此目。令人生戒慎、不敢躁進之意。寓規於戲，其旨微矣。〔補〕「矣」字題詞本作「哉」。

投壺譜一卷題詞本有。○《述古目》注「鈔」字。

自溫公易新格，鈺案：《宋志》、晁氏《讀書志》均有司馬光《投壺新格》一卷。而古之投壺譜式皆不存。此自「有初」以至「倒耳」，著明賞罸之筭，蓋取《禮記》投壺之禮爲證焉。鈺案：此書遵王不著撰人。《四庫存目》有明李孝元所撰《壺譜》，疑即此書。《善本志》載有嘉靖刊本《壺譜》一卷，凡目十八，圖一百三十二，謂與孝元《壺譜》符合。

温公七國象戲局一卷題詞本有。○《述古目》注「鈔」字。

七國者，秦、韓、趙、魏、楚、齊、燕也。周居中而不與，尊周室也。鈺案：晁《志》著錄。遵王此《記》全錄晁《志》。

李逸民棋譜二卷此條刊本佚。○《竹汀日記》云觀黄蕘圃所藏宋槧《棋譜》，李逸民撰，名曰《忘憂清樂集》，共三卷，前題棋待詔李逸民重編。首載徽宗御詩，有「忘憂清樂在枰棋」之句，則是南宋刻也。所載孫策賜吕範、晉武帝賜王武子、唐明皇賜鄭觀音三局，與遵王所記合。鈺案：《輟耕錄》列棋譜十種，《清樂集》、《忘憂集》分爲二目。○見《也是園目》，「棋」上有「絢」字。李逸民以逸民爲名，知「絢」字乃「編」字之誤。

辛丑鈺案：順治十八年。暮春，牧翁過述古堂，〔補〕阮本作「客有過述古堂者」。流覽宋刻書，謂「可當絳雲之十〔補〕阮本作「什」。三。予生平侈言藏弆，搜訪殆偏，獨未見宋槧《棋譜》」。丁卯鈺案：康熙二十六年。秋，至秦淮，偶從書肆檢得《玄玄集》，鈺案：《脈望目》有《玄玄棋經》。《也是園目》有《玄玄集》，當即一書。錢《補元志》云《玄玄集》盧陵嚴德甫撰，晏天章銘。前有虞道園序文，已詫爲世鮮有蓄之者。今年薄游武林，艤繫湖上，有人持宋刻《棋譜》示予，題爲「前御書院棋待詔賜緋李逸民重編」。得之意蕊舒放，欣喜竟日。逸民云：「我朝善弈顯名天下者，昔年待詔老劉宗，今日劉仲甫、鈺案：《國史經籍志》有劉仲甫《忘憂集》三卷。《竹崦庵傳鈔書目》作《棋訣》一卷七頁。楊中隱，以至王琬、孫詵、〔補〕一本作「侁」。郭範、李百祥輩。」予從《春渚紀聞》中記得劉仲甫名，其餘姓氏翳如，微此譜幾於〔補〕阮本「幾於」二字作「皆」。湮沒無傳矣。宋太宗作變棋三勢，使内侍裴愈持示館閣學士，並莫能曉。其一曰獨飛天鵝勢，其二曰對面千里勢，其三曰大海取明珠勢。今其圖不知尚存人間否。鈺案：《宋志》太宗《棋圖》一卷。《石林燕語》：「太宗留意藝文，琴棋亦皆極品，嘗賜兩制棋勢，皆莫能究其所以。相率上表，訴不曉。」蓋當時事也。又太宗棋品第一，見《皇朝事實類苑》。此譜中列孫策詔呂範、晉武帝詔王武子、唐明皇詔鄭觀音弈棋三局。千載而下，予得憑譜覆按之，何其幸歟。古棋圖之法，以平上去入分四隅爲記，交錯難辨。徐鉉改十九路爲字，一天、二地、三人、四時、五行、六管、〔補〕阮本作「官」。七千、鈺案：「千」疑「星」字之誤。八萬、〔補〕阮本作「方」。九州、十日、十一冬、十二月、十三閏、十四雉、鈺案：《說文》「雉」，許慎注有十四種，徐氏當本此。十五望、十六相、十七笙、十八松、十九容，鈺案：「容」當爲「客」之誤。十九客係用《史記·平原君傳》，索取食客得十九人事。以易古圖之法，甚爲簡便。鈺案：《宋志》有徐鉉《棋圖義例》一卷。世之弈師，有能言其故者乎？一行觀王積薪一局，鈺案：《宋志》有王積薪等《棋訣》一卷。遂與對敵，笑謂燕公：「此但爭先耳。若念貧道四句乘除語，人人自爲國手。」鈺案：見《酉陽雜俎》。予不解弈，而性好觀棋。日長剝啄，展閱此譜，誦老杜「清簟疏簾」句，頗笑羊玄保賭勝宣城太守仍居第三品也。庚午鈺案：康熙二十九年。上巳書於西湖之逆旅小樓。〔補〕勞權云今歸恬裕齋，《藏書記》作一卷，云此書無標題，亦無序跋。首列皇祐中張學士《棋經》十三篇，次列劉仲甫《棋訣》四篇、張靖《論棋訣要雜說》。後列孫吴至宋舊圖若干局，又列棋勢若干局，共裝三册。案陳氏《書錄解題》有《忘憂清樂集》，題棋待詔李逸民撰。此本棋经後次徽宗御製詩，有「忘憂清樂在棋枰」之句。又有「前御書院棋待詔賜緋李逸民重編」一行，黄復翁遂據此以定此名。想當時標題在序前，今失之耳。《敏求記》有李逸民《棋譜》二卷，核諸是書，又復小異，當別是一書也。鈺案：勞權末二語甚核。首云今歸恬裕齋云云，當删。以《敏求記》本二卷、黄丕烈本、《竹汀日記》明云三卷，均非一卷本也。《文淵閣目》有《棋經清樂集》一目。

朱存理鐵網珊瑚十四卷案：《汲古閣書目》云朱性甫手書《鐵網珊瑚》十四卷。當年宋中丞下車訪其書在常熟，特託陶令物色之。予以先君當年得此，曾有歌詠，一時同人酬和成一大卷，不忍輕棄。鈺案：管氏引《汲古閣》「輕棄」下，尚有「李海防每本加二兩，予亦不允。後車駕南巡，時高江村託徽州友人戴姓來，許十兩一本，欲以進上，亦辭之。去年病中無貲覓葠，止當銀二十兩，買葠四兩，得以病愈。今猶未贖也」六十八字未錄。〔補〕勞權云《汲古目》朱性甫《野航雜鈔》二本，係性甫真蹟，有王凱度手跋。又《絳雲目》「雜藝類」朱存理《鐵網珊瑚》，「國初文集類」又有《朱性甫集》。○鈺案：《四庫》著錄《珊瑚木難》八卷，《提要》云朱存理撰。又《趙氏鐵網珊瑚》十六卷，《提要》據趙琦美跋，謂非朱存理撰。云雍正六年，年希堯嘗刻此書。跋稱別有十四卷一本，今未之見。是此《記》所載即年氏未見之一本也。聞原稿近出常熟橫涇鎮某氏。蔣生沐藏有周硯農鈔本十四卷，有自跋，見錢泰吉《曝書雜記》。又案：朱性父《珊瑚木難》手稿，翁方綱跋謂四册，未分卷次，與《提要》之作八卷者異，見《復初齋文集》。○《述古目》作十卷，無「朱存理」三字。

存理字性甫，別號野航，吴之長洲人。採輯唐、宋、元名人書畫跋語，裒成一集，名曰《鐵網珊瑚》。分雜識五卷，〔補〕勞權云案今本無雜識。名畫五卷，法書四卷。其留心蒐討，真不遺餘力矣。予舊藏子昂《重江叠嶂圖》，經營慘淡，虞伯生、柳道傳歎其絕佳。間考卷中諸跋，咸載於此集。鈺案：此圖入卞永譽《式古堂書畫彙考》，虞、柳題句均載入。其卷後爲有力者攫去，至今刊本無「今」字。〔補〕阮本有。往來，予心未能忘也。近購得所南《老子推篷竹卷》、鈺案：此卷亦入《式古堂彙考》。徐禹功《仿楊補之梅花卷》，吴瑩之、吴仲圭續畫兩梅於後，中間雜綴趙子固諸公題跋。又得張嗣真刊本作「伯雨」。〔補〕阮本作「嗣真」，勞權云嗣真即伯雨，似其道名。楷書《玄史》等篇，及陸友仁八分書《世説語》數十則，共成一卷，鈺案：此卷亦入《式古堂彙考》。惟遵王收藏時，僅有徐禹功仿本，失去楊氏原蹟。後經上振覓得重裝，故題爲《四梅圖》合卷。上振跋謂藍本之思，終未去懷，最後竟獲此幅云云，詳見《彙考》。乃清閟閣最所寶愛者。野航採此三卷，俱録入法書名畫中，定爲上品，可見吴下名蹟登此書者多矣。閒窗静坐，爐香郁然，覽兹墨妙，是正書中一二譌字，覺人世間榮名利養之樂，罕有逾於此者。昔人云：「清福爲造物所忌，天公不輕與人。」伊予何幸，對此縹囊緗帙，晨夕欣賞，撫己慚惶，又不覺逖然以思，而悄然以恐也。野航教書荻扁〔補〕黄丕烈云，荻扁，吾鄉地名。鈺案：屬長洲縣東北鄉，見郡志。王氏，一夕與主人對酌罷，將就寢，適月上，得句云：「萬事不如杯在手，一年幾見月當頭。」狂喜大叫，撼主人起，詠其句。主人亦相與擊節，呼酒更酌。明日張具樂飲，徧邀吴中善詩者賞之。鈺案：見《四友齋叢説》。前輩風流，令人愾〔補〕阮本同。某校本作「慨」。慕無已。趙清常《脈望館書目》更有《續鐵網珊瑚》，〔補〕阮本「瑚」下有「木難」二字。鈺案：《脈望目》作二册，無「木難」二字。未知誰氏所集，吾不得而見之矣。

畫繼十卷《述古目》下注云鄧公度撰。○《述古目》粵雅本注「鈔」字，作鄧公壽。鈺案：《也是園目》作公度。《四庫提要》作鄧椿。云椿雙流人，其曰《畫繼》者，蓋繼張彥遠《歷代名畫記》而作。〔補〕黄丕烈云丙寅冬見舊鈔本。

宋朝能畫諸名家，此書無不網羅畢載。八卷《銘心絕品》，九、十兩卷《雜說》〔補〕阮本同。胡校本、沈鈔本均作「記」。論遠近，内一條云：「楊惠之與吴道子同師，道子學成，惠之恥與齊名，轉而爲塑，皆爲天下第一。故中原多惠之塑山水壁。郭熙又出新意，令圬者不用泥掌，止以手搶泥於壁，或凹或凸，乾則以墨隨其形迹，暈成峰巒林壑，〔補〕刊本作「堅」。加之樓臺人物之屬，宛然天成，謂之『影壁』。」因思古之游於藝者，必能游而後始成絕藝。夫子下字之妙如此，刊本以下缺。塑壁影壁，豈非游於藝者之獨創乎？以上十四字從原本補。〔補〕阮本、胡校本均有。特爲拈出，刊本作「特拈出之」。〔補〕阮本、胡校本亦作「特爲拈出」。以恥今刊本「今」下有「世」字。〔補〕阮本同。之畫家。

畫鑒一卷題詞本有。○《述古目》注「鈔」字。〔補〕勞權云此係鈔本，向藏知不足齋，後歸朱述之司馬。鈺案：《開有益志》未載。

采真子與柯敬仲論畫，遂著此書。當時賞其知言。采真子，東楚湯垕君載之自號也。

〔補〕勞權云，垕，湯炳龍子。○鈺案：《四庫》著錄。《提要》據卷首載失名題詞稱原書尚有疏略，删補成帙云云，定此書非垕原本。并《畫鑒》之名疑亦非垕所自定。後附荆浩《山水筆法記》一卷。鈺案：荆浩《筆法記》、《述古目》另列一目。

夏文彦圖繪寶鑒五卷 入《述古目》。〔補〕吴騫云：「予得元刻本最佳，乃明盧江王舊藏本。裝潢極精，至今不損。同里陳仲魚孝廉及元和黄蕘圃中翰並爲作跋。壬戌冬夕。」○黄丕烈云：「海寧吴槎客有明初刻本，曾爲題識。予收得三本，皆元刻。」

文彦字士良，吴興人。鈺案：《輟耕錄》云文彦號蘭渚生，所錄畫家自軒轅至德祐共一千五百餘人。《四庫》本附《續編》一卷，明欽天監副韓昂所纂。書成於至正乙巳，自吴晉至宋元，歷代畫家氏名，網羅搜討殆徧。序云：「他無所好，獨於畫遇所適諦玩，輒忘寢食。」其留心畫史，蓋終身以之者矣。

宋伯仁梅花喜神譜二卷 此條刊本佚。○見《也是園目》農家類。

潛溪先生云：「古人鮮有畫梅者。五代滕勝華始寫《梅花白鵝圖》。而宋趙士雷繼之，又作《梅汀落雁圖》。厥後邱慶餘、徐熙輩皆傳五采。仲仁師鈺案：仲仁，宋僧名，有《華光梅譜》一卷，入《四庫存目》。起於衡〔補〕阮本誤作「於起衡」。之華〔補〕阮本「華」作「花」。光山，怒而掃去之，以濃墨點滴成墨花，加以枝柯，儼然〔補〕阮本無「然」字。如疏影橫斜於明月之下。逃禪老人楊補之又以水墨塗絹出白葩，尤覺精神雅逸。梅花至是益飄然不羣矣。」潛溪詳畫梅之原如此。伯仁字器之，刻此譜於景定辛酉。案：《竹汀日記》云：「《梅花喜神譜》，景定辛酉金華雙桂堂重鐫本。前有伯仁自序，自稱雪巖耕田夫。後有向士壁後序，及嘉熙二年葉紹翁跋。蓋初刻於嘉熙戊戌，重鐫於景定辛酉也。」自稱每至花放時，徘徊竹籬茅舍〔補〕阮本「舍」作「屋」。間，滿肝清霜，滿肩寒月，諦玩梅之低昂俯仰、分合卷舒，自甲坼以至就實，圖形百，各肖其名，系以五言斷句。是書頗能傳梅之遠神。惜乎潛溪未及見之，一爲評定也。案：《日記》又云：「其譜蓓蕾四枝，小蕊十六枝，大蕊八枝，欲開八枝，大開十四枝，爛熳二十八枝，欲謝十六枝，就實六枝，凡百圖。圖後各綴五言絕句一首。題曰『喜神』，蓋宋時俗語，以寫像爲喜神也。」《揅經室外集》云，此書諸家書目皆不載，惟述古堂中有之。伯仁於嘉熙中曾爲鹽運司屬官，故末首云「商鼎催羹」。予昔有詩云：「笛聲吹斷羅浮月，管領梅花到鬢邊。」今觀此譜，如酒闌夢覺，月落參橫，翠鳥啾嘈，祇餘惆悵而已。〔補〕黄丕烈云是譜鮑文淥飲刊入《知不足齋叢書》。又云予得宋刻本。〇勞權云雲間沈氏有摹刻本。鈺案：沈摹本係黄丕烈代刻，今傳本已稀。

竹譜詳録一卷題詞本有。○《述古目》注「鈔」字，作李息齋《畫竹譜》。〔補〕黃丕烈云是譜鮑文淥飲刊入《知不足齋叢書》。鈺案：知不足齋本計七卷，黃説微誤。又案：《四庫》著録作十卷，係出《永樂大典》。《存目》有一卷本，《提要》云僅鈔百分之十，題曰「詳録」，傎亦甚矣。

薊丘李衎，一本誤「衍」。字仲賓，〔補〕繆本「賓」作「貫」。以息名其齋。畫竹得文湖州不傳之祕。此《録》論墨竹之法與其病，凡竹之別族殊名，奇形詭狀，莫不譜其所自出。相傳墨竹於古無傳，自沙門元靄及唐希雅、董羽輩始爲之倡。或云五代時，郭崇韜夫人李氏月夜〔補〕胡校本云「夜」一作「下」。摹窗竹影，後往往有效之者。考《廣畫集》，鈺案：《佩文齋書畫譜》纂輯書目有釋仁顯《廣畫新集》，列荆浩、米芾之間，當係宋僧。《廣畫集》則未詳撰者何人。載孫位《松石刊本「松石」作「擅名」。〔補〕題詞本、阮本、胡校本均作「松石」。墨竹》。又成都大慈寺灌頂〔補〕阮本同。某校本作「權項」。勞權云「權項」非。院有張立墨竹畫壁。孫、張皆晚唐人，乃知非元靄輩倡始，并不起於李夫人也。山谷老人云：「近代墨竹，不知其所師承。初吴道子畫竹，加之以色，已極形似。墨竹之師或出於此。」息齋得王右丞開元石刻妙蹟，鈺案：王右丞畫《陰陽竹》，宋元祐六年，游師雄覆刻本，今存直隸定州。又得蕭協律《筍竹圖》、南唐李頗《叢竹圖》，備載於《録》，真此君之美談矣。〔補〕繆本「矣」作「也」。

饒自然山水家法一卷《述古目》注「鈔」字。

至元庚辰，玉笥一本「笥」作「筍」。山人饒太白刊本作「虚」。〔補〕阮本作「白」。自然選唐王維及元商德符等二十人，注其筆意染法以爲式，後附《畫家十二忌》。鈺案：《佩文齋書畫譜》載饒自然《繪宗十二忌》，作宋人。柯丹丘稱自然以詩畫名世，惜無從見其詩耳。

林泉高致一卷題詞本有。○《述古目》注「鈔」字。

河陽郭思鈺案：思即熙子，見上《千金寶要》條。纂其父淳父所得名人畫訣，刊本誤「詩」。〔補〕題詞本、阮本、胡校本均不誤。及受眷神宗事實，勒成一書。政和〔補〕題詞本、某校本誤作「致和」。鈺案：致和爲元泰定帝年號。許光凝序已見《直齋書録》，是原本作「政和」者是。七年，許光凝書其後云：「覽之令人起物外煙霞之想，真可謂林泉之高致矣。」鈺案：《浙江採集遺書總録》本後附董羽《畫龍緝議》一卷。

類家

類林十五卷題詞本有。○見《也是園目》。〔補〕勞權云《恬裕目》作《重刊增廣分門類林雜説》，吴方山舊鈔本。《絳雲目》有《增廣類林》一目。鈺案：粤雅本《絳雲目》《類林》作《韻林》。《稽瑞樓目》有《增廣類林》鈔本亦作十五卷。《適園志》作「類林」二字，鈔本，卷數同。《類林》亡來已久。此爲平陽王明壽刊本作「朋壽」。〔補〕阮本亦作「朋壽」。某校本改「明壽」。勞權云《也是園目》作「明」。鈺案：《也是園目》作王明壽增補楊休之《類林》。證以瞿《目》朋壽之字爲魯老，係取《魯頌》「三壽作朋」之義，是作「明」字者誤也。瞿《目》云是書即唐于立政《類林》而增廣之。考于書十卷，見唐宋兩《志》。《也是園目》則云增廣楊休之之作。考北齊陽休之即編陶集十卷者。惟陽、楊字略異，於隋、唐、宋各《志》俱無徵，兩說互異，以廣于立政書爲有據。增廣者。於舊篇章之中添入事實，第其次敘，增益至一百門，篇後有贊。如眉間尺刊本無「尺」字。〔補〕題詞本、阮本、胡校本均有。事，他書未詳，此記之甚悉。鈺案：《太平御覽》人事部《列仙傳》：干將子赤鼻，眉濶一尺。又《吴越春秋》：伍子胥眉間廣一尺。尚是元人舊鈔。大定己酉李子文鏤板刊行者，未知其本今有存焉否也。〔補〕蔣鳳藻云是書《四庫》未收，阮氏未續進。檢郁氏《宜稼堂書目》，有舊鈔二十本一部，歸湖州陸氏。是此書十五卷外，或尚有足本，記此以俟。鈺案：《皕宋志》所載亦影寫金本，十五卷。蔣說未諦。

北堂書鈔一百六十卷案：《通考》作一百七十三卷。鈺案：《新唐志》、晁《志》同。《宋志》始作一百六十卷。○題詞本有。○見《也是園目》。

今行《北堂書鈔》爲吾鄉陳抱中〔補〕題詞本、阮本、胡校本中均作「沖」。先生所刻，案：抱中名禹謨。攙亂增改，惜無從訂正。聞嘉禾收藏家有原書，〔補〕黄丕烈云，是書「未經陳禹謨刪補本，予於五柳居書友得之」。○勞權云此書後刻改爲《古唐類苑》，聞歸吴門黄氏。有竹垞印記，疑即所云嘉禾藏家也。鈺案：《古唐類苑》乃陶九成改稱。《季滄葦書目》有鈔本一百六十卷。蒐訪十餘年而始得。案：張氏《藏書志》：《北堂書鈔》舊鈔本，曹楝亭藏書。此本係永興原本，未經陳氏增删竄亂者。分甲、乙、丙、丁、戊、己、庚、辛、壬、癸十册。卷一百三十九車總載篇，卷一百五十八至一百六十穴、泥、沙、石四篇，俱係大字無注，與全書異。陳氏改從一律，立題分注，遂使原本面目不可復識。且所增補或羼入五代十國事，更失限斷，藏書家每以不得一覩原書爲恨。今細核陳氏之書，大約原書所引之句與題不甚協者則刪，絶無文義可通者則刪，其書人人習讀，無所用注者則刪。其書世無傳本，不復可校者，則刪或改引他書。如謝承、袁山松等《後漢書》則改引范蔚宗書，十八家《晉書》則改引房玄齡書是也。有原本正文而改作小注者，有原本小注而改作正文者，有陳氏所增而未注補字者，有陳氏稍加增改而注補字者，攙亂删改，不可枚舉。是書前有《郡齋讀書志》等四則，後題「嘉靖丙午六月十二日五川居士在萬卷樓記」，蓋從楊夢羽藏本傳錄者。繕寫精妙，繙閲之，〔補〕胡校本之下有「餘」字。心目朗然。鈺案：嚴可均《鐵橋漫稿》謂，遵王所記嘉禾藏家，即曝書亭本，後歸錢塘汪氏。見《書汪小米所得北堂書鈔原本後》。唐人類書，大都爲一己採用而作，如《白樸》鈺案：樂天於翰林中書取書詔批答等撰爲程式，禁中號之曰《白樸》。每有新入學士，求訪其書，過於《六典》，見元稹詩「《白樸》流傳用轉新」自注。《白氏制樸》一卷，見《宋史·藝文志》文史類。之類，非若宋人取盈卷帙，謾〔補〕刊本作「謾」。讕詆欺，殊不足援據也。〔補〕周星詒云：「星詒以三百八十金得孫淵如藏紉佩齋藏明傳宋本。有王石華、嚴鐵橋、洪震煊手校。」○蔣鳳藻云：「嚴校《書鈔》，明影宋本，詳見洪氏《讀書記》中。予以七百金得之周季貺，誠祕笈也。惜此書原跋夾附書内，已失去。」

數書一本作「數類」。〔補〕繆本作「數書」，云《也是園目》作《數類》。鈺案：《也是園目》「舊鈔本」作《數書》。**四十卷**入《述古目》，作《數類》。〔補〕勞權云《絳雲目》：《數書》十册。又曆算類《數書》不注册數。鈺案：《絳雲目》曆算類《數書》，决非遵王此《記》之一書。此書大致國朝宫夢仁《讀書紀數略》之類也。

自一至百聚其事而彙成之。閣中本在王雲來處，不知〔補〕刊本、阮本均脱「知」字。繆本云從胡校本補。著述者何人。書法樵歐、虞，仍出一人手。疑是宋時進呈本。然十存其四。趙清常知王玄韜家所藏録於閣本未〔補〕繆本「未」作「所」疑誤。失之前，因假借繕寫。完書之難如此，覩清常跋語，爲之撫卷浩歎。鈺案：《脈望館》無此目。

錢遵王讀書敏求記校證卷四之上

鈺案：此卷管氏彙録本已佚，凡見宗氏藏本，皆管氏原校，因稱原校别之。與卷二首數條同例。

集

唐大詔令一百三十卷見《也是園目》。

宋宣獻公裒唐之《德音》、《號令》彙之，未次甲乙，未爲標識，而公薨。其子敏求緒正舊稿，釐十三類，鈺案：《四庫提要》作三十類。編録成帙，目爲《唐大詔令》。予考之開元二十三年乙亥十二月壬子朔二十四日乙亥，册河南府士曹參軍楊玄璬長女爲壽王妃。蓋妃之父爲蜀州司户玄琰，〔補〕阮本作「元玉」，避廟諱。生而早孤，養於叔父玄璬家，故册稱玄璬女也。〔原校〕「也」下補「此與《太真外傳》同」七字。〔補〕阮本無七字。開元二十八年十月，玄宗幸温泉宫，使高力士取楊氏女於壽邸，命遜逖撰册〔原校〕「册」改「勅」。〔補〕阮本作「勅」。度爲女道士，號太真，住爲〔原校〕「爲」改「内」。〔補〕阮本作「内」。太真宫。天寶四載乙酉七月丁巳朔二十六日壬辰，鈺案：《通鑑目録》是年六月丁亥朔，是七月爲丁巳朔，二十六日爲壬午，刊本、阮本均作「壬辰」，誤。冊左動衛二府右郎將韋昭訓第二女爲壽王妃。是月即於鳳皇園冊太真宫女道士楊氏爲貴妃。按壽王妃前後二冊文及楊妃入道勅，諸書俱不載，今全録於此，時日皆班班可考，千載而下，覽者能不爲之失笑乎？玉溪生《龍池》絶句：「夜半宴歸宫漏永，薛王沉醉壽王醒。」鈺案：唐岐、薛諸王俱薨於開元中，而太真以天寶二載入宫，此篇失之。見朱鶴齡《李義山集注》引《容齋續筆》。詩人言外托諷，詠之殊難爲情。箋《義山集》者，應取二冊文并入道勅爲此詩之注腳，何如？〔原校〕竹垞先生據此書以爲玉環實玄璬長女，明皇既掩天下之耳目而箝其口〔一〕，遂令妃不父其父，而移作玄琰少女。《國史》及外傳等，皆落帝度内而不覺。也是翁家有是書，而仍執前説，蓋猶習於聞見耳。竹垞又言妃未嘗入壽邸，援玉溪生《碧城三首》爲證，則其見亦有與此書未盡合處。鈺案：上二條管氏録陳鱣説，竹垞語見本集《楊太真外傳書後》。又案：《丙辰劄記》云昔人論唐玄宗納壽王妃一事，謂楊氏初爲壽王所聘，尚未歸壽邸。此説意存忠厚，然未考事實也。按《楊妃傳》，死於馬嵬之難，在天寶十五載丙申，時年三十八，推其生年，當在開元七年己未。《大唐詔令》開元二十三年乙亥，冊楊氏爲壽王妃。自己未至乙亥，妃生方十七年。天寶四載乙酉，有《度壽王妃楊氏入道勅》，文云「素以端懿，作嬪藩國，雖居榮貴，每在清修」，則楊氏入壽邸已十年，是年冊韋昭訓女爲壽王妃。而楊氏入宫妃時年已二十有七。玄宗生於光宅二年乙酉，下距天寶四載乙酉，年已六十有一。而納妃後宫又十一年，而遘馬嵬之難，妃三十八，而玄宗年已七十二矣，豈非孽哉？竹垞所考，謂楊妃以室女入宮，亦未確也。〔補〕吴騫云，此書武林郁氏東歗軒有宋槧本半部。〇周星詒云：「星詒家藏陳仲魚寫本。」〇蔣鳳藻云：「陳仲魚寫本已歸予齋，尚有閣鈔一本，亦歸予矣。」〇鈺案：《四庫》著錄本缺第十四至二十四、八十七至九十八，共二十三卷。

離騷草木疏四卷〔原校〕張氏《藏書志》：宋本《離騷草木疏》四卷，宋通直郎國子學錄河南吴仁傑撰。有慶元丁巳自序，慶元庚申方燦跋。〇入《述古目》。〇鈺案：海源閣有方氏原刊本。

劉香〔原校〕「香」作「杳」。〔補〕阮本同「杳」。江寧圖書館藏小山堂殘鈔本。吴騫校「杳」作「香」。鈺案：作「杳」者是。《隋志》有劉杳《離騷草木疏》二卷。以後江寧圖書館藏小山堂殘鈔本省稱寧館本。之書不可得而見矣。世傳惟宋吴仁傑〔補〕勞權云《也是園目》「傑」作「杰」。斗南所著《草木疏》，復經甬東屠本畯田叔芟其蔓衍而補益之，改盡斗南舊觀，且以吴氏闕「鳥獸」爲非通論。夫美人香草，騷之寄托〔原校〕「托」作「位」。〔補〕阮本作「托」。云然。後人止疏草木者，其意適與靈均合。田叔別撰《昆蟲疏》，蓋欲多識鳥獸〔原校〕「獸」下補「草木」二字。〔補〕阮本、胡校本、黄校本均有二字。寧館吴校本云無「草木」二字。之名歟？〔補〕胡校本無「歟」字。失騷人之旨矣。鈺案：屠本畯《離騷草木疏補》四卷，入《四庫存目》，增香草類八種，嘉木類二種，無《昆蟲疏》。《離騷草木蟲魚疏》之目，見《國史經籍志》，遵王殆沿其誤。此從曹秋岳先生借録，得觀〔原校〕「觀」作「覩」。〔補〕阮本作「觀」，寧館吴校本作「覩」。斗南原書，何其幸也。

錢杲〔原校〕「杲」作「果」。〔補〕阮本、黄校本寧館本均作「杲」，下同。黄丕烈云從桐鄉金雲莊得宋本，「杲」均作「果」。**之離騷集傳一卷**〔原校〕陳鱣云：鱣曾見宋刻本《離騷集傳》，乃汲古閣舊藏，「杲之」作「果之」。因檢《汲古閣藏書目》，亦作「杲之」。此書世間絶無，售於潘稼堂太史，今歸趙味辛舍人。○《述古目》注「宋本影鈔」四字。〔補〕勞權云宋本今歸恬裕齋。半葉九行，行十八字，有「舜城居士」、「子儋」、「戊戌」、「子晉」、「汲古閣」、「毛褒字華伯號質菴」、「棟亭曹氏藏書」、「胡開遠珍藏印」諸印記，即知不足齋原本。末葉有「舜城朱承爵校讐記」一行。又云遵王無印，其所藏未必宋刻。○鈺案：此書載《宋志》，《四庫》失收。嘉慶中阮元影鈔奏進。宋本入瞿《目》。

杲之，晉陵人。解《離騷》而名爲「集傳」者，不敢同王叔師之注也。然其旨一稟於叔師，旁采《爾雅》、《山海經》、《本草》、《淮南子》諸書，而分《離騷》三百七十三句爲十四節。蓋謂古詩有節有章，賦則無章有節耳。杲之不曉昭明置騷於詩後之義，妄認騷即爲賦，鈺案：此説《四庫提要》已糾之。果如其説，今流傳《也是園目》十卷本，正置騷於賦類，以矛刺盾，遵王將何以自解？侏〔原校〕作「俗」。〔補〕阮本作「侏」。黄校本、寧館本均作「俗」。儒之隅見若此。

〔補〕吴騫云：「壬寅秋日過吴門，訪宗人伊仲，適逢渌飲，因談次伊仲言有宋刻《離騷集傳》欲售。未幾，遂歸淥飲。予欲借觀，淥飲疑予有欲得之心，僅出鈔本見示。時方有周松靄大令祕奪張芑堂明經宋刻《陶詩》之事實，從予借之，予方深抱歉，遂不敢復請而退。聊書於此，以戒後人，且志予愧云。」又云：「時淥飲實祇得鈔本，後數月始得刻本出示，方知予前此之疑，真小人之心也。癸卯三月又記。」

陸士衡文集十卷陸士龍〔原校〕吴騫校「龍」下補「文」字。〔補〕黄校本同。**集十卷**〔原校〕《讀書志》云《陸機集》十卷，今存詩、賦、論、議、牋、表、碑、誄一百七十餘首。又《陸雲集》十卷，所著文章三百四十九篇，新書十篇。〇張氏《藏書志》云：《陸士龍文集》十卷，影宋刊本。晉清河内史陸雲士龍撰。又《二俊文集》，以慶元六年二月既望書成，縣學□職校正監刊者三員題名於後：縣學司計進士朱奎監刊，縣學直學進士孫垓校正，縣學學長鄉貢進士范公袞校正。〇陳鱣云，己亥秋日，武林有售舊書十餘種。觀其圖記，皆述古舊本也。二陸集亦其一，乃影鈔宋本。卷末列刊板歲月及印工、紙價，纖悉詳備，蓋宋時刻書之慎重如此。〇《述古目》二集均注「宋本影鈔」四字。

《士衡集》，《文賦》爲首。《士龍集》，《逸民賦》爲首。慶元庚申，徐民瞻〔補〕黄校本誤「贍」，下同。涖宦雲間，搜訪得之，鈺案：徐刻原序云，得機集於淮西府幹，得雲集於册府。録本〔補〕宋校本「本」作「木」。以行，爲文冠諸簡端，目曰《晉二俊文集》，序中仍舊名而不改。其志識夐異今人，宋刻之所以佳也。都穆跋陸元大近刻，鈺案：元大本洞庭涵村世家，晚歲業書，浮沉吴市，嘗刻《漫稿》。後寓丹陽孫氏曲水館，性疏懶，好遠游，見明顧元慶《夷白齋詩話》。所刻此書外，有《花間集》，今傳本已稀。亦以録本譌誤爲言，而不及民瞻之序，似忘《二俊集》之所由名，予故録而存之。〔補〕周星詒云：「陳仲魚傳録陸敕先校本，今存予家。」○蔣鳳藻云：「《二俊文集》陳校宋本今已歸予。」○鈺案：陸敕先手校本入《皕宋志》。陸心源又得宋慶元間徐民瞻刻本，乃知爲陸本所祖。陸本尚多脱誤，有《校記》一卷。

支遁集二卷《述古目》注「鈔」字。〔補〕勞權云：《揅經室外集》依汲古閣鈔本二卷過録。上卷詩凡十八首，下卷書銘及贊凡十五首。云是書《隋志》八卷，注云梁十三卷。《唐志》十卷。《宋志》不著録。《恬裕目》明刊本，係嘉靖間郡人皇甫涍輯録成帙，序而行之。○鈺案：述古本今入瞿《目》。平津館别有一本，上下卷，詩文篇數均同。云遁所著《文翰集》，見《梁高僧傳》，此是後人掇拾之本。《皕宋志》有葉奕鈔本，季滄葦舊藏。

支公養馬，愛其神駿，胸中未必無事在。皎然云：「山陰詩友喧四座，佳句縱横不廢禪。」是又以詩語爲牽動〔原校〕吴騫校「動」作「勸」，一本仍作「動」。〔補〕黄校本云「勸」一本仍作「動」。矣。〔補〕黄丕烈云：此書付吾與菴僧澄谷影鈔付梓。○勞權云：嘉慶間刻，有潘農部奕雋序。上元朱述之司馬云，乃從《廣弘明集》録出者。

陶淵明文集十卷〔原校〕《讀書志》云，今集有數本，七卷者梁蕭統編，以序、傳、顏延之誄載卷首。十卷者北齊陽休之編，以《五孝傳》、《聖賢羣輔錄》、序、傳、誄分三卷益之，詩篇次各異。案《隋經籍志》潛集九卷，又云梁有五卷，錄一卷。《唐藝文志》潛集五卷。今本皆不與二志同，獨吴氏《西齋書目》有潛集十卷，疑即休之本也。休之本出宋庠家，云江左名家舊書，其次第最有倫貫，獨《四八目》後「八儒」、「三墨」二條似後人妄加。○吴騫云：《汲古閣書目》云宋板《陶淵明集》二本，與世本夐然不同，如《桃花源記》中，「聞之欣然規往」，今時本誤作「親往」，謬甚。《五柳先生贊》「黔婁」下有「之妻」二字，案《列女傳》是其妻之言也。他如此類甚多，即《四八目》注比時本多至千餘字，真奇書也。籖題係元人筆，不敢易去。○陳鱣云，李空同刻陶集，盡去前人評語，以爲青黄者木之災，大羹之味非羣口所適。吾終不敢謂然。○題詞本有。○入《述古目》。〔補〕勞權云：《恬裕目》元刊《箋注陶淵明集》十卷，題廬陵後學李公焕集錄。前有昭明太子序及總論一篇。詩文句下略有箋釋，間采東坡、山谷、趙泉山、韓子蒼、湯東澗、張縯、胡孜諸人之論，附於詩後。每葉十八行，行二十六字。元翻宋本也。

婁江顧伊人鈺案：伊人名湄，有《水鄉集》。藏弆宋槧本《淵明集》，顏其讀書處曰「陶廬」，而請牧翁爲之記。伊人交予最厚，真所謂兄弟也，但各〔補〕胡校本「各」作「異」。姓耳。見予苦愛陶集，遂舉以相贈。丙午、丁未之交，予售書季滄葦，是集亦隨之而去。每爲念及，不能舍然。此則購名手從宋刻影摹者，筆墨飛動，行間字有不可遏之勢，視宋刻殆若過之。〔補〕勞權云文休承定爲東坡書。鈺案：《初學集》有北宋本跋，遵王此本當即從彼影寫，《述古堂目》未注明。滄葦歿，書籍散入《雲煙過眼錄》矣。伊人前年渡江，念陶集流落不偶，訪求得之，持歸示予。河東三篋，亡來已久，一旦頓還舊觀，展卷相向，喜可知也。予畀以牧翁〔補〕阮本無二字。《陶廬記》手稿，鈺案：牧齋撰《陶廬記》，見《有學集補遺》舊鈔本。俾揭之簡端，以見我兩人鄭重其書，互以藏之外府爲快。若此視世之借書爲一癡者，其度量相越，豈不遠哉！〔補〕勞權云：毛斧季大字宋本《陶集》跋，述伊人、遵王原委，與此不合。又云嚴修能云，一以贈友，一以賣錢，可以並論乎？何無恥也！墨莊中尚有《箋注淵明集》，乃是焦弱侯翻刻原宋本。《述酒詩》中「山陽」〔補〕勞權云：管云「陽」疑作「湯」，蓋陶詩有番陽湯漢注，今刊入《拜經樓叢書》。鈺案：據此條知此《記》現佚之一卷，勞氏曾見過。又案：《陶集·述酒詩》有云「山陽歸下國」，遵王之用山陽者本此。管氏誤「陽」爲「湯」，「山」字當作何解，勞氏亦未加糾正。注，能照見古人心髓。留心詩畫〔原校〕「畫」當作「話」。〔補〕題詞本、阮本均作「話」。者，宜拈出之。鈺案：瞿《目》有《陶淵明集》宋刊不分卷本。紹熙三年，曾集知南康軍時所刻，無《五孝傳》、《四八目》兩種。

江文通集八卷〔原校〕《讀書志》云十卷，自譔爲前後集。今集二百四十九篇。〇入《述古目》。〔補〕

勞權云：恬裕齋有馮已蒼以此本校明嘉靖刊本，補缺辭三首，并卷末自序及趙跋。末署至正四年良月初吉中大夫蘄州路總管兼管内勸農事趙篔翁題。○鈺案：《皕宋志》有王弇州藏明翻宋十卷本。《四庫》著録者爲四卷本。《述古目》未注何本。

元趙篔翁領國子學，閲崇文館鈺案：趙跋作「閣」。舊書，得文通全集，鈔寄蕭山舊宅夢筆寺。〔補〕胡校本「寺」作「廬」。鈺案：趙跋作江寺，寺前有夢筆橋。此本乃元僧弘〔原校〕「弘」作「宏」。濟所録者，末卷《中山〔原校〕鈔本「中山」作「山中」。楚辭》後多《歌詞》三首，流俗本所無。行間脱誤字咸可考正，校過始知其佳耳。

陰常侍詩集一卷〔原校〕《讀書志》云陰常侍有集三卷，《隋志》已亡其二，今所存者十數詩而已。○《述古目》《陰鏗詩集》一卷，注「鈔」字。　**何水部詩集二卷集**鈺案：「集」上疑脱「文」字。刊本、阮本同脱。**一卷**〔補〕勞權云《也是園目》《何水部集》三卷。○《述古目》作《何遜集》三卷。

吾家所藏者有二，一是舊刻，一是舊鈔，然總名曰《陰何集》。末載黄長睿跋語云：「得何遜舊集於春明宋氏，八卷特完，而此止三卷，其殆所云天福本歟？」鈺案：《四庫》著録《何水部集》一卷。《提要》云此明正統丁丑松江張紘刊，凡詩九十五首。紘跋稱舊與《陰鏗集》偕刻，以二家體裁各别，獨取是集删而刻之，是何集已非原本。廉石居有雍正間項道暉刻本。序稱春明宋氏本已不可得，晉天福本或即今之所傳，然亦不滿三卷。從玉几山房搜得舊本，合家所鈔藏錄付梓人。詩與《四庫》本同，而文爲多。

東皋子集三卷〔原校〕《直齋》云其友吕才鳩訪遺文，編成五卷，爲之序。其後陸淳又爲後序。○張氏《藏書志》云舊鈔本，趙清常藏書，唐太原王績無功著，有吕才序，陸淳《删東皋子集序》。趙氏手跋云：「金陵焦太史先生本錄出，校於清溪官舍，時萬曆三十七年十月十四日漏下初鼓。清常道人。」○《述古目》注「鈔」字。〔補〕勞校本嚴修能先生云：「吾友以文曾見是書宋刻本，凡五卷。考吕才序云所著詩賦並多散佚，鳩訪未畢，且緝成五卷。又有唐陸淳《删東皋子集序》，則三卷本當即陸删本也。嘉慶初，孫淵如先生以余蕭客景宋本三卷刻入袖珍板《岱南閣叢書》中，末附逸句八，連從周氏《涉筆》、《西清詩話》、《韻語陽秋》錄入。孫氏又從《永樂大典》補賦一首、贊十三首，《唐文粹》補書二首，爲《補遺》二卷。」又云，明崇禎間，曹學佺有刻本。鈺案：《四庫》著錄即曹學佺本。

吕才仲英鳩訪無功遺文，輯成一書，〔補〕勞校本「書」改「集」。其集〔補〕勞校本「集」改「書」。今世〔補〕勞校云一本無「今世」二字。罕傳。清常道人從金陵焦太史本錄出。鈺案：《脈望目》《東皋子集》一本，不言卷數。《國史經籍志》《王績集》五卷，則係吕才輯本，而非陸删本也。此《記》云從焦本錄出，必係吕本。標題作三卷，知「三」字爲「五」字之誤。披閲之餘，想見與子光對酌時，雖未嘗交語，胸中各有一段真趣，〔補〕阮本、胡校本「趣」下有「允」字。爲酒家南董耳。

王右丞文集十卷〔原校〕《直齋》云建昌本與蜀本次序不同，大抵蜀本《唐六十家集》異於他處本，而此集編次尤無倫。○題詞本有。○《述古目》注「影宋鈔本」四字。〔補〕黄丕烈云：「己未得宋刻本於陶五柳，蓋都中寄來也。」

寶慶二年正月七日，王縉搜求其兄詩筆〔補〕黄校本「筆」作「集」。又云宋刻本「集」作「筆」。十卷，隨表奉進。此刻是麻沙宋板，集中《送梓州李使君》詩，亦如牧翁所跋，作「山中一半雨，樹杪萬重泉」。知此本之佳也。〔補〕勞權云跋見《有學集》。鈺案：《有學集》跋云：「宋刻僅見此本。考《英華辨證》，字句與此互異。彼所云集本者，此本又不載，知右丞集好本不易得也。」

李翰林全集三十卷〔原校〕《直齋》云家所藏本不知何處本。前二十卷爲詩，後十卷爲雜著。首載陽冰、史及魏灝、曾鞏四序，李華、劉全白、范傳正、裴敬碑誌，卷末又載《新史》本傳，而《姑孰十詠》、《笑矣》、《悲來》、《草書》三歌行亦附焉。復著東坡辨正之語，其本最爲完善云云。遵王此本分卷相同，然卷首止載陽冰一序，又不載碑誌及卷末所附等語，恐尚非完書。○《讀書志》云二十卷。白集舊十卷，唐李陽冰序。咸平中，樂史別得白歌詩十卷，凡歌詩七百七十六篇。又纂雜著爲別集十卷。宋次道治平中得王文獻及唐魏萬所纂白詩，又裒唐類書洎刻石所傳者，通李陽冰、樂史所集共一千一篇，雜著六十五篇。晁氏又曰，近蜀本又附入左綿邑人所裒曰白隱處少年所作六十篇，尤爲淺俗。○吴騫云《汲古閣書目》云《李太白集》四本，從絳雲樓北宋板覓舊紙，延馮竇伯影鈔。絳雲樓原缺一本，因世行本次序不同，無從補入。○題詞本有。○《述古目》作《李太白集》二十五卷，注「北宋板」三字，入《宋板書目》。〔補〕勞權云《絳雲目》：宋刻《李翰林詩》一册。鈺案：粤雅本《絳雲目》作宋板《李翰林草堂集》四册，二十卷。

《太白集》宋刻絶少。此是北宋鏤本，闕十六卷之二十二，十六卷之三十。予以善本補錄，遂成完書。前二十卷爲歌詩，後十卷爲雜著，卷下注別集，簡端冠以李陽冰序。蓋《通考》所載陳氏家藏不知何處本，或即此耶？〔補〕黄丕烈云：「此書真本不得見，予得錢求赤照宋校本，與此卻合，蓋臨本也。後歸袁又愷處。」又云：「與郡城繆武子家所翻刻異，又一宋本也。」○勞權云：「有孫保校跋。其略云據樂史序排爲二十卷。又得賦、序、表、讚等，亦排爲十卷。此本既中缺五卷，後文集亦止五卷。崇禎中，先君以八金易之書賈，蓋北宋板也。旋爲某攫去，今某又轉售於人，爲予借得。將今本校對，又界一烏絲格題其旁，云宋本，如此式此格。高六寸弱，潤四寸弱，計十四行。繆刻晏本作《李太白文集》，與所云歌詩、雜著卷第不合，并不注別集，似是兩本。嚴修能亦謂繆曰芑據以重刊之宋本，今在江南，乃元豐臨川晏氏本，非樂史編本也。」鈺案：樂史編《李翰林別集》

十卷，有明正德陸元大刊本，較雙泉堂翻臨川晏氏本篇目增多。見王芑孫《惕甫未定稿》。

杜工部集二十卷〔原校〕《直齋》云遺文九篇，治平中太守裴集刊，附集外。蜀本略同，而以遺文入正集中，則非其舊也。○《讀書志》有集外詩一卷，云集有王洙原叔、王琪君玉序。本朝自王原叔以後，學者喜杜詩，世有爲之注者數家，率皆淺鄙可笑。有託原叔名者，實皆非也。○吴騫云：「《汲古閣書目》云《杜工部集》十卷，先君當年借得宋板影鈔一部，謂扆曰：世行本幾十種，必以此爲祖本，乃王原叔本也。原叔搜裒中外書九十九卷，除其重複，以時序爲次，編成詩十八卷，文二卷，遂爲定本。扆謹藏之。後吴興賈人以宋刻殘本求售，取而校之，即先君所鈔原本也。其缺處悉同，因倩善書者從鈔本補全之，不知先君當年從何處借來。今乃重入余手，得成全書，豈非厚幸。」○張氏《藏書志》云：《杜工部集》二十卷，附補遺，影寫宋本，絳雲樓藏書。凡詩十八卷，雜著二卷，後附遺文九篇，爲補遺。《元稹墓銘》附二十卷末。均與《直齋書録解題》合。蓋即王原叔編定本也。杜集以吴若本爲最善。此又若本之祖，中遇宋諱皆缺筆。板心有刻工姓名，如張逄、史彦、余青、吴圭等名，蓋從宋本影寫者。絳雲樓、述古堂均有印記，其結銜云「唐前劍南節度使參謀宣義郎檢校尚書工部員外郎賜緋魚袋京兆杜甫」。○題詞本有。○《述古目》作《杜工部集》吴若本二十卷，注「宋本影鈔」四字，入《宋板書目》。

王洙原叔蒐裒老杜中外書凡九十九種，〔原校〕「種」作「卷」。又吴騫校本云「卷」一作

「種」。〔補〕題詞本、阮本、胡校本均作「卷」。除其重複，定取千四百有五篇。凡古詩三百九十有九，近體千有六。起太平時，終湖南所作。視居行之次，若〔補〕胡校本「若」作「分」。歲時爲先後，分十八卷。又別錄賦筆雜著二十九篇爲二卷，合二十卷。寶元二年十月爲之記。嘉祐四年四月，太原王淇〔原校〕作「琪云」。《書錄解題》作「琪字君玉」。取原叔本參考之，鏤板姑蘇郡齋。〔補〕黄丕烈云見《吳郡志》。鈺案：《吳郡志》謂王琪守蘇時，修府治聽事，假省庫錢數千緡，漕司不肯破除。時方貴杜集，苦無善本。琪家藏本讎校素精，俾公使庫鏤板印萬本，每部直千錢，富室或買十許部，以償省庫，羡餘以給公厨。此吾鄉刻書掌故，黄説未詳，特補錄之。又爲後記，附於卷終，而遷原叔之文於卷首。牧翁〔補〕阮本無二字。箋注杜集，一〔補〕阮本「一」作「者」。以吳若本爲歸。此又若本之祖也。予生何幸，於墨汁因緣有少分如此。斯文未墜，珠囊重理，知吾者不知何人，蓬蓬然有感於中，爲之放筆三歎。〔補〕黄丕烈云：「此書影宋舊鈔本，予於甲寅歲得之李邦彦書友手，云從吳江來者。」〇周星詒云陳氏帶經堂藏有影宋本，附有補遺。〇鈺案：瞿《目》有宋刊本《校定集注杜詩》三十六卷，云爲宋板之最佳者。

杜工部進三大禮賦十〔原校〕「十」改「一」。〔補〕阮本「一」。**卷**〔補〕勞權云：《絳雲目》宋板呂東萊注《工部大禮賦》十册。鈺案：粵雅本無「十册」二字。〇《述古目》作呂東萊注《三大禮賦》一卷，注「宋本影鈔」四字。

東萊吕祖謙注，牧翁全録入《杜詩箋注》中。此則其原本也。

徐侍郎集二卷《述古目》作徐安貞集。〔補〕勞權云：《恬裕目》云係鈔本，脈望館藏書，後歸述古堂。題「中書侍郎集賢院學士徐安貞撰」。事蹟見《唐書》及《會要》。是集凡賦詩一卷，文一卷，附録本傳及詩贊等一卷。清常跋云：「辛丑正月初四日，患痰火不能出户，擁爐閱此卷。是年元日大風，可拔木發屋，凡三日乃殺。偶記。」〇鈺案：此書唐宋《志》、晁、陳《書志》及《四庫》均未著録。天一閣藏有嘉靖中童珮輯刊，《愛日志》有舊鈔本，當即從清常本傳録。

唐徐安貞撰。安貞常鈺案：「常」字疑「嘗」之誤。參李右丞鈺案：右丞爲林甫。議，恐其罪累，逃隱衡岳山寺爲掇疏〔補〕阮本、胡校本作「蔬」。行者，喑啞不言者十年。然猶餘塵瞥起，時時闇誦「峴山思駐馬，漢水憶回舟」及「暮雨〔原校〕「雨」下補「木」字。〔補〕勞校本補「衣」字，云吴校本作「木」非。鈺案：阮本作「衣」。《雲溪友議》載其逸句，正作「衣」。猶濕，春風帆正開」之句，可見文人習氣循迴藏識中，一字染神，不與窮塵劫灰同盡於終古也。

陸宣公翰苑集二十二卷〔原校〕《直齋》云權德輿序稱《制誥集》十三卷，《奏草》七卷，《中書奏議》七卷，今所存者《翰苑集》十卷，《牓子集》十二卷。序又稱別集、文賦、表、狀十五卷，今不傳。○《讀書志》云《陸贄奏議》十二卷，舊有《牓子集》五卷、《議論集》三卷、《翰苑集》十卷，元祐中蘇子瞻乞校正進呈，改從今名，疑是裒諸集成此書。○錢大昕云：嚴久能有陸宣公《翰苑集》甚精，亦宋刻之佳者。○入《述古目》。〔補〕勞權云：《述古目》不載，《絳雲目》《陸宣公集》二十四卷，四册；《翰苑集》五册。又云先友嚴修能先生云：「辛亥冬莫，予友知不足齋主人鮑以文先生過予，攜宋刻《翰苑集》六册贈予。前有權序，乃季滄葦、徐健菴藏本。有圖記，疑即錢遵王之書也。後贈錢少詹。」鈺案：勞説《述古目》不載，今粵雅本載之。《絳雲目》作《陸宣公集》，注云議論表疏二十卷。又陸宣公《翰苑集》五册，注云十卷，韋處厚纂。與勞説亦不符。

《制誥》十卷，《奏草》六卷，《中書奏議》六卷，權載之序。大字宋槧本。鈺案：陸心源有元至大辛亥、壬子中重刊本，序次、卷數與此均同，見《儀顧堂續跋》。惜其詩文別集十五卷失傳於世爲恨耳。鈺案：別集久佚不傳。《全唐詩》存《試帖》三首及《語林》所載逸句，見《四庫提要》。

歐陽行周文集十卷〔原校〕《直齋》云五卷。《讀書志》作《歐陽詹集》十卷，云此集福州刺史李貽孫纂。○張氏《藏書志》云舊鈔本，唐將仕郎國子監四門助教晉江歐陽詹字行周撰。李貽孫序。○何焯云，行周文當爲李元賓之亞，但其諸序固未減梁補闕，特不宜於多耳。○入《述古目》。○鈺案：《絳雲目》鈔本十卷，注云有泉州板，佳。

昌黎作《歐陽詹哀詞》，自書兩通，可謂〔補〕刊本、阮本「謂」誤「爲」。胡校本不誤。拳拳於行周至矣。行周過〔原校〕「過」作「遇」。〔補〕阮本作「過」。胡校本作「遇」。南陽孝子而傳之，則所爲〔原校〕「爲」作「謂」。「舍朝夕之養以來京師，其心將以有得於是而歸爲父母榮」之言，昌黎蓋非聊爾信之者。《途中》詩云：「五原東北晉，千里西南秦。一屨不出門，一車〔補〕蔣鳳藻云明本「一車」作「親車」。無停輪。流萍與繫匏，早晚期相親。」至今吟咀之，覺意莊語重，其所思必高隱輩流，〔原校〕作「流輩」。〔補〕阮本、胡校本均作「輩流」。故有繫匏之感。焉〔補〕黃丕烈云「焉」應作「烏」。鈺案：宋校本同。得借「高城不見」句，而騰「太原函髻」之謗乎？鈺案：此說首見唐孟簡詠歐陽行周詩序。晁氏《志》云唐小說載詹惑太原一妓，爲賦「高城已不見，況復城中人」之詩，卒爲之死。大致即本孟說。《直齋書錄》則謂黃璞造謗，遵王蓋本《直齋》說。《四庫提要》據邵博《聞見後錄》，亦謂其事非誣。書此以辨小說之誣。〔補〕蔣鳳藻云：「昔年在滬宜稼堂郁氏購得秦氏石硯齋精鈔、何義門重校馮已蒼本。且經顧千里先生以《唐文粹》諸書覆校異同，硃筆一再手跋於後。卷面隸書，似是孫淵翁手迹。」

李觀文編三卷外編二卷〔原校〕《直齋》云陸希聲得其文二十九篇，爲之序。慶曆中，章詧又得十四首於楚人趙昂，通爲五卷。○《讀書志》云蜀人趙昂又得其《安邊書》至《晁錯論》一十四首，爲後集二卷。○張氏《藏書志》云《李元賓文集》五卷，舊鈔本，有大順元年陸希聲序。卷首有檇李曹氏印記。○題詞本有。○《述古目》注「鈔」字，作六卷，疑《目》有誤。○鈺案：有金耿菴手鈔本，通作五卷。據目錄，文四十三篇，末二篇已缺，見王頌蔚《古書經眼錄》。

大順元年，陸希聲得元賓文於漢上，條次爲三卷，爲序以冠其首。後天水趙昂又輯遺文二卷爲外編。昌黎稱元賓「文高乎當世，行過乎古人」，一何張之甚歟。鈺案：希聲序稱元賓文不古不今，卓然自成一體。《四庫提要》稱其品題極當。

呂和叔文集十卷

〔原校〕《讀書志》：《呂温集》十卷，劉禹錫爲編次其文。序之云，古之爲書先立言而後體物，賈生之書首《過秦》，而荀卿亦後其賦，故斷自《人文化成論》至《諸葛武侯廟記》爲上篇。今集先賦詩，後雜文，非禹錫本也。○張氏《藏書志》云：舊鈔本，唐朝議郎使持節衡州諸軍事衡州刺史上騎都尉賜緋魚袋呂温撰，劉禹錫序，後附柳宗元誄。○《述古目》注「鈔」字。

《和叔集》，絳雲樓宋槧本繕寫。鈺案：《絳雲目》注「宋板」。凡載於《英華》、《文粹》中，或字有異同者，俱詳注於上。予所謂讀書者之藏書〔原校〕「書」下補「此」字。〔補〕胡校本同。類是也。〔補〕勞權云嘉慶年間，澗薲先生爲江都秦氏以馮巳蒼校宋前五卷及舊鈔本開雕，惜不見此本。又云《恬裕目》藏有述古藍絲闌鈔本十卷。鈺案：《四庫提要》錄馮巳蒼跋，甲子歲從錢氏借得前五卷，戊辰從郡中買得後三卷，俱宋本。第六、第七二卷均之闕如。因取《英華》、《文粹》照目寫入，以俟得完本後補足。第二卷《聞砧》以下十五首，宋本所無，照陳解元棚本補入。

權文公詩集十卷〔原校〕《讀書志》云：《權德輿集》五卷，其《兩漢辯亡論》、《世祖封不義侯議》，世多稱之。嘗自纂《制誥》五十卷，楊憑爲之序，今亡逸。文集孫光憲編次，楊嗣復爲之序。鈺案：此據袁本作五卷。衢本則作五十卷。○題詞本有。○《述古目》作《權載之集》五十卷。〔補〕黄録《採遺》云：唐贈尚書僕射略陽權德輿撰。有唐楊嗣復序，及昌黎所作墓志。此編曾刻於明嘉靖間，見敖英後序。○勞校本嚴修能云：王漁洋家有鈔本八十卷，然未見傳本。《述古目》不載。《絳雲目》「補遺」《權文公集》七十卷。鈺案：勞説《述古目》不載，今粤雅本載之，惟標題卷數有異。

新都〔補〕胡校本作「蜀都」。**楊慎得此集於滇南士人家，止存目録與詩賦十卷。嘉靖辛丑劉大謨刻**〔補〕題詞本「刻」下有「之」字。**於川中。**〔補〕勞權云劉刻并列其目，有楊嗣復及敖英序。鈺案：瞿《目》亦云止刻詩賦十卷。其文四十卷，有目無書，五十卷本。嘉慶十一年，大興朱氏始以家藏祕本付雕。《四庫》著録亦止十卷本。

劉賓客文集三十卷外集十卷〔原校〕《直齋》云集本四十卷，逸其十卷。常山宋次道裒輯其遺文，得書四百七篇，雜文二十二篇，爲外集，然未必皆十卷所逸也。○張氏《藏書志》云：舊鈔本，唐正議大夫檢校禮部尚書兼太子賓客贈兵部尚書劉禹錫撰。○《述古目》注「鈔」字。○鈺案：《絳雲目》

鈔本《劉賓客集》四册，注全集四十卷。萬曆中，黎惟敬刻，中多是正，見胡元瑞《筆叢》。又《外集》十卷。

是集繕寫精妙，讐勘無譌。嘗以汲古舊鈔校之，鈺案：《汲古目》云十卷，棉紙舊鈔。又云宋板《劉賓客外集》四本，注云：「正集人間所有，外集世罕有之。」行次差殊，遠遜此本多矣。〔原校〕陳鱣云蕘圃有《外集》，係述古影宋小字本。鈺案：此書入《皕宋志》，蔣鳳藻亦云得影宋小字本，疑當時影鈔，非一本也。

元氏長慶集六十卷〔原校〕《讀書志》云《長慶集》百卷，今亡其四十卷。《直齋》云《中興書目》止四十八卷，又有逸詩二卷。稹嘗自彙其詩爲十體，其末爲豔詩，暈眉約鬢，匹配色澤，劇婦人之怪豔者。今世所傳《李娃》、《鶯鶯》、《夢游春》、《古決絶句》、《贈雙文》、《示楊瓊》諸詩，皆不見於六十卷中，意館中所謂逸詩者，即其豔體者耶？○題詞本有。○《述古目》作七十五卷，注「北宋本校過」五字。鈺案：《延令書目》有照宋抄一套，卷數同。

弘〔原校〕「弘」作「宏」。治元年，楊君謙〔補〕勞權云「君謙」名「循吉」。鈔微之集，行間多空字。蓋以〔原校〕「以」改「因」。〔補〕題詞本、胡校本均作「因」。宋本藏〔原校〕「藏」改「歲」。〔補〕題詞本、胡校本均作「歲」。久漫滅，而不敢益之也。〔補〕勞權云《絳雲目》六册，又鈔本十二册，當即楊鈔。鈺案：粵雅本僅「元氏長慶集」五字。《代書詩一百韻》「光陰聽話移」後全闕，乃宋本脱去二葉，故無從補入耳。嘉靖壬子，東吴董氏用此本翻雕，〔補〕勞權云董本傳世亦少，曾見一本。而以己意妄填空字，可資捧腹。鈺案：錢謙益跋元集有云，元集誤字始於無錫華氏之活板，謬稱得水村冢宰宋刻本，因用活字印行。董氏不學，沿其誤耳。亂後，牧翁得此〔原校〕「此」改「北」。〔補〕題詞本、阮本、胡校本均作「北」。宋刻微之全集〔補〕勞權云：是乾道四年洪景伯重雕宣和甲辰建安劉麟本。前有劉序，後有洪跋，末有集外文章一葉，洪所增也。卷端題「新刊元微之文集」。於南城廢殿，向所闕誤一一完好。遂校之於此本，手自補寫脱簡。〔原校〕陳鱣云：渌飲嘗從吴中見此本，虞山手補者猶在，惜未購歸。壬辰二月，又於武林書肆得微之詩集，爲吴江陳沂震起雷手錄。前有虞山題詞，與此脗合。獨未見文集，不無遺憾。然《代書詩》已得補完，亦一快事。具錄左方。文云：「翰墨題名盡，光陰聽話移。樂天每與予游，無不書名屋壁。又嘗於新昌宅説《一枝花》話，自寅至巳，猶未畢詞也。緑袍因醉典，烏帽逆風遺。暗插輕籌箸，仍提小屈卮。予有席箕草、籌箸、小盞、酒胡之備，當時常在書囊，以供酒備。本絃纔一舉，下口已三遲。逃席衝門出，歸倡借馬騎。狂歌繁節亂，醉舞半衫垂。散漫紛長薄，邀遮守隘歧。幾遭朝士笑，兼任巷童隨。苟務形骸達，渾將性命推。何曾愛官序，不省記家資。忽悟成虚擲，翻然歎未宜。便懷耽樂事，堅赴策賢時。寢食都忘倦，園廬遂絶窺。勞神甘躄躄，攻短過孜孜。葉怯穿楊箭，囊藏透潁錐。超遥望雲雨，擺落占泉坻。略削荒凉苑，搜求訐直詞。那能作牛後，更擬助鴻基。舊説制策多以惡訐取容爲美，予與樂天指病危言，不顧成敗，意在決求高等。初就業時，今裴相公戒予慎勿以策苑爲美，予深佩其言，然而怪其多□□□□有可取，遂切求潛覽，及累月無所獲。先是，穆員、盧景亮同年應制，俱以詞直見黜，予求獲其策，手自寫之，置在筐篋，樂天、損之輩常詛予篋中有不第之祥，而又哂予決求高等之僭也。唱第聽雞集，趨朝忘馬疲。內人輿御案，朝景麗神旗。首被呼名姓，多慚冠等衰。千官容眷盼，五色照離披。鵷侶從玆洽，鷗情轉自縻。分張殊品命，中外卻驅馳。出入稱金籍，東西侍赤墀。鬭班雲洶湧，開扇雉參差。切愧尋常質，親瞻咫尺姿。日輪光照耀，龍服瑞葳蕤。誓欲通愚謇，生憎效喔咿。佞存真妾婦，諫死是男兒。便殿承偏召，權臣懼撓私。廟堂雖稷契，城社有狐狸。似錦言應巧，如弦數易欺。敢嗟身暫黜，所恨政無毗。予元和元年任拾遺入十三日，延英對。九月十日，貶授河南尉。謬辱良由此，昇騰亦在玆。再令陪憲禁，依舊履阽危。使蜀常綿遠，分臺更險巇。匿奸勞發掘，破黨惡持疑。斧刃迎皆碎，盤牙老未萎。乍能還帝笏，詎忍折吾支。虎尾原來險，圭文卻類疵。浮榮齊壤芥，間氣詠江蘺。闕下殷勤拜，尊前笑傲辭。飄沈委蓬梗，忠信敵蠻夷。戲誚青雲驛，譏題皓髮祠。予途中作《青雲驛詩》，病其雲泥一致。作《四皓廟詩》，譏其出處不常。貪過谷隱寺，留讀峴山碑。寺在亭側。草没章臺址，堤橫楚澤湄。野蓮侵稻隴，亞柳壓城埤。遇物傷凋換，登樓思渺瀰。金攢嫩橙子，瑿泛遠鸕鷀。仰竹藤纏瓦，苫茅荻補籬。南人以大竹爲瓦，用荻爲籬也。麪梨通蒂朽，火米帶煙炊。麪梨軟爛無味，火米粃糲不精。葦筍針筒束，鯾魚箭羽鬐。羊羹真底可，鱸膾漫勞思。北渚銷魂望，南風著骨吹。度梅衣色漬，食稗馬蹄羸。南方衣服經夏謂之度梅，顔色盡黦。馬食苽蔣，蓋北地稗稊之屬。院榷和泥醶，官酤小麴醨。訛音煩繳繞，輕去聲。俗醜威儀。樹罕貞心柏，畦豐衛足葵。坳窪饒𠪚矮，游惰壓庸緇。病賽烏稱鬼，巫占瓦代龜。南人染病，競賽烏鬼，楚巫列肆，悉賣瓦卜。連陰蠅張王，並去聲。瘴瘧雪治醫。雨中井作蛙池，終冬往往無雪。我正窮於是，君寧念及斯。一篇從日下，雙鯉送天涯。坐捧迷前席，行吟忘結綦。匡牀鋪錯繡，几案涌靈芝。形影同初合，參商喻此離。扇因秋棄置，鏡異月盈虧。壯志誠難奪，良辰豈復追。甯牛終夜永，潘髩去年衰。余今年始三十二，去歲已生白髮。溟渤深那測，穹蒼意在誰。馭方輕騕褭，車肯重辛夷。臥轍希濡沫，低顔受頷頤。世情焉足怪，自省固堪悲。溷鼠虚求潔，籠禽方訝飢。猶勝憶黄犬，願得早圖之。」鈺案：已上係另錄，書衣並注明刻本在第二句注中。又字缺起至末。**牧翁云：「微之集殘闕四百餘年，一旦復爲全書，寶玉大弓，其猶**〔原校〕「猶」下補「有」字。〔補〕題詞本、阮本均有「有」字。**歸魯之徵歟。」**鈺案：劉麟序稱稹文盛傳一時，後亦不顯，惟嗜書者時時繕錄。某先人嘗手自鈔寫，謹摹工刻行，是劉本未嘗增損，在北宋即僅此殘本。見《四庫提要》。又案：遵王此《記》本牧齋跋語爲多。

白氏文集七十一卷年譜一卷〔原校〕《直齋》云，案墓志云集前後七十卷，當時預爲志，未有續後集。今本七十一卷，蘇本、蜀本編次亦不同。蜀本又有外集一卷，皆非樂天自記之舊矣。《年譜》李璜所作，予嘗病其疏略牴牾，且號爲年譜而不繫年，乃別爲《新譜》一卷，附刊集首。又漢嘉何友諒知忠州，刊白傳《文集》，亦作《年譜》，刊之集首，與予譜詳略互見，各有發明云。〇《讀書志》云：在杭州自類詩稿，分諷諭、閒適、感傷、雜律四類。前集五十卷，有元稹序。後集二十卷，自爲序紀。又有續後集五卷，今亡三卷矣。獨集後載《聞李崖州貶》二絶句。以《唐史》考之，崖州貶時，樂天殁將逾年，或曰浮屠某作也。○張氏《藏書志》云：《白氏文集》七十一卷，宋紹興刊本，玉蘭堂藏書。中遇「構」字注「犯御名」，「桓」字注「淵聖御名」，蓋紹興三年以前刊本也。案：《敏求記》云宋刻白集從婁東王奉常購得，後歸諸滄葦。此本玉蘭堂、王煙客、季滄葦俱有印記，蓋文氏故物，後歸王氏，轉入錢氏、季氏者。缺卷三十一至三十三，又三十五至三十六，共缺五卷，鈔補。○題詞本有。○《述古目》作《白氏長慶集》七十一卷，年譜一卷，注「宋板」二字。又入《宋板書目》，作七十五卷。〔補〕勞權云《絳雲目》：《白氏長慶集》十册，新刻二十册。鈺案：粤雅本僅「白氏長慶集」五字。

樂天自杭州刺史以右庶子詔〔補〕胡校本「詔」作「召」。還，排纂其文成五十卷，號《長慶集》，微之爲之序。又成《後〔原校〕「後」作「外」。〔補〕阮本亦作「外」。集》二十卷，自爲之序。嘗錄一部置廬山東林寺經藏院，北宋時鏤諸板，所謂廬山本是也。絳雲樓藏書中有之，惜乎不及繕寫，庚寅一炬，此本種子斷絶，自此〔原校〕「自此」二字改「世」字。〔補〕題詞本、阮本、胡校本均作「世」。無有知廬山本者矣。予昔從婁東王奉常購得宋刻，卷次與世行本無異，後亦歸諸滄葦。鈺案：《延令書目》僅《白太傅集》十卷十本一目，後歸瞿氏。此本未載。此乃對宋本校寫者，其一之二、五之七、四十三、四十八之五十二，共宋本〔原校〕「本」改「刻」。〔補〕題詞本、阮本、胡校本作「刻」。某校作「刊」。十一卷，仍同奉常本。十〔補〕黄校本「十」作「于」。三之十六、二十六之三十、三十三之三十八，共十七卷〔補〕黄丕烈云：「東城顧五癡家有殘宋本，十三卷、缺存七葉。十四卷、十七葉。十五卷、十九葉。十六卷、十九葉。二十六卷、十七葉。二十七卷、十五葉。二十八卷、十七葉。二十九卷、十四葉。三十卷、十三葉。三十一卷、十七葉，前六葉缺。三十二卷、十四葉。三十三卷、十八葉。三十四卷、十五葉。五十五卷、十六葉。五十六卷、十六葉。五十七卷、二十五葉。五十八卷。二十四葉。」又云：「案十七卷，予所得顧五癡本卻合，然遵王所云卷數析數之反爲十五卷，何耶？」是金華宋氏景濂所藏小宋板，圖記宛然，古香可愛，更精於奉常本，然總名〔補〕宋校本「名」下補「曰」字。《白氏文集》，愈知廬山舊本之爲艱〔補〕胡校本「艱」作「難」。得矣。戊子、己丑，予日從牧翁游，奇書共欣賞，駭心悦目，不數蓬山。今人侈言藏書，陋板惡鈔盈箱插架，書生見錢，但不在紙裹〔補〕題詞本「裹」作「褁」。宋鈔本同。中，鈺案：語本《東坡志林》。可爲一慨。鈺案：日本島田翰《古文舊書考》有應安以上覆宋刻七十一卷本，云《白氏文集》所傳舊鈔本最多。刊本所傳莫出是書之右。考應安當明洪武初年。

李文公集十八卷〔原校〕《直齋》云十卷。〇《文獻通考》十八卷。〇入《述古目》，作李翺集。〔補〕黄錄《採遺》云：唐山南東道節度使李翺撰。陳氏《解題》作十卷，注云蜀本，分二十卷。晁《志》作十八卷，與今本合。翺從韓愈爲文，不善於詩，故集皆雜文。蘇舜欽序。鈺案：《絳雲目》陳注云：「陸渭南云張文昌集無一篇文，李習之集無一篇詩，皆詩文各自爲集耳。皇甫持正亦自有詩集孤行，故文集中無詩也。」

習之《與陸傪書》：「李觀雖不永年，亦不甚遠於揚子雲。又思我友韓愈，非茲世之文，古之文也；非茲世之人，古之人也。孟軻既殁，亦不見有過於斯者。夫文章爲載道之器，必其自信真而後信他人也不僞。」習之稱許韓、李，其通〔補〕胡校本「通」作「虚」。懷樂善如此，是豈過情之聲譽哉？及觀其《答皇甫湜書》云：「僕敘高愍女、楊烈婦，豈盡出班孟堅、蔡伯喈之下？」則其高自標置，當仁不讓又如此，豈非自信真而後信他人之不僞者歟？昌黎曰：「近李翺從僕學文，頗有所得。」古君子師資相長，不以浮名虚聲妄爲誘悦。今人但知韓、柳，而弗知有元賓、持正、習之諸人與之俠〔補〕黄鈔本作「挾」。宋鈔本同。轂起者。斯文若江河行地，異流同源，讀習之文或可憬然而悟矣。

皇甫持正集十卷〔原校〕《直齋》云六卷。○《讀書志》云今集雜文三十八篇而已。顧況序在焉，而福先寺碑已亡矣。○題詞本有。○《述古目》注「鈔」字。〔補〕黄錄《採遺》云唐工部郎中皇甫湜撰。陳振孫云：「東都修福先寺碑，碑三千字，字索三縑，其輕傲不羈，非晉公殆不能容之。」

孫可之得文章要〔原校〕「要」作「真」。〔補〕題詞本、胡校本作「真」。阮本作「要」。訣於來無擇，無擇得之於皇甫持正，持正得之於韓吏部退之。斯文自有真傳，非同俗學之冥行擿〔原校〕「擿」作「摘」。〔補〕題詞本、阮本、胡校本均同。埴，自以剸耳傭〔原校〕作「劘」。〔補〕題詞本作

「劇」。阮本、胡校本作「傭」。鈺案：字書無「劇」字，疑「剿」字之誤。剿，略取也。目爲能事也。是集予從閩〔原校〕「閩」作「閣」。〔補〕題詞本、阮本均同。○勞校云：「吾友高叔荃有影鈔本，予曾借校。」本鈔錄，因記得樂天《哭皇甫七郎中》詩：「《涉江》文一首，便可敵公卿。」注云：「持正奇文甚多，《涉江》一篇尤佳。」〔補〕胡校本「佳」作「出」。而此缺之，知持正之文亡逸者多矣。

樊川文集二十卷外集一卷 鈺案：刊本無「外集」四字，係管氏所補。阮本有四字，寧館本無四字。〔原校〕《讀書志》云牧爲詩情致豪邁，人號小杜，以別於甫。臨終自爲墓志，悉焚所爲文章。其甥裴廷翰輯其稿編次，爲之後序。樊川蓋杜氏所居。外集皆詩也。○入《述古目》，無外集。

牧之集舊人從宋本摹寫者，新刻校之無大異。此翻宋雕之佳也。〔補〕蔣鳳藻云：「近得鄭氏注韓居舊藏明翻宋本。」○鈺案：瞿《目》有遵王藏本，係嘉靖間刻，有別集一卷。繆荃孫亦藏有嘉靖本。

沈下賢文集二十〔原校〕「二十」作「十二」。〔補〕阮本、寧館本、黃校本均作「十二」。**卷**〔原校〕陳鱣云《書錄解題》同《讀書志》，作八卷。《文獻通考》作十二卷。今本亦十二卷。○張氏《藏書志》云十二卷，舊鈔本，唐沈亞之下賢撰。元祐丙寅無名氏序。○《述古目》作《沈亞之集》十一卷。〔補〕黄丕烈云鈔本及遵王所鈔《述古堂藏書目録題詞》俱作十二卷，後刻誤耳。鈺案：據黄氏此説，知《述古堂藏書目題詞》係遵王所鈔。此條不在涵芬樓所藏一册之内，必見於所得之上下兩册。惜黄氏未逐條校過。料其與刊本異同必多耳。顛末詳《補輯類記》。

樊川、義山皆有《擬下賢》詩，則當時之聲稱甚盛，其詩必多，而集中止十八首，何歟？此刊於元祐丙申，〔補〕黄丕烈云本集序作丙寅。鄧邦述云元祐有丙寅，無丙申。不識流俗本有異同否，惜未一校對耳。

笠澤叢書二卷補遺一卷〔原校〕《直齋》云蜀本十七卷，樊開所序。案：《通考》作七卷。《直齋》又云四卷，《補遺》一卷，爲甲、乙、丙、丁、詩文、雜編，政和中朱衮刊之吴江。末有四賦，從蜀本增入。○《讀書志》作四卷。○題詞本有。○《述古目》陸龜蒙《笠澤叢書》四卷，《補遺》一卷，注「鈔」字。〔補〕勞權云《述古目》未載。又胡校本自下《畫上人》條起，至下《尹先生》條止，與勞説同。鈺已據粤雅本《述古目》逐條注明。勞、胡説皆删去。勞權又云《絳雲目》八卷。鈺案：粤雅本《絳雲目》作四卷，陳注「集首自序」四字。

《叢書》爲陸魯望卧病松陵時雜著。元符庚辰樊開序而鏤諸板。政〔補〕阮本「政」誤「致」。和改元，毘陵朱衮又爲後序刊行，止分上下二卷，補遺一卷。今人所鈔元時刻本，鈺案：係龜蒙裔孫德原鐫。見《四庫提要》。已釐爲甲、乙、丙、丁四卷，詮次棼亂，兼少《憶白菊》、《閒吟》二絶句，非經讎勘無復知此本之善矣。〔補〕黄丕烈云：「元本藏騎龍巷顧氏，辛酉春歸予。」

吴興晝上人集十卷〔原校〕張氏《藏書志》云《晝上人集》十卷，賜書樓鈔本，唐吴興釋皎然撰。有貞元八年御書院牒、于迪序。首末頁俱有木記，云「百計尋書志亦迂，愛護不異隋侯珠。有假不還遭神誅，子孫不寶真其愚」，蓋錢叔寶家藏書印記也。葉氏手跋云：「《晝上人集》二册，乃無錫談學山綽板釘宋鈔本。罄室因得借錄。予與錢子契合，遂借錄焉。《晝上人集》，人有藏者，不能如此之備。予何幸，躬逢其盛，因記以示後人云。括蒼山人恭焕志。」〇《述古目》作皎然《杼山集》十卷。〔補〕勞權云是柳大中影宋鈔本，今歸丹鉛精舍。

貞元壬申歲，于頔鈺案：《愛日志》作「迪」。分刺吴興之明年，集賢殿御書院有命徵《皎然文集》，頔採而編之，得詩筆〔補〕胡校本、鈔本「筆」字空格。五百四十六首，分爲十卷，納於延閣書府，即此本是也。〔補〕勞權云，貞元八年正月，浙西觀察使牒湖州牒後半頁首行接鈔于頔序。九行十八字。今漫稱《杼山集》，乃後人所題，非原書矣。識者辨之。鈺案：《四庫》據别本附刻《杼山詩式》一卷。

龐居士語錄一卷詩二卷《述古目》《龐居士語錄》二卷，注「宋板」二字，入《宋板書目》。《也是園目》入此土著述類，作一卷。又詩集類有《龐居士詩集》二卷。○鈺案：《新唐書志》《龐蘊詩偈》三卷，注云字道玄，貞元初衡州人。三百餘篇。《宋志》《龐蘊語錄》一卷，唐于頔編。晁《志》《龐蘊語錄》十卷。蘊，唐襄陽人，與其妻子皆學佛，後人錄其言，成此書也。

「有男不婚，有女不嫁。大家團圞頭，共説無生話。世〔補〕寧館本朱文藻云：「『世』上疑尚有『一』字，原本亦然，俟求別本是正。」吴騫云：「『世出世間法』本内典語，加『一』字不得。」○黄丕烈云鈔本脱「世」字。出世間法，都一往攝盡矣。老老大大，更摸索得幾個話頭。明明祖師意，未知作麽生也。」此書籤題猶是元人手筆。静對之，覺身世俱忘。

雪竇祖英集二卷題詞本有。○未入《述古目》，亦未見《也是園目》。○鈺案：《四庫》著録。《提要》云僧文政輯，成二百二十首。《適園志》有宋刊本。

師諱重顯，〔刊本原注〕《文獻通考》作「道顯」。字隱之。〔補〕沈鈔本「之」作「公」。大寂九世孫，俗姓李氏，其生平見呂夏卿《塔銘》。兹集乃門人總輯，成於天聖十年孟陬月，小師文政爲之序。鈺案：文政南嶽僧，見《南嶽總勝集》。雪竇本智覺道場，曾公守明州，手疏請師住持於此。鈺案：晁氏有《雪竇頌古》八卷，云僧道顯撰。頌古者，猶詩人之詠史。瞿《目》有《雪竇頌古集》一卷、《拈古》一卷、《瀑泉集》一卷、《祖英集》二卷，係宋寧宗後刊本。《適園志》又有明萬曆本《禪門諸家評唱集》十六卷，内雪竇顯和尚頌古語要佛果評唱爲《碧巖集》三卷。《碧巖集》入《續藏經》，作十卷，注宋重顯頌古，克勤評唱。又《佛果擊節錄》二卷，注宋重顯拈古，克勤擊節。錢謙益編明密藏禪師撰《藏逸經書》，有《評唱碧巖集》十卷，内雪竇頌作圜悟評，所記互異。○鈺又案：重顯，宋僧，此《記》乃列於唐開、天間人宗玄集之先，編次未當。以刊本、阮本均未改編，故亦仍之。

宗玄先生文集三卷入《述古目》，上有「吴筠」二字。〔補〕黄録《採遺》云唐嵩陽觀道士華陰吴筠撰。筠舉進士不第，天寶初，召至京師爲道士，待詔翰林，爲高力士所斥。後入剡中天台卒，弟子謚爲宗玄先生。

吴筠集，王顔編次，權載之序。鈺案：《四庫提要》云德輿序，稱四百五十篇，此本合詩賦僅一百十九篇，非完書也。後附《玄綱論》三篇，亦筠作。**邵**〔補〕阮本「邵」作「印」。鈺案：作「印」者是，見本傳。**溪黄子羽藏書。**鈺案：子羽名翼聖，太倉人，自號蓮蕊居士，錢謙益有傳。○鄧邦述云，此本今歸羣碧樓。

王黄州小畜集三十卷〔原校〕《直齋》云外集二十卷，其曾孫汾裒輯遺文，得三百四十首。又有《承明集》十卷、《奏議集》三卷、《後集詩》三卷，未見。案：《宋史・藝文志》無《奏議集》、《後集詩》，而有別集十六卷。○陳鱣云《汲古閣書目》云王黄州《小畜集》三十卷，八本，影宋鈔，有錢宗伯朱筆字及趙清常題識。○張氏《藏書志》云《小畜集》三十卷，宋刊配舊鈔本，宋王禹偁撰。有自序及紹興丁卯沈虞卿鏤板序。後附紙墨工價，及校正監造銜名八行。卷十二至卷十六、卷十八至卷廿四，宋紹興刊本，餘俱舊鈔本。舊鈔板心有「吾硯齋補鈔」五字。鈺案：此書今入瞿《目》。○《述古目》注「鈔」字。〔補〕黄錄《採遺》云禹偁將名其集，以《周易》筮之，遇乾之小畜。乾之象曰「君子以自强不息」，是修辭立誠，守道行己之義也；小畜之象曰「君子以懿文德」，是位不能行道，文可以飾身也。咸平三年自序。

黄州契勘《小畜集》，文章典雅，有益後學。舊本計一十六萬三千八百四十八字。紹興十七年申明雕造，開板之不苟如此。是本後有嘉靖乙丑岳西道人復初跋語，藏於栩栩齋。鈺案：此本後入《皕宋志》。復初跋云得之沈辨之。陸心源得沈本校趙熟典所刊據宋槧鈔補本，成校補二卷。又有北宋本《小畜外集》，卷六末葉起至卷十三止，後有「嘉靖二年閏四月二十二日野竹齋裱完」一行，別見《儀顧堂集》。〔補〕周星詒云：「詒於丙寅得王晚聞校本，續得影宋本續集。」○蔣鳳藻云：「兩本皆歸於予。」

徂徠文集二十卷〔原校〕《直齋》云陸子遹刻於新定，述其父放翁之言，曰老蘇之文不能及，然世自有公論也。歐公之所以重介者，非緣其文也。○入《述古目》。〔補〕黄丕烈云今本爲康熙間知泰州燕山石鍵秉仁刊。《汲古目》中所載者，乃影宋鈔本，曾得之，已歸藝芸精舍。○蔣鳳藻云：「藝芸舊藏，昔歲在滬得之。」

守道慶曆《聖德頌》出，孫明復曰：「子禍始於此矣。」蓋所云「大奸之去如距斯脱者」，謂夏竦也。鈺案：《直齋書録解題》云介集中有《南京夏尚書啟》及《夫子廟上梁文》，皆爲夏竦作。此介所謂大奸者，豈當時竦之姦尚未著耶？未幾歸徂徠山，遇疾卒。而竦欲以奇禍中傷大臣，遂稱介詐死，北走契丹，幾陷人主有剖棺發塚之過。繙《徂徠集》，因思小人欺君，〔補〕吴騫本「小人欺君」句，注「得非爲馮已蒼而發耶」九字。原校云閲者評語，非此《記》正文，宜删去。鈺案：已蒼直腸快口，有搆釁於邑令者，指所編《懷舊集》爲訕謗，曲殺之，見《府志》。詳見下《西崑酬唱》條下案語。無所不用其極，爲之掩卷失聲，〔原校〕「聲」改「席」。〔補〕阮本作「聲」。胡校本作「席」。并録歐公誌銘及詩於後。

河南尹先生文集二十七卷〔原校〕《直齋》云二十二卷。《通考》作二十卷。○入《述古目》，作《尹洙師魯集》。〔補〕黄録《採遺》云，宋司諫河南尹洙撰。高平范仲淹撰序。又淳熙庚戌，尤袤跋云，師魯集承旨姚公手録者，予往嘗刻師魯文百篇於會稽行臺，今乃得閲其全，甚慰，復梓行之。今本即影鈔此本。

廬陵《論〔補〕胡校本「論」作「誌」。尹師魯墓誌》：〔補〕胡校本「誌」作「銘」。「條析其事，再述於後。」予覽之，喟然嘆曰：「甚矣，古人珍〔原校〕「珍」作「矜」。〔補〕胡校本、宋鈔本同作「矜」。重著述，一字不敢聊且，命筆若是之難而慎也。」歐公述師魯文曰：「簡而有法，此一句《六經》惟《春秋》可〔補〕胡校本「可」下補「以」字。當之。」「又思〔補〕胡校本「思」作「曰」。平生作文，唯師魯展卷疾讀，便曉人〔補〕胡校本「人」作「入」。深處，死者有知，必受此文〔二〕，所以慰吾亡友。」嗟嗟，文章千古事，歐公直欲起師魯於九原而質之，其寸心知己爲何如耶！當吾世而無廬陵則已，世有廬陵，何患無知師魯者，吾又爲今之師魯慶所遭也。〔補〕周星詒云：「黃復翁校宋本，予得之帶經堂。」〇蔣鳳藻云：「此本亦歸於藻矣。」

三孔清江文集三十卷〔原校〕《直齋》作《清江三孔集》。鈺案：下有「四十卷」三字。《解題》云文仲二卷，武仲十七卷，平仲二十一卷，正合四十卷。《四庫》著錄即此本。〇此條刊本佚。〇見《也是園目》。〔補〕勞權云《絳雲目》三十卷八冊。鈺案：粵雅本注四十卷，慶元間臨江守王蓬裒集刊行，周益公序。

臨江孔氏兄弟，文仲字經父，武仲字常父，平仲字毅父。先聖四十八代孫也。一之二卷名《舍人集》，三之十九卷名《侍郎集》，二十之三十卷名《郎中集》。三君皆元祐時人。

而叙此集者則周益公也。鈺案：王士禎《居易録》載宋犖《寄三孔文集》，通僅五卷，非完帙也。又案：平仲《郎中集》中，古律詩外，别出《詩戲》三卷，皆人名、藥名、回文集句之類，蓋仿《松陵集》雜體别爲一卷之例。見《四庫提要》。

楊傑無爲集十五卷〔原校〕《直齋》有别集十卷，皆爲釋老作，而釋又居十之九。○見《也是園目》。

傑字次公，號無爲子。鈺案：傑，無爲軍人，見《宋史·文苑傳》。紹興癸亥歲，趙士㣧〔補〕勞校云，管庭芬云「㣧」字未詳。《集韻》僅有「㣧」字，倉案切，音璨，文彩盛皃。一作「㸕」，皆字書所無。阮本作「㣧」。鈺案：《四庫提要》作「㣧」，云傑集南渡後不傳，士㣧積兩歲之力，搜求編次，表章之功不可没。取其詩、賦、碑記、雜文、表〔原校〕「表」下補「啟編」二字。〔補〕阮本、黄校本、宋鈔本均同。次成集。〔補〕黄丕烈云：「丙寅春，予得一鈔本，似影宋刻本。」

王灼頤堂集五卷此條刊本佚。○見《也是園目》。○鈺案：《宋志》王灼《頤堂文集》五十七卷。晁《志》五十九卷。此集《四庫》失收。

灼〔補〕阮本「灼」上有「王」字。字晦叔，號頤堂，遂寧人，隱居不仕。著此集及《碧雞漫志》、《糖霜譜》鈺案：上二種《四庫》著録。此《記》入録。傳於世。

王蘋集八卷〔原校〕《直齋》云《王著作集》四卷。蘋以趙忠簡薦召對，賜出身。○題詞本有。○入《述古目》。○鈺案：《四庫》著錄卷數同。《提要》云遺文不過一卷，餘皆附錄。

蘋字信伯，福清人。從學程門，以王安石尚經義而廢《春秋》，守所學不就〔補〕胡校本「就」作「赴」。科舉。紹興四年，孫祐〔補〕題詞本、胡校本、沈鈔本「祐」均作「佑」。疏薦引見，賜進士出身，除祕書省正字。鈺案：宋神宗用王安石議，以經義試士，在熙寧四年辛亥，下距紹興四年甲寅，計六十四年。是蘋之年已篤老矣。因廢《春秋》不赴科舉事待考。是集乃其十一世〔補〕胡校本作「十世」。孫觀所編也。

祖龍學集十六卷入《述古目》。〔補〕黃錄《採遺》云宋龍圖學士上蔡祖無擇撰。署曰洛陽九老祖龍學。

祖無擇，字擇之，洛陽九老之一也。集十卷，附名臣賢士往來詩文二卷，系《家集》又四卷。其曾孫衍編次成帙，并著《龍學始末》於卷終。鈺案：《四庫提要》云紹熙三年，無擇曾孫袁州軍事判官行裒遺文爲十卷，取歐陽修《餞行》詩中「右掖文章煥星斗」語，名之曰《煥斗集》。又采司馬光、梅堯臣等與無擇贈答之作，曰《名臣賢士詩文》，凡二卷。又輯無擇之叔祖昷叔、士衡，弟無頗等傳記、勅書及姪德恭詩，曰《家集》，凡四卷。此《記》中「衍」字乃「行」字之誤。

趙子昂松雪齋集十二〔補〕宋校本去「二」字。阮本有。**卷外集一卷**入《述古目》。〔補〕黃丕烈云：「予有元刊本。」〇蔣鳳藻云在閩得元刊明印本。〇鈺案：元槧本文集十卷，目錄一卷，外集一卷。

乙丑鈺案：康熙二十四年。中秋，購得松雪翁《重輯圖〔原校〕「圖」改「尚」。〔補〕阮本、宋校本均作「尚」。書集注序》真蹟，細書謹楷，紙墨如新。圖小影於前幅，而公自題簡端云：「延祐五年，提舉楊叔謙畫。時予爲翰林學士承旨，年六十有五。」後序〔原校〕作「序後」。〔補〕阮本、宋校本均同。有仲穆蠅頭小字跋語。鈺案：真蹟一冊，在仁和王氏。予按子昂奉勅撰《農桑圖序》云：「延祐五年四月廿〔原校〕作「二十」。〔補〕阮本、黃校本均同。七日，集賢〔補〕胡校本「賢」下補「殿」字。大學士臣邦寧、大司徒臣源進呈《農桑圖》。上問：『作詩者何人？』對曰：『趙孟頫。』『作圖者何人？』對曰：『諸色人匠提舉楊叔謙。』上嘉賞久之。又〔補〕阮本、胡校本、宋校本均作「人」。黃校本作「各」。賜文綺一段、絹一段。」竊思畫像時，適當作詩繢圖之際，兩人相與共晨夕，故叔謙得爲公寫照也。公薨於至治壬戌之六月辛巳，年六十九。延祐五年，正六十有五，明年己未謁告歸矣。公之書其銜、紀其歲於象側，以見暮年命筆，鄭重其文若此。蓋所謂衰貌頹然，不能不自愛也。楊戴〔原校〕「戴」改「載」。〔補〕黃校本、宋鈔本均作「載」。阮本仍作「戴」。撰公《行狀》云：「皇太后議取〔補〕阮本、黃校本、宋鈔本均作「改」。隆福宮名，他學士擬『光被』，公擬『光天』。他學士曰：『光天出陳後主詩，不祥。』公曰：『帝光天之下，出《虞書》，何名不祥？』於是各擬以進。卒用『光天』。」其言實與仲穆之跋〔補〕「於」字起，「跋」字止十八字，寧館本均朱筆校補。語相符合。然跋云「以書質之，中留一本」，則是書曾經進御，而《狀》失載也。至元後己卯，沈潢〔原校〕「潢」改「璜」。〔補〕阮本、胡校本、黃校本、宋鈔本均作「璜」。校正《松雪齋集》十二卷，何禎〔補〕阮本、胡校本、黃校本、宋鈔本均作「貞」。立又輯外集一卷，刊行於世。〔補〕勞權云：「予見天順六年知湖州府事大梁岳璿文璣重刊至元本，有戴表元序，何貞立後序。」又云璜跋但言并行狀、謚文一卷，目錄一卷，合爲十二卷。實集止十卷，而此二卷分置前後，不列集中。又云何跋不言外集，爲其所輯。自詭求假全稿於公之子仲穆，而此序不收，知公之詩文遺佚者多矣。鈺案：《書古今文集注序》，見正集。遵王云不收，何也？數百年後，敬覯遺像，使人得以歷稽歲月，傍徨感歎，如侍立公之坐隅，而親承其謦欬者，撫此墨妙，豈非希世之珍也歟！鈺案：鄭元慶《湖錄經籍考》云：「予友張超然云《松雪集》十三卷之外，又有明何大成補遺四十二篇，詩十九，跋二十三，尤爲美備。」又《儀顧堂續跋》云元槧《趙松雪詩集》七卷，題宜黃後學譚伯潤伯玉編集，後有「至元辛巳春和建安虞氏務本堂編刊」一行，比《松雪齋集》多詩十餘首。

石田先生文集十五卷

入《述古目》作《馬石田集》。〔補〕黃錄《採遺》云，元行臺中丞靖州馬祖常撰。至元己卯王守誠序，並蘇天爵、陳旅序。又云「予藏元刻本。又有明成化時刻本」。〇鈺案：《四庫提要》云是集凡詩賦五卷，文十卷，名「石田」者，以所居有石田山房也。

皇帝聖旨裏，〔補〕胡校本「裏」作「掌」。江北淮東道肅政廉訪使〔原校〕「使」下補「照得近准本道廉使」八字。鈺案：係據陳鱣校，說見下。阮本無八字。蘇嘉議牒，伏覩故資德大夫御史中丞知經筵事馬祖常，擬今〔原校〕據陳校，「今」改「合」。〔補〕阮本仍作「今」。鄧邦述云元刊本「合」字。照依左丞王結例，鈺案：《王文忠集》六卷，《四庫》著錄。《提要》云王結撰。結字儀伯，定興人，官至中書左丞，《元史》有傳。集十卷，已佚。據《永樂大典》本採掇成書。鈔錄遺文於淮東路學，刊板傳布，中覆御史臺照詳去。後至元五年九月二十九日，承奉憲〔原校〕「憲」下補「臺」字。〔補〕阮本有「臺」字，寧館本吴騫云無「臺」字。鄧云元刊本有「臺」字。劄付，仰依上施行可照驗。差人鈔錄本官文集，委自〔補〕胡校本「自」作「于」。總管不花申〔原校〕「申」作「中」。又云「中」疑誤，仍宜作「申」。〔補〕阮本、胡校本均作「中」。鄧云元刊本作「中」。議，不妨本職提調刊印，仍選委名儒，子細校讐無差，發下本路儒學，依上刊板傳布施行，須至牒者。〔原校〕陳鱣云：「此牒原文共六百餘言，不知何以芟節，致文理多不接續，恐原本不爾也。添注數字於旁，餘不具錄。」是書雕造精妙，爲元刻中之上駟，楮墨簇新，古香可愛。簡端具此牒文，統錄〔原校〕陳鱣云統録則不删可知。〔補〕寧館本吴騫云：「按此牒原文凡六百餘字，而此删節，僅留百餘字，不得言統録。」之，示藏書家，以見元時隆重碩儒，敦崇積〔補〕阮本「積」作「績」。學，非輓近之〔補〕阮本無「之」字。世可幾及也。

虞伯生道園學古録五十卷〔原校〕陳鱣云：「予有元板，係天都陳氏舊藏本。紙刻堅好，世本皆從此翻雕。每一展覽，覺古香襲人，真可寶也。」〇《述古目》有《虞道園類稿》五十卷一目。《學古録》未見。〔補〕黄録《採遺》云元侍講學士蜀郡虞集撰。至正六年歐陽玄序，云：「李漢於昌黎，子瞻於廬陵，皆能知而言之者，走豈能爲前人役乎？第於公有世契，故不辭而爲之序。」又云：「此書予家有景泰刻本，係何義門手批者，并有跋語。此外尚有舊鈔《道園類稿》、元刻伯生《詩續編》、元刻《翰林珠玉》，皆屬罕見之書。」

是集分《在朝稿》、《應制録》、鈺案：《四庫提要》「録」作「稿」。《歸田稿》、《方外稿》四種，鈺案：《提要》云其中詩稿别名《芝亭永言》。總名《道園學古録》。鏤刻精雅，世行本從此翻雕。間取讐勘，譌謬處絶少。知嘉、隆以前學人，信而好古，非若近日槧書者淆亂芟改，師心自是也。鈺案：《學古録》始由伯生季子翁歸編刻於建寧，明有景泰、嘉靖兩翻刻本。

楊翮佩玉齋類稿入《述古目》，作四本，注「元板，不分卷帙」六字。〔補〕胡重云鈔本作十卷。○黄錄《採遺》云，知不足齋寫本有至元丙子陳旅序。○勞權云以上五條，《述古目》皆不載。鈺案：已逐條注明勞説存删。

翮字文舉，以文類其稿，不分卷帙，鈺案：《四庫》著錄作十卷。**元刻中之佳者。**〔補〕黄丕烈云小讀書堆有元刊本，今歸郡人諸少山。○鈺案：《提要》云翮父剛中，有《霜月集》，已佚。翮承父學，得識當代勝流，故虞集、楊維禎等作序，皆以父執自居。集刊至正末，楊基有悼文舉詩云：「白髮蒼蒼老奉常，亂離終喜得還鄉。」是元人而未受明禄者。

陳基夷白齋稿三十五卷外集一卷〔原校〕張氏《藏書志》云有至正二十四年甲辰夏五月朔旦戴良序。季滄葦藏書。明初人鈔本。○《述古目》作二十卷。〔補〕勞權云《也是園目》作三十六卷。《絳雲目》作陳敬初《夷白集》，又有《夷白齋尺牘》。

弘〔原校〕「弘」作「宏」。**治乙卯，張習廣搜敬初詩文，勒成十二卷刊之。志其後云：「先生文集名『夷白』**〔補〕胡校本「白」下補「齋」字。**者，三十四卷，留吴下士大夫家，祕不傳。**〔原校〕淥飲題云：「張習刻本，每有出於三十五卷之外者，當時所據不知何本。又《玉山雅集》錄敬初詩，大半不在集中，知《夷白齋稿》遺佚多矣。安得好事者廣爲搜輯，以永其傳也。」〔補〕勞權云，此《拜經樓題跋記》吴騫所錄，在弘治初印本中。**蓋當時原書難覯，故所刻不全，君子惜焉。」此從其稿**

本摹寫者。稿本舊藏葉林宗家，林宗嘗出眎予，摩挲賞玩，移日不休。予語林宗：「敬初《過虞山》詩，悼張楚公之亡，指斥太祖不少遜避。戴良編題此集，亦稱我吴王。淮張之能得士心如此，非一時羣雄所可企及。」鈺案：良序有云：「先生由京師還吴中，我吴王聞其學問，即以樞府都事起於家。不數年，屢遷而長其省幕。後調太尉府參軍，由參軍升内史。迹愈顯而文愈工矣。」因相與浩歎而罷。迴念疇曩良友過從，奇書欣賞，曾幾何時，等之威音劫矣。展卷懷人，不覺潸焉出涕。

危素説學齋集三十卷 此條刊本佚。〇見《也是園目》，作二十卷。〔補〕勞權云《絳雲目·補遺》：《危太樸文集》五十卷。《静志居詩話》云足本五十卷。〇鈺案：《四庫》著録，一《説學齋稿》四卷，一《雲林集》二卷。

《太樸集》失傳於世，牧翁〔補〕阮本作「世人」。搜訪明初文獻，以未見公集爲憾。此稿爲葉文莊公菉竹堂藏書。〔補〕勞權云菉竹堂鈔本，僅一册，文九十首。癸卯四月，歸丹鉛精舍。後有葉恭焕題。鈺案：粤雅本《菉竹堂目》有《危太樸詩集》一卷，未載文集。震川先生嘗從公之乃孫求觀而不可得。〔補〕勞權云，管校本云《也是園目》作《危太樸文集》五十卷。案今本僅四卷，乃震川先生從其手稿傳鈔，皆元代所作，凡一百三十篇。鈺案：此説與《記》文異。予與九來借鈔，慨然不以一鴟見拒。古人云：「文章自有真。」公之集如渾金璞玉，予何幸獲覩全稿。原書未分卷數，因爲次而編之，排成三十卷。鈺案：此書不載《述古目》。《也是園目》作二十卷。此書出遵王手訂，疑《也是園目》誤。又案：今吴興劉氏刊詩二卷，文十卷，外復輯刊佚文，得十卷。今九來已作古人，其所著《金石録補》，學識遠在明誠上。曾留稿本於予處，將爲整齊其書，垂之久遠，不使人琴俱亡，亦可藉此以報我良友耳。〔補〕勞權云：「九來名奕苞，崑山人，所著《金石録補》，予曾見武原張氏石鼓亭鈔本，作二十七卷。前有婁江錢壆、寧都魏禧二序及自序。今刊入《别下齋叢書》。」

王翰友石山人稿一卷見《也是園目》。〔補〕黄録《採遺》云知不足齋寫本，元潮州路總管靈武王翰撰。翰初名那木罕，年十六領所部，有能名，省府交薦之。陳有定據守全閩，表授官。陳敗，浮海抵交、占界不果，屏居永福之觀獵山，自號友石山人。尋辟書再至，嘆曰：「豈可更適人哉！」賦詩見志，遂引決，年四十六。

潮州路總管王翰，字用文，别號友石山人。元亡，浮海之閩，居永福山中，黄冠服十年。有薦之於朝者，君聞辟命下，即引決。今讀其《自決詩》，忠義之氣凛然。吁，可敬也。鈺案：翰《絶命詩》云：「昔在潮陽我欲死，宗嗣如絲我無子。彼時我死作忠臣，覆嗣絶宗良可恥。今年辟書親到門，丁男屋下三人存。寸刃在手顧不惜，一死了卻君親恩。」遺稿爲其子偁編，〔補〕「編」下宋鈔本有「類偁」二字。阮本同。字孟揚，行事詳《附錄》中。〔原校〕「中」下補「予今題其稿者所以存其人也」十二字。〔補〕阮本、胡校本同。

甘復山窗餘稿一卷入《述古目》有「彥初」二字。〔補〕黄錄《採遺》云：「復文根據道理，沖融閑雅，灑然山林氣象；詩則俊逸新奇，淩駕鮑謝。」又云此書：「於庚辰冬見之友人所，因傳錄之。」

復字克敬，鈺案：與《述古目》異。元末餘干人。成化癸卯，保寧推官張敬先得其手稿於趙時用，〔補〕某校本「用」下補「因」字。刻之以傳。鈺案：《四庫提要》云：「復元亡之後，遁跡以終。著作散佚，僅存手墨於同里趙石蒲家。明成化中，石蒲之孫琥始爲傳錄開雕，復見於世。」與《記》文微異。

錢遵王讀書敏求記校證卷四之中

詩集

鈺案：《直齋書録》「詩集類」云：「凡無他文而獨有詩，及雖有他文而詩集復獨行者，别爲一類。」是編此《記》者體例所本，然亦未能確合。如《高常侍集》十卷，後二卷賦、表、雜文是也。

阮嗣宗詩一卷〔原校〕《讀書志》：《阮籍集》十卷。《直齋》云四卷，魏步兵校尉陳留阮籍撰。其題皆曰「詠懷」，首卷四言，十三篇。餘皆五言，八十篇。通爲九十三篇。《文選》所取十七篇而已。○《述古目》作阮嗣宗《詠懷詩集》一卷。

阮嗣宗《詠懷詩》行世本惟五言八十首。朱子儋取家藏舊本，刊於存餘堂，〔原校〕陳鱣云，存餘堂本，淥飲嘗得之，似明人刊者。鈺案：子儋名承爵，著有《存餘堂詩話》。多四言《詠懷》十三首。覽者勿漫視之。

庾開府詩集六卷〔原校〕《讀書志》云《庾信集》二十卷，有滕王逌序。鈺案：《直齋》云信仕梁及周，在揚郡有集四十卷，及江陵又有三卷，皆兵火不存。今集自入魏以來所作，而《哀江南賦》實爲首冠。〇入《述古目》。

朱子儋〔原校〕作「儋子」。重刻《庾開府詩》四卷於存餘堂。〔補〕勞權云，朱刻於正德辛巳首夏。鈺案：此本入瞿《目》。引序末少陵語，謂其集刻在唐後。予近得《子山詩》舊鈔鈺案：《述古目》及《也是園目》皆有六卷本，而不言舊鈔所出。校之。首卷同存餘堂本，餘五卷序次迴異，凡多詩百十五首。始知子儋〔原校〕「儋」下補「所」字。〔補〕胡校本同。刻未〔原校〕「未」下補「盡」字。〔補〕阮本、胡校本同。備也。庾信全集二十卷，藏之天府，未知百六飈迴，靈光猶無恙否？今考其詩集行世者，唯予本爲佳。因錄《哀江南賦》於後而匱〔原校〕「匱」作「櫝」。藏之，俟識者覽焉。〔補〕阮本、胡校本無末五字。

沈雲卿集二卷〔原校〕《讀書志》：《沈佺期集》五卷。鈺案：《直齋書錄》十卷。〇《述古目》注「鈔」字。

沈、宋裁詩矜變律，律而云變者，蓋詩之體裁，至沈、宋排比聲律，〔原校〕「律」改「韻」。〔補〕胡校本、黄校本同作「韻」。寧館本仍作「律」。比齊梁格法益嚴，故遂爲千古律詩之龜鑑耳。之問集已失傳，鈺案：《讀書志》：宋之問《考功集》十卷。《直齋》卷數同。佺期集未知今有新刻本否。此爲吴門柯〔原校〕「柯」改「柳」。〔補〕阮本、胡校本均作「柳」，下同。氏藏書。柯君名僉，字大中，別號味茶居士。摹寫宋本唐人詩數十種，今皆歸述古書庫中，〔補〕黄丕烈云：「柳大中鈔本唐詩，予家亦藏有數十種。」陳鱣云：「柳大中本今在蕘圃家。」視《百家詩刻》真霄壤矣。鈺案：席啟寓刻《唐詩百名家全集》之前，有明華亭徐獻忠刻百家唐詩。遵王所指未知云何。徐刻本沈、宋集在初唐二十一家内，席刻無沈佺期集。又晉安鄭氏重刻初唐十三家，亦有沈集二卷。

新刊校正集注杜詩三十六卷目録一卷〔原校〕《讀書志》有蔡興宗編《杜甫詩》二十卷，趙次公《注杜甫詩》五十九卷，又有王洙原叔《注杜詩》二十卷，《附志》有黄氏《補千家集注杜工部詩史》三十六卷，外集二卷。〇題詞本有。〇《述古目》作黄鶴注《杜甫詩》三十六卷，注「宋板」二字。〇鈺案：陸心源有宋槧殘本六卷，見《儀顧堂續跋》。

淳熙八年，郭知遠〔原校〕「遠」作「達」。〔補〕題詞本、胡校本均作「達」。鈺案：《四庫提要》作「達」。以《杜詩注》牴牾雜出，因輯善本，得王文正〔原校〕删「正」字。〔補〕題詞本無「正」字。公、宋景文公、豫章先生、王源〔原校〕「源」作「原」。叔、薛夢符、杜時〔補〕黄鈔本「時」作「持」。鈺案：《提要》作「修」。可、鮑文虎、鈺案：《提要》「虎」作「彪」。師民〔補〕黄鈔本「民」作「氏」。

鈺案：《提要》「民」作「尹」。 瞻、趙彥材〔補〕勞校本「材」作「林」。鈺案：《提要》仍作「材」。九家注，讎校鋟板於成都。寶慶乙酉，曾噩子肅謂注杜者挾僞亂真，如僞蘇注之類，鈺案：《直齋書錄》云世有稱東坡《杜詩故事》者，隨筆造文，不言所出。此本獨刪去之。惟蜀士趙次公爲少陵功〔補〕題詞本、黄校本「功」俱作「忠」。臣。今蜀本引趙注最詳，重摹刊於南海之漕臺。鈺案：《直齋書錄》即此本。開板洪爽，刻鏤精工，乃宋本中之絕佳者。〔補〕黄丕烈云：「是本予曾見過，字大悅目，信宋刻中佳本也。」予觀《通考·經籍志》云：「趙次公《注杜詩》五十九卷。」今按趙注散見於蜀本，曾序已稱其最詳，卷帙安得有如此之富？恐端臨所考或未覈。〔補〕勞權云，管校本云晁《志》亦作五十九卷。書此以諗世之讀杜詩者。

新雕校正大字白氏諷諫一卷〔原注〕陳鱣云：「湶飲嘗從武林書肆檢得宋槧《白氏諷諫》一卷，置之案頭，尚未議值，復之他所檢閱。及還，已爲糊蠶箔者買去。急追之，不可得矣。」〇題詞本有。〇《述古目》不載。《也是園目》亦未見。〔補〕某氏云：「予家曾得鈔本，係述古舊藏。」

《白氏諷諫》原自單行。鈺案：《萬卷堂目》有《白氏諷諫》一目，亦單行本之證。此新雕者，其字句與總集中稍異。歲久墨敝〔原校〕「敝」改「渝」。紙渝，〔原校〕「渝」改「敝」。《園陵安》〔原校〕「安」改「妾」。〔補〕題詞本、胡校本均作「妾」。缺一字，竟無從補錄，可惜也。鈺案：武進費念慈有影刊宋小字本。

高常侍集十卷〔原校〕《讀書志》云《高適集》十卷，集外文二卷，别詩一卷。○入《述古目》，注「宋本影鈔」四字。〔補〕黄錄《採遺》云知不足齋影宋本，前八卷詩，後二卷賦、表、雜文。陳振孫云：「適年五十始爲詩，即工。杜子美所善也。」

達夫集予借林宗宋槧本影摹。族祖求赤〔補〕勞權曰，求赤名孫保。又從予轉假去，錄而藏於懷古堂。〔補〕黄丕烈云，求赤父名謙貞。懷古堂，謙貞所築以奉母者。今宋槧本流落無聞，予本久已歸諸滄葦。鈺案：入《延令宋板書目》，似滄葦得遵王影摹本，又得宋本。此乃懷古堂錄本也。聚散不常，閱人成世，三君墓木已拱，獨予抱斷編殘簡，棲遲於魚蠹之中。閒房〔補〕胡校本「房」作「軒」。良夜，靜言思之，吾家典籍，異日傳於不知何人。惜世無王仲宣，聊〔原校〕「聊」下補「且」字。〔補〕寧館本朱文藻云，一本無「且」字。作鄭餘慶舐掌之藏可耳。

錢考功詩集十卷〔原校〕《直齋》云蜀本作前、後集十三卷。○入《述古目》。〔補〕黄丕烈云：「辛酉秋，予得一鈔本，似從宋本錄出，多避諱。」○鈺案：晁《志》作二卷。《四庫》本十卷。《提要》云集末《江行》絕句一百首，《唐音統籤》謂起孫珝之詩，誤入起集。

仲文詩佳本絕少。此於雜言、古〔補〕胡校本「古」作「往」。鈺案：胡校係據本書《松陵集》，亦以古詩爲往體。體、近體諸篇，編次極當，允爲舊集〔補〕寧館本「集」作「本」。無疑。自高廷禮之《品彙》出，而古〔原校〕「古」作「排」。〔補〕阮本、胡校本同作「排」。律之名始著於世，詩家不復辨唐詩編次之非古，唐人集有不改其舊觀者幾希矣。

李賀歌詩編四卷集外詩一卷《述古目》注「宋本影鈔」四字。○鈺案：《讀書志》卷數同。《直齋》作《李長吉集》一卷。

宋京師本無後序。〔原校〕「序」作「集」。〔補〕胡校本同。鈺案：遵王此語係本吳正子《昌谷集箋注》，《箋注》「無後序」三字作「無後卷」。此鮑欽止〔補〕黄校本「止」作「正」。家本也。臨安府棚前〔原校〕去「前」字。北睦親坊南陳宅經籍鋪印。〔原校〕「印」下補「行」字。〔補〕阮本、胡校本有「行」字。○勞權云恬裕藏遵王影宋鈔本，前有杜牧序，卷末有「臨安府棚前北睦親坊南陳宅經籍鋪印行」一行。○陸心源云：「此書有金板，止四卷，無集外詩。予家有何義門校金本，故知之。續又收得金板，諸藏書家無有知之者。」鈺案：金刻四卷，瞿《目》亦載有藏本，乃文休承藏書。

吳正子箋注李長吉歌詩四卷詩鈺案：《述古目》無「詩」字。**外集一卷**〔原校〕張氏《藏書續志》

云，舊鈔本。後有原跋，云：「《李長吉》，舊藏京本、蜀本、會稽本、宣城本，互有得失，獨上黨鮑氏本詮次爲勝，今定以鮑本而參以諸家。箋注則得之臨川吴西泉，批點則得之須溪先生，□□評論并附其中。齋居暇日，會粹入梓，庶幾觀者瞭然在目。至正丁丑三月朔日，復古堂識。」〇入《述古目》，注「元鈔」二字。〔補〕勞權云《也是園目》總作五卷。管校本云錢綠窗先生曾藏影元刻舊鈔本，前有述古印記。身後歸於金書巢上舍。今昭文張氏所藏，疑即此本。

此書是元人舊鈔，潘君顯甫贈予。君諱榮，别號郭指。平生交唯孟鳧先生、石林長老鈺案：石林名道源，婁江許氏子。禪講之餘，博極經史。嘗注《李義山詩》。錢謙益《有學集》有《石林上人寄巢詩集序》。與予三人。著《法苑紺珠集》，鈺案：《法苑紺珠集》，《蘇州府志》據《柳南隨筆》采入「藝文」。牧翁極稱之。窮居陋巷，書聲琅琅出金石，虞山一隱君子也。惜乎單門寒素，將來湮沒無聞，未免有名氏醫〔原校〕「醫」改「翳」。〔補〕阮本、胡校本、黄校本均同。如之歎耳。

王建詩集十卷 入《述古目》。〇鈺案：《讀書志》、《直齋書録》均作十卷。《四庫》著録，作《王司馬集》八卷。乃國朝胡介祉據後人合併本校刊。

建與樞密王守澄有宗人之分，偶因過飲相譏，守澄憾，〔補〕胡校本「憾」作「怒」。欲借

《宫詞》奏劾之。建作詩以解。結句云：「不是當家親向説，九重爭遣外人知。」事遂寢。「當家」猶今人言一家也，此集作「姓同」，其爲後人改竄無疑。〔原校〕陳鱣云，蕘圃有吴原博家鈔本，於小注留「當家」二字。〔補〕勞權云，嚴修能云唐人稱同姓爲當家。○黄丕烈云，得毛子晉手鈔宋本，亦作「當家」。

李商隱詩集三卷〔原校〕晁氏《志》五卷。案張氏愛日精廬藏有二本。一稱《李義山集》，舊鈔校本，後有崇禎甲戌護淨居士馮氏跋。一稱《李商隱集》，毛板校宋本，後有丙戌三月太丘陳鴻手跋，云借孫孝若家北宋板本對正。皆三卷。○題詞本有。○《述古目》注「北宋本影鈔」五字。○鈺案：《宋志》作二卷。

文宗時，椓人用命，朝士箝結，甘露之變，爲千古所未有，國勢亦岌岌乎殆哉。義山忠憤逼塞，不敢訟言北司。美人香草，讔詞託寄，其旨微矣。《留贈畏之》詩，題下注云：「時將赴職梓潼，遇韩朝迴三首。」夫時事日非，期望畏之來有所論建，而喑無一語，竟如囈如酲者，何也？故次章云「待得郎來月已低，寒暄不道醉如泥」也。隨例趨朝，轉轅迴去，國成誰秉，若珥〔原校〕「珥」作「瑱」。〔補〕題詞本、阮本均作「瑱」。耳不聞。宫鄰〔原校〕「鄰」作「鱗」。〔補〕阮本作「粼」。金虎，委之蜩螗〔原校〕云一本作「蝗」。〔補〕題詞本作「蝗」。沸羹之徒，忠於君者若是乎？故繼之以「五更又欲向何處，騎馬出門烏夜啼」也。首章起句，即責韓以「清時無事奏明光」，反言之，亦激言之耳。詞臣引領，歸客迴腸。義山於君臣朋友之間，情義〔補〕胡校本「義」作「誼」。剴〔原校〕「剴」作「愷」。〔補〕題詞本、阮本作「愷」。切，且又託爲豔詩以委曲諷諭，此豈笨伯所能解乎？朱鶴齡《箋注義山詩初稿》云：「此題有誤。」予笑語之：「義山既誤作於前，韋縠《才調集》又誤選於後，鈺案：第二首絶句，選入《才調集》，注云「遇韓朝迴」。無知妄作，賢者無是焉。」鶴齡面發赤，因削去。今聊引此以啟其端，見義山之詩之難讀如此。鈺案：朱鶴齡注本釋道源注而成。《四庫》著録。

溫庭筠詩集七〔補〕寧館本「七」作「一」。**卷別集一卷**〔原校〕《讀書志》云溫庭筠《金荃集》七卷，外集一卷。宣宗嘗作詩賜宮人，句有「金步搖」，遣場中對之。庭筠對以「玉跳脱」。上善其敏，欲用之，而嘗作詩忤時相令狐綯，終棄不用。○張氏《藏書志》云《溫庭筠詩集》七卷，別集一卷，毛板校宋本，前有題識，云從馮定遠攜錢子健校本對過。末有南浦題識，云假錢遵王鈔宋本重勘。○《述古目》注「宋本影鈔」四字。〔補〕黃丕烈云舊鈔。○勞權云以下至《葉石林集》，《述古目》不載。鈺已據粵雅本注明本條之下。又案：顧予咸箋注本云，從所見宋刻，分詩集七卷，別集一卷，知與此《記》本同。

世傳溫、李爲側豔之詞，今誦其「雞聲茅店月，人跡板橋霜」，及「魚鹽橋上市，燈火雨中船」諸名句，豈獨以六朝金粉爲能事者。解對「金跳脱」，正不必「再〔原校〕「再」作「悔」。〔補〕胡校本同。讀《南華》第二篇」矣。〔補〕勞校本嚴修能云，庭筠名句自當以「高風漢陽渡，初日郢門山」爲第一。王漁洋云。

李羣玉詩集三卷詩 鈺案：《述古目》無「詩」字。**後集五卷**〔原校〕《讀書志》云《李羣玉詩》一卷。羣玉字文山，澧州人。曠達不樂仕進，專以吟詠自適。詩筆妍麗，才力遒健。好吹笙弄筆翰。親友強赴舉，一上而止。裴休廉察湖南，延郡中。大中八年來京師，進詩三百首。休復論薦，授弘文館校書郎。集後附《進詩表》并《除官制廣記》，所載黃陵廟事甚異，絶句在焉。○入《述古目》。〔補〕黃丕烈云舊鈔本。○鈺案：瞿《目》藏士禮居影寫宋本，後有「臨安府棚前睦親坊南陳宅經籍鋪刊行」一行。宋本今藏江寧鄧氏羣碧樓。

羣玉以草澤士子表上其詩，人主遂有錦綵器物之賜。令狐綯薦之於朝，鈺案：《四庫》著録本，首載令狐綯薦狀，與《讀書志》裴休兩薦説不同。授弘文館校書郎，唐君臣愛惜人才〔原校〕「才」作「材」。若此。風雅之化，於斯爲盛，能無令後人望古遙集乎？

許渾丁卯集二卷〔原校〕《直齋》云丁卯者，其所居之地有丁卯橋。蜀本又有拾遺二卷。《讀書志》云嘗分司於朱方。丁卯間，自編所著，因以爲名。賀鑄本跋云：「按渾自序集三卷五百篇，世所傳本兩卷三百餘篇，求訪二十年，得沈氏、曾氏本，并取擬玄《天竺集》校正之，共得四百五十四篇。」予近得渾集完本，五百篇皆在，然止兩卷。《唐·藝文志》亦言渾集兩卷。鑄稱三卷者誤。〇《述古目》作許渾《丁卯集》二卷，集外詩二卷，注「宋本影鈔」四字。

暇日校用晦詩，元刻增廣者，較宋板多詩幾大半。此又宋本之不如元本矣。〔補〕陳鱣云，昔繡谷老人有宋板《丁卯集》，失去數年。其子甌亭復得之，作詩紀事。今尚藏其家。〇黃丕烈云，此書「予於東城顧氏得之，贈陳古華觀察。」又云：「予藏元刻本有二，一爲大德本，一爲洪武元年刊本。嘉慶己未冬，陶五柳從都中寄來一本，又一元刻，無刻書年月。此爲最佳。」〇勞權云《恬裕目》有元刊《增廣音注丁卯詩集》二卷，唐邢州刺史許渾用晦撰。元大德間刻本。錢磬室藏書。遵王云較宋刻多詩大半，惟有《寄桐江隱者》、《送宋處士絶句》二首前後複出。元時書肆本不檢多如此。又有《增廣音注丁卯詩續集》一卷，凡九十五篇，分遺篇、拾遺、續補三類。拾遺類下題「括蒼葉氏本增多十七篇」一行。鈺案：《四庫》著錄《丁卯集》二卷，外有續集二卷，續補一卷，集外遺詩一卷。《提要》云今之續集當即陳氏《書錄解題》所謂蜀本之拾遺，爲後人改題續補。及集外遺詩，則又後人掇拾增入耳。

李頻黎〔原校〕「黎」改「棃」。鈺案：《唐書》本傳作「梨」。**嶽詩集一卷**入《述古目》。〔補〕黃丕烈云舊鈔。

集刊於至元後丁丑，鈺案：頻集以宋嘉熙三年爲第一刻，元元貞、後至元，明永樂、正統重刊，凡四本，見《四庫提要》。卷終有雍虞集收藏字蹟，其殆道園家藏本歟？鈺案：《四庫》本一卷，附録一卷。《提要》云頻官建州刺史卒，官民思其德，立廟梨山。本名《建州刺史集》，後人敬頻之神，尊梨山曰梨嶽，集亦因之。王士禎《居易録》稱，詩人爲神，未有如頻之顯者。

元英先生家集十卷〔原校〕《讀書志》作《方干詩集》一卷。張氏《藏書志》云《元英先生詩集》十卷，叢書堂鈔本，汲古閣藏書。前有《元英先生傳》，孫郃撰。後有集外詩兩首、《文獻通考》等書十三則、乾寧丙辰王贊序、毛晉手跋二首。○《述古目》注「宋本影鈔」四字。〔補〕黄丕烈云舊鈔。○鈺案：《四庫》本八卷，係據明嘉靖丁酉干裔孫廷璽重刊本著録。

樂安孫郃〔補〕胡校本、黄校本作「郃」。阮本作「邵」。作《玄英先生傳》。鈺案：《讀書志》有孫郃《文纂》一卷。郃字希韓，四明人，唐乾寧四年進士，好荀卿、揚雄、孟氏之書。舊四十卷。王贊稱方干入錢起之室，撰序題於集首。鈺案：贊，祁縣人。序在乾寧丙辰。見《提要》。此云元英者，避宋諱也。鈺案：寧館本朱文藻云「玄」字宋諱。集中《贈美人》七言長句四首，今本爲俗子芟去，得此始補全之。〔補〕陸心源云，此本不得見，得見席氏刻本。所云元英避諱及《贈美人》七言長句四首都合。

韓偓詩集一卷〔原校〕《直齋》云《入内廷後詩集》一卷，《别集》三卷。○題詞本有。○《述古目》作韓偓《翰林集》一卷。

昭宗反正，密勿之謀，致光〔補〕胡校本云，《紀事》云偓小字冬郎，字致堯，作「致光」者誤。又自號玉池山樵人。鈺案：《漁隱叢話》又誤作「致元」。爲多。觀其不草韋貽範詔，正所謂「如今冷笑東方朔，只用詼諧侍漢皇」也。詩以言志，致光可謂卓然不拔之君子矣。

韓内翰香奩集三卷〔原校〕《直齋》云二卷。○題詞本有。○入《述古目》。〔補〕黄丕烈云舊鈔。

《香奩集》三卷，予從元人鈔本録出。末卷多《自負》一詩，洪邁《絶句》亦未〔原校〕「未」改「失」。〔補〕胡校本同。收。行間字極佳，比流俗本迥異。予嘗命名手繪圖二十六幅，裝潢成帙，精妙絶倫，閲之意蕊舒放。嗟乎，〔原校〕「乎」改「夫」。〔補〕題詞本同。致光〔補〕胡校本「光」改「堯」，下同。遭唐末造，金鑾前席，危捋虎鬚。及乎投老無門，托跡甌閩，竟賫志〔補〕胡校本「志」下補「以」字。歿。〔原校〕「歿」下補「地」字。〔補〕題詞本、阮本均同。此豈淺夫浪子所能然耶？後人但知流浪《香奩》，無有洗發其心事者，千載而下，可爲隕涕也。

沈括云：「和凝後貴，以此〔原校〕「此」改「已」。〔補〕胡校本同。集嫁名於致光。」則宋人已辨之詳〔補〕胡校本「詳」作「早」。矣。鈺案：宋人辨見沈存中《夢溪筆談》。葉石林又有江南韓熙載所爲一説，見杭世駿《訂譌類編》。

杜荀鶴文集三卷

〔原校〕《讀書志》云《唐風集》十卷，有顧雲序。○入《述古目》，無「文」字。○鈺案：《愛日志》有錢履之精鈔本，板心有「竹深堂」三字。

予藏《九華山人詩》，是陳解元書棚宋本，總名《唐風集》。後得北宋本繕寫，乃名《杜荀鶴文集》，而以「唐風集」三字注於〔原校〕「於」下補「其」字。下。鈺案：瞿《目》有宋刊本，首行題「杜荀鶴文集」，下題「唐風集」。云汲古閣所刻，用南宋分體本。此則北宋不分體本。竊思荀鶴有詩無文，何以集名若此？殊所不解。〔補〕勞權云一本下注「詩文總名曰文，唐人尚然。觀微之所作少陵墓誌可見」。以上二十一字，係閲者評語。《通考》云：「《唐風集》十卷。」更與顧雲撰序刺謬矣。鈺案：顧序自題「景福元年夏，太常博士修國史顧雲序。」序有分爲上、中、下三卷語，遵王所謂刺謬者指此。

吴融英歌詩

〔原校〕陳鱣云《英歌詩》不可解，案《通考》作《唐英集》。鈺案：《直齋書録》同。〔補〕

沈鈔本「英」上有「唐」字。**三卷**《述古目》作吴融《唐英詩》，注「宋板」二字，入《宋板書目》。〔補〕勞權云《絳雲目》吴學士《唐英歌詩》，注「吴融。四册」。○鈺案：陸敕先有據述古堂鈔本，後歸繆荃孫。又何焯與其弟煌書云，《唐英歌詩》，遵王家鈔本，是照宋刻本。

予生平所見子華詩宋槧本唯此本，〔原校〕删「本」字。宜寶護之。

寒山拾得詩一卷 入《述古目》。○鈺案：此書最初著録爲《新唐書志》道家類《對寒山子詩》七卷。瞿《目》有明刻本《寒山詩》一卷、《豐干拾得詩》一卷，附慈壽《擬寒山詩》一卷，云宋時名《三隱集》。板心有「三隱」字。卷首有閭丘允《寒山詩序》。《持靜目》有明永樂丙申翻宋淳熙己酉沙門志南編本《寒山子詩集》一卷，附《豐干拾得詩》一卷，題曰「天台三聖詩」。《四庫》所著録爲明新安吴明泰本，作《寒山子詩集》二卷，附《豐干拾得詩》一卷。卷數不同。此《記》則并《寒山》、《拾得》爲一卷，云出宋刻，或是最初刻本。與《天禄目》所載《寒山詩》一卷三百十三首，附《豐干詩》二首、《拾得詩》五十六首之宋本，亦復有互異處。

豐干語閭丘胤，〔原校〕改「允」，下同。〔補〕阮本同。寒山文殊，拾得普賢，真爲饒舌矣。胤令國清寺僧道翹纂集文句成卷，而爲之序讚，〔補〕刊本「讚」誤「譖」。阮本、胡校本不誤。附著《拾得録》於詩之前，惜乎傳世絕少。此從宋刻摹寫。鈺案：日本島田翰《訪餘録》云有新刊覆宋本。考南北《藏》，俱未收。予謂應同《龐居士詩》並添入《三藏目録》中，鈺案：《大藏經》、日本《續藏經》兩書均未入録。庶不致泯滅無傳耳。鈺案：明徐𤊹《紅雨樓題跋》《寒山子詩集》〔二〕，卷首有朱晦翁、陸放翁二札。又案：趙琦美《脈望館集》三卷，皆和寒山、豐干、拾得詩。其末章云：「許多明眼漢，塗毒鼓下死。今日誰闡提，只得清常子。」琦美又自號如白，見汪沆《小眠齋讀書日札》。

禪月集二十五卷〔原校〕《直齋》作十卷。按《唐詩紀事》作《西嶽集》十卷。《通考》作《寶月詩》一卷。《讀書志》作三十卷。〇張氏《藏書志》云舊鈔本，雁里草堂藏書。有蜀乾德五年曇域後序，嘉熙戊戌周伯奮跋、童必明跋。〇陳鱣云：「淥飲曾云東嘯軒郁氏有影宋鈔本，當借校讐。」〇入《述古目》。〔補〕勞權云郁氏本亦出自述古堂舊藏，今歸丹鉛精舍。是柳大中用叢書堂書格手鈔。十行廿字，首册副葉有「函雅堂收藏書畫記」朱文長印。吴融序後有「錢後人謙益讀書記」朱文大方印。周跋後半葉題云：「時正德九年六月十三日，吴中布衣柳僉大中録畢於桐涇別墅之簡靜齋。中復值病起，聊以詩紀歲月云：病愈入城懶，斯書敗筆書。山林圖自在，風雨欲何如。白滿秧田水，青翻柳浪魚。不知塵不到，岑寂是安居。」前後俱空二行，低三格。字頗古拙，書中有蒙叟朱筆校字。

吴融初序貫休詩，名《西嶽集》。此乃蜀乾德五年門人曇域尋檢稿草及暗記憶者，約一千首，雕刻板〔補〕勞校本「板」作「成」。部，題號《禪月集》。曇域稱蜀主崇奉其師，「過秦主待道安之禮，踰趙王迎圖澄之儀」。今觀其卷首〔補〕勞權云柳本在卷末。開題云：「大蜀國龍樓待詔、明因辨果功德大師、祥鱗〔補〕阮本、黄校本、勞校本作「鱗」。胡校本、宋鈔本作「麟」。殿首座、引駕内供奉講唱大師、道門子使選録〔補〕黄校本、胡校本、勞校本均作「鍊」。宋鈔本作「練」。校授文章應制大師、兩街僧録、〔補〕勞校本作「籙」。封司空太僕卿、雲南人〔原校〕去「人」字，補「八國」二字。〔補〕阮本、黄校本、胡校本、宋鈔本均同。寧館本朱文藻云，原本上有二「入」字，但點其旁，似有疑而待考者，不宜删落。今按繡谷亭本「入」字作「八」字。鎮國大師、左右〔原校〕「右」下補「街」字。〔補〕黄校本、胡校本、宋鈔本均同。阮本有「街」字，無下「御」字。御龍華道場對御講讀〔補〕黄校本、宋鈔本作「讚讀」。胡校本、阮本作「講讚」。大師兼禪月大師、食邑八千戶、賜紫大沙門貫休。」結銜如此，〔補〕勞權云，貫休結銜後附楊傑七言絶句一首、江衍七言絶句二首。○鈺案：明胡震亨《唐音癸籤》引《畫苑》，貫休銜作「大蜀國龍樓待詔、明因辨果功德大師、翔麟殿引駕内供奉經律論道門選練教授、三教元逸大師、守兩川僧錄大師、食邑三千戶、賜紫大沙門某」，與遵王所記略異。知域之言可信不誣。然師以「一劍霜寒」之句睥睨吴越，固非榮名利養足以移其心者。一瓶一鉢，遠勝紅樓應制之僧，鈺案：《酉陽雜俎》「寺塔」記長樂坊安國寺有紅樓，爲睿宗在藩時舞榭。廣宣上人有詩名號爲《紅樓集》。千載而下，閒雲野鶴，如遇師於寥天碧落中，吾祖奈何以添州拒之乎？鈺案：休投吴越王詩曰「一劍霜寒十四州」，諭改四十州，乃可相見。曰：「州亦難添，詩亦難改。」遂入蜀。見《全唐詩話》。〔補〕黄丕烈云是書録於友人朱廷選。

此即原本也。○陸心源云：「此本今歸予家。」○鈺案：《四庫》著録有補遺一卷。《提要》有云，毛晉云，陶岳《五代史補》稱貫休《西嶽集》或稱《南嶽集》者。考休生平，未登太華，疑南嶽之名爲近之。又書籍刊板始於唐末，然皆傳布古書，未有刻專集者。曇域後序作於王衍乾德五年，稱檢尋稿草及記憶者，雕刻成部。則刻專集者，自此集始，亦可資考證。

白蓮集十卷〔原校〕張氏《藏書志》云《白蓮集》十卷，附《風騷旨格》一卷，舊鈔本，唐廬岳僧齊己撰，天福三年孫光憲序。○入《述古目》。○鈺案：宋《祕書省闕書目》作三十卷。《四庫》著録十卷。《提要》云：爲其門人西文所編。前九卷爲近體，後一卷爲古體。又有絶句四十二首，疑後人采輯附入。

北宋本影録，行間多脱字，牧翁以朱筆補完。又一本〔補〕黄丕烈云：「此所云又一本者，予於東城顧氏得之。此書向藏小讀書堆，於戊寅秋歸予。與《禪月集》合裝一篋。」有柳僉跋，附《風騷旨格》一卷。〔補〕勞權云，柳跋一本，今歸丹鉛精舍。九行十八字，副葉中有「秋夏讀書，冬春射獵」白文方印、「函雅堂收藏書畫記」朱文長印。孫序後有「鑀後人謙益讀書記」朱文大方印、「季印振宜」、「滄葦」朱文二方印、金氏「文瑞樓藏書記」白文長印。目録後「季振宜藏書」朱文小印。《風騷旨格》目録後半葉題記云：「陳氏《直齋書録》云唐僧齊己《白蓮集》十卷、《風騷旨格》一卷，今兼得之，爲合璧矣。元書北宋刻，傳世既久，湮滅首卷數字，當俟善本補完，與皎然、貫休三集並傳。嘉靖八年歲己丑，金閶後學柳僉謹志。」前後空三行，低三格。卷内間有蒙叟朱筆評點。

黃山谷詩注二十卷目錄一卷年譜附

題詞本有。〇入《述古目》，作《黃山谷詩集》任淵注。〇鈺案：《直齋書錄解題》：《注黃山谷詩》二十卷，《注陳後山詩》六卷，新津任淵子淵注。鄱陽許尹爲序。不獨注事而兼注意，用功爲深。二集皆取其前集也。

舊刻《山谷詩注》甚佳。但目錄中《宿舊彭澤懷陶令》題下注云：「舊本自此以上缺二板，以後諸題例之，前各題下皆當有注脚。今詢無此本，姑列各題如右，儻後得之，當別補入。」今吾家所藏，二葉宛在，卷首各題下注脚俱全，〔原校〕陳鱣云桐鄉汪氏有舊鈔本，缺葉俱全。澉水畢蘭巖舊藏也。鈺案：詩注及外集注均有朝鮮活字本，首山谷子黃埻序，次許尹敘。目錄二板不闕。見《日本訪書志》。前更有紹興鄱陽許尹《豫章後山詩解》一序。始知〔原校〕刪二字。〔補〕阮本無二字。淵〔原校〕「淵」上補「任」字。〔補〕阮本有「任」字。題詞本有「字子淵」三字。阮本、胡校本、宋鈔本均有三字。嘗以文藝類試有司，爲四川第一。惜乎刻此書者不及見之，遂令舉世缺此數葉，宋本之難得遇如此。鈺案：《愛日志》有宋刊殘本六卷。〔補〕陳鱣云，《山谷後山詩注》，汪氏柀出，歸於金氏。用宣城紙界畫烏絲鈔錄，裝潢極其鄭重。書亦官樣。惜當時書手欠精，錯謬亦不校正，雖大而無當也。

黄山谷外集詩注十七卷序目一卷年譜附〔原校〕《直齋》云山谷詩文，其甥洪氏兄弟所編。斷自進德堂以後。今外集所載數卷，有晚年删去。故任淵所注亦惟取前集而已。○題詞本有。○入《述古目》，作青神史容注《黄山谷外集》。○鈺案：《愛日志》有《外集詩注》十七卷。又有青神史季溫《别集詩注》二卷，均舊鈔本。

山谷仿《樂天集》廬山本，〔補〕題詞本「樂天」六字作「莊子」二字。**分本**〔原校〕「本」改「其」。〔補〕題詞本、阮本同。**詩爲内外篇，青神**〔原校〕「神」改「城」，云《直齋》作「城」。**史容惜内集有注而外集未也，**〔補〕胡校本云「未也」二字鈔本作「無之」。**故爲續注之。**〔補〕蔣鳳藻云郁氏《宜稼堂書目》藏有我吴沈小宛校補《山谷外集》注本手稿，並有《范石湖集注》、前後《漢書疏證》、《蘇東坡詩注》等手稿。予僅得《蘇詩補注》，校刊行世。其他不知流落何所。鈺案：沈欽韓前後《漢書疏證》，浙江官書局已刻。《范石湖集注》，潘文勤《功順堂叢書》刻行，惟《山谷外集》校補本未見流傳。

陳后〔原校〕「后」改「後」，下同。〔補〕題詞本、阮本、胡校本均同。**山詩注十二卷**〔原校〕《直齋》云《后山集》六卷，外集五卷，陳師道無己撰。○張氏《藏書志》云《后山詩注》十二卷，宋刊本，宋天社任淵注。缺卷一至卷三三卷，鈔補須溪劉辰翁序。○題詞本有。○入《述古目》，作《陳后山集》任淵注。○鈺案：瞿《目》有殘宋本一卷。

宋人老杜、《千家詩》注，荒陋百出，而傳之最廣最久。任子淵注山谷、后山詩，施武子增補其父司諫〔原校〕「諫」下補「所」字。〔補〕題詞本、胡校本、宋鈔本均同。注〔原校〕「注」下補「東」字。〔補〕題詞本、阮本、胡校本均同。坡詩，皆注家之〔原校〕「之」下補「絕」字。〔補〕題詞本、阮本、胡校本、宋鈔本均同。佳者，而傳之獨少。山谷、后山〔補〕題詞本無「后山」二字。詩注，雖〔補〕題詞本「雖」作「猶」。有舊板行世，〔補〕題詞本「世」下有「後山詩注」四字。僅〔補〕一本作「方」。而〔補〕胡校本「而」作「爾」。得〔補〕題詞本無「而得」二字。見。予所藏俱〔補〕題詞本無「予所藏俱」四字。宋刻本，〔補〕題詞本無「本」字，「刻」字下有「予所藏俱有之」六字。可稱合璧矣。〔補〕勞權云，嚴修能先生云鮑以文爲購得宋刊本，缺四卷，僅補錄二卷，尚缺二卷。後贈錢竹汀少詹。○蔣鳳藻云：「鳳藻近得高雲客手寫本。高名兆，一字固齋，即校刊卞氏《書畫彙考》者。康熙間以書名，楷法精絕。」獨〔補〕阮本「獨」下有「東」字。坡詩注，武子因傅〔補〕阮本「傅」誤「傳」。穉漢儒善歐書，俾書之以鋟板者，曾見於絳雲樓中。後廣搜不可得，爲生平第一恨事耳。〔補〕勞權云《絳雲目》宋板《東坡詩施武子注》十册，四十三卷。黃丕烈云，宋板《注東坡詩》商丘本，今藏翁覃溪家。此外殘本，小讀書堆及香嚴書屋皆有。向聞郡中吴懶菴家有影宋鈔，是集未之見。後從枚庵得一鈔本，亦似影宋者。鈺案：商丘舊藏《施注蘇詩》，光緒季年歸湘中袁氏，旋燬於火。元和王同愈曾錄其前後題跋，并影摹一葉。鈺亦傳錄一過。

葉石林建康集八卷〔原校〕張氏《藏書志》云《石林居士建康集》八卷，鈔本。後題云：「先君大卿手編《建康集》八卷，乃大父左丞公紹興八年再鎮建康時所作詩文也。別有總集百卷，昨已刊於吴興里舍。姪凱任總司酒官，來索此本，欲寘諸郡庠，并以年譜一卷授之，庶廣其傳云。嘉泰癸亥重陽日，籍謹志。」〇《述古目》不載。《也是園目》亦未見。〔補〕黄録《採遺》云宋知建康府吴縣葉夢得撰。皆帥建康時詩文。夢得以節度使致仕，其居在卞山，奇石森列，藏書數萬卷，故名。陳振孫謂「石林」二字，出《天問》。又云聞望信橋吴懶菴家有影宋本。

少藴兩帥金陵，故以「建康」名其集。蓋其涖官時所作也。鈺案：《直齋》作十卷，云其初以所涖官各爲一集，後其家編次，總而合之。此集其一也。

段氏二妙集八卷〔原校〕張氏《藏書志》云《二妙集》八卷，舊鈔本，金段克己、成己撰。前有虞集《段氏世德碑》，翰林學士資德大夫知制誥同修國史臨川吴澂序。又泰定四年丁卯春別嗣輔識後，成化辛丑賈定補刊跋。〇見《也是園目》。〔補〕黄録《採遺》云金河東段克己、成己撰。克己字復之，在金以進士貢，金亡廿餘年而卒。成己字誠之，在金登進士第，主宜陽簿，至元年乃卒。按二段詩，此爲元本，從錢塘汪氏鈔得之以全。金詩校勘謬誤特甚，益信元本之可貴。不特多樂府二卷而已。補遺八首，得之《河汾諸老集》中。又按《曝書亭書目》有段鏞、段鐸《二妙集》，今以虞氏《世德碑》考之，鏞、鐸爲克己、成己五世祖行，未嘗有集行世。而兹集「二妙」之目，爲湓水閑閑之所題，亦非有所沿襲。知竹坨所藏即此集，曰鏞、鐸者，偶誤耳。又云此書「予於東城顧氏得之」。○鈺案：宋趙師秀編賈浪仙、姚武功詩，及明初王子與、子啟兄弟集，均名《二妙集》。王集詳《儀顧堂集》。

復之號遯菴，誠之號菊軒。幼年謁禮部閒閒〔原校〕「閒閒」改「閑閑」。〔補〕阮本、胡校本同。公，目之爲「二妙」。道園《段氏世德碑銘》稱：「兩先生終隱於家，一時諸侯士大夫皆尊師之。」予從《河汾諸老詩》中識其氏名。今録其全集，讀吴草廬序言，有感於元興金亡之會，中州逸民遺老，身隱而名不彰者多矣，爲嘅嘆久之。

金臺集二卷題詞本有。○《述古目》注「元板」二字。〔補〕黄録《採遺》云元編修南陽迺賢撰。至正壬辰歐陽元序，又李好文、黄溍、貢師泰三序。

迺賢〔補〕胡校本「賢」下有「字」字。○鈺案：《四庫》著録改「迺賢」二字作「納新」。納新族出西北郭囉洛，因以爲氏。郭囉洛以《欽定西域圖志》考之，即今塔爾巴哈台，見《河朔訪古記》提要。易之，葛邏禄氏也。葛邏禄氏居北庭西北金山之西，去中國遠甚。元太祖取天下，其國與回紇〔補〕題詞本「紇」下有「最」字。阮本同。先〔補〕題詞本「先」下有「來」字。阮本、胡校本均無。附。鈺案：「易之」起至「先附」，遵王録危素《迺易之金臺後稿序》文。易之少居江南，長遊齊、魯、燕、趙之間。客京師，危太樸爲編其詩集，前後序跋皆一時諸名公手書。鈺案：係歐陽玄、李好文、貢師泰、揭傒斯、楊彝、危素、程文、泰不華、虞集、黄溍、張起巖諸人。刻鏤〔補〕胡校本二字互乙。甚精，元板中之最佳者。鈺案：《天禄目》有藏本。瞿《目》有金侃手寫本。虞道園題詩云：「目疾深坐，乃其馬鬃縫目之後，故有『因君懷郭隗，千古意如何』之句。」蓋亦自傷也。〔補〕某氏云馬鬃縫目事屬謬誤。畢氏《續通鑑考異》詳辨其誣。鈺案：明瞿佑《歸田詩話》載馬尾縫眼事。

圭塘欸乃集一卷〔原校〕陳鱣云，安陽公許有壬别有《至元集》八十一卷，傳本絶少。桐鄉汪氏有之。今歸知不足齋。鈺案：《四庫》已著録。○見《也是園目》。〔補〕黄録《採遺》云，此書鄱陽周伯琦序，略云中丞安陽公謝事歸相州，於其第之西二里得康氏廢園，鑿池其中，形如桓圭，故以圭塘名。此唱彼和，少長同歡，遂名其篇曰「欸乃」。公季弟都司君自爲之引，亦以見安陽一門人文之盛云。此集《元詩選》專作許有壬，似未覈。又云丙寅見曹倦圃藏鈔本。又見一精鈔本。

安陽公一門及其客唱和之什。别有《圭塘小稿》鈺案：《四庫》著録。行於世。〔補〕勞權云：《恬裕目》云二卷，係遵王鈔本，有周伯琦序，周溥、哈剌台、丁文昇、黄㝷、張守正、王翰、王國寶等跋。

楊仲弘〔原校〕「弘」改「宏」，下同。**詩集八卷**《述古目》作四卷。○鈺案：《國史經籍志》作四卷。《四庫》本作八卷。《提要》云不知何人所分。瞿《目》有王聞遠鈔本，亦作八卷。

予〔原校〕删「予」字。**昔藏元板《仲弘詩集》，後歸之李**〔補〕阮本、黄校本均作「季」。**氏。此從刻本影鈔。**〔補〕黄丕烈云丁卯冬得此本。**元詩稱虞、楊、范、揭爲四大家。今予所藏皆善本，殊足喜耳。**

揭曼碩詩集二〔原校〕「二」作「三」。〔補〕阮本、胡校本均同。**卷**〔原校〕張氏《藏書志》云：《揭曼碩詩集》，影寫元刊本，元揭徯斯撰，門生前進士燮理溥化校錄。目錄後有「至元庚辰季春日新堂印行」一行。錢氏《補元史·藝文志》有《揭徯斯集》三卷，當即是本。孫慶增、席玉照均有印記。○見《也是園目》。《述古目》載《揭文安集》五十卷，不别載詩集。○鈺案：《四庫》著錄《文安集》十四卷，内詩四卷，續集二卷。顧嗣立《元詩選》作《秋宜集》。

吾友顧伊人從至元庚辰刻本爲予手錄之。

薩天錫雁門集八卷〔原校〕張氏《藏書志》藏元刊本，係汲古閣藏書，有至正丁丑千文傳序。〔補〕勞權云，案丁丑爲至元三年，張《志》誤。鈺案：當作「後至元三年」方合，勞説亦未盡。○陳鱣云：

毛氏刻元人十集，《雁門集》視此本凡少詩如干首，與此本異。鈺案：「與此」四字，據勞校本補。○《述古目》注「鈔」字。〔補〕黄丕烈云，此本「予於東城顧氏得之，與八卷之説合。外間流布之本，未能如是也」。○鈺案：《四庫》著録《雁門集》三卷，集外詩一卷。《提要》云八卷本，世罕流傳。毛晉得别本刊之，并爲三卷。後得荻扁王氏舊本，乃以三卷本未載者，别爲集外詩一卷，其集復完。又案：日本島田翰云，有覆刻永和丙辰本薩天錫逸詩，見所著《訪餘録》。永和丙辰當明洪武九年。

新刻通一卷，此則八卷。前列至元丁丑于〔原校〕「于」改「干」。文傳序。天錫父阿魯赤留鎮燕代，生君於雁門，故以「雁門」名其詩。後附詞十一首。君冒姓薩氏，名都剌，史〔原校〕删「史」字。〔補〕阮本、胡校本同。天錫其字，别號直齋。薩都剌者，即華人所謂濟善也，鈺案：《提要》改薩都剌作「薩都拉」。云薩都拉，蒙古語結親也。此《記》云濟善，文既不同，譯語當亦有異，不敢臆斷。文傳之序云然。

范德機詩集七卷

〔原校〕陳鱣云，蕘圃所藏即此本。○入《述古目》。〔補〕黄録《採遺》云，元福建廉訪使知事清江范梈撰，臨川葛仲穆編次。卷一、卷二古詩，内雜以排律，疑誤。其書署至元庚辰良月益友書堂新刻，其校訂者學正孫從吾也。向有歐陽原功、蘇天爵諸人序，今缺。惟存吴全節後序、諸人題詠。又云戊午夏，從五柳居得此刻本。○鈺案：《四庫提要》云梈所著有《燕然稿》、《東方稿》、《豫章稿》、《侯官稿》、《江夏稿》、《百尺稿》，凡十二卷，七卷不知何人所併。

至元庚辰刊於益友書堂，臨川葛雝仲穆編次。鈺案：日本國有延文辛丑覆益友書堂本，見島田翰《古文舊書考》。延文辛丑當元至正二十一年。

張憲玉笥集十卷〔原校〕陳鱣云貞復堂所藏《玉笥集》，凡三本，其一爲語溪呂氏鈔本，頗精好。然細校三本，亦小有不同。〔補〕勞權云貞復堂即鮑氏。○見《也是園目》。○鈺案：《愛日志》有鈔本，作九卷。

憲字思廉，會稽山陰人，居玉笥山，自名玉笥山人。鈺案：元末鄧雅亦有《玉笥集》，與憲集同入《四庫》。讀其《怯薛行》、《琴操》十二首，誠留心斯世之士。劉釪稱思廉以忠義自許，良不虚也。鈺案：釪，明成化時人。此集有其序。

葉顒樵雲獨唱六卷《述古目》注「鈔」字。〔補〕黄錄《採遺》云元金華葉顒撰。顒字景南，少壯有志，事功未嘗干謁，人罕知者。遭亂，結廬城山東隅，名其地曰雲顯，自號雲顯天民。自序所作詩，以爲「薪桂老而雲山高寒，音調古而寒谷絶聽」，故名之曰《樵雲獨唱》。長孫雍編次成帙，曾孫琪重刻之。安丘袁凱爲之序。又云戊辰秋，得元刊本。鈺案：《結一目》有元刊本。

葉顒，金華人，稱雲顯〔原注〕此篆文「頂」字。〔原校〕鈔本無小字注。〔補〕寧館本朱文藻云，一本無注五字，阮本有五字。天民。至正甲午，自爲前序。庚子又爲後序。不乞文於他人，即獨唱之旨也。鈺案：顧嗣立《元詩選》述景南出處有誤。見《四庫提要》。《絳雲目》陳注據《震澤編》作字伯昂，吴東洞庭山人，係與景南同姓名者。陳注亦誤也。

黄庚月屋樵吟四卷〔原校〕張氏《藏書志》有《月屋漫稿》四卷，舊鈔本，元天台山人黄庚著。有泰定丁卯孟夏自序，疑即一本。鈺案：勞權校「疑即一本」四字，改「疑即《樵吟》之别稱」七字。云《絳雲目》作「樵吟」。〇《述古目》注「鈔」字。〔補〕黄録《採遺》云元天台黄庚撰。泰定丁卯自序，云自科目不行，始得脱屣場屋，放浪江湖，凡生平豪放之氣盡發而爲詩文。且歷考古人沿襲之流弊，遂率意爲之。惟吟詠性情，講明理義而已。〇鈺案：《四庫》著録《月屋漫稿》一卷。陳氏《帶經堂目》云詩詞共四百一十六篇，一卷本非完帙也。

清常道人跋云：「詩多俊語，復多媚語，時或吐一二禪語。句中往往有用世意，非不欲仕元者。」鈺案：厲鶚《宋詩紀事》以庚爲宋人。《提要》以集中泰定年作序時，元統一海内已五十七年，不得仍係諸宋，仍題爲元人。鈺案：以宋亡起算，至泰定丁卯，計四十七年，「五」字乃「四」字之誤。

洪焱祖杏庭摘稿一卷《述古目》注「鈔」字。〔補〕黄丕烈云舊鈔本。

焱祖字潛夫，仕元爲休寧縣尹。鈺案：焱祖以遂昌縣主簿致仕。元沿宋制，致仕進一官，未嘗實任休寧縣尹。遵王説誤。見《四庫提要》。著《續新安志》十卷、《爾雅翌〔原校〕「翌」改「翼」。〔補〕阮本、胡校本同。音注》三十二卷。鈺案：《提要》云焱祖嘗作《爾雅翼音釋》，至今附羅願書以行。又有《續新安志》十卷，亦繼願《新安志》而作，蓋亦博雅之士。所居有銀杏，大百圍，〔原校〕銀杏大百圍，不知生於何代，「百」字疑「十」字之誤。故以「杏庭」爲號，遂名其集。鈺案：「著《續新安志》」至「遂名其集」，遵王錄危素序文。此則其摘稿也。宋濂、危素爲之序。鈺案：稿中詩以古近體分列，五言律下注曰長律附，不用高棟排律之稱。七言律下注曰拗律附，亦宋人之舊名。是當日原本，未遭明人竄亂者。見《提要》。

宋无鈺案：刊本「无」誤作「旡」。今從《四庫》本，下同。**翠寒集六卷啽囈集一卷**《述古目》載《啽囈集》。《也是園目》兩集並載。〔補〕黄錄《採遺》云元晉陵宋无撰，自爲序，并延祐庚申海粟馮子振序。《翠寒集》今作一卷，《啽囈集》均詠史詩。《千頃堂書目》作八卷。又云丙寅年見元刻《啽囈集》。○鈺案：《四庫》僅著錄《翠寒集》一卷。《愛日志》有元刊本《翠寒集》六卷，《啽囈集》一卷。《翠寒》馮序外有至治二年里人錢良右序。

无字子虛，吴人。馮海粟極稱其詩，隱居翠寒山，因以名焉。張習分之爲六卷。《啽囈集》，鄧光〔補〕黄校本「光」作「先」。鈺案：「光」字不誤。荐〔補〕阮本「荐」作「薦」。作序。附自銘於後，其製銘時年已八十有一矣。尚有《靄迺集》、《寒齋冷話》，無從得見，俟更覓之。

鈺案：《靄迺》二種目入錢《補元志》。

朱希晦雲松巢詩集三卷《述古目》注「鈔」字。〔補〕黄丕烈云庚申夏得一舊鈔本，裝潢似此書中物。

希晦，樂清人。元季與四明吴主一、簫〔原校〕「簫」改「蕭」。〔補〕阮本、勞校本仍作「簫」。鈺案：《四庫提要》作「蕭」。蕭臺乃樂清縣峯名。臺趙彦銘游詠雁山中，時稱爲「雁山三老」。臨終以業田數十畝悉歸祠堂，奉祭祀，獨取遺稿及端硯、古本《文選》遺五子。永樂中，其子翺謁序於天台鮑原弘，〔原校〕「弘」改「宏」。○鈺案：原弘名仁濟，以字行，黄巖人，永樂初官伊府紀善。有《恕菴集》，見《明詩綜》。可謂克繼家聲者矣。鈺案：《希晦集》三卷，正統中玄孫元諫刊板，章陬又爲之序。見《提要》。

王逢梧溪集七卷〔原校〕張氏《藏書志》舊鈔本，元江陰王逢撰。至正己亥周伯琦序。景泰七年，陳敏政刊板序。又《續志》云又一本，明洪武刊本，汲古閣藏書，存卷五至末。其卷一至四毛氏鈔完。

案：《敏求記》云云，則刊本之稀可知。此本雖止三卷，零璣碎璧，彌足珍貴。異日如獲述古堂藏本，俾成完璧，快何如之。卷末有陸敕先手識，云：「虞山觀菴陸貽典校補於汲古閣，丁巳九月下浣。」有至正丙戌汪澤民序、周伯琦序，景泰七年陳敏政補刊後序。陳鱣云吴中袁氏所藏即此本，今爲蕘圃所得。○《述古目》注「鈔」字。〔補〕黄丕烈云此書向藏五硯樓，今歸讀未見書齋。又録《採遺》云，原吉中年築草堂於松之青龍江上，追惟大母徐夫人嘗手植雙梧於故里横江之上，今世遠地殊，因自號梧溪子，示不忘也。

先君留心國初史事，訪求王逢、陳基等集，鈺案：陳基集已見前。不遺餘力。然惟絳雲樓有之，〔原校〕「之」改「諸」。〔補〕胡校本同。○鈺案：王、陳兩集均見《絳雲目》。牧翁祕不肯出，末由得覩。先君歿，予〔補〕宋鈔本「予」作「于」。○鈺案：「予」下胡校本補「於」字。阮本有「於」字。劍吷齋藏書，〔原校〕書下補「中」字。〔補〕阮本、胡校本均有。○某氏云嚴子若《劍吷齋書目》見《千頃堂》、《述古堂》兩目。鈺案：《述古目》未載，見《也是園目》。購得《梧溪集》前二卷，是洪武年間刊本，如獲拱璧，恨無從補録其全。越十餘年，復與梁溪顧修遠〔原校〕「遠」下補「家」字。借得後五卷鈔本，亟命侍史繕寫成完書。〔補〕陳鱣云《梧溪集》後五卷鈔本極精，今歸知不足齋插架。閲時泣下漬紙，痛先君之末及見也。原吉志不忘元，其故國舊君之思，纏綿惻愴。《初學集》跋語極詳，鈺案：《初學集》跋有云：「夷齊之不忘殷，原吉之不忘元，其志一也。」表揚特至。又不待予之贅言矣。

張光弼詩集二卷《述古目》注「鈔」字。〔補〕黄丕烈云趙清常手鈔本，辛酉秋得。鈺案：清常有跋語，瞿《目》藏黄丕烈本，已照録。又案：《四庫》著録《可閒老人集》四卷。《提要》云張昱字光弼，廬陵人，元末棄官不仕。張士誠招之，不屈。明太祖召至京，憫其老，曰：「可閒矣。」遂自號可閒老人。見《明史·文苑傳》。正統元年，楊士奇得其詩集殘本刊行。金侃又得毛晉所藏別本，改題曰《廬陵集》，非兩書也。

淮張用事，諸人宴安逸豫，不以烽警爲虞。光弼《春日》詩云：「一陣東鈺案：刊本「東」作「春」，與第四句複，據《歸田詩話》改。風一陣寒，芭蕉長過石闌干。只消幾个懵騰醉，看得春光到牡丹。」瞿宗吉謂其隱刺淮張而作，詞婉情深，有風人之遐思。今此集不載何也？

灤京雜詠一卷題詞本有。○入《述古目》。〔補〕黄録《採遺》云，寫本《灤京雜詠》一卷，元吉水揚允孚撰。成化丁酉羅璟識云：「讀之，當時事宛然如見。楊文貞家有録本。璟嘗借録於表叔司務公，録時草草。此本則予弟璋爲予重録者。」又云一作《百詠》。鈺案：《四庫提要》云詩凡一百八首，題曰《百詠》，蓋舉成數。知不足齋刻本同。

元揚〔補〕題詞本「揚」作「楊」。允孚，字和吉，吉水濕塘人。以布衣從士大夫游，襆被萬里，迹窮陰山之陰，蹛林之北，乃元時帝后避暑之所，蓋所謂上京即灤京也。《雜詠》百首，備述途中之景，及車駕往還典故之大概，可補《元史》闕遺。詩有云：「又是宮車入御天，麗姝歌舞太平年。侍臣稱賀天顏喜，壽酒諸王次第傳。」注曰：「千官至御天門，俱下馬徒行。獨至尊騎馬直入，前有教坊舞女引導，舞出『天下太平』字樣，至玉階乃止。」王建《宮詞》：〔補〕沈鈔本「詞」下有「云」字。「每偏〔補〕黄校本「偏」作「遇」。舞時分兩向，〔補〕胡校本「向」作「局」。太平萬歲字當中。」此猶是唐人字舞之遺制歟？詩後附周恭王《元宮詞》四十首。成化丁酉〔原校〕「酉」改「未」。〔補〕寧館本吴騫校云，「未」作「酉」。勞權云丁酉係成化十三年，作「丁未」非。春，羅璟鈺案：《採遺》「璟」作「璪」。從楊文貞家借錄。牧翁云：「此爲周憲王詩。恭王受封在世廟時，傳寫之誤也。」鈺案：《明詩綜》周定王橚，高皇帝第五子，著《元宮詞》一卷。《靜志居詩話》云《元宮詞》百首，宛平劉效祖序。稱周恭王所撰固繆，錢謙益集作周憲王，亦非。王以十四年之國，洪熙元年薨。蘭雪軒自署題永樂十四年，則爲定王無疑。

錢遵王讀書敏求記校證卷四之下

總集

李善注文選六十卷〔原校〕張氏《藏書續志》云《文選》六十卷，梁昭明太子撰。唐文林郎守太子右内率府録事參軍事崇賢館直學士臣李善注上。馮氏竇伯、陸氏敕先據錢遵王家宋本校，元和顧澗蘋據周香嚴家殘宋本覆校。殘宋本存卷一之六、卷十三之十五、卷十八之二十一、卷二十八之三十九、卷四十九至末，凡三十七卷。卷一後陸氏手識曰：「庚子正月二十四日，借遵王宋刻本校，其有宋本誤字亦略標識，以俟參考。貽典。」卷二十八後馮氏手跋曰：「二十二日對此卷，先有對者，與錢氏宋本不同。今一依錢本改竄，亦有明知宋板之誤而不必從者，亦依樣改之。蓋校書甚難，不可以一知半解，而斟酌去取，姑俟之博物者裁定云。上郮武。」〇題詞本有。〇《述古目》注「宋板」二字，入《宋板書目》。〔補〕黄丕烈云：「此宋刻，毛氏曾以勘家刻本，秉筆者陸敕先也。此校本今歸予家。丙寅夏，予亦得宋刻，與此所載甚合，以陸校知之。後有宋人跋。」鈺案：此宋人跋，陸敕先據尤本校汲古本時曾見之，文已不全。胡克家覆刊尤本，據跋中「尤公親爲校讐，有補」云云，證明尤刻之顯有改易，并照録其文，入《文選考異》卷十之末。

古人注詩，〔原校〕「詩」改「經」。〔補〕題詞本、阮本作「書」。寧館本吴騫云「經」字疑作「書」。類有體例。漢唐諸大儒，依經疏解，析理精妙，此注經之體然也。史家如裴松之之注《三國》，〔補〕題詞本、黄校本、胡校本「國」下均有「志」字。劉孝標之注《世説》，旁搜曲引，巧聚異同，使後之覽者知史筆有如〔原校〕「如」改「所」。〔補〕題詞本、阮本、胡校本均作「所」。料揀，非闕漏不書耳。若夫郭象注《莊》，晉人謂離《莊》自可成一子，〔補〕黄校本「子」下有「是可成子」四字。是亦一説也。至於集、選，宜詮釋字句所自出，以明作者之原委，如善注《文選》，其嚋〔原校〕「嚋」改「嚋」。〔補〕題詞本同作「嚋」。矢焉。〔補〕胡校本「焉」作「歟」。善注有張伯顔重刻〔原校〕「刻」改「刊」。〔補〕題詞本、胡校本同作「刊」。元板，不及宋本遠甚。予所藏乃宋刻佳者，中有元人跋語，古香馣薆，閲之不免以書簏自笑。鈺案：瞿《目》有殘宋本二十九卷，後附影鈔宋本一帙，題曰《李善與五臣同異》，爲鄱陽胡氏重刻淳熙本所無。陸心源有影寫本，計四十一葉，謂必尤文簡所爲。見《儀顧堂續跋》。刻入《羣書校補》。《宋史·藝文志》有其目，不著撰人，列費衮《文章正派》下，或費衮作耶？記以待考。

五臣注文選三十卷〔原校〕《直齋》云：「東坡謂五臣乃俚儒之荒陋者，反不如善。如謝瞻詩『苛慝暴三殤』，引『苛政猛於虎』，以父與夫爲殤，非是。然此説乃實本於善也。」隨齋批注云：「李善注此句，但云苛猶虐也，初不及三殤，不審直齋之説所本。」○題詞本有。○《述古目》注「宋板」二字，並入《宋板書目》，均作六十卷。○鈺案：《直齋》標目係《六臣文選》六十卷，非「五臣」，亦非三十卷。《郡齋讀書志》乃有《五臣注文選》三十卷一目，云唐呂延祚集呂延濟、劉良、張詵、呂向、李周翰五臣注，復爲三十卷。開元六年，延祚上之，名曰「五臣注」，與《新唐志》合。《崇文總目》亦作三十卷，呂延濟注。王頌蔚見有兩宋本配合而成之一帙，有毛表、徐乾學諸印，詳《古書經眼録》。

宋刻《五臣注文選》，鏤板精緻，覽之殊可悦目。唐人貶斥呂向，謂比之善著，〔補〕題詞本、阮本、胡校本「著」均作「注」。猶之〔補〕阮本、胡校本「之」均作「如」。虎狗鳳雞。由今觀之，良不盡誣。昭明序云：「都〔補〕胡校本「都」作「部」。爲三十卷。」此猶是舊卷帙，殊足喜耳。鈺案：日本島田翰《古文舊書考》云：「《敏求記》載宋刻三十卷本，今不知存佚。」雖佚，荒陋愚儒，亦不足惜。

古文苑一〔原校〕「一」改「九」。〔補〕阮本、胡校本均作「九」。**卷**〔原校〕《直齋》云：「《中興書目》有孔逭《文苑》，非此書。孔逭，晉人。本書百卷，惟存十九卷爾。又梁孝王忘憂館諸文士之賦，據題尚欠《文鹿》、《酒》、《几》三賦，家有秦漢遺文七賦，皆在常州，有板本。」○吾友胡蕉窗上舍曾見《古文苑》二十一卷宋刻本，紙張、字畫、墨氣俱極精好。有述古堂印記。○題詞本有。○《述古目》注

「鈔」字，作九卷。〔補〕勞權云，恬裕藏孫岷自校本，跋云是鈔本。鈺案：瞿《目》尚有宋刊二十一卷本，不止此本。○胡重云，《古文苑》注本凡二十一卷，此《記》古本應作九卷。○蔣鳳藻云：「藻在閩中曾見明中葉影宋刊本，蓋即有注者也。」

韓元吉記云：「世傳孫巨源於佛寺經龕中，得唐人所藏《古文章》一編，莫知誰氏錄，皆史傳所不載，《文選》所未取者，因以《古文苑》目之。今次爲九卷，刊於淳熙六年六月。鈺案：《天祿目》著錄即韓元吉刊本，闕筆字特謹嚴。又有章樵注二十一卷，亦宋刊本。卷中《柏梁》〔補〕宋鈔本「梁」下有「諸」字。詩每句下但稱官位而無名氏。有姓有名者，惟郭舍人、東方朔耳。世所行注本《古文苑》，於每句下各增名姓。」按漢武帝元封三年作柏梁臺，詔羣臣二千石有能爲七言詩乃得上座。今注本太常曰周建德，則建德先於元鼎五年坐擅由〔原校〕「由」改「繇」。〔補〕題詞本、阮本、胡校本均作「繇」。太樂令論矣。鈺案：《漢書·百官公卿表》：「元鼎五年，平曲侯周建德爲太常。陽平侯杜相爲太常，五年，坐擅繇太樂令論。」似論者乃杜相，非周建德。或「建德」下有脫注。顔師古注固云不載遷免死者，皆史之闕文也。下三條皆有據。大臚鴻〔原校〕「臚鴻」二字互乙。〔補〕題詞本、胡校本均乙正。曰壺充國，《年表》太初元年，充國始爲此官，去臺成作詩之日則遠隔五年矣。少府曰王溫舒，則溫舒已於三年徙矣。右扶風曰李成信，則成信此時爲右內史矣。蹐繆〔補〕胡校本「蹐繆」作「踖謬」。如此，《古詩紀》仍其謁而不知，故特爲正之。鈺案：以上各條遵王均録馮舒《詩紀匡謬》語。又案：《直齋書録》又有會稽石公輔編《古文章》十六卷，云與此書相出入，首爲武王《丹書》，末爲蔡琰《胡笳十八拍》。

梁公九諫一卷〔原校〕錢大昕云蕘圃有宋本，甚精好，已刊行。○見《也是園目》。〔補〕黄丕烈云此書「予得於東城顧五癡處」。○勞權云，吴門黄氏即用此本開雕。原本予曾見之。《絳雲目》作一册。鈺案：陳注云李北海撰。《梁公别傳》備載公前後奏對之語，視《九諫》爲詳。

賜書樓藏舊鈔本，〔補〕黄丕烈云：「賜書樓，顧抱沖云是葉氏樓名，予得《張乖崖集》宋刻半部，是賜書樓鈔本。」與《唐書》互有異同，存之以備參考可也。

玉臺新詠集鈺案：《讀書志》、《直齋書録》均無「集」字。「集」字應删。又唐李康成有《玉臺後集》十卷，亦見《讀書志》、《直齋書録》。**十卷**〔原校〕張氏《藏書志》《玉臺新詠》十卷，影寫宋刻本，陳尚書左僕射太子少傅徐陵字孝穆撰。有自序。嘉定乙亥陳玉父後敘。○錢大昕云：「觀宋刻《玉臺新詠》小字本，刻甚工。每頁三十行，每行三十字。惟《焦仲卿妻詩》『新婦初來時，小姑如我長』中脱二句。又『曙』字不缺筆。」○題詞本有。○《述古目》注「鈔」字。

是集緣本東朝，事先天監。流俗本妄增詩幾〔補〕黄校本「幾」作「凡」。二百首，遂至子山窗入北之篇，孝穆濫擘牋之曲，鈺案：二語本馮舒。良可笑也。此本出自寒山趙氏，予得之於黃子羽。卷〔補〕胡校本「卷」作「注」。中簡文尚稱皇太子，元帝稱湘東王，未改選錄舊觀。牧翁云：「凡古書一經〔原校〕「經」下補「妄」字。〔補〕題詞本、胡校本均同。庸妄〔原校〕「妄」改「人」。〔補〕題詞本、胡校本均同。手，紕繆百出，便應付蠟車覆瓿，不獨此集也。」鈺案：《有學集》有跋，遵王皆本之。披覽之餘，覆〔補〕宋校本「覆」作「復」。視〔原校〕「視」改「覩」。〔補〕阮本、胡校本均同。牧翁跋語，爲之掩卷憮然。〔補〕勞權云，馮刻本有馮班跋，云：「己丑歲，借得宋刻本校過一次。宋刻本紕繆甚多，趙氏所改得失參半，姑兩存之，不敢妄斷。至於行款，則宋刻參差不一，趙氏已整齊一番矣。」又云：「宋刻是麻沙本，故不佳。舊題趙靈均物，今歸錢遵王。少年兄弟多學玉溪生作儷語，因讀是集，并摘其豔語可用者，以虚點志之。馮班二癡記。」有李維楨、孫法頂、葉石君三跋。

左克明鈺案：克明，元豫章鐵柱觀道士。**古樂府十卷**此條刊本佚。〇《述古目》注「鈔」字。〇鈺案：唐吴兢有《古樂府》十卷，與此同名，見《讀書志》。

《焦仲卿妻詩》：「新婦初來時，小姑如我長。」蘭雪堂活字本《玉臺集》於「初來時」下添「小姑始扶牀。今日被驅逐」二句。初觀之，亦不覺其謬，及再四尋繹，始知妄庸子以顧逋翁《棄婦詩》誤爲添補耳。逋翁詩云：「及至見君歸，君歸妾已老。」則扶牀之小姑，何怪其長如我？此詩前云：「共事二三年，始爾未爲久。」安得三年未周，小姑長成遽如許耶？此刻於至正年間，鈺案：《四庫》著錄係明本，云元本不可得見。後平津館得元本，每葉廿四行，廿一字。《結一志》亦藏元本。《紅雨樓題跋》則云嘉靖間有新安江尚磨重刊本。未改原詩之舊。近吴門刻《左氏樂府》，鈺案：汲古閣有刻本。遵王所指者，未知即毛本否。反據譌本增入，并改「寡婦赴彷徨」爲「起彷徨」，文理違背。書之日就舛錯，將使誰辨之，而誰正之乎？

織錦迴文詩一卷

《述古目》未載。《也是園目》有《五彩分章織錦迴文詩》一卷，即《記》文所謂别一本也。○鈺案：《古今書刻》載《璇璣迴文詩》，弋陽王府刻。

蘇若蘭《織錦迴文詩》，天册金輪皇帝序冠首簡。仇東之云：「程篁墩嘗云〔原校〕「云」改「出」。〔補〕阮本、胡校本同。衍聖公藏本詩僅百四十餘首，謂天下能讀者無〔原校〕「無」下補「復」字。〔補〕阮本、胡校本均同。過之。後見黄山谷絕句：『千詩織就迴文錦，如此陽臺暮雨何！亦有英靈蘇蕙子，更無悔過竇連波。』因知山谷必嘗讀至千篇，且愧予之自狹也。起宗道人紬〔補〕胡校本「紬」作「細」。繹是詩，分圖爲七，共七百七十四段，得三、

四、五、六、七言詩至三千七百餘首。星羅棋布，宛若天成。起宗錄以見贈，讚歎之餘，爲書如是。」〔原校〕起宗，吴僧，名定徵。徐髯仙有《哀定徵》詩，云：「起宗肉食相，齒不啖蔬甲。時時聳吟肩，爲怕袈裟壓。諦思迴文中，千百演讀法。頗取鉋菴重，文字交最洽。奈何圓寂早，明鏡掩塵匣。」其爲通人所傾倒若此。鈺案：「起」字起，「此」字止，七十五字，係補「是」字下。〔補〕阮本同。東之之跋傾倒起宗至矣，惜未詳其生平，亦一缺陷事。〔補〕寧館本同。阮本無「東」字起「事」字止二十一字。○鈺案：《四庫》著錄明康萬民《璿璣圖讀法》一卷。《提要》云萬民合起宗所讀，共成七千九百五十八首。起宗不知何許人。王士禎《居易錄》載管道昇《璇璣圖》真蹟，已稱起宗道人云云，則當在宋元之間。案《居易錄》原文云，起宗道人分圖析類，獨得其旨，附錄於右。天水管道昇後有仇英補圖。又一則云，楊文公讀至五百餘首，明僧起宗乃又分爲七圖。是漁洋明言起宗爲明僧。館臣殆以前條「天水」五字屬上讀之，故有此誤耳。予謂〔補〕阮本「謂」下有「此詩」二字。作者繹者，皆天壤間間氣所出，俾後人得曉然讀之，何其幸〔原校〕「幸」改「快」。〔補〕阮本同。歟！別一本乃〔補〕阮本無上四字。東海顧德基用晦所編。〔補〕阮本「所編」二字作一「復」字。用五彩〔原校〕「彩」改「采」。〔補〕阮本作「彩」。分章，析爲十圖。另一讀法，亦可令人解頤。但用晦頗〔補〕阮本無上三字。以未見起宗本爲恨耳。鈺案：起宗《織錦迴文讀法》刻入鍾伯敬《名媛詩歸》。又案：桐城侯玽又衍迴文得詩八百首，亦見《居易錄》。

才調集十卷題詞本有。○《述古目》注「宋本影鈔」四字。○鈺案：明沈雨若有刊本。

予藏《才調集》三，一是陳解元書棚宋槧本，鈺案：《述古目》載影宋本，而不及宋槧原本。又案：藝芸精舍有宋本。《結一目》有殘宋本六卷，精鈔補足本。一是錢復真家藏舊鈔本，一是影寫陳解元書棚本。間嘗論之，韋縠選此集，每卷簡端題「古律雜歌詩一百首」，鈺案：《四庫提要》云其中頗有舛誤。如李白《愁陽春賦》是賦非詩，王建《宫中調笑詞》是詞非詩，皆乖體例。概絶句於律詩中，南宋人不復解此。鈺案：絶句亦律詩之一體。古、律之别在元和之世。錢大昕援元、白二集爲證。見《養新録》。今之詩家并不知絶句是律矣。格律之間，溯流窮源，未免有詩亡之嘆。

中興間氣集二卷〔原校〕《讀書志》云三卷。或又題孟彦深纂。○題詞本有。○《述古目》注「宋本影鈔」四字。〔補〕勞權云恬裕藏義門校本，跋云影宋鈔。鈺案：即述古堂本，見義門跋。

渤海高仲武自至德元首〔補〕胡校本「首」作「年」。終大曆暮年，採二十六人詩，總一百三十二首，鈺案：自序云一百四十首，以遺鄭當一人，逸詩八首。宋時已殘，故陳振孫《書録解題》云所選一百三十二首。見《四庫提要》。命曰《中興間氣集》，每人冠以小序。鑒公衡平，果自鄶以下，非所敢隸焉。此本從宋刻摹寫，字句絶佳。即如朱灣《咏三》詩首句：「獻玉屢招

〔補〕胡校本「招」作「遭」。疑。」三獻玉也。次云：「終朝省復思。」三省三思也。頷聯：「既哀黄鳥興，還復白圭詩。」三良三復也。頸聯：「請益先求友，將行必擇師。」益者三友，三人行也。結云：「誰知不鳴者，獨下仲舒帷。」三年不鳴，三年不窺園也。後人不解〔原校〕「解」改「詳」。〔補〕題詞本同。詩義，翻疑「三」爲諱字，妄改題曰《咏玉》，凡元〔原校〕「元」下補「板」字。〔補〕題詞本、阮本有。至明〔原校〕「明」下補「時」字。〔補〕題詞本、阮本有。刻本皆然。不知唐人戲拈小題，偶吟一律，便自雋永有味，非若今之人詩成而後著題也。世有玄對〔補〕勞權云「對」疑「味」。吾語者，始可與言詩矣。鈺案：何義門有校舊鈔本，流入日本。日本人以汲古本過錄。見《訪書志》。

竇氏聯珠集一卷〔原校〕《直齋》云五卷。鈺案：《新唐志》卷數同。《宋志》作一卷。〇陳鱣云何義門先生有評勘《聯珠集》最佳。吴中刻《讀書記》者惜未之見也。〇見《也是園目》。〇鈺案：《四庫》本五卷。《提要》云宋時傳本頗稀，故劉克莊《後村詩話》稱惜未見《聯珠集》。

「聯珠」之義，蓋取一家偕列，即曆〔補〕黄校本、胡校本「即曆」二字改「郎署」二字。阮本同。法「五星如聯珠」之義也。〔原校〕「也」下補「詩」字。〔補〕胡校本同。凡詩于〔原校〕去「詩于」二字，改「一」一字。〔補〕阮本「于」作「一」。百首。常字中行，鈺案：《新唐志》《竇常集》十八卷。

牟字貽周，羣字丹列，庠字胄卿，翬字及〔補〕胡校本、黄校本「及」改「友」。封。人各一〔補〕黄校本「一」下有小字。阮本同。傳，刊於淳熙五年。〔補〕黄丕烈云：「宋刻予得於東城顧八愚家。」鈺案：後歸繆荃孫。此乃影宋本舊鈔也。〔原校〕黄蕘圃云舊鈔較宋本少一葉。〔補〕黄丕烈云，此本「影宋舊鈔。予於任蔣橋顧氏見之，未得也。先是從混堂巷顧氏得宋本，爲顧大有舊藏。繼又於顧抱沖處見一影宋本，與予所藏宋本纖毫無異。知即從予本橅寫而出。若予所藏舊鈔猶不及其精妙也。後仍歸於予。題籤似東澗筆」。〇勞權云，此書「予曾見之，亦有傳寫紕繆。如何義門據宋本校汲古閣本，跋謂和峴、王崧二跋中，『大天』字皆訛作『大夫』」。此影鈔本已然，似即刊本所據」。

松陵集十卷〔原校〕《讀書志》云唐皮日休與陸龜蒙酬唱詩，凡六百五十八首。龜蒙編次之，日休爲之序。松陵者，平江地名也。鈺案：序稱六百八十五首，《四庫提要》云實六百九十八首，疑傳寫有誤。〇題詞本有。〇見《也是園目》。

從來唱和之作，無有如魯望、襲美驚心動魄，富有日新者，真所謂凌轢波濤，穿穴險固，囚瑣〔原校〕「瑣」改「鎖」。〔補〕題詞本、胡校本同。怪異，破碎陣敵，卒造平淡而後已。此從宋刻影錄，前二卷猶是絳雲燼餘北宋槧本。洪〔原校〕「洪」改「弘」。〔補〕題詞本、胡校本均同。治中劉濟民鈺案：《蘇州府志》劉澤字濟民，弘治十三年知吴江縣。又《進士題名碑錄》澤弘治十二年進士。濟寧州人。刻是集，都玄敬爲之校讐，初視之甚古雅，惜非宋本行次。〔原校〕「次」下補「爲可恨耳」四字。〔補〕題詞本、阮本同。

唐僧弘秀集十卷〔原校〕陳鱣云蕘圃有不全宋本，亦得自虞山。○入《述古目》。

寶祐第六春，〔補〕胡校本「春」作「載」。菏〔補〕胡校本「菏」作「荷」。澤李龏〔補〕胡校本「龏」作「龔」。和父編。共僧五十二人，得詩五百首。此係元人鈔本，鈺案：《結一目》有元刊本。舊藏楊君謙家，予獲之於孫呡〔原校〕「呡」改「岷」，下同。〔補〕胡校本同，下同。阮本，仍作「呡」，下同。自。呡自購一古圖記，刻鏤「孫江」，字絕佳，苦愛之，即改名江，亦吾鄉俊民也。〔補〕勞權云曾見其所藏書，末題「樂安孫氏丌册庋收藏書籍」，自署爲九一子。其字印依《說文》作「谽」。又有「谽山人校閱」一印。鈺案：丌册庋爲岷自高祖百川藏書處。有明嘉靖乙丑自記。岷自入國朝後歿。勞說有誤。

西崑酬唱集二卷《述古目》注「鈔」字。

五七言律詩二百四十七章，屬和者十有五人。取玉山策府之名，命之曰《西崑酬唱集》。楊億爲之序。鈺案：瞿《目》有云，此書國朝凡五刻，一刻於崑山徐司寇，再刻於吴門求是堂，三刻於長洲聽香樓朱氏，四刻於浦城祝氏，又有周楨注本，以朱本爲善，祝本次之。憶丁亥、戊子歲，予始弱冠，交於巳倉、〔補〕胡校本「倉」作「蒼」，下同。定遠兩馮君，時時過予商確〔原校〕「確」改「榷」。〔補〕胡校本同。阮本誤「攉」。風雅，互以蒐討異書爲能事。一日巳倉先生來，池上安榴正盛開，爛然照眼，君箕踞坐几上，矯尾厲角，〔補〕黄校本、宋鈔本「角」作「首」。極論詩派源流。格之何以爲格，律之何以爲律，西江何以反〔原校〕云鈔本作「及」。又云繡谷亭本原作「及」，硃改「反」字於旁，上下又用「　」識之，似仍作「及」者。〔補〕阮本作「反」。乎西崑，反覆數千言，開予茅塞實多。但不得覩《西崑集》，共相惋惜耳。未幾，君爲酷吏磔死，鈺案：王應奎《柳南隨筆》作「下獄未幾死」。蓋屬獄吏殺之，與磔死說異。屈指已一〔補〕阮本、胡校本、黄校本「一」作「三」。十六七年，鈺案：舒自稱癸巳人。癸巳爲明萬曆二十一年。此《記》上稱丁亥、戊子，則當國朝順治之四年、五年，爲舒年之五十五、五十六。舒之得慘死，主其獄者爲縣令瞿四達。縣志載四達於順治四年三月任，八年，以酷劾去。知舒獄之成，必在順治六、七年間。遵王生崇禎丁巳，歿在康熙三十八年己卯以後。此處如據原本作一十六、七年，則在康熙三、四年間。如據校改各本作三十六、七年，則在康熙二十三、四間。語皆可通。遵王年壽，考見《補輯類記》。又舒禍因《懷舊集》。集序不記順治四年，而作太歲丁亥，當屬罪案之一。所選明季人作，以顧大武《飛將軍賦》諷刺爲最顯。《柳南隨筆》謂壓卷載顧云鴻《昭君怨》詩，卷末載徐鳳自題小像詩，語涉譏謗，似未盡也。四達字鶴孫，河內人，順治丙戌進士。謙益身後家禍，四達有揭帖，稱爲「錢夫子」，知嘗列絳雲門下矣。泉路交期，頻於夢中哭君而已。予後得此集鈺案：瞿《目》有葉石君藏馮定遠錄本。繙閲之，因記《滄浪吟卷》曰：「西崑體即李商隱體，然兼溫庭筠及本朝楊、劉諸公而名之者。」按「西崑」之名創自楊、劉諸君及吾遠祖思公，大年序之甚明。其詩皆宗商隱，故宋初内晏，〔補〕胡校本「晏」改「宴」。優人有「撏撦義山」之謔。鈺案：見劉攽《中山詩話》。今云即商隱體而兼庭筠，是統溫、李先西崑之矣。且及之云者，楊、劉反似西崑繼起之人，疑誤後學，似是實非。積學君子，排斥嚴儀、鈺案：嚴羽字子儀，初疑儀爲羽字之誤。檢謙益《有學集》凡涉滄浪者，皆作嚴儀。遵王殆仍謙益例也。高棅〔補〕黄校本「棅」作「秉」。鈺案：棅有《唐詩品彙》九十卷，拾遺十卷。不少寬假者，豈好辯哉？今世奉吟卷爲金科玉條，〔補〕胡校本「條」作「律」。何也？

傳芳集二卷題詞本有。○入《述古目》。〔補〕勞權云《絳雲目》「譜牒」吴越錢氏《傳芳録》，又錢氏《傳芳後集》。鈺案：《傳芳集》，陳注「文僖公編集，皆其宗門歌詩」。

宋綬序《傳芳集》云：「彭城公纂其宗門歌詩，凡得格律長言〔補〕胡校本「言」下有「共」字。四十五首，合爲一編。族子仙芝又纂爲五卷，目〔補〕胡校本「目」改「名」。曰《後集》。」今此本乃忠靖公十二世孫楞所刊者。上卷自吾〔補〕沈鈔本「吾」作「我」。祖武肅王至浙東提刑，共二十四人。下卷自澹軒先生至石泉〔原校〕「泉」下補「先」字。生，共三十八人。總詩一百三十二首，未知與宣獻公所序本合否。鈺案：《四庫存目》：吴越錢氏《傳芳集》二卷，明紹興錢筠、錢篩於嘉靖中本惟演、仙芝兩集，搜輯增益鋟木。凡六十二人，一百三十一首。當即此《記》一書。人數適合，首數則差其一，或筆誤耳。吾祖《還鄉歌》曰：〔補〕勞權云，案《湘山野錄》所載互異，今錄於右方。「三〔補〕勞校本右角注「一」字。○鈺案：此即勞氏據《野錄》注明「三」字起者，爲第一句也，下仿此。節還鄉兮掛錦衣，碧〔補〕勞校本右角注「四」字。天朗朗〔補〕勞校本「朗朗」作「明明」。兮愛日暉。〔補〕勞校本「暉」作「輝」。功臣〔補〕勞校本「功臣」作「臨安」，「臨」字上右角注「三」字。道上兮列旌旗，父〔補〕勞校本右角注「五」字。老遠迎兮來相隨。家〔補〕勞校本右角注「六」字。山鄉巷〔補〕題詞本、阮本、黄校本「巷」作「巻」。兮會時稀，今朝設燕兮觥散〔補〕沈鈔本「散」作「籌」。飛。鈺案：《野錄》僅七句，無此一句。牛〔原校〕「牛」上補「斗」字。〔補〕阮本同。勞校本同。「斗」字右角注「七」字。羊〔補〕勞校本删「羊」字。撫字〔原校〕「撫字」二字改「無孛」。〔補〕阮本、胡校本同。勞校本改「光起」。兮民無欺，〔補〕勞權云，汲古閣本「民無欺」三字作「天無欺」。照曠閣本作「天其敀」。又胡校本云「牛羊撫字兮民無欺」，一本作「牛羊無孛兮人無欺」。吴〔補〕勞校本右角注「二」字。越一王兮駟馬歸。」《五代史》删爲四句，鈺案：《五代史》記「吴越世家還鄉歌」曰：「三節還鄉兮掛錦衣，父老遠來相追隨。牛羊無孛人無欺，吴越一王駟馬歸。」雖見歐公翦裁之妙，然非此集末由見吾祖之〔原校〕刪「之」字。全璧。且歌中豪上之氣，誠有足配漢高皇者，吾子孫其知之。

唐人絕句一百二〔原校〕「二」改「三」。〔補〕題詞本、阮本、胡校本均同。某氏本云據文中詩，衹一百一卷，連目錄則一百四卷。此「二」字疑誤。鈺案：《述古目》正作一百四卷。**卷**〔原校〕《直齋》云《唐人絕句》詩集一百卷，洪邁景盧編。七言七十五卷，五言、六言二十五卷，各百首，凡萬。上之重華宮，可謂博矣。而多有本朝詩在其中。如李九齡、郭震、滕白、王喦、王初之屬。其尤不可深考者，梁何仲言也。○陳鱣云，康熙中，養心殿進《萬首絕句》一部，乃宋嘉定癸未新安汪綱刊本。書凡一百卷，每卷詩一百首。又以容齋謝賜物表及前後劄子奏狀列之卷首。此宋本又與述古本不同。茶一百銙，清馥香十貼，薰香二十貼，金器一百兩，右紹熙三年容齋進《唐人絕句》，重華宮壽皇所賜物，漫錄於此，以見宋時人君重文之意。○題詞本有。○入《述古目》作一百四卷。〔補〕黃丕烈云：「乙卯歲，得殘宋本於五柳居。厪存三十餘卷。予友顧抱沖得一明刻本，亦一百三卷，似是翻宋本。戊午夏，予亦得明刻本。」○鈺案：《千頃堂書目》作《增定萬首唐人絕句》。又案：張氏《藏書志》有汪綱跋，云《唐人絕句》詩凡一百一卷，半刻會稽，半刻鄱陽。嘉定癸未，守越，遂搨鄱陽本并刻之，使合爲一。案：癸未爲嘉定十六年。又有吳格跋，謂原書「蠹缺修補，以永其傳，嘉定辛亥識」。案：嘉定無辛亥，揣兩家詞氣，似吳跋在後，嘉定辛亥四年必誤。或淳祐十一年辛亥之誤。《四庫提要》稱嘉定間，似館臣亦知其誤，而未經考證也。《四庫》本九十一卷。○勞權云以上七條《述古目》不載。　鈺已據粵雅本逐條注明。

洪邁《唐人絶句》目録三〔補〕題詞本「三」作「二」。卷，七言七十五卷，五言二十五卷，六言一卷。趙宧〔原校〕「宧」改「蒞」。〔補〕題詞本、阮本均作「宧」。光所刊，統而一之。聖經所以有好自用之戒也。〔補〕黄録《採遺》云，彙録唐人五七言絶句，題曰宋洪魏公進《萬首唐人絶句》，明趙宧光刊定，黄習遠攛補，蓋不盡邁之原本矣。今作四十卷。鈺案：趙本《存目》未收。楊守敬云趙本凡去其謬且複者二百十九首，補入六百五十一首，總得一萬四百七十七首。詩以人彙，人以代次，較原書實爲精整。與他人竄亂古書，掩爲己有者有間。見《訪書志》。

古今歲時雜詠四十六卷目録一卷題詞本有。○入《述古目》。〔補〕黄丕烈云此書「予於東城顧五癡家得之。又見舊鈔本」。○鈺案：　知聖道齋有萬曆乙未影宋本。

宋宣獻公綬裒集前人歲時篇什，編成二十卷，名曰《歲時雜詠》。〔原校〕《讀書志》：《歲時雜詠》二十卷，皇朝宋綬編。宣獻公昔在中書第三閣，手編古詩及魏晉迄唐人歲時章什一千五百有六，釐爲十八卷，今溢爲二十卷。紹興丁卯，眉山蒲積中致龡〔補〕題詞本作「龢」。胡校本作「和」。又取歐陽、蘇、黄、荆公、聖俞、文潛、無己輩流逢時感慨之作，附「古詩」後，列爲「今詩」，卷次犂然，洵大觀也。鈺案：《四庫》著録四十六卷。《提要》云積中因原本續爲此書，自序云取其卷目，而擇今代之詩附之，名曰《古今歲時雜詠》。共二千七百四十九首，比綬所録計增一千二百四十三首。此等書除宋刻繕寫外，别無刊本流布，將來蕪沒無傳，甚可惜耳。

和西湖百詠詩一〔補〕黄校本「一」作「二」。**卷**《述古目》作《西湖百詠》，無「和」字，作一卷。《也是園目》同作二卷。〔補〕黄録《採遺》云宋董嗣杲原作，有咸淳壬申自序。明餘姚陳贄依韻次之，凡九十六首，與嗣杲詩併刻。天順癸未，陳敏政序。鈺案：天順刻後，又有嘉靖丁酉刻本。見《四庫提要》，云其詩皆七律，題下各注始末，頗有宋末軼聞。

咸淳壬申，靜傳居士董嗣杲作《西湖百詠詩》，鈺案：嗣杲，宋季入道孤山四聖觀，改名思學。此集當作於是時。别有《廬山集》五卷、《英溪集》一卷。《四庫》著録。序以行於世。和之者，餘姚陳贄惟成也。鈺案：贄於洪武間薦授杭州府學訓導，後官至太常寺卿。見《提要》。

河汾諸老詩集八卷《述古目》注「鈔」字。○鈺案：明景泰本作二卷。見《儀顧堂集》。

幽蘭一炬，遺山爲金源逸民，以詩雄鳴於太原、平陽間。集中麻革信之、張宇彦誠、陳庾〔原校〕「庾」改「賡」。〔補〕阮本、胡校本同作「賡」。子颺、陳庾子京、房灝鈺案：「灝」應作

「皡」。希白、段克己復之、段成己誠之、曹之謙益甫諸老，咸與遺山游。大德辛丑，房祺編次此集，〔補〕阮本、胡校本、黄校本「集」下均有「得」字。古律二百一首，鈺案：《四庫》本止一百七十七首，已非全帙。而遺山弗與。〔補〕阮本、胡校本、黄鈔本「與」下補「焉」字。寧館本、吴校本無。今觀其序，所以張遺山者特甚，蓋以一時之宗匠尊之，故不錄其詩於集中耳。鈺案：祺後序云，好問有專集行世，故不錄其詩。遵王説未審。見《提要》。

大雅集八卷〔原校〕陳鱣云：「予書庫中所藏鈔本，首有至元壬寅吴興錢鼒序，而無席帽山人後序。」鈺案：鄧邦述藏鈔本，有後序。○見《也是園目》。〔補〕黄錄《採遺》云元天台賴良編。至元壬寅楊維禎序云：「東南詩人隱而未白者不少也。良於是去游吴越間，采諸詩未傳者，得若干人，詩凡若干，首取山谷語，名之曰《大雅集》。」

天台賴良善卿編輯一時名人詩，或人一篇，或人數篇，勒成一集，鐵崖〔補〕黄鈔本作「雅」。鄧藏鈔本有鐵雅道人序，亦不作「崖」。道人名之曰「大雅」，首冠以序，刊於至正壬寅。席帽山人鈺案：山人即撰《梧溪集》之王逢。又爲後序，書於卷末。鈺案：《四庫提要》云顧嗣立選元詩三百家，衆作略備，然大抵有集者登選，雖稱零篇佚什，各入癸集，實闕而未輯。此錄多嗣立所未收。每人之下皆略注字號、里貫。元末之人無集行世者，亦頗賴此以見。

谷音二卷題詞本有。○見《也是園目》。○鈺案：原本一卷，見編末張集跋。

《谷音》二卷，共二十九人，人各一小序，總詩一百首。徐于王跋云：「杜本伯原鈺案：本見《元史·隱逸傳》。有《清江碧嶂集》，入《四庫存目》。顧嗣立譏其多應酬鄙俚之作。所輯宋遺民之作。」此爲于王所藏，鈺案：于王名錫祚，常熟人。愛晚唐宋元詩，輯元詩三千首，名《清綺集》。又集唐人句爲百絶，效李龏《翦綃集》，時豔稱之。著有《夢雨菴集》，見郡志及邑志。牧翁所〔補〕題詞本、胡校本「所」作「手」。校正者。予觀諸人皆具阨塞磊落之才，微此書，幾有名氏翳如之歎。

盤谷唱和前後集二卷題詞本有。○入《述古目》，作一卷。〔補〕勞權云《絳雲目》「地志」《盤谷唱和集》，處士郭百載。鈺案：粤雅本《盤谷唱和詩》，陳注云：「二卷，劉鷹著，青田之孫，有《盤谷詩》十卷。」勞説不知據何本。

陳谷《閒閒〔補〕阮本、黄鈔本「閒閒」均作「閑閑」。先生傳》曰：「先生諱鷹，字仕端，鈺案：《明詩綜》作「士端」。誠意伯基之嫡孫，參政君璉之冢嗣也。洪武庚午襲封，以叔閣〔補〕阮本、黄鈔本均作「閤」。門使事有連，遣歸里。築室西雞山之下，名曰『盤谷』，撮其景之最勝者八，賦詩與海内名公唱和。此集之所由作也。」《傳》又云：「洪武丁丑，先生之季詣闕朝賀，上不悦，遂有酒泉之貶。太祖賓天得〔補〕「得」阮本誤「德」。還。今上肇登大寶，先生入覲，恩眷尤隆。終不奪其林泉之志。」觀此，則永樂中先生尚在，而《吾學編》諸書謂「襲封之次年九月卒」者，皆謬也。鈺案：《吾學編》諸書由於公侯伯襲封底簿據兵部貼黄，以「洪武二十三年十月襲爵，次年九月卒」之文，因以致誤。見《明詩綜》鷹傳下小注。此傳附於集後，微此傳，則先生罷官遣戍之本末皆莫得而考矣。執史筆者其知之乎？

聲畫集八卷〔原校〕按：近棟亭刻本前有序，題云「淳熙丁未十月十日谷橋孫紹遠稽仲序」。序文有云：「入廣之明年，因以所攜前賢詩，及借之同官，擇其爲畫而作者，編成一集。分二十六門，爲八卷，名之曰《聲畫》，用『有聲畫，無聲詩』之意也。」故今定爲紹遠作。〇題詞本有。〇見《也是園目》。〔補〕勞權云以上四條《述古目》不載。鈺案：見粤雅本者，已逐條注明。《聲畫集》八卷，不著編者名氏。鈺案：《四庫提要》謂遵王本當佚去孫紹遠序，故有此説。古今題畫之作，咸採聚〔補〕胡校本「聚」作「集」。焉。鈺案：《提要》云具録作者姓名，非惟有資於畫，且有資於詩。卷初鈺案：「初」當作「首」。老子畫像詩，爲劉莘老所作，後人寫書目，竟定爲莘老集者，誤也。

郭豫亨鈺案：豫亨自號梅巖野人。**梅花字字香二卷**〔原校〕蔣楊孫買書進王府。鈺案：楊孫爲蔣文肅廷錫字。《國史傳》云廷錫初以舉人供奉內廷，康熙四十二年始與汪灝、何焯同賜進士。遵王康熙三十八年己卯其年爲七十一，長文肅若干歲不可知，固同時同鄉也。買書進王府，事所或有。此八字作同時人口吻〔二〕，與《東都事略》下注「歸京江相公」一律，疑遵王自記，非後人添注也。〇入《述古目》書畫類。〔補〕黄丕烈云舊鈔本。〇鈺案：《持靜目》作前集一卷，後集一卷。

梅花詩自「枝橫花遶」擅美於前，〔補〕勞權校「前」字下注「何遜詩：枝横卻月觀，花遶臨風臺」十三字。鈺案：勞氏補字疑本遵王自注。「疏影暗香」踵華於後，雖有繼聲者，難乎其成詠矣。青丘復能削去繁詞，獨標新致。牧翁謂此諸公從衆香國來，與梅花持世各數百年。鈺案：見《有學集·梅花百詠書後》。然予吟〔原校〕「吟」改「詠」。〔補〕阮本作「詠」。老杜「幸不折來傷歲莫」句，覺梅之遠神又不在「前村深雪」、「縞衣叩門」時也。郭君采衆言以爲己長，天真獨發，如出自然，下視中峯《百詠》，海粟移日倚和之，〔補〕胡校本「之」下有「作」字。彼爲百〔原校〕無「百」字。〔補〕阮本、胡校本均無「百」字。笨伯矣。鈺案：《梅花百詠》一卷，元馮子振與釋明本唱和之作。《四庫》著錄。書刊於至正辛亥，〔補〕黄校本「正」作「大」，云至正無辛亥。檢本書，乃至大辛亥也。是爲武宗四年。字畫勁秀，亦如梅之老幹虬枝，亞影疏〔補〕宋鈔本「疏」作「横」。窗，殊可愛也。

朝鮮詩四卷見《也是園目》。〔補〕勞權云《絳雲目》有《朝鮮詩選》。鈺案：此書爲會稽吴子魚明濟所編。明濟有《朝鮮世紀》，遵王已列入《記》中。《朝鮮詩選》見《靜志居詩話》。其序《列朝詩集》采之。

東國夙被聲教，崇尚文雅，卷中詩彬彬可觀。其新羅納祇王《憂思曲》與古詞《鵶〔補〕勞權云「鵶」即「鴟」字之别體。**迷嶺》二篇，可補東史闕遺。**

詩文評

任昉文章緣起一卷入《述古目》。○鈺案：《宋志》始著録。

梁新安太守鈺案：《讀書附志》作梁太常卿。**樂安任昉著。此書凡八十五題。洪适曰：「墓誌皆漢人大隸。」**鈺案：适所撰《隸釋》等書，皆有碑無志，惟景君墓表後云，東都自路都尉始見墓闕。蓋表、阡、銘、壙之濫觴，有文而傳於今則自景君始。梁任昉作《文章緣起》，云墓碑自晉始。考酈氏《水經注》，載漢刻已不少，豈碑碣多在北方，南人未之見乎？是洪氏所言爲碑爲碣，而非墓中之志石也。遵王引洪氏「墓誌皆漢人大隸」一語，檢洪志無之，實不知所出。晉志則今所存石，劉韜後出土尤多，足以證明遵王下列一說。**此云始於晉日，**〔補〕胡校本「日」作「時」。**蓋丘中之刻，當其時未露見也。**

劉勰文心雕龍十卷入《述古目》。○鈺案：《隋志》即見著錄，云梁兼東宮通事舍人劉勰撰。

此書至正己〔補〕阮本、胡校本、黄鈔本均改「己」作「乙」。鈺案：至正無「己未」。**未刻於嘉禾，**鈺案：《天祿目》著錄元刻本，末鐫「吴人楊鳳繕寫」，不知即此本否。**弘治甲子刻於吴門，**〔補〕黄丕烈云：「予家有弘治本。」鈺案：《愛日志》所載乃弘治本臨馮巳蒼校。巳蒼鈔本今見瞿《目》。**嘉靖甲**〔補〕黄丕烈云原書作「庚」。阮本、胡校本均作「庚」。**子刻於新安，**〔補〕黄丕烈云：「嘉靖庚子刻本，每葉二十行，行二十字。歙汪无校，新安石巖方元楨撰序。予從五柳居得之，實朱文游家書也。」鈺案：《善本志》有此本。**辛卯刻於建安，癸卯又刻於新安，萬曆己酉刻於南昌。至《隱秀》一篇，均之闕如也。**〔補〕勞權云《隱秀篇》但缺一葉，自「始正而末奇」至「朔風動秋草」「朔」字，非全篇也。**錢功甫得阮華山宋槧本鈔補，始爲完書。**鈺案：以上各語遵王全錄錢功甫跋。

〔補〕勞權云，管校本云陳誰園先生萊孝云，是書至正乙未刻於嘉興郡學，弘治甲子監察御史馮允中刻於吴門，迨後屢有翻板，至《隱秀》一篇仍缺。予嘗得錢遵王藏馮巳蒼校本，巳蒼手錄錢功甫跋語一則於後。又記云謝耳伯嘗借功甫本於牧翁宗伯，宗伯仍祕《隱秀》一篇。巳蒼以天啓丁卯從宗伯借得，因乞友人謝行甫錄之。其《隱秀》一篇恐遂多傳於世，聊自錄之，則兩君之心頗近於隘。後之君子不可不以此爲戒。予則惟恐傳之不廣，或致湮沒也。鈺案：「謝耳伯」起至「或至湮沒也」八十餘字，見《義門先生集》，上作巳蒼云云，恐誤。又案：《四庫提要》云，錢允治得阮華山宋本，補四百餘字。其書晚出，別無顯證，其詞亦不類。如「嘔心吐膽」，似摭李賀小傳語；「鍛歲煉年」，似摭《六一詩話》論周朴語；稱班姬爲「匹婦」，亦似摭鍾嶸《詩品》語。皆有可疑。況至正去宋未遠，不應宋本已無一存，三百年後，乃爲明人所得。《永樂大典》所載闕文亦同。其時宋本如林，不應内府所藏無一完刻。阮氏所稱殆亦影撰，而何焯等誤信之也。功甫名允治，老屋三間，藏書充棟，其嗜好之勤，雖白日檢書，必秉燭緣梯上下。所藏多人間罕見之本，有《李師師外傳》一卷，牧翁屢借不與。〔補〕勞權云劉後村《詩話》前集云：「頃見鄭左司子敬云汪端明家有《李師師傳》，欲借鈔不果。」鈺案：《稽瑞樓目》有《李師師外傳》一卷，注「鈔本」。此書種子斷絶，亦藝林一恨事也。嗟嗟，功甫以老書生，徒手積聚，奇書滿家。今世負大力者，果能篤志訪求，懸金重購，則縹囊緗帙，有不郄車而至者乎？然我聞墨林項氏，每遇宋刻，即邀文氏二承鑒別之，故藏書皆精妙絶倫。虚心諮〔原校〕「諮」改「語」。決，此又今人之師也。今人奈何不師之？

蒼崖先生金石例十卷〔原校〕張氏《藏書志》云：「元至正刊本，季滄葦藏書。有至正五年鄱陽楊本、至正乙酉賜同進士出身將仕郎前慶元錄事鄱陽傅貴全、至正五年饒陽路儒學教授桐川湯植翁、戊子盧陵王思明四序，至正五年潘詡書後。詡，昂霄子也。」〇入《述古目》，誤作楊本。〔補〕黄丕烈云元刊本得於玉峰書肆。

蒼崖先生潘氏，諱昂霄，字景梁，濟南人。取古昔碑碣鐘鼎之文，提綱舉要，條分類聚，名曰《金石例》。一至五卷則述誌銘之始，而於貴賤品級、塋墓、羊虎、德政、神道、家廟、賜碑之制度必辨焉。六至八卷則述《韓〔補〕黄校本「韓」誤「諱」。文括例》，而於家世、宗族、取〔原校〕「取」改「職」。〔補〕阮本、胡校本均作「職」。名、妻子、死葬日月之筆削特詳焉。九卷《先正格言》，十卷《史院凡例》。鈺案：自「取古昔」起，至《凡例》止，遵王全録傅貴全序文。本書六卷至八卷《韓文括例》係采徐秋山書最後二卷，别自爲編，後人并爲一書。詳見《四庫提要》。至正五年，先生之子敏中爲饒理官，屬郡士楊本端如輯其次第，而刊行之。鈺案：是書元代凡三刊。至正五年詡刊於家。至正九年王思明刊於鄱陽。卷九後有「十卷，多論先王本朝制度」云云一行者，乃第三刊也。見《儀顧堂續跋》。

墓銘舉例四卷〔原校〕明王行止仲撰。〇入《述古目》。

唐取昌黎、習之、河東三家，宋取歐、蘇數公，鈺案：數公爲尹河南、曾南豐、王荆公、朱文公、陳后山、黄山谷、陳了齋、晁濟北、張宛丘、呂成公等十家。録所載墓誌銘之目，而舉其例於各題之下。神道碑、銘亦如之。例之大要曰十有三，誌銘之法於兹頗備焉。鈺案：《文選》李善注云：「吴均《齊春秋》，王儉曰石誌不出禮典，起宋元嘉顔延之爲王琳石誌。」又案：《困學紀聞》考史類考墓志之始，其説尤詳。

風月堂詩話三卷《述古目》注「鈔」字。〔補〕勞權云《天一閣目》二卷。鈺案：《四庫》本亦二卷。

宋朱弁少章著。萬曆庚申春月，籛後人鈺案：「籛後人」三字爲錢氏統稱，謙益集中屢見。此跋乃謙益語。萬曆庚申，謙益年三十九，遵王生崇禎二年，遠不相及。**跋云：「燈下讀少章傳，即以《風月堂詩話》對坊刻一過。念公於冰天雪窖之中，作幅巾林下之想，爲之長嘆。」**

臨漢〔補〕黄鈔本、宋鈔本均作「溪」。**隱居詩話一卷**《述古目》注「鈔」字。○鈺案：《宋志》著錄。

宋魏泰道輔撰。洪武九年丙戌，映雪老人寫於華亭集賢外波〔原校〕「波」改「坡」。〔補〕阮本作「坡」。**草舍雨窗，時年八十。老人即孫道明也。**〔補〕勞權云知不足齋即據此本刊行。○鈺案：映雪老人鈔書，詳前卷三《自號錄》條下。

歲寒堂詩話一卷《述古目》注「鈔」字。○鈺案：自此條起至下《後村詩話》止，阮本不載。

宋絳郡鈺案：《四庫提要》據《建炎以來繫年要錄》作正平人。**趙戒**〔補〕勞權云《絳雲目》作張戒。鈺案：粤雅本未見。《述古目》及胡校本、黄校本均作張戒。**撰。**鈺案：《提要》作二卷，云《說郛》及《學海類編》載此書，均止數頁。《永樂大典》所載猶屬完帙，以篇頁稍繁，釐爲上下卷。

西清詩話三卷《述古目》注「鈔」字。〔補〕勞權云今歸丹鉛精舍。

題無爲〔原校〕《文獻通考》作無名。子撰。《經籍考》云：「或曰蔡絛使其客爲之也。」〔原校〕程隨齋云，宣和間，臣寮言其議論專以蘇軾、黄庭堅爲本。奉旨，蔡絛落職勒停。詳見《能改齋漫録》。○鈺案：此書《宋志》著録。《四庫》失收。

娱書堂詩話四卷《述古目》注「鈔」字。〔補〕黄丕烈云舊鈔。○勞權云威伯爲宋宗人，其論詩原出江西，而兼涉江湖宗派。

趙與虤威伯撰。鈺案：《四庫》著録作一卷。《提要》云「虤」字《集韻》音牛閑切，《説文》訓爲虎怒，故字威伯。以《宋史·宗室表》連名次第考之，蓋太祖十世孫，寧宗以後人也。

艇齋詩話一卷〔原校〕張氏《藏書志》：《艇齋詩話》一卷，楊夢羽萬卷樓藏舊鈔本。陳振孫《書録》《艇齋雜著》解題云：「曾鞏之弟曰湘潭主簿宰，宰之孫曰大理司直晦之，季貍其子也。」此書《直齋》後《文淵閣》著録，近則罕有傳者。《四庫全書》著録宋人詩話甚多，而此獨見遺。鈺案：《宋志》入小説類。○《述古目》注「鈔」字。

南豐曾季貍裘甫撰。鈺案：《開有益志》云裘甫論詩，主江西派，多稱徐師川、吕東萊二家。

蓮堂〔原校〕一本「堂」作「塘」。**詩話二卷**〔原校〕張氏《藏書志》云：誠仕履未詳，卷下「題賣墳墻」條有云「至元丁丑以來」，則誠爲元人可知。《敏求記》列之《優古堂詩話》前，或誤以爲宋人歟？是書所論宋詩居多，而唐與金元之作亦間及焉。名篇警句，多有他書所未載者。如卷上載金海陵王《哀宋姚將軍》詩云：「獨領孤軍將姓姚，一心忠孝爲南朝。元戎若解徵兵援，未必將軍死尉橋。」伏讀《御定全金詩》，録海陵王詩五首，此詩未經録入，故表出之。末有題識，云：「嘉靖壬子春，從連陽精舍録成。從子謙姪藏舊鈔本傳録。」鈺案：姚將軍名興，戰死尉橋，紹興辛巳年事。《梅磵詩話》載弔興詩甚多。又云：邑志中無此書，宜補入。鈺案：「又云」一則乃管氏説。○《述古目》注「鈔」字。

海昌祝誠輯。**建**〔補〕黄校本「建」作「連」。**陽精舍藏書**。

優古堂詩話一卷《述古目》注「鈔」字。○鈺案：刊入《讀畫齋叢書》。

吴幵正仲著。鈺案：《四庫提要》云，幵滁州人，紹聖中弘詞科，靖康中主割地之議，並事張邦昌。建炎中謫死。人不足道。《詩話》一百五十四條，多論北宋人詩，兼及雜事。

後村詩話二卷《述古目》注「鈔」字。○鈺案：《四庫》著録，計前集二卷，後集二卷，續集四卷，新集二卷。《提要》云惟前集别行，餘皆編入文集。此《記》所收二卷，必其前集也。

劉克莊著。鈺案：《提要》又云真德秀作《文章正宗》，以「詩歌」一門屬克莊。克莊取漢武詞及三謝之類。德秀删之，克莊意不爲然。其説今載前集第一卷中。

砦溪詩話十卷〔原校〕陳鱣云：「近日惟知不足齋藏本爲最佳。」鈺案：《四庫》著録即鮑士恭藏本。

○《述古目》注「鈔」字。

黄徹常明著。常明投劾南歸，寓興化之砦溪，成此書。嘉泰三年癸亥，其孫熹題於後而刊行之。鈺案：《提要》云有乾道四年陳俊卿序。有徹子廓、徹孫熹，及黄永存、聶棠四跋與楊邦弼所作墓志。遵王所述未詳。《宋志》及《直齋書録》均有此目。朱彝尊、厲鶚均未見此書。

北山詩話一卷《述古目》注「鈔」字。

不著撰人名字。〔補〕胡校本「字」作「氏」。卷終跋云：「嘉靖乙巳，晁春陵大鈺案：阮本「大」作「太」。史宋本録。」鈺案：此書《宋志》及晁、陳各《目》均不載。春陵名瑮，字君石，開州人，嘉靖辛丑進士，官國子監司業。喜藏書，有《寶文堂分類書目》，入《四庫存目》。《法藏碎金録》即瑮所刊也。

天廚禁臠三卷〔原校〕《讀書後志》云論諸家詩。○《述古目》注「鈔」字。○鈺案：自此條起至下《詩林要語》止，阮本不載。

石門洪覺範撰。鈺案：此書《宋志》著錄，嚴羽《滄浪詩話》極不滿之。見《四庫存目》。

詩學禁臠一卷《述古目》注「鈔」字。

元清江范德機著。鈺案：此書入《四庫存目》。《提要》云，此書分十五格，每格選一詩爲式。解釋淺陋，必非真本。何文焕刊入《歷代詩話》。

詩林要語一卷《述古目》注「鈔」字。○鈺案：《四庫存目》亦未涉及。錢《補元志》有此名，當即據此《記》入錄。何文焕《歷代詩話》有《木天禁語》一種，疑即此書。

清江子范標〔原校〕「標」改「梈」。〔補〕胡校本同。德機述。

梅磵詩話三卷《述古目》注「鈔」字。〔補〕勞權云：《揅經室外集》云，安居吴興人，景定間進士。卷末有云「予丙子歲司糾三衢。二月十一日，宋太后詔諭諸郡歸附，郡將而下奉詔依應，吏民安堵」云云，是宋臣而入於元者。○鈺案：《竹崦庵傳鈔書目》誤作宋人。《千頃堂目》、《天一閣目》載之。

鄭元慶《湖録經籍考》未收。讀畫齋有刻本。

元吴興韋安居著。安居與子昂同時人。鈺案：書中記胡澹庵《瀟湘夜雨圖》，辛巳歲歸於苕溪趙子昂，爲遵王語所本。《松雪齋集》無與安居往還事。翁方綱《復初齋文集》有跋二首。《孳經室外集》亦著録。

學吟新咏〔原校〕「咏」作「式」。〔補〕《述古目》亦作「式」。一卷《述古目》注「鈔」字。○鈺案：《絳雲》有此目。

雲坡居士庱亭〔補〕勞權云一本「亭」下有「庱亭在丹陽縣東」七字。翟公厚述。永樂壬寅張思安爲之序。此猶是其稿本也。〔補〕黄丕烈云已卯秋獲於小讀書堆，疑即此稿本也。

詩法拾英〔原校〕「英」作「筴」。〔補〕《述古目》作「英」。一卷入《述古目》。○鈺案：阮本此條與下一條均不載。

斗城山人孫昭纂次。〔補〕寧館本朱文藻云，一本無「次」字。

松石軒詩〔原校〕「詩」下補「評」字。〔補〕胡校本及《述古目》均同。一卷〔原校〕一本作三卷。○入

《述古目》。

竹林嬾仙撰。〔補〕勞權云，竹林嬾仙，《千頃堂目》是寧靖王奠培也。鈺案：奠培爲明太祖第十七子寧獻王權孫。《明史》稱奠培善文辭。《絳雲目》作《臞仙松石軒詩評》。案臞仙即寧獻王權之別號。其撰著甚多。《明史·藝文志》文史類分列《臞仙詩格》、《詩譜》、《西江詩法》三種，下接寧靖王《詩評》一種，是《絳雲目》誤也。《古今書刻》作《懶仙詩評》，弋陽王府刻本。

諸家老杜詩評五卷〔原校〕《直齋》云莆田方深道集。又續集一卷。鈺案：《宋史·藝文志》作方道醇集《諸家老杜詩評》五卷、方銓《續老杜詩評》五卷。《四庫》入《存目》。云舊本誤題元人。○《述古目》注「鈔」字。

方深鈺案：「深」下應補「道」字。刊本、阮本均脱。**取其兄類集《老杜詩史》，益以《洪駒父詩話》**鈺案：《洪駒父詩話》，宋尤袤《遂初堂書目》著錄。《四庫提要》云入《竹莊詩話》，別無傳本。**已下凡八家，編次成帙。牧翁箋注頗有採於此焉。**

詩體提綱十卷入《述古目》。〔補〕勞權云以下至《竹莊詩話》三條，《述古目》不載。鈺案：已據粤雅本逐條注明。又案：《絳雲目》有《歷代詩體》一目，疑即此書。

標題「江湖詩社聚編」。而序文以禪喻詩，謂漢魏盛唐，入諸佛地位。大曆、元和以降，證圓覺聲聞果。晚唐則小乘禪。蓋影略嚴儀鈺案：「儀」應作「羽」，說見前。唾餘而衍其說者，不知聲聞即小乘也。書此以正之。鈺案：說本《有學集·唐詩英華序》。《鈍吟雜錄》有嚴氏《糾謬》一卷，其說尤備。

詩學權輿二十二卷入《述古目》。○鈺案：《四庫》未收。

弋陽黃溥鈺案：溥正統十三年進士，見《進士題名碑錄》。澄濟撰。觀其採錄頗勤，用心亦良苦矣。惜乎下劣詩魔入其肺腑，徒矜淵〔補〕黃鈔本「淵」作「炫」。阮本同。博，不明持擇，終成偃師革膠之戲耳。

竹莊詩話二十四卷《述古目》注「宋板」二字，入《宋板書目》。《也是園目》作十八卷。

竹莊居士，不知何時人。鈺案：《四庫》著錄。《提要》據《宋志》定爲何溪汶撰。云《宋志》二十七卷，疑或佚三卷，或後人合併，或《宋志》誤「四」爲「七」。又案：《宋志》入小說類，「詩」作「書」。偏蒐古今〔補〕宋鈔本「今」下有「詩」字。阮本、胡校本均有「詩」字。評雜錄，列其說於前，而以全首附於後，乃詩話中之絕佳者。鈺案：書中引證如《五經詩事》、《歐公餘話》、《洪駒父詩話》、

《潘子真詩話》、《桐江詩話》、《筆墨閒錄》、劉次莊《樂府集》、邵公序《樂府後錄》之類，今皆不見傳本。而呂氏《童蒙訓》論詩之語，今世所行重刊本皆削去不載。此書所錄，尚見梗概。見《提要》。至於少卿「雙鳧〔原校〕「鳧」下補「『相背飛』爲《文選》所缺，蓋失記李陵《錄別詩》雙鳧」十八字。〔補〕阮本、黄校本無「相背飛」三字，餘均同。相背飛，相遠日已長」句，出自《古文苑》。〔補〕阮本、胡校本、黄校本「苑」下均有「耳」字。

韻語陽秋二十卷入《述古目》。〔補〕黄丕烈云明初刻本。

丹陽葛立方常之撰。朱性甫借得此書宋槧本，〔補〕勞權云也是翁藏宋刻本，每葉二十八行，行二十四字。字法歐體，精細可愛。葉林宗子修，字祖德，以校正德二年葛諶刻本，增入卷三後「郭子稍學作小詩」一條，副葉有葉石君跋，隸書。「葉萬」白文印一、「石君」白文印一、「鶴汀」朱文長印一。林宗卒年六十一。祖德早夭。遵王行二。皆見是跋。又云季言云明刻差落字甚少。「郭子」條已見十八卷四葉，宋本複衍耳。葉校今歸丹鉛精舍。邢麗文鈺案：麗文名參，吴郡人，見《列朝詩集小傳》。瞿《目》《太玄集》注「宋鈔本」，有麗文題字。命工摹寫二部，舉其一贈性甫。朱守中又從性甫借歸。弘治癸亥，金成性錄成〔原校〕「成」改「傳」。〔補〕阮本、胡校本均同。此本，守中爲題其卷尾。三君皆衡山好友，鈺案：《甫田集》中無三人事蹟可考。安貧樂志，吴中雅士也。

常之《詩話》無足取，存此見前輩嗜好之勤，互以鈔書爲風流罪過，鈺案：在官寫書，亦是風流罪過。見《北齊書·郎基傳》。遵王誤用。亦藝林美談也。

滄浪吟〔原校〕「吟」下補「集」字。〔補〕阮本有「集」字。**二卷**入《述古目》，作三卷。〔補〕黄丕烈云，辛酉冬得舊鈔本，亦二卷。明初刻本已分爲三卷。○勞權云《絳雲目》「詩話類」有《滄浪吟卷》，不注卷數。○鈺案：《四庫》本作《滄浪詩話》一卷。王士禎《蠶尾集》云，康熙戊申得宋刻本。《持靜目》有二卷本，明正德丁丑李堅刻。

滄浪復〔原校〕「復」改「答」。〔補〕阮本同。吴景仙書：鈺案：景仙名陵，爲滄浪表叔。復書自題作《答出繼叔臨安吴景仙書》。「僕之《詩辨》，乃斷千百年公案。」誠驚世絶俗之談。又云：「來書謂忽被人捉破發問，何以答之？僕正欲人發問而不可得。」其封己貢〔補〕胡校本、黄校本「貢」均作「負」。高，師心自是。〔原校〕「是」下補「如此」二字。〔補〕阮本、胡校本、黄校本均有。數百年來，學人爲其夸詞壓倒，從無卓識士訟言破斥之，何耶？他不具論，即如《詩辨》云：「先須熟讀《楚詞》，朝夕諷詠，以爲之本。」別一條〔原校〕「條」下補「復」字。〔補〕寧館本吴騫校云無「復」字。云：「《九章》不如《九歌》，《九歌·哀郢》尤妙。」殊不知《九歌》中有《哀郢》否？吾恐滄浪於《楚詞》不惟不熟，兼亦未嘗〔原校〕「嘗」下補「留心」二字。〔補〕阮本有。讀〔原校〕「讀」下補「之」字。〔補〕阮本有。也。哆口妄談，似說鬼說夢。斷千百年公案，若是之驚世絕俗乎？當時有人以此捉破發問之，將何以答乎？今取其言，聊發一端，以告世之學吟者，予豈好辯哉！〔補〕勞權云遵王此說本《鈍吟雜錄》。

詞

花間集十卷題詞本有。○《述古目》注「宋板」二字，入《宋板書目》。○鈺案：阮本此條前有《碧雞漫志》一條，今照趙刊本，仍列第二卷。

趙崇祚集唐末才士長短句，歐陽炯爲之弁語，鈺案：《直齋書錄解題》云：「蜀歐陽炯作序，稱衛尉少卿字宏基者所集，未詳何人。」《四庫提要》定宏基即崇祚之字。可繼孝穆《玉臺》序文。紹興十八年，濟陽晁謙之刊正，題於後。鈺案：晁本見《結一目》。每半頁十行，行十八字。瞿《目》有嘉靖間影摹晁謙之本。鏤板精好，楮墨絕佳，宋槧本〔原校〕「本」下補「中」字。〔補〕題詞本、阮本均有「中」字。之最難得者也。鈺案：聊城楊氏海源閣有淳熙十四年鄂州使庫刻本。

弁陽老人絕妙詞選七卷題詞本有。○《述古目》注「鈔」字。○鈺案：盧文弨《宋史・藝文志補》誤作八卷。

弁陽老人選此詞，總目後又有目錄。〔補〕勞權云今柯氏刊本已削去每卷子目矣。○鈺案：有項絪雕本，今未之見。卷中詞人大半予所未曉者。其選錄精允，清言秀句，層見疊出，誠詞家之南董也。此本又經前輩細勘批閱，姓氏下皆朱標其出處里第。鈺案：據此則知查爲仁、厲鶚箋注亦有所本。展玩之，心目了然。〔補〕題詞本「然」下有「或曰弁陽老人即周草窗，未知然否」十四字，朱筆抹去。

梅苑十卷題詞本有。○見《也是園目》。〔補〕黄丕烈云：「予得一影鈔本，似出宋刻。」

王晦叔鈺案：晦叔名灼，見前。曰：「吾友黄載方〔原校〕「方」改「萬」。〔補〕題詞本、阮本、胡校本均作「萬」，下同。鈺案：《四庫》著錄。《提要》云宋黄大輿編。載萬，大輿字也，自署岷山偶耕。《成都文類》亦載其詩，故厲鶚《宋詩紀事》定爲蜀人。歌詞，直與唐名輩相角。所居齋前，梅花一枝鈺案：「枝」當作「株」。甚盛，因錄唐以來詞人才士之作，凡數百篇，爲齋居之玩，名曰《梅苑》。其樂府號《廣變風》，有賦梅花數曲，亦自奇特。」鈺案：《提要》云樂府今不傳。晦叔稱許載方如此。予今復〔補〕題詞本、胡校本、宋鈔本「復」均作「獲」。覩其書，《聲聲慢》俱作《勝勝慢》，未敢率意改之。

東坡樂府一〔原校〕「一」改「二」。〔補〕阮本、胡校本均作「一」。**卷**題詞本有。○見《也是園目》。

《東坡樂府》刻於延祐庚申。〔補〕黄丕烈云《東坡樂府》，予見一寫本，乃胥江沈寶研家藏書，從延祐庚申本録出者。託名祝允明所書，索重值，未之得也。鈺案：黄氏又有元刊本，見《題跋記》。今藏海源閣。**舊藏注釋宋本，**〔補〕勞權云《書録解題》有仙溪傅幹《注坡詞》二卷。**穿鑿蕪陋，殊不足觀，棄彼留**〔補〕宋鈔本「留」作「取」。**此可也。**

張炎詞原二卷此條刊本佚。○《述古目》注「鈔」字。「原」作「源」。○鈺案：《四庫》未收。《揅經室外集》有依元人舊鈔影寫本。

炎字叔夏，西秦玉山人，著《詞原》。上卷詳考律吕，下卷泛論樂章。別有《山中白雲詞》〔補〕勞權云「詞」字龔刻時所增，當刪。鈺案：龔刻指康熙中錢塘龔翔麟刻本。**行於世。**

中興以來絶妙詞選十卷此條刊本佚。○見《也是園目》。

萬曆二年，龍丘桐源舒氏新雕本，間有缺字。此則淳祐己酉所刻本也。〔補〕勞權云當脱《唐宋諸賢絶妙詞選》十卷。鈺案：此書即《花菴詞選》二十卷之後十卷，故勞氏云然。瞿《目》有舒刻本。

張元幹蘆川鈺案：阮本「張」字殘作「長」。餘均缺。**詞二卷**此條刊本佚。○入《述古目》。〔補〕勞權云：《恬裕目》云影宋鈔本，上下二卷與《宋藝文志》合。十六行，行十三字。板心有「功甫」二字。有義門、蕘圃跋。鈺案：今《鐵琴銅劍樓目》所載乃宋板，非影宋。藝芸書舍有宋板，作一卷。

匏菴先生鈺案：阮本上四字缺。**手書。詞中多呼「否」爲「府」，與「舞」同押，蓋閩音**鈺案：阮本上五字缺。**也**。鈺案：《蘆川詞》首闋《賀新郎》「過苕溪尚許垂綸否」，上闋末句「醉中舞」，即此《記》閩音「否」、「舞」同押之證。

錢遵王讀書敏求記佚文

鈺案：此卷《清教録》起六條，見宗氏藏于城傳録管庭芬校本，勞權校過。其文均見涵芬樓藏《述古堂藏書目録題詞》本。《三氏星經》起七條，管本未載。鈺從題詞本補輯，並統加校證如前。前六條依管校原次，後七條依題詞本原次。

清教録一卷《述古目》作四卷。《也是園目》作一卷。○《絳雲目》不記卷數。

《清教録》條列交結姦臣各招於前，清理佛教作弊諸款於後，皆僧徒之爰書也。溯季譚〔補〕題詞本作「潭」，勞校本同。「潭」下有「及」字。著作散僧，鈺案：錢謙益《列朝詩集小傳》云僧法聰坐交結胡丞相，詞連溯公，謂公往西域，丞相屬令説土番爲外應，就訊輸服，有司奏當大辟。奉欽依免死，著做散僧。復見心坐淩遲死，鈺案：見心詩亦入《列朝詩集》。出聖〔補〕勞校本作「太」，下四條均同。祖獨斷，鈺案：趙吉士《寄園詩話》云，見心，豫章人，仕元至學士，因亂祝髮爲僧，工詩，與僧溯齊名。入明從蜀王中都，太祖召見。以詩中用殊字及「自慚無德誦陶唐」句，將殺之，遂圓寂於丹階之下。與此《録》之坐淩遲死者不符。疑趙説或傳聞之誤，當以官書爲正也。詳見此《録》。

智聰招云：「洪武十二年正月内，到胡丞相府見王叔明，在彼喫茶看畫。鈺案：《列朝詩集》王蒙小傳引此説。胡丞相説：『你曾見我莊上墳墓？』王叔明回説：『好座來山，多了一座廟宇，如將廟宇拆了，聖人立現。』胡丞相説：『看得甚〔補〕題詞本「甚」作「正」。好。』〔補〕題詞本「好」下有「我先知道」四字，朱筆抹去。明日使人去拆了。」叔明畫家絶品，作如此狂悖語，可入《笑林》矣。鈺案：《初學集》有二跋，言之甚詳。

昭示姦黨三録三卷《述古目》注「閣本鈔」三字。○鈺案：《明史・藝文志》共六卷，注云：「皆胡黨獄詞。」《澹生堂目》作二卷。

天啟乙丑，牧翁削籍南還，託錦衣胡岐山於内閣典籍鈔《昭示姦黨三録》。是時逆奄用命，標題有「姦黨」二字，繕寫者搖手咋舌，早晚出入閣門，將鈔書夾置褲襠中而出。丁卯四月始卒業。鈔寄之難如此。鈺案：見《有學集・與吴江潘力田書》。予嘗見叢書堂所藏，止寥寥數葉。此則三厚本，聖祖御製序特勅刑部條列亂臣情詞，曉示中外者，不知三百年來，何以失傳？牧翁據此考定開國功臣事略。今《事略》稿本已同絳雲餘燼蕩爲劫灰矣。此獨留天壤間，予奉之爲拱璧，以俟秉史筆者采擇焉。

御製紀非録一卷《述古目》注「鈔」字。

《紀非録》，洪武二十年春二月十六日，聖祖御製。前列歷代藩王爲惡者，後著秦、周、齊、潭、魯及靖江累惡不悛事快〔補〕題詞本「快」作「狀」。勞權云「快」字疑有誤，改「故」字。甚詳。鈺案：《明志》注云諭周、齊、潭、魯諸王。《祝允明録》一條入《九塈〔補〕題詞本「塈」字作「朝野」二字。記》中。此則内府本也。鈺案：見《文淵閣目》。《酌中志·内板紀略》無此目。

集犯諭一卷《述古目》作《集犯録》三卷，江「閣本鈔」三字。○鈺案：入《明志》。《絳雲目》作一卷，注「諭吏」二字。《文淵閣目》「諭」字作「録」。

《集犯諭》録吏民之罪，聖祖命翰林編修吴沈鈺案：沈字濬仲，蘭溪人。見《明史》。爲之序。蓋欲警戒將來，非徒齊之以刑也。

至元辨僞録五卷見《也是園目》。

元憲宗時，道家出一書，曰《老子化胡成佛經》，〔補〕勞權云，案晁氏《讀書後志》云《老子化胡經》十卷，魏明帝爲之序。《經》言老子歸崑崙化胡，次授罽賓，後及天竺。按裴松之《三國志注》言世稱老子西入流沙，化胡成佛，其説蓋起於此議。《化胡經八狀》附於後。《唐志》云萬歲通天元年，僧惠澄上言乞毁《老子化胡經》，秋官侍郎劉如璿等議狀證其非僞，此是也。及八十一化圖，鏤板流布，毁佛滅教。國師福祐奏聞，上命僧道二家面相辨析。黄冠詞屈，遂令焚僞經。僧道衆獨留老子《道德》兩篇。至元二年，大都路道者鈺案：于氏録本「者」下空一格。題詞本、勞校本均不空。山雲峯寺沙門祥蓮〔補〕題詞本「蓮」作「邁」。鈺案：明本正作「邁」。奉勅撰《辨僞録》，破斥八十一化之妄談，釋教由兹〔補〕勞校本「兹」下補「而」字。再振。此法運升降之一大關也。今之釋子有志續慧命者，宜雕翻鈺案：「雕翻」二字應互乙。之，垂良導於永久，俾護法者有觀焉。

御製體尚書文〔原校〕《國史經籍志》：明仁宗皇帝撰。〔補〕勞權云此説俟考。○《述古目》作三卷，注「閣本鈔」三字。

《體尚書文》，《内閣書目》曰：「朝代未詳。」此本故〔補〕題詞本「故」作「後」。兼載聖祖御製中山王、武寧王神道碑文，鈺案：見《文淵閣目》。疑亦聖祖之御製歟。鈺案：《明志》仁宗《體尚書》二卷，注云：「釋《尚書》中《臯陶謨》、《甘誓》、《盤庚》等十六篇，以講解更其原文。」是《經籍志》不誤。遵王此《記》作擬議之詞者，非也。《文淵閣目》有三目，不云何朝。

三氏星經二卷《述古目》注「鈔」字。○鈺案：《天一閣目》上有「陶隱居重定」五字。

商石申氏鈺案：《史記·天官書》：魏石申。《正義》：《七録》云，石申，魏人，戰國時作《天文》八卷。此言商人，疑誤。《**紅星天鏡**》、**魏巫咸氏**鈺案：《天官書》：殷商巫咸。《正義》：巫咸，殷賢人，本吴人。此言魏人，疑誤。《**黄星地鏡**》、**齊甘德氏**鈺案：《天官書》：在齊甘公。《集解》：本是魯人。《正義》：《七録》云楚人，戰國時作《天文星占》八卷。又案：晁氏《志》載《甘石星經》一卷，云漢甘公石申撰。則又合甘、石爲一人。錢大昕云，今世俗所傳《甘石星經》，不知何人僞撰。大約采晉、隋二《志》成之。《續漢書·天文志》注引《星經》五六百言，今本皆無之。是劉昭所見之《星經》久失其傳矣。見《養新録》。《**黑星人鏡**》，鈺案：《禮緯·含文嘉》亦有《天鏡》、《地鏡》、《人鏡》之目。**諸星即以三色圖之爲記。流俗星象混殽，不復界以紅、黄、黑三色，且十存其二，非完書也。**

神仙服餌二卷《述古目》作《聖濟總録神仙服餌門》一卷，注「鈔」字。

卷中皆服餌草木之方，後附辟穀法，細翫之，知是有道者之言，非戲爲談說也。此書自北宋傳至今，缺撰集人名氏。鈺案：《聖濟總録纂要》二十六卷，《四庫》著録。《提要》云宋政和中奉勑編，末有《神仙服餌》三卷。或言烹砂鍊石，或言嚼柏咀松，或言吐納清和，或言斬除三尸，蓋是時道教方盛，故有是妄語。國朝程林病其荒誕，一概汰除。惟約取其尋常頤養之藥三十餘方，其別擇頗有條理。遵王此《記》所載，當係未經程林删定之本也。內有神枕一方，漢武得之太山老人。用藥三十二味，以應二十四氣，其八味毒以宣八風，置枕中枕之，久久益人。攝生家宜仿而行焉。

尚書孔氏傳十三卷《述古目》作十卷，注「宋本」二字。又入《宋板書目》，作《尚書孔安國傳》十卷。

婺州義烏酥溪蔣宅崇知齋本。鈺案：瞿《目》有《禮記》殘本五卷，卷後楷書圖記與此《記》同。羣碧樓有《書學會編》六種，亦崇知齋刻。

周禮鄭氏注十二卷《述古目》注「宋板」二字。

建安余仁仲校刊本。

禮記鄭氏注二十卷《述古目》注「宋板」二字。

建安余仁仲校刊本。

春秋穀梁經傳范甯集解十二卷《述古目》作十卷，注「宋板」二字。《古逸叢書》覆宋本十二卷。作十卷者疑誤。

建安余仁仲校刊於萬卷堂。

王弼周易略易一卷《述古目》作《易經王弼注》十卷，注「宋板」二字。鈺案：「易」字當爲「例」字之誤。此僅標略例一種，疑有誤也。

北宋槧本，鏤板樸雅，洵足動人。

錢遵王讀書敏求記序跋題記

刻本　校本　藏本　題詞本

長洲章　鈺輯

趙孟升刻本自序

鈺案：某氏校本云原刻本趙序大字，無第一行。鈔本添「原序」二字。陳鱣云此乃刻書者之序，不當云原序。且「原」亦宜作「元」。

牧翁錢氏曰：管庭芬云，上五字阮本作「昔人云」三字。「聚書不同，有讀書者之聚書，有聚書者之聚書。」而坡翁蘇氏曰：「諸子百家之書，近歲轉相摹刻，多而易致。」鈺案：見《李氏山房藏書記》。然夷考其時以聚書之富流傳紀乘者，約略可屈指數，如宋宣獻、畢文簡、王原叔、錢穆父、王仲至家，暨荆南田氏、歷陽沈氏、譙郡祁氏而已。而顛錯叢龐，亦往往有之。惟吴中曾文鈺案：「文」當作「旼」。彦和、賀鑄方回二家，書皆手自讐校，丹黄儼然。鈺案：以上各藏書家大半見《過庭錄》、《揮麈錄》，而《文獻通考》又類列之。葉昌熾《藏書紀事詩》均有考證。惟仲至名欽臣，即原叔名洙之子，作者分列兩家，微誤。然則書雖易致，而聚書者之雅難得。而持本讀新，討源流而列黑白者之尤爲難之難，自古然矣。我國家文明之治與宋埒，而聚書家之多，則不啻百乎過之。其發爲高文典册，黼黻昇平者，可不論。遵王錢先生，牧翁之老孫子也。管云，阮本删「牧翁老孫子也」六字。以布衣聚書，自人世諸閟記暨霞宫丹甲、汲冢覆釜諸等靡不備，雅無愧官獻、文簡諸鉅公。既已耿諸胸，見諸詩歌古文，又恐其聚久必散，等於煙雲之過眼，復爲榷古商今，書之於册，使人異家舛者，豁然霧解，所謂《讀書敏求記》是也。蓋其精當，實有以勝彦和、方回二家，而不徒爲聚書者之聚書如此。予惜其尚未克流布通邑大都，爰付開雕氏以傳焉。爲疏蘇氏、錢氏語於簡端，以見聚書於書易致之時尚難，而讀書者之聚書爲尤難，而以著我國家之盛於無窮也。雍正四年四月，吴興趙孟升書。

王豫趙氏刻本序勞權云，趙孟升序作於雍正四年丙午。若立夫序亦作於是年，則年才二十有九，尚在未逮入京之前。故編入《孔堂初集》之前卷。鈺案：豫，長興人，諸生，有詩名。因人牽連繫刑部獄，釋回。有《孔堂詩文集》。全祖望爲撰墓志。詩入《兩浙輶軒録》。

虞山錢遵王積書逾萬卷，其間宋元槧本爲多。因取今世俗本之脱謬顛倒者手校之，凡是且非，如以匙勘鑰。復毛舉其目，各爲論次，著於録，得四卷，署曰《敏求記》。而吾友用亨勞權云，《孔堂初集》無「用亨」二字。趙君爲刊鏤之以行。於戲，道成於學而藏於書，故索道於斯世者，必究塗焉。若遵王所爲，斵其華而已，於學何補。雖然，顔之推嘗言之，校正書籍亦何容易，揚雄、劉向方稱此職爾。然則覽是書者，毋輕議其離本飭末也。長城王豫立甫書。

曹一士趙氏刻本跋 鈺案：一士，上海人，字諤廷，雍正八年進士，官至兵科給事中。有《四焉齋集》。《進士題名碑録》作青浦人。此文署年乙巳，時尚未通籍。

乙巳季冬，吴興趙子用亨過予，出錢遵王先生《讀書敏求記》見眎。其所載胥宋元刻善本，世所罕覯。能考其從來，而評騭其是非，洵博雅嗜古君子也。今逢衣徒率枵中捷口，束書不觀，宜是編尚未刊布。趙子將板行之，可以知其志矣。趙子爲文敏之葉，年少有才辭，美茂暢洽，播於時流，庶幾克復其始，予竊有厚望焉。爲題數語歸之。上海曹一士。

方棨如趙本序 鈺案：棨如，淳安人，字文輈。《集虛齋集》有此序，趙本未刊，詳見後吴騫題記。

吴興趙生吾徒也，取某氏《讀書記》版鋟之，摹其本以餉予。予閲竟，歎曰：士之不識其大者久矣。棄常珍而嗜異饌，其於異饌也，又不嚌其胾，不咀嚥其膏味，以求其芳臭氣澤之所處，不過如子家嘗鼎染指而已。然乃效何曾、虞充輩譜作食疏，熊蹯、豹胎、猩脣、象約，鮓以珠肉，豘以人乳，燀橙酤梅，星亂華錯，欲炙之人爲之口角流沫，顧未知譜之者之特作狡獪，終日炙而不知其味也。吾宗靈皐語予，往歲治經在都下，羣疑滿腹，冀得一經任人師者叩會之，而久之無有。會有言某公者，宏博君子也。謁而請，語次及《周易》，某公陳張甚盛，口滿聲溢，自商瞿、田何以下，根生枝播，往來井井。僕私獨喜，謂異日當門生事之。退而條《易》中不解者數事及他經滯義，摳衣趨隅，希解槃結。而某公則蒙然張口，於經或不能舉其詞。顧直視良久，曰：「子蓋爲義理之學者，吾無以益子。」夫五經者，載道之文也。義根不昧，欲以何明？地餅之不可啖也如此。嗚呼！士之不識其大者久矣。如某氏此書，蓋亦靈皐所述某公之比。氄華何補，王生立甫之言是也。然百家雜碎，尚頗能略道阡陌，以視插架未觸，飽案頭之乾螢者，故當勝之。而苟由是假道焉，振葉尋根，摭華食實，則說鈴可使爲木鐸。或不免於絣繴絖，而或以裂地而封，其爲不龜手之藥則一也。嗚呼！此則趙生鏤板之意也夫。

濮梁印本序 鈺案：與趙孟升序詞旨略同，說詳據校本略目。

聚書非難，聚書而能討源流、析同異，斯難矣。自北宋以來，收藏家指不勝屈，而惟推曾彥和、賀方回兩家最盛。蓋其書非徒插架懸籤而已，每册每卷必手自讐校，丹鉛宛然，至今人豔稱之。錢君遵王，牧齋先生之孫也。鈺案：稱孫者誤。詳《補輯類記》。以布衣聚書，自經、史、子、集以及稗官野乘、人世諸祕記靡不備，而考核極精，辨論極當。積時既久，遂成《敏求記》一編，大有益於聚書者之家。是又彥和、方回之所未爲者也，可不謂難乎？今國家文治極盛，大江南北莫不家有藏書。惜此編未克流傳，爰付諸梨棗，以公同志。吁，我輩平時手一書，每苦於根據之不知，全缺之莫辨。今得是書爲指南之車，不翅暗室一燈焉。是錢君獨爲其難，我輩得享其逸也。竊不勝欣幸，願與同志者共諒其苦心而枕祕之。時雍正六年小春月，濮川濮梁書於延古堂。

沈尚傑修改本自序

益人神智者，惟書而已。顧書之代積而多也，奚翅數百萬種。好之者未必能聚，聚之者未必能讀，人世一大恨也。嘗覽晁氏《郡齋讀書志》，喜其搜羅之富，亦欲屏絕塵事，窮探二酉。無如斯志未遂，終有望洋之嘆。邇來復閱錢子遵王《讀書敏求記》，與宋人之書後先輝映，誠好古者之梯航也。惜其流布未廣，覽者闕如，因舉吴興趙氏之本重加校讐，付諸剞劂，勞權云，嘉興沈氏重校，加以己序，并刓去卷末板心之字，詭謂重刊，實則趙氏舊本也。俾天下讀書之人依此訪求，家有善本，庶復見曹氏之書倉、李氏之百城云爾。時乾隆十年歲次乙丑仲冬既望，東里沈尚傑書於雙桂草堂。

沈炎重修本自跋 鈺案：炎後改名游，詳據校本略目。

此書原刻頗有錯誤，今俱改正，一一開列於左。如第一卷十二葉内「樓攻媿」，「媿」字誤作「塊」。廿一葉内「刊謬正俗」，「刊」字誤作「列」。「顔揚庭」，「揚」字誤作「楊」。「藁」字誤作「藳」。廿四葉内「又如竇儼上疏」，「如」字誤作「加」。三十九葉「劉子駿」，「子」字誤作「于」。第二卷第一葉内「榮木堂」，「木」字誤作「本」。第三葉「汗牛」，「汗」字誤作「汙」。四葉内「宋幼帝子」，脱一「帝」字。「宋幼帝生男」，誤作「宋幼子后産」。十九葉内「王黼」，「黼」字誤作「黻」。廿八葉内「翁忠」，「忠」字缺畫。四十五葉「列萬里職方于几案」，「于」字誤作「子」。四十八葉「建安」，「安」字誤作「炎」。「交州」，「交」字誤作「兌」。五十五葉「滇民」，「民」字誤作「氏」。「真臘」，「臘」字誤作「獵」。五十七葉「天然紅色」，「天」字誤作「江」。第三卷十六葉「作爲此志」，「志」字誤作「詩」。十八葉「蔡條」，「條」字誤作「絛」。「朱弁」，「朱」字誤作「未」。廿七葉「少林」，「林」字誤作「陵」。第四卷四十二葉「政和」，「政」字誤作「致」。「畫上人」，「畫」字誤作「晝」。四十六葉「映雪」，「雪」字誤作「寫」。此外凡蛀損模糊廿餘葉，俱重刻完善，庶藏書家得舊本可以互勘矣。乾隆六十年乙卯夏日，檇李沈炎記於耆英堂。

胡重沈氏重修本跋

重嘗閲虞山錢氏遵王《述古堂藏書目》，所載凡三千餘種。而此《讀書敏求記》僅六百種，蓋義門何氏所稱專記宋板元鈔及書之次第完闕古今不同者也。此書未刻之先，得見者罕。義門謂朱竹垞檢討典試江南日，以黄金、翠裘賂遵王侍書小史，胠篋得之，半宵寫成云云。管庭芬云，以上皆錢塘吴尺鳧先生語。其謂爲義門者，蓋因尺鳧與義門同名焯而混之也。今阮本前序尚仍其誤。鈺案：尺鳧凡二跋，一著姓，一不著姓。此跋引「專記宋板元鈔」云云，是著姓一跋中語。胡氏既誤爲義門，嗣後阮福亦仍之，何也？可見錢氏祕之枕中，不輕示人矣。雍正丙午，吴興趙孟升用亨氏始授諸梓。乾隆乙丑，嘉興明經東里沈公重校以行。重初識之無，先刑部公舉是書以授，與晁氏《讀書志》、陳氏《書錄解題》並置案頭。今明經文孫葭士，因齋中板片歲久漫漶，乃取善本讐勘，訛者刊之，闕者補之，剞劂之工，浹旬乃竣。葭士三世聚書數萬卷，家學淵源，晨夕一編，丹黄不輟。重以文字相契，服其用心之勤且慎，爰綴數語於簡末，竊附古人賞文析義之意云。乾隆乙卯夏六月，錢塘胡重識於長水寓舍。

胡重校沈氏重修本跋

沈大葭士重校《讀書敏求記》，予嘗跋其後矣。今歲夏五，予於沈四柳坪案頭偶得是編，讀之屢疑有脫譌處。適汪大柳汀出示先世裘抒樓寫本，因約柳坪對勘一過，三日始畢。鈺案：卷一後記云：「嘉慶丙辰五月丙午晚，在長水沈氏朱鄂絳不居校正，菊圃。」卷二後記云：「丙午下春時校正，菊圃。」卷三後記云：「丁未亭午校半卷，柳汀至。戊申晨起校。熱甚，微雨。菊圃。」凡三則。凡改正二百餘字，補入二百十餘字。雖未可稱完善，而閱之已覺爽心悅目焉。考之《述古堂藏書目》中，總計經、史、子、集二千四百四十餘種，又釋、道二藏三百五十餘種。鈺案：此所謂《述古堂藏書目》，當即《也是園書目》，非今粵雅堂所刻之四卷本。惟鈺所得舊鈔本《也是園目》，計經、史、子、集三千餘種，道、釋二藏四百七十餘種，比胡氏所據本溢出甚多。而此《記》僅撮其精華，不滿六百種。鈺案：此指刊本而言。阮本據足本補入者不在內。然亦有入《記》而不入《目》者七十餘種。鈺案：此《記》各書不見粵雅本《述古目》及舊鈔本《也是園目》者，除《記》載《石鼓文音釋》，兩目均載《石鼓文考》，不能斷定一書外，衹《重譯圖經》、黃石公《潤經》、《履齋示兒編》、葉石林《建康集》、《白氏諷諫》、雪竇《祖英集》六種，並無七十餘種之多。惟胡氏於每條下注《述古目》不載者，均見粵雅本。勞權校本亦然。詳鈺恭錄《四庫提要》下案語。惟胡校、勞校所注亦時有不同，則知《述古目》傳本不止一本也。蓋《目》編於康熙己酉，鈺案：己酉所編者，分十卷，每卷首行題「也是園藏書目」。鈺藏舊鈔本如此，胡氏即以《也是園目》當《述古目》，而所注《述古目》不載者，《也是園目》實載之，安得見胡氏所見本一證明之。也是翁年四十有一。此《記》成於甲子、乙丑以後，也是翁年將六十。鈺案：《記》成之年，全書無可考。胡説不知何本。大抵晚歲續得之書必更多也。吾家自高王父中憲公至先刑部公，四世聚書數萬卷。年來散失殆盡，惟余行笈所攜皆手自校讐，丹鉛無恙。柳坪插架之書，不啻南面百城，猶復搜奇好古，與予同抱脈望之癖，此正也是翁所謂「墨汁因緣」。故書之以志一時筆硯精良之樂。嘉慶丙辰重五日，曲寮居士胡重。

阮福重刻本自序

錢遵王《讀書敏求記》，何義門學士云：「凡六百有一種，皆記宋板元鈔及書之次第完闕古今不同。書成，扃之枕函，祕不示人。自竹垞檢討典試江南，私以黃金、青鼠裘予其侍史，啟篋得是編，命藩署廊吏鈔錄，世間遂有傳本。」勞權云：「此係錢唐吳尺鳧先生焯跋中語，偶以名同，又適不著姓，因誤認爲義門説耳，當正之。咸豐丁巳閏五月八日。」又云：「胡菊圃跋已誤爲何學士，不自鷗翁始也。」鈺案：鷗翁指嚴鷗盟杰。勞氏殆知此文爲嚴氏代撰者耶？管庭芬辨正見前。雍正四年，吳興趙氏孟升始用刊布，然其板世不多見。今所通行者，乃乾隆十年，嘉興沈明經尚傑重刻本也。福嘗謂遵王此書，述著作之源流，究繕刻之同異，留心蒐討，不遺餘力，於目錄書中洵爲佳著。若非竹垞翁錄出，則或至今湮沒，豈不可惜歟？柯崇樸《絕妙好詞序》中辨竹垞非詭得，謂義門之言近誣。此亦無庸辨也。勞云何曾柯有此說。鈺案：今通行本《絕妙好詞》無柯崇樸序，而有不著撰人《絕妙好詞紀事》一則。中引柯崇樸序，云：「往予與竹垞有《詞綜》之選，摭拾散遺，采掇備至，所不得見者數種，周草窗《絕妙好詞》其一也。嗣聞虞山錢子遵王藏有寫本，予從子煌爲錢氏族壻，因得假歸。然傳寫多訛，逮再三參考，始釐然復歸於正。爰鏤板以行之。」此段但述《絕妙好詞》來歷，而不及《敏求記》，不知柯序全文云何。竹垞檢討輯《瀛洲道古錄》，以書手自隨被議，此即詭得亦非異事，足徵檢討好古敏求之至意，轉歎遵王之太祕爲不廣也。道光乙酉夏，武林嚴厚民師因編《皇清經解》，重游嶺南。篋中攜有初印勞云「印」當作「刻」。本，並言曾用遵王手定原稿次第，以硃筆一一補正於上方。其稿今藏黃蕘圃主政家，鈺案：此即足本。說詳《補輯類記》。脫漏約三十餘種。鈺案：趙本計少二十一種。管校本已照補書眉。鈺亦依阮本次第錄入校證本。阮云三十餘種者誤也。阮本無而趙本有者，計二十二種。鈺亦詳記於今本各條之下。如岳珂《九經三傳沿革例》、丁度《集韻》等書，皆趙本之所未載。訛謬之處，悉行改正，疑廊吏鈔時倉卒所遺舛也。夫雍正勞云當作「趙氏」。本已不可多見，何論遵王原稿。爰亟爲校錄，重付梓人。至原序仍錄存於後。鈺案：阮本計存趙孟升自序及王豫序。義門學士二跋、鈺案：當即康熙五十年、雍正甲辰吳焯兩跋。柯崇樸《絕妙好詞序》一則，亦概附卷末，勞云二跋及柯序未刊附。以資考證云。儀徵阮福序。勞云「序」當照刊本作「識」。

嚴杰補録本跋見阮福重刻本。

遵王原書藏黄主政蕘圃家。甲子鈺案：嘉慶九年。秋，校經吴趨，得假過録。末葉三行稍有闕爛。趙氏刻本脱誤特甚，且少祕笈數十種，非此不足以訂補也。鷗盟率識。

吴焯校本題記一

絳雲未燼之先，藏書至三千九百餘部。而錢遵王此《記》凡六百有一種，皆紀宋版元鈔及書之次第完闕古今不同，手披目覽，類而載之。牧翁畢生之菁華萃於斯矣。鈺案：《記》中各書不盡爲謙益舊藏。此説未詳何據。書既成，扃置枕中，出入每以自攜。靈蹤微露，竹垞謀之甚力，終不可見。竹垞既應召，後二年，典試江左，遵王會於白下。竹垞故令客置酒高讌，約遵王與偕。私以黄金、翠裘予侍書小史，啟鐍，預置楷書生數十於密室，半宵寫成而仍返之。當時所録，并《絶妙好詞》在焉。鈺案：辨詳《補輯類記》。詞既刻，函致遵王，漸知竹垞詭得，且恐其流傳於外也。竹垞乃設誓以謝之。竹垞既重違故人之命，而又懼此書之將滅沒也，莫年始一授族子寒中。予聞之久矣，然知其嚴祕勿肯與。近者校讐諸書，寒中閔予之勞，竟許以贈。予以白金一斤爲壽，再拜受之，亦設誓辭焉。嗟乎，書乃天地大公之物也。然有可傳，有必不可傳。正如修丹者既成，人皆可餌，而烹鍊之方，非堅精凝結者弗能守。然猶可傳者丹之法，而必不可傳者丹之道。大道在人，非其人莫與，則斯志也已。書之卷末，示我後人。康熙五十六年三月十八日，錢塘吴焯。鈺案：尺鳧於雍正甲辰，從丁龍泓處得見石門呂氏鈔本。丙午，又見趙氏新刊本，復校數過，有跋五則。朱朗齋從繡谷亭本錄出，其一云：「雍正甲辰至月，蟫花居士取禦兒呂氏明農草堂善本手校。是月小盡，燈下記。」其二云：「十二月十日校畢，并呂氏本參勘，付城南丁敬身。焯記。」其三云：「明年乙巳再校一過。小年朝石門舟中記。」其四云：「丙午秋闈後，以趙用亨新刊本再校。」其五云：「又明年丙午，吴興趙用亨已將此書梓行。惜其譌字過多，爲之校正，又對一過此本，又改正數字。是秋重陽後二日。」又案：尺鳧於呂氏本另有題記，後篇是也。

題記二 勞權云：「此尺鳧先生跋丁龍泓先生所藏石門呂氏明農草堂鈔本，當是朱朗齋先生於趙谷林先生小山堂傳鈔丁本錄出之，故吴氏題跋別載於後，而兔床所云跋凡四，則不數此也。」

遵王撰成此書，祕之笈中，知交罕得見者。竹垞檢討校士江南日，龔方伯偏召諸名士，大會秦淮河，遵王與焉。是夕，私以黄金、青鼠裘予其侍史，啟篋得是編，命藩署廊吏鈔録，并得《絶妙好詞》。既而詞先刻，遵王疑之。竹垞爲之設誓而謝之，不輕授人也。晚年稍稍傳出，江南舊家間有之。予從馬寒中得授此本，惜其字多謬誤，蓋當時半宵寫成，未經校對。其間書雖不多，宋板元鈔要皆奇祕，真書林之寶也。吾友敬身丁君獲此本於石門呂氏。此又從竹垞已亡後其家竊録而出，錯誤更多。偶以予所藏本校其大概，尚未盡也。嗟乎，牧翁以十萬金錢購致奇書，而遵王耳聞目見，盡平生之致力，僅載此六百餘種，所謂選其精華，觀者不當以尋常書録視之也。雍正甲辰冬至月廿有六日燈下，焯。

吴焯子城題記

此書向惟曝書亭藏有鈔本，珍祕不出。先君子以重價購得之。稼翁晚年，力不能守，元鈔宋刻，雨散雲飛，而此書遂流落人間。吾友趙君用亭爲刻之吴興。卷端冠序一首，借先友傅編修玉笥之名，傅不知也。偶於書肆中見之，大怒。且以「舊史官」三字爲犯時忌，徧告當事，欲燬其板。幾允所請，賴先子解紛得寢。然用亭亦因此愧憤，不復刷印示人矣。

繆荃孫云，玉笥名王露，康熙乙未探花，薦舉博學鴻詞。是時文字之獄屢興，傅亦慮及禍耳。借名作序，明季作俑，至雍正時猶未絶。乾嘉以來，無此風矣。鈺案：此事他無可徵。惟尺梟同有此書，同出曝書亭，孟升又與敦復交往，從中排解，情所應有。後刻此《記》數年，詔修《西湖志》。《志》中開列纂修職名，總纂原任翰林院編修武英殿纂修臣傅王露、分修議敘正八品杭州府學歲貢生臣吴焯、校刊錢塘縣監生臣吴城。是傅、吴且因此有文字之契。所難堪者，獨一趙孟升耳。王露字良木，號閬林，晚號信天翁。有《玉笥山房詩集》，見《越風》。信乎古今典籍傳與不傳，蓋有一定之數，不可強也。乾隆丁巳小除夕，錢塘吴城記於瓶花齋。

吴城弟玉墀題記

絳雲一炬，祕本不可復見。遵王著《敏求記》一書，後人賴之以考證。天水鐫板行世，爲功典籍非淺。當時不乏文人，必借玉笥太史之名以弁其首，較之題碑祝嘏，不猶愈乎？玉笥翁何亟亟於求毀耶，斯亦可謂不愛沽名者矣。小谷跋，時甲申臘月既望燈下。

趙昱校本題記

是本向吾友丁敬身借鈔，有繡谷手校記語，鈺案：即前吴焯題記之二。誤謬處十正八九。聞石門袁舒雯家藏善本，俟再取校之。甲辰鈺案：雍正二年。除夕，小山堂錄畢，谷林。

宋賓王校本題記鈺案：輯録各家校本題記，自吴焯至蔣廷黻諸家，皆同出一源，語相銜接。若宋賓王、黄丕烈、嚴元照、勞權、葉廷琯、周星詒、蔣鳳藻七家，則另據他本，各抒所見。彭、丁各家題藏本，莫、丁兩家題題詞本，更不相涉。今姑以紀年爲次，亦自知排比之未當也。

閒嘗謂鈔本欲善，在勤於校對，雖互有差謬，遇本輒校，自然完善也。《敏求記》原稿，昔顧子蒼史求假不得，乃賄其館童逸出，匆匆鈔録，無怪其譌也。康熙丙申，鈺案：五十五年。予復借諸蒼史，倩友録得，躬自校閲。凡傳寫之訛，或於想像，或從理會，已得二三。其未解者，標諸上方，俟搜採也。庚寅鈺案：上文丙申，下文甲辰，中間九年，不應有庚寅。證以賓王《周益公集》跋語，知庚寅爲壬寅之誤。《周益公集》見《皕宋志》。春，將此稿録送蓮涇先生，借鈔《周益公全集》。雍正甲辰，鈺案：二年。於郡又獲交王子逸陶，於其藏目得此借校，凡諸標識又得六七。於校之頃，鈺案：賓王於卷二之末有跋一行，云雍正甲辰借校王逸陶本一次。庸志先友囊昔借得之難，是亦挂劍之義也。

朱文藻校本題記

此書東軒主人藏本有二，一是吴石倉先生鈔本二册，一即此本。趙谷林先生藏鈔本四册，從丁龍泓先生手鈔繡谷亭初校本借鈔者也。其後繡谷先生覆校三次，鈺案：即前吴焯所記五條。改抹之處，此本未經是正。乾隆丁亥鈺案：三十二年。八月一日，主人從甌亭先生鈺案：即吴焯子城。借得繡谷亭本，屬文藻重校。嚮所疑誤者，改正凡百餘字，此本洵完善矣。文藻後進末學，何幸得窺先正□修之祕，而私淑老成嗜學之勤。撫卷沉思，愧喜交集。仁和後學朱文藻記。

吴騫校本題記一

此書未刻之前，最爲難得。錢塘吴尺鳧先生嘗言，竹垞檢討典試江南，與遵王會飲，私屬錢氏侍史竊出一鈔，償以美裘一襲、白金十兩。蓋前輩之好古如此，亦可起敬也。此刻視鈔本間多舛譌，惜未得一校，姑俟異日求之。壬辰鈺案：乾隆三十七年。騫記。

題記二

此爲友人朱秀才映漘手校本，乃振綺堂主人〔原注〕即所稱東軒主人。從家甌亭上舍借瓶花齋藏本屬映漘校勘者。據諸君跋語，其丹黄已不下四五過。然予細閱之，此本之譌舛脱略固多，而振綺本亦未爲盡善。故二本之互異者，各書之簡端，俾映漘更加覆校，庶幾二本各歸精審耳。乙未鈺案：乾隆四十年。六月七日，久旱得雨，今秋可以飽喫飯而校奇書矣。書以志喜，蕘識。

題記三

右跋凡四則，鈺案：係吴焯跋一則，焯子城、城弟玉墀跋各一則，朱文藻跋一則。《拜經樓題跋記》先録兔床二則，後云又傳録諸跋於卷首，乃接寫上四則，紀載甚明。焯跋丁敬身本不在内，與勞權説合。從武林汪氏振綺堂所藏小山堂舊鈔本傳録。予嘗病刊本多誤，間以硃筆評校，終未能釋然。乾隆甲午，鈺案：三十九年。從書局中見此本，因亟假歸覆勘。更有數跋附録於後，勞權云，即首末兩卷後吴、趙諸跋。凡緑筆者皆是也。旃蒙協洽鈺案：即乙未年。六月一日，兔床蓴識。

題記四

此爲吾友朗齋朱君重校本。予恆苦刊本多誤，今得此藉以補益不少。據諸前輩跋語，則此本丹黄已不下三四過，然予細閲之，其中脱略亥豕間猶不免，以此歎校書之難。於是凡遇刻本與鈔本之互異者，各筆諸簡端，以資參考。庶幾取其所長，而舍其所短，使二本同歸於精當云爾。朗齋留心籍氏，好古敏求，他日或更爲折衷以匡不逮，是所望也。乾隆乙未重陽，兔床吴騫識於雙聲館。

題記五 鈺案：此吴騫見題詞本後所記，應列《清教録》各條後。故拜經樓原本及《題跋記》均不載。

癸巳鈺案：乾隆三十八年秋八月，見書局有此鈔本，旁注「中」字，知尚有上下二本，惜不可復見。細閲此本，蓋即《讀書敏求記》之初稿。故各書參錯，未曾歸類。然《敏求記》止六百餘種，而此一本已有二百八十三種，計全書不下八百餘種。因假歸横河舟中，按《記》所無者，挑燈録出，凡十餘條，管庭芬云：「此卷當日鈔録十餘條，今與《敏求記》對勘，重出者半。因存六條，並原跋二則，仍附卷末〔一〕。時道光壬辰小春上浣，芷湘居士管庭芬誌於渟溪老屋。」鈺案：跋二則，其一爲陳鱣跋，見後。他日當續録於《敏求記》之後，庶幾一遇其全耳。小桐溪吴騫記。

陳鱣校本題記一

庚子鈺案：乾隆四十五年。二月，從拜經樓本校閲一過，復從知不足齋補録王立甫序一篇。鱣識。

題記二

辛丑十年，客作武原，遇吳興書賈，以舊鈔本相示。因再用紫筆校之。河莊陳鱣。

題記三

嘉慶七年歲在壬戌，客吳，從黄蕘圃借原本重校一過，并補錄數條。鱣記。

題記四 鈺案：此條跋接吳騫，見題詞本後題記。

《述古堂書目》殘本，同里吳槎客先生從書局見之。錄出十餘條，并跋於後。予復傳鈔，時乾隆三十八年，朝廷方開《四庫》館，浙江采集遺書進獻，設局省垣。此事迄今已三十四年矣。嘉慶十二年秋九月，予重訂《讀書敏求記》，因附此數紙於後。回憶向者横河舟次，連舫話舊，燒燭檢書，其好古之篤，吾二人有同心也。研朱記此，感慨係之。郭海陳鱣。

題記五 管庭芬云：「此條見陳簡徵君校本，今仍之。」

《記》中所列各書，厥後流傳人間，儘有極尋常本，而自詡爲希世之珍者，何耶？鈺案：《李慈銘日記》云：「《士禮居叢書》刻《梁公九諫》、《宣和遺事》，皆村俗小書。蕘圃徒以爲述古堂舊物而刻之，豈知也是翁不過錢氏一輕薄兒，稍弄脣吻，江湖稗販何知讀書。」淳安方文輈先生嘗序此書，頗多詆毀，故不刻。按遵王平生最爲蒙叟所暱。蒙叟卒，嗣子幼弱，遵王利其所有，率羣不逞淩而欲奪之，致柳如是被逼自縊，則其人概可知矣。

黄丕烈校本題記

予於辛亥鈺案：乾隆五十六年。秋，得同郡王秋濤家所藏舊鈔《讀書敏求記》，與刻本校對異同，增補脱落。除鈔本錯謬不錄外，有歧異處必列於旁，以示傳疑之意，未敢云精確無訛也。今秋爲鈔胥竊去，售諸郡城竹香書肆，予初未覺也。及見其書而始知之。遂以錢贖歸，卷末跋語已爲刓去，心甚怏怏。閲二日，偶過吴趨書肆，中見插架有此本，板已糊塗，不及予書之善。而書中間有録寫他書相爲證明之語，亟收之，而臨前本校對之處於此本，予心頗愜焉。噫，一書耳，而前本之失而復得者，既有珠還之喜，而此本之美而且善者，又有合璧之奇，豈非藝林一快事乎！壬子八月望前三日，古吴黄丕烈題。鈺案：此記見葉名澧鈔本，後題云：「辛卯春日，從諸城李禮南比部處借得黄主政校本，因命鈔胥過録於此。潤臣記於京寓之八萬卷書樓。」

嚴元照校本題記一

此書亦《郡齋讀書志》、《書錄解題》之亞，惜刻本多譌脱。予家藏沈會侯祖彬手鈔本最善，因爲宋茗香助教校一過。嘉慶九年三月初九日，畫扇齋主人嚴元照書。鈺案：卷後有記月日三條。内一條自署指月居士。

題記二

三月初旬，予校此書，未及寄還，而助教於四月初五日歿於西湖昭慶寺。予來唁小茗，以此書還之，痛助教之不及見也，相對慘然。四月廿九日燈下，元照識於宋氏祠堂之讀我書塾。

勞權校本題記一

此老友錢唐嚴厚民先生傳校本，阮氏刊之，謂是遵王後定之本，故於趙氏本有增删。予藏沈會侯手鈔本，雖較趙本止多一種，而足以正兩本之誤。用校一過，以所删者錄於上方，以便檢閱。今阮氏已補鐫於後矣。鈺案：所删各條當即趙本有而阮本無之二十二條。惟阮氏補鐫之本，鈺未之見。唯刊成未經修版，故多誤字耳。嚴君下交於予者七年，時從奉手，謬承稱許，於去秋謝世，年八十有一。耆舊凋零，實堪愴罔〔三〕。甲辰鈺案：道光二十四年。五月，勞權記。

題記二

遵王藏書，今爲藝林珍重。觀其《述古堂書目》及予所過眼者，不乏佳書，乃不登此《記》，而僞本惡書充盈卷帙，致不可解。蓋此君學術頗淺，疏於鑒別，書中論說僅剽竊於蒙叟、孱守兩家，其於兩家學問亦復未能深詣，視同時儕輩中，尚不逌敕先、斧季也。又記。

題記三

《分甘餘話·四》云："錢先生藏書甲江左。絳雲樓一炬之後，以所餘宋槧本盡付其族孫。曾字遵王，《有學集》中《跋述古堂宋板書》，即其人也。先生逝後，曾盡鬻之泰興季氏，於是藏書無復存者。聞今歸崑山徐氏矣。"已未除夕，秋井草堂錄。

管庭芬校本題記一

道光壬辰，鈺案：十二年。從吴醒園丈借得此書，係經兔床、簡莊諸先輩手勘，不覺狂喜。爲之校臨一過，凡愚見所及，則更以藍筆別之。海昌管庭芬記。

題記二

戊戌鈺案：道光十八年。春暮，予重輯此書。凡諸家校語，及羣籍中有與《敏求記》互相發明者，並彙存之。蔣生沐茂才以述古堂藏書前後序見視，即附注於後。惜述古原有解題之目不可復覯，讀此爲之憮然。時梅雨初霽，芷湘子復記於硤川寓館之北敞山莊。

汪士驤校本題記一 鈺案：士驤事略見《據校本略目》。

頃得舊本，有「許生再試爲郎」朱文印一、「開基一變至道」白文印一、「許道基印」白文印一、「勛宗」朱文印一、「壽補齋鑒存」朱文印一。後加一跋云：「閒剩太多，意義每複。時有獨得，輒爲淺識所掩。苟爲無本，難言博雅也。字訛乙雜出，此刊校之疏。戊辰秋孟九日，行潞河道中雨輟，手此遺悶，因書。」并鈐「奈何許」三字朱文印一。鈺案：許道基，字勛宗，海寧人，雍正庚戌進士，官戶部郎中。詩入《兩浙輶軒錄》。道光乙巳春三月十一日，鐵樵假友人本借觀，漫爲記之。鈺案：士驤本自記云：「道光乙巳秋八月八日，依阮刻嚴氏書福樓本鈔錄。」此記即題其上。

題記二

道光己酉十一月初四日，海昌管芷湘假手鈔本，予因錄所未有者於上。管本有誤者，予以綠筆校完之。鈺案：士驤校本此條下有一十四條，皆記月日及瑣事。其末條云：「道光庚戌二月廿七日，依管芷湘手鈔本照謄畢。凡四閱月歲一更。」又有云：「方外六舟鐫石印一方見貽，文曰『弱歲從戎周甲致仕』八字。」餘不悉錄。

葉廷琯校本題記見所撰《吹網錄》。

錢遵王《讀書敏求記》四卷，初爲雍正四年趙孟升刻，後有曹一士跋。繼爲乾隆十年沈尚傑取趙本翻刻，即今通行本也。聞我郡黄氏士禮居藏有遵王原鈔本頗精。近見袁綬階、貝簡香各依鈔本影校於刻本，始知刻本脱誤甚多，且少著錄書二十餘種。亦有刻本有而鈔本無，及所收部類互異者。疑趙氏所刊，乃初稿而非定本。至其中脱文譌字，或由傳寫粗疏。沈刻序文雖云重加讐校，實承訛襲謬，漫然翻板而已。《四庫提要》深譏遵王編次無法，品騭多訛，故僅列之《存目》中。然又謂其述授受之源流，究繕刻之同異，見聞既博，辨别尤精。但以板本而論，亦可謂之賞鑑家，則仍未嘗不節取之。百餘年來，嗜古籍者稱道此書不置，良有由矣。黄氏藏書已散，鈔本不知歸於誰氏。袁校本昔在我友程孟華孝廉嶺梅蟫隱庵。貝校本爲予所得。曾與孟華約，他日當謀同校刻之，則舊刻本可廢，亦藝林快事也。今孟華久歸道山，書室且經回祿，藏編亦不可問，因取所校各目附錄於此，庶使後來未覩校本者有所考見云。

刻本無鈔本有者　經部：《孟子節文》七卷　董彝《四書經疑問對》八卷　《九經三傳沿革例》一卷　丁度《集韻》十卷　《禮部韻略》五卷　毛晃《增修禮部韻略》五卷　史部：曾先之《十八史略》二卷　李文子《蜀鑑》十卷　蘇天爵《國朝名臣事略》十五卷　宋濂《浦陽人物記》二卷　《九邊圖論》一卷　子部：鮑雲龍《天原發微》五卷　李逸民《棋譜》二卷　宋伯仁《梅花喜神譜》二卷　集部：《三孔清江文集》三十卷　王灼《頤堂集》五卷　危素《說學齋集》三十卷　左克明《古樂府》十卷　張炎《詞源》二卷　《中興以來絕妙詞選》十卷　㖊□□□□詞二本〔原注〕此目鈔本爛缺，校本依之。

刻本有鈔本無者　經部：《周易》十卷　《京氏易傳》三卷　《關氏易傳》二卷　《慈湖書》二十卷　蘇東坡《易解》九卷　《毛詩鄭氏箋》二十卷　成伯瑜《毛詩指說》一卷　陸淳《春秋微旨》三卷　陳止齋《春秋後傳》十二卷　子部：《白猿經》一卷錢氏原注云：「此僞書，不必存。」　集部：《歲寒堂詩話》三卷　《娛書堂詩話》四卷　《艇齋詩話》一卷　《蓮堂詩話》二卷　《優古堂詩話》一卷　《後村詩話》二卷　《天厨禁臠》三卷　《詩

學禁臠》一卷　《詩林要語》一卷　《詩法拾英》一卷　《松石軒詩評》一卷

刻本、鈔本部類互異者　刻本經部小學類内，郭璞注《爾雅》三卷、羅願《爾雅翼》三十二卷、《博雅》十卷，鈔本在經類。　刻本經部禮樂類内，朱長文《琴史》六卷、《太音大全》五卷、《臞仙琴阮啟蒙譜》一卷，鈔本在史部器用類。　刻本子部雜家類《碧雞漫志》五卷，鈔本在集部詞類。　刻本子部太乙類《太乙星書》二卷，鈔本在星命類。

周星詒校本題記一　鈺案：星詒事略見葉昌熾《藏書紀事詩》。

予自十一二歲時即喜購藏古書，因專意目錄之學，有志成《讀書識小錄》一書，記古今書刻及各家書目存亡考。創始於己酉之秋。先編次《目錄考》一種，鋭意收集古今藏書目，凡得鈔刻者五十餘種。又徧考載籍，仿竹垞老人《經籍考》體例爲之。其得成者已三卷矣。時亡婦平氏初歸予，相助收采，復出奩具，使購書册。憶舊藏此書初得時，方庚戌初春，在紹興南街老屋逸雲閣上。亡婦方啜茶，小婢捧書來告，共奪看，潑茶新蘋綠衫上滿不顧，賞愛特甚。各卷悉以「逸莊」及名字小印識之殆徧。自乙卯悼亡，《書目考》草稿多其手跡，不復忍繙閲，因置不爲。且以奔走不暇之故，悉寄所藏書三十二架於山陰傅氏。九月二十九日，紹興不守，所藏當爲灰燼。夫此十二年，一刹那耳。人與物都不能守其故常，可勝哀哉！辛酉十月二十七日，從閩南蕭氏購補是書，巳翁憶舊事揮淚記。

題記二

藏書家首重常熟派，蓋其考證板刻源流，校訂古今同異，及夫寫錄圖書，裝潢藏庋。自五川楊氏以後，若脈望、絳雲、汲古及馮氏一家兄弟叔姪，沿流溯源，踵華增盛，廣購精求，博考詳校。所謂讀書者之藏書者，惟此諸家足以當之。故通人學士，於百數十年後得其遺籍，爭相誇尚，良有以也。錢氏絳雲，同時有幽吉、述古、懷古諸家，一時稱盛。而著錄諸書，惟絳雲、脈望，述古僅傳書目。其餘諸家庋藏之富，著述無聞，末由稽考，人以爲恨。佞宋主人少從絳雲游，身後負之，其人殆不足重。而《述古書目》之外，以所聞於諸家之緒論及己所藏珍籍祕本，著此四卷，文字爾雅，載錄周詳，考簡編者恆貴重之。自趙氏付之手民，胡子重復爲詳校，遂家有其書。然按之黃復翁所謂足本，率多不合。予初得趙刻，繼在福州得此。前在傅節子處見一新刻，是揚州某氏本，匆匆未暇校對，不知是足本否。近番禺潘氏以足本刊入《叢書》，然苦舛誤，閱之令人增悶。去年魏稼孫以白金二兩得吳有堂傳錄黃復翁藏本，并復翁手評，所錄諸書多足以備收訪之助。予以原價易，臨此以備副本，供人傳寫，續當刻之，以廣其傳也。

題記三

此璜川吴氏傳録黄復翁手評本也。魏稼孫游吴中，以白金四兩得之，謂是復翁手跡。予一見辨其非是，繼於書腦識語署名定爲吴氏所録，因以元價購藏。買王得羊，亦足以豪也。吴名志忠，鈺案：方東樹《漢學商兑》注云「嘉慶辛未，吴縣吴英字伯和，與其子志忠著《四書章句集注定本辨》」，即其人也。吴中藏書家，號有堂者也。男喜寅敬録。

題記四

《敏求記》足本見黄復翁《百宋一廛賦注》，世傳絶少，藏書家最爲珍祕。道光間，番禺潘氏刻入《叢書》，人爭寶之。然其字句尚有舛誤，非得此本勘之，不知潘本之非也。男喜寅敬録。鈺案：葉昌熾《藏書紀事詩》於馮巳蒼、陳蘭鄰條下均引周星詒《敏求記》校語。鈺借沈曾桐藏本無之，意周氏必别有一校本也。

蔣鳳藻校本題記

鈺案：鳳藻事略見《藏書紀事詩》。

此本予從周氏購《書鈔》時見之，蓋由淵如先生舊藏。嚴校《書鈔》，季翁視若珍寶，索價千金，相持不讓。迨後託人一再向説，乃加文湖州鈺案：湖州爲和州之誤，辨見《校證》卷三之上。山水、王蓬心畫屏等四種，作價三百金，而以《書鈔》作價七百金，仍合千金之數，乃舉此本贈予。因附誌之。鈺案：鳳藻有二題，無關考證，姑錄其一。

彭文勤元瑞藏本題記見《知聖道齋讀書跋》。

書中並無考證，間有舛誤。每拳拳於板本、鈔法，乃骨董家氣習。朱筆評閱者更陋，徒作狂語耳。

周中孚藏本題記見《鄭堂讀書記》。

《讀書敏求記》，國朝錢曾撰。《四庫全書》存目。遵王雅好聚書，又恐其聚久必散，復擇最佳之本六百種，各綴題識，彙爲是編。其書以四部分門，每門又分附各類。經之後附六類，史之後附十類，子之後附二十類，集之後附四類。其所分附各類多不可解。且以各書配隸，亦絕無端緒。其中解題大抵詳於空言，而略於實際。間有考證，亦頗乖舛。然自晁、陳書目以來，此條不調久矣。甚至如明《文淵閣書目》，並其撰人、卷數而遺之。如遵王之分綴解題，評騭是非，較之晁、陳兩家已擴而大之矣，又可求全責備乎哉？是書向止傳寫之本，至雍正四年，湖州趙用亨孟升始付之梓，并爲之序。又有長興王立甫豫、上海曹謂廷一士跋。

錢塘丁氏藏本題記見《善本書室藏書志》。《敏求記》各本皆四卷，此《志》獨作一卷。

卷端吴玉墀記曰：「是鈔爲知不足齋藏本。癸巳夏，鮑兄舉以贈予。昔竹垞太史乞鈔於也是翁小胥，與以金不應，脱所衣青狐裘益之。鈺案：典試秋闈，無衣裘之理。尺鳧言鼠裘，此作狐裘，益見傳説之非實。先子乞鈔《咸淳臨安志》於花山馬氏，予錢二萬，經半年乃得半部。復予錢二萬，始允借鈔。前輩嗳書如此。今藏書家如市兒説合矣，世風不古，即此可證。丙申春仲，小谷跋。」有「小谷」、「玉墀」兩印。閲《錢氏家變録》，歸元恭《與遵王書》云：「『牧翁之於足下，非特骨肉之親，所謂翼而長之者也。有事則覆庇之，平日則提挈之。不意足下負心反噬，迫索多金，逼柳氏以縊。足下亦何顔偷生視息於人世哉！』一時公約不能掩惡，述古堂雖美富，曷足貴乎？書經鮑、吴兩家存之，故在此不在彼也。

大興傅氏藏本題記見傅以禮節子《華延年室題跋録》。

丙寅春日，從魏稼孫鹽尹借得黄蕘圃此書校本，蓋據遵王手稿訂譌補漏，間及諸書歸宿處，朱墨燦然。亟出此本，命侍史過録，并增濮梁一序。序稱付諸梨棗，以公同志，似濮氏另有刊本。鈺案：濮本即趙本。説詳《據校略目》。然考近日通行《敏求記》，沈本是編外惟阮氏小嫏環仙館、潘氏海山仙館本。若雍正間趙槧已不數覯，更何論濮刻，豈其授梓未果耶，抑傳本久佚耶？當博訪之儲藏家。沈氏此書有兩本，一爲乾隆乙丑初槧，一爲乾隆乙卯重修，即此本也。

徐鴻熙藏本題記

鈺案：《兩浙輶軒續錄》：徐鴻釐，字嘯秋，海寧諸生，有《洛溪草堂詩草》。下宗跋屢云嘯秋，知鴻釐即鴻熙也。

此爲同里于翁小圃所藏。翁名城，字赤霞，國子監生，世與予家有連。道光初，猶擁巨資，家世貨殖，食指盈百，一門羣從，崇尚紛華。而翁獨寢饋於陳編蠹簡中，硃墨二毫，刻不去手，專一刻苦，人或以高鳳方之，誠富家翁所難能而罕覯者。惜中年以往，惑於阿芙蓉，不問家人生產，業遂中落。莫年幾無以爲生，所藏雲散，良足慨已。沈序所謂好之者未必能聚，聚之者未必能讀。翁則能聚能讀矣，而不能終守。缺陷世界，尚何言哉？此本係從管芷湘丈校本過錄，甘泉夫子《曝書雜記》所謂遠勝邗上新刊本者即此。簡莊、兔床諸鄉先輩跋語具在，誠善本也。戊午中元節，持此易錢謀家祭，市人無應者，予亟以善值償之。嗚呼，翁窮老荒村，家無隔宿儲，而讐校之功不廢。客臘以《欽定書畫譜》及《明史稿》歸予，丹黄滿紙，校閲終編。前月猶與予假姚氏《古文辭類纂》，以校金壇于氏《古文集評》，勘改數處，狂喜走告予，絶無愁苦侘傺狀，此尤人所不可及者。予嘉其志而閔其遇，爲誌數語，庶幾翁之名與此本同存，或不至泯泯云爾。黍月十四日，小病初愈，書於慕橋廬中。鴻熙。

宗源瀚藏本題記一

《讀書敏求記》，先是吴兔床以紅筆評校。乾隆甲辰，在浙江書局，〔原注〕時因《四庫》館徵書設局。見武林汪氏振綺堂所藏小山堂舊鈔本，〔原注〕似即朱跋所稱趙谷林藏丁龍泓手鈔繡谷亭初校本。及朱映漘文藻復校吴甌亭瓶花齋所藏繡谷亭本，乃用緑筆録諸跋並其校語，兔床所謂凡緑筆皆是也。而陳簡莊鱣又於嘉慶庚子從拜經樓本校閲，補録知不足齋本王立甫一序。辛丑，從吴興書賈舊鈔本用紫筆再校。壬戌，從黄蕘圃借足本用紅筆三校，並補録三條。迨道光丙辰，管芷湘庭芬得是書，盡録其校跋。其芷湘自校并引錢竹汀諸説用藍筆别之，又用墨筆引證陳、晁諸書及張氏《藏書志》，並從蕘圃本中補録趙刊所遺者於書眉，大抵皆管芷湘筆。筆色間舛，當是過録之誤。錢警石《曝書記》中謂芷湘近校《讀書敏求記》，較邗上本爲勝，指此也。此本據海寧徐歉秋跋，是于翁從管本過録。而中有芷湘印記，豈原書亦芷湘物耶？兔床、簡莊皆有紅筆，原文下綴名者可辨，不綴名者不可辨。予先於光緒己卯，得此書於湖州書客。至戊子夏，姚彥侍方伯示以語石山房鈔管校不全本，〔原注〕缺卷四。其卷二亦缺六葉。卷尾有「管庭芬訂」字一行。其校卷與書名則注於書目之下，校遵王原說則注於原文之下，論辨考證諸說則注於每篇之尾。雖未一律，已有條理。然書眉仍有校語，是尚未竣事也。此中紅筆不辨吴、陳者，彼本頗分著。然間有此本爲紅字而彼入管案者，予據以分吴説、陳説與管校，用紅筆注明其增出案語，命兒子舜年用黄筆錄之。原有「案」字者，皆作「管案」，無「案」字者，姑缺之。彼本又校阮刊並補錄阮刊敘，又多胡菊圃重乾隆乙卯一敘。有此敘方知沈東里刊板歲久漫漶，其孫葭士又校讐補刻也。每卷尾多胡菊圃手跋字數行。此本所有校跋，彼本亦間失之。錢氏原目僅有子目而無書名，寫刻又間有異同。偶尋一書，急切不得。予既補錄胡、阮二敘，又別增一目錄，臚寫書名，不復分子目，惟列四部。凡附見於經史諸書，《四庫總目》固皆入甲乙部也。光緒戊子，上元宗源瀚識。

題記二

癸巳春，在杭遇蔣君廷黻，别下齋後人也。談及此書，始知姚氏所藏不全本，原書爲蔣君之物。〔原注〕今存陳念蘐舍人處。曾於吴門寫録，以貽陳文簡後人之宦蘇者。語石山房乃陳氏書齋名，不知寫本如何轉入姚氏也。蔣君世代藏書，亦僅録得管校不全本。見此全帙，欣賞無已。蔣又言徐歔秋鴻熙爲其戚黨，詩收入《杭郡詩輯》云。甲午三月三日補識。

蔣廷黻管氏彙鈔殘本題記

此書爲亡友朱君梅坪所贈，缺卷一之首數葉及第四卷，久庋敝簏。今年會稽章碩卿丈鈺案：碩卿名壽康，官嘉魚縣知縣，於校勘金石之學致力甚深。刊有《式訓堂叢書》等書。吾宗尊行也。過吴門，枉顧見而賞之，録副書寄，是書可謂得所歸矣。甲申孟冬，寫畢誌此。海昌蔣廷黻。

莫友芝題詞本題記

此錢遵王《讀書敏求記》未編類初稿也。其滅改字意悉與元鈔同，蓋是遵王手蹟。中載諸經本，有十許條溢出阮刻《敏求記》之外，亟可寶愛。同治乙丑五月既望，郘亭借校題。

丁日昌題詞本題記

同治九年三月初十日，禹生讀。《東都事略》，現歸於予。《毛詩要義》，此云係鈔本，予所得宜稼堂宋刻本，巍然爲海内之冠，惜當時牧齋、滄葦、子晉諸藏書家不及見也。是書頗有波瀾，忽在題中，忽在題外，可喜也。雨生又識於清節堂。

錢遵王讀書敏求記校證附録

長洲章　鈺輯

述古堂藏書目自序

己酉清和，詮次家藏書目告竣，放筆而歎。蓋歎乎聚之艱而散之易也。竭予二十餘年心力，食不重味，衣不完采，摒擋家貲，悉藏典籍中。如蟲之負版，鼠之搬薑，甲乙部居，粗有條理。憶年驅烏時，從先生長者游，得聞緒論經史經緯，知讀書法。逮壯，有志藏弆，始次第訪求，問津知塗，幸免於冥行擿埴。然生平所酷嗜者，宋槧本爲最。友人馮定遠每戲予曰：「昔人佞佛，子佞宋刻乎？」相與一笑，而終不能已於佞也。丙午、丁未之交，胸中茫茫然，意中惘惘然，舉家藏宋刻之重複者，折閲售之泰興季氏，殆將塞聰蔽明，仍爲七日以前之混沌歟？抑亦天公憐予佞宋之癖，假手滄葦以破予之惑歟？穆參軍賣書相國寺中，逢人輒曰：有能讀得韓柳文成句者，便以一部相贈。人知其爲伯長，皆引去。予之賣書，不及伯長之高，而聊以解嘲者，在夫己氏之豕肉喻也。夫己氏曰：「知味者謂擗龍脯不能果腹，不如豕肉足口，放箸得以一飽。今子所去之宋刻，龍脯也；所藏之善本，豕肉也。老饕差足自慰，又何用過屠門而大嚼乎？」予曰：固矣，更有進焉者。椎埋洗削之夫，盤列市中豚蹄，操刀而割，甘其味，以爲太羹弗若也，易牙過而笑其失飪矣。今予雖愛豕肉，不正不食，凜然有聖訓存焉，又何龍脯之足以荒其志乎？嗟嗟，好書者不少概見，而真好與真知也實難其人，是必知之真而後好之始真，然好之真而不造乎真知者，未之見也。癸卯冬，予過雲上軒，見架上列張以寧《春王正月考》一書，援據詳洽，牧翁嘆其絶佳。少間走札往借，已混亂帙中，老人懶於檢覓而止，耿耿挂胸臆間者五六年。去秋初度，有人插標以數册書來售，而此書儼然在焉。得之如獲拱璧，因感墨汁因緣艱於榮名利祿。然世界聚散何常，百六淼迴，絳雲一燼，圖史之厄，等於秦灰。今吾家所藏，不過一毛片羽，焉知他年不爲有力者捆載而去？抑或散於餅肆麫坊，論秤而盡，俱未可料。總之不滿達人之一哂耳。江湖散人云：「所藏皆正定可傳。」予之書，咸手自點勘疑譌，後有識者，細心繙閲，始知其苦志。若謂藏書多繕寫本子，未足援據，此乃假好書之名，而無真好之樂之者，竟謂之不知書不足與言可也。佛日前七日，籛後人曾遵王述。

後序

諸家經籍志，惟焦氏詳而有法。鈺案：《四庫存目》焦竑《國史經籍志》六卷。《提要》云是書叢鈔舊目，無所考核，不論存亡，率爾濫載。古來目録惟是書最不足憑。足糾遵王此説之謬。予每思悉舉所載，編纂目録。自慚四庫單疏，區類詮次，登之簿録，未免有挂一漏萬之議，緣是卒卒中止。今年春，止宿隱湖，燒燭檢書，快談至夜分，倦而思寢。毛子誘而使之言，意將窮予所藏而後已。予嘉其志，遂條悉以對，胸中祕而久不欲宣於人者，竟如猩猩血縷縷而出矣。毛子復誘予寫書目，時敕先在旁，目笑我兩人，間或出一二語以相慫恿。予歸，遂發興聚書於堂，四部臚列，援毫次第，顯效焦氏體例，稍以己意參之，釐爲十卷，浹辰始畢。然終不敢謂已成一家之書目也。唯是聊且録之，如甲乙帳簿，命侍史備遺忘，便檢覓，以應毛子之請，不煩借書一瓻可耳。吴門錢功甫，高士也。老屋三間，藏書充棟。牧翁釋褐後，與之交，時時過從，即出看囊錢市糕餌，相對共噉。一日語翁：「吾老矣，藏書多人間罕有本子。明日來，當作蔡邕之贈。我欲閲，轉就公借。他年以屬纊事累公，藉此爲償博，何如？」牧翁甚喜，質明往。其意色闇嘿，竟不復踐宿諾矣。嗟乎，讀書種子習氣未除，斤斤護惜，蓋非獨一功甫然也。其書後竟散爲雲煙。此一段佳話，至今猶在人口。牧翁語予，功甫有《李師師外傳》一卷，即荃翁亾道君在五國城所作，從榷場中來者。鈺案：荃翁，張端義自號，事見所撰《貴耳三集》。功甫歿，此書不知歸諸何人。今雖懸百金購求，豈可復見。

趙玄度初得李誡《營造法式》，中缺十餘卷。徧訪藏書家，少有蓄者。後於留院得殘本三册，又借得閣本參考，而閣本亦缺六、七數卷。先後搜訪，竭二十餘年之力，始爲完書。圖様界畫，最爲難事，用五十千命長安良工始能措手。今人眼如鍼孔，溝澮易盈，焉知一書之難得如此。玄度藏書一生，二酉五車，聯架塞屋，臨老忽發無書之歎，非無書也，即挂一漏萬之意也，旨哉！我欲以此一言，贈世之藏書家哆然自足者。佛生前三日，遵王再題。鈺案：兩序俱據舊鈔本録出。粤雅刻《述古目》四卷本無後序。玉簡齋刻《也是園目》十卷本無前序。

錢謙益述古堂記見《有學集》。

孔子曰：「述而不作，信而好古，竊比於我老彭。」注言老彭不一。包咸曰：「老彭，商賢大夫。」即彭祖也。王肅曰：「老，老聃。彭，彭祖也。」夫子稱老彭，目其老壽，記其封國，老彭即彭祖審矣。邢昺曰：「一云即老子也。」所據者《世本》、《史記》也。《世本》云：「姓籛名鏗，在商爲守藏史，在周爲柱下史。」《史記》曰：「周守藏室之史也。」又曰：「老子爲柱下史。」老彭、老子非一人而何？考諸經傳，無彭祖述古之文。而夫子荅曾子問，一曰「吾聞諸老聃」，再曰「吾聞諸老聃」。《論語》竊比之老彭，即《禮記》問禮之老聃，初無二人，斷可知也。然而應世之跡，倏然殊異。在堯時則爲顓頊之玄孫，歷虞、夏至商末而往流沙，年八百而壽未終。史所謂受封彭城，殷末世而滅者是也。既而復出於周世，爲柱下史，見周之衰，復出關往流沙。史言百有六十餘歲或二百餘歲者是也。此一人者，虞、夏、商周之際，神奇幻化，出沒無常。吾夫子既目擊而親承之矣，於述古則曰老彭，於問禮則曰老聃，一人而兩稱之，所以志也。此文之互見者也。吾錢固籛後人也。頃有事世譜，援據《世本》以釐正包、王之文，自謂可信不誣。鈺案：謙益撰《錢氏譜牒》主此説。族孫鈺案：謙益撰曾父嗣美《合葬銘》，稱族孫。稱曾亦曰族孫，不知何據。曾字遵王，糞除厥父室廬，讀書其中，以新堂來請名，予遂名之，曰：「子有志學古，請言吾籛氏之古。虞、夏邈矣，自殷及周，世守藏室。周公、史佚與魯公伯禽之事，如謦欬相接也。吾夫子之問禮也，一乘車、兩馬、一豎子，自魯過周，弗告勞也。繙十二經以説，中之以一言曰太謾，弗置辨也。助祭於巷黨而日食，呼而咄之曰，某止柩。反葬而後敢問也。《易》象《春秋》在魯，與丘明乘而觀書於周史，端門之命，須此而告備也。故曰：『好古敏以求之。』又曰：『所不知者，某蓋闕如。』輓近世末學小生，矜蟲刻、鬭雞距，驚而相告，很而相非。東方作矣，而臚傳不已，不亦悲乎？考吾先王之大宗，彭祖至於予九十五世，而子又加三矣。遺經舊史，不與古人俱往者，儼然在此堂也。以予之老耄，猶將羹牆仰止，朝夕陳拜，而況子少壯努力者乎？」昔之以「述古」名堂者有矣，鈺案：元繆貞得宋述古圓硯，以「述古」名堂。黃縉爲作記。堂在虞山南，見《常昭合志》。謙益所指即此。習於錢之故，數祖典，遵聖謨，考德問業，莫斯堂宜。謹書之以爲記，俾刻石陷置壁間，而予將游息於斯，以交儆焉。

又述古堂宋刻書跋見同上。

辛丑暮春，過遵王述古堂，觀所藏宋刻書。縹青朱介，裝潢精緻，殆可當我絳雲樓之什三。縱目流覽，如見故物。任意漁獵，不煩借書一瓻，良可喜也。吴兒窮眼，登汲古閣，相顧愕眙，如入羣玉之府。今得覩述古堂藏書，又復如何？遵王請予題跋，乃就所見，各書數語歸之。鈺案：謙益題識各書凡見《初學》、《有學》兩集者，均注明此《記》各書之下。又案：粤雅堂刻《述古堂書目》四卷，後附《宋板書目》一卷，題「虞山錢曾遵王考藏」。鈺《補輯》本既據以分注各書之下。其未見此《記》者，計經部有：鄭夾漈《六經奥論》六卷、《春秋名號歸一圖》二卷、《春秋二十國年表》一卷、《玉篇》三十卷、《廣韻》五卷、《隸韻》半部凡六種；史部有：《吴書》二十卷、《新唐書》二百五十卷、袁樞《通鑑紀事本末》四十二卷、李肇《國史補》三卷、《昭明事跡》二卷、章衡《編年通載》十五卷、《漢律》十卷、《氏族辨證》三十卷、《傳燈録》二十卷、《五燈會元》二十卷、《釋宗百言》三卷、《小釋迦要録》一卷、《永明禪師心賦》四卷、《翻譯名義集》七卷，凡十四種；子部有：沈作喆《寓簡》十卷、《醫説》十卷、《政和本草》三十卷、《證類大觀本草》三十卷、《十便良方》四卷，凡五種；集部有：《楚詞考亭注》八卷、考亭《楚詞辨證》二卷、《六臣文選注》六十卷、《文選雙字》十卷、《文苑英華辨證》十卷、《三國文類》二十卷、《唐文粹》一百卷、《曹子建集》十卷、《韓昌黎集》四十卷、《韓昌黎外集》十卷、《王荆公集》一百卷、劉克莊《后村集》五十卷、《二十家注杜甫詩集》二十卷、《黄鶴千家注杜甫詩集》三十六卷、《草堂詩箋補遺》四卷、《老杜詩史》十卷、《韋應物詩集》十卷、羅虬《比紅兒詩》一卷、鄭谷《雲臺編》三卷，凡十九種。又類書有：《太平御覽》一千卷、《白孔六帖》一百卷、祝穆《事文類聚》二百二十二卷、《錦繡萬花谷》四十卷，凡四種。都四十八種。部類淩亂，不知果出述古堂手訂否也。

杭世駿欣託齋藏書記節文見《道古堂集》，爲汪日桂一之作。欣託齋又作欣託山房。

趙清常之言曰：「有藏書者之藏書，有讀書者之藏書。」錢遵王述之，遂以自詡。吾以爲遵王非能讀書者也。豈獨遵王，即清常亦祇可謂藏書家之藏書，非讀書者之藏書也。何也？讀書必先自經始，讀經必先自傳、注、箋、解、義疏始。《十三經》有國子監本，有提學李元陽本，有常熟毛氏本。經脱、注脱、疏脱、釋文脱，無經不脱，無本不脱。經之難讀者，莫如《儀禮》，亭林顧氏以爲脱誤几多。以《石經》補之，《士昏禮》凡十四字、《鄉射禮》七字、《士虞禮》七字、《特牲饋食禮》十一字、《少牢饋食禮》七字。予嘗與修三《禮》，同時安溪李少宗伯清植、宜興吴檢討紱、休寧程中允恂皆淹通經術之儒，校其誤字、衍字、脱字，或改或删或補。一篇之中，丹黄抹撥無慮百十處，不能盡數。數其大者，《鄉射》「大夫之觶，長受而錯，皆不拜」下，注脱二十字，疏脱五十二字。顧氏所謂脱「士鹿中翻旌以獲」七字，下注脱二十一字。《燕禮》「射人作大夫長升受旅」下脱六節，經八十七字，注七十字，疏百三字。《喪服》傳一篇，則釋文槩從刊落。《士虞禮》「將旦而袝則薦」下疏衍十六字。《特牲饋食禮》「立於主人之南西面北」，上下疏引《禮記》以下二十三字衍。「俎釋三个」下疏脱三十一字，「卒復位」下疏衍七字、脱六字，「獻次兄弟升受降飲」下注云：「亦皆與旅。」吴紱以爲據疏則此句上當有「非執事者」四字，而此節疏脱十三字，衍十字，誤九字。老友吴監州廷華著《章句》一書，分章离句，謂《燕禮》「公又舉奠觶，唯公所賜，以旅於西階」上一節，疑在「席工於西階上」之前，錯簡於此。「辯獻士士既獻者，立於東方西面北上乃薦士」此十八字，疑在「乃薦司正」之上，此皆據朱、黄《集解》、楊《圖》、敖氏《集説》而得之。固其思精，由其學邃也。諸經訛誤之處，浩如煙海。予特舉其難讀者，而趙、錢無一言及之，是二人未讀經也。經之外，莫如史。史有南北監本，有廣東本，有常熟毛氏本。《史記》有秦藩本，有震澤王氏本，有余有丁《刊誤》、徐孚遠《測義》。《史記集解》無全文。兩《漢》無師古、章懷注足本。甚至毛氏刻《北齊書》，《文宣紀》脱去一葉。封隆之之子名繪，牽連《劉繪傳》爲一。趙、錢亦無一言以及之者，是二人未讀史也。他書未讀，吾猶恕焉。問經不知，問史不知，空疏淺陋甚矣。儲藏雖富，是猶守財虜金帛田宅略不訾省，而執計簿操空券誇於人以自豪，何爲哉？

黄丕烈百宋一廛賦注節文

《讀書敏求記》凡宋元鈔刻雜糅並陳，鈺案：楊守敬《日本訪書志》云，《敏求記》唯錄宋本。説殊誤。又或騁其行文之便，一概略去弗言，致令不可識別，尤不能無憾耳。

張金吾愛日精廬藏書志自序節文

目錄之存於今者，自晁、陳兩家外，惟《讀書敏求記》略述源流，故儲藏家每豔稱之。然卮言、小說、術數、方伎居其大半。下至食經、卧法、鶴譜、鴿論，以及象戲之局、少林之棍、種樹之書，與夫雷神紀事之荒誕，孟姜女集之無稽，兼收博采，並登簿錄。雖小道可觀，恐難語乎擇焉而精矣。若傳注之羽翼經訓，史籍之紀載朝章，及有關學術政治之大者，則寥寥數種，半屬習見，心竊惑之。

宋翔鳳鐵琴銅劍樓藏書目錄序節文

錢遵王作《讀書敏求記》，排次篇目，就其宋本，皆有識別，然寥寥無幾。

方東樹漢學商兑卷中自注節文

聞竹垞初得《敏求記》，以爲奇貨。以予觀之，其中敘釋殊爲淺陋，其於晁、陳、馬、竹村，殆不可同年而語。

蔣光煦金石録補續跋跋節文

予嘗徧假《敏求記》之諸善本，薈萃録之，增補缺漏，較刊行者多十之四五，亦無此條，知也是翁所記猶不止此。

鈺案：指周仲槤跋言《讀書敏求記》載《金石録補》。鈺案：增補缺漏云云，當指趙刻失録之二十一種及《清教録》等六種言之，較多十之四五一説，疑過其實。設有此本，則芷湘翁久館蔣氏，不應不見也。

後記

錢遵王《讀書敏求記》一書，二百年來僅有三刻。鈺先有阮氏文選樓、潘氏《海山仙館叢書》兩刻本。光緒戊戌，見上元宗耿吾舜年家藏于赤霞所録管芷湘先生彙校本，慨許傳録，以彙校者用趙孟升初刻本與阮、潘本互異，置之。癸卯，在都得沈尚傑修改趙本。戊申夏月，與耿吾同客寧垣，得迻寫一過。此從事此書之始也。宣統初元，奉調外務部，時蘄水陳仁先曾壽同在日下，藏有葉潤臣影鈔黄蕘圃校本。江寧鄧正盦邦述適傳得勞巽卿校補嚴修能本。江陰繆藝風荃孫又以吾宗老碩卿壽康所鈔贈之芷湘彙録清稿二卷殘本見眎。中間又於江寧圖書館見小山堂鈔集部殘卷。裒輯漸多。辛亥以後，僑居津上，以校書遣日。託江安傅沅叔增湘轉借上海涵芬樓藏遵王題詞一册，審爲《敏求記》之初稿。先後又從嘉興沈子封曾桐借吴有堂、謝枚如兩校本，與芷湘彙録原稿三卷殘本，從烏程蔣孟蘋汝藻借濮梁序本與吴槎客、黄蕘圃兩原校本，合新舊所見校者、鈔者都二十七家。又通校阮、潘兩刻本，小有同異，罔不備列。至是鈺所有沈修趙本，蠅頭雜沓，不便披尋，乃發興録一淨本。

老友高遠香德馨適遊津門，分任其半，朋好咸謂可刻，未敢承也。歲在甲子，鈺忽忽年六十矣。長子元善謀所以爲娱者，請出詩文刊印，拒之，請不已，爲發行篋中所校羣籍，惟此書費日力爲多，可備治目録學者一助。猶嫌徒事鈔撮，無裨本書，乃考諸各史志及宋以來公私藏目數十種，以證《記》中各書完缺異同之故。又就遵王《記》文一一搜索原本，糾誤補漏，如坐述古堂中，與爲賞析。不寧唯是，自乾嘉朝老輩遞至近賢校語，臚列亦多，彼此互異，不得不衷一是，其複緟及無關要義者去之。原書六萬言，合今所增益與應附列各類，計得二十四萬餘言。《補遺》後成，不在此數。所未及考訂者蓋亦僅矣。是年十月，時事益不可問，閉門無俚，統寫一過。常熟張雙南繼良閲之，詫爲此本一出，舊本可廢。又以排比未當，間有疏舛，悉心訂正，成第三次稿本。五閲月中，退筆成把，乃覓寫友作楷，付京廠，以宋體字開板。時遠香適亦在京，復爲料量種種。蓋校證此書之顛末，前記未及詳者，瑣瑣如此。芷湘翁嘗用洋蕩老人舊例，避難窮鄉，孜孜硯削。鈺之身世何如，乃亦狎亂如忘，作此蕭閑生活，忍淚看天，固無以自解也。元善鋭意圖成，削人告竣，爰書末幅，志諸君子通書雅誼，且冀海内同好有以匡正之焉。丙寅徂暑，霜根學人鈺寓天津北郊求是里記。

錢遵王讀書敏求記校證補遺

長洲章　鈺輯

陳荄庵校本上虞羅子經振常傳録於常熟趙氏藏本。荄庵名其榮，嘉興人，自記三則。一云：「此書三、四兩卷從朱晴江上舍借得沈柳坪校本，用脂筆過録，惜未得見第一、第二卷。兹又從鮑銘青孝廉假得舊鈔本，用緑筆校之。光緒丙子春仲，陳其榮志。」二云：「是時又從當湖徐耀卿明經借出鈔本《也是園藏書目》，又粤刻《述古堂藏書目》，用脂筆重校。其間書名、人名及卷數之可考證者，一一識之。案《也是園目》前有遵王二序，即《述古堂目》别本。此二目所載較沈君所見本爲多，故三、四兩卷於舊校云目無者塗乙不少，至兩目所無者，亦具識之。丙子冬仲又記。」其三不録。鈺補輯管庭芬校證既定稿付刊，始見此本。此本爲校爲證與管本多同，而不出管氏姓名，知爲輾轉傳寫，未見管氏彙録本也。惟管本明書簡莊徵君云云，此本概注免床，此其大異處。凡管本所無各校語，荄庵間有署名外，有趙氏原本之校語，有自署德启之校語，餘俱不知本之誰氏，今均照補并注明之。至管本補列之二十一條，此本留目而未録《記》文，荄庵備録嘉道以來目録家言，以張月霄之説爲尤多，字數鉅萬，爲要删，其可資佐證者，共成補遺一卷。别本嗣出，再當賡續。鈺續有所見及改訂前説者，亦即附入，加「鈺案」二字。乙丑九月記。

卷一

程伊川易傳條　《記》文「《東萊精義》」下。宋東萊吕祖謙編有《周易繫辭精義》二卷。

蘇東坡易解條據《通考》，《東坡易傳》十一卷。○謫居黄州時作，見《與王定國書》。

朱子周易本義條　《記》文「文王作上下經」下。「文王」下當有「周公」二字。遵王從俞玉吾説，謂彖辭、爻辭皆文王之言，故但云文王也。

胡方平易學啟蒙通釋條《絳雲樓目》有胡一桂《周易發明啟蒙翼傳》四册。案一桂即方平子，推闡《易學啟蒙通釋》，故名「翼傳」。

俞琰周易集説條自序云：「予自德祐後集諸儒之説，又有《易外别傳》一卷。」

周易乾鑿度條《乾鑿度》，緯書也。程大昌云，此書本出漢世，多言河圖，漢魏以降言《易》者多宗之。

麻衣道者正易心法條　《記》文「李潛云」下。南宋當塗刊本，卷首李潛序。

古三墳書條　《記》文「世自有辨之者」下。陳少章云宋張商英得於泌陽民家。先儒言此書即天覺僞撰，明之豐熙父子乃用張之故智也。

歐陽氏詩本義條《詩本義》有開禧三年張璀跋。張月霄云，是書明刊本每篇冠以小序，經文下備列傳箋，後乃繫之以論與本義。通志堂本删去小序、經注，止以篇名標題，蓋非歐陽氏之舊矣。《記》文「因抵掌極論之」下。《文心雕龍》云：「興者，起也。」起情者，依微以擬議，定遠殆未之見歟。

王質詩總聞條質字景文，其自序云：「覃精覃思於此幾三十年。」南宋人虞允文嘗薦之。

毛詩要義條方回《周易集義》跋曰：「鶴山先生謫靖州，取諸經注疏，摘爲《要義》，此九經中之一也。」

許謙詩集傳名物鈔條元至正刻本二十卷，朱子集傳，元東陽許謙《名物鈔》音釋，後學廬陵羅復纂輯。《經義考》著錄云，合白雲許氏《名物鈔》而音釋之。凡例後有「至正辛卯孟夏雙桂書堂重刊」木記。

春秋經傳集解條 《記》文「南宋刻本」下。南宋本《春秋經傳集解》淳熙丙申閩山阮仲猷種德堂刊本，後附《春秋諸國地理圖》及《歷代世次春秋名號歸一圖》、《諸侯廢興》、《春秋總例》、《春秋始終》、《左氏、公羊、穀梁三家傳授次序》。

陸淳春秋啖趙纂例條《元史·仁宗本紀》：延祐五年，集賢大學士太保庫春言，昔唐陸淳著《春秋微旨》、《辨疑》、《纂例》三書，有益後學。請令江西行省鋟梓，以廣其傳。從之。

又《記》文「奉其說爲《纂例》」下。宋張大亨云，唐陸淳因啖、趙之餘，別爲《纂例》，其所條列一出於經，比於杜元凱《釋例》，詳顯完密，後之說者謂之要例。然淳拘於微文，捨事從例，故事有相濟以成而反裂爲數門者，非特差失其始終，抑亦汩昏其義趣。見《春秋五禮例宗序》。

又「高閣《三傳》之慮」下。李二曲云，《春秋》四傳之外，惟啖氏乃得肯綮。此外如陸氏、趙氏，亦多可取。

又「爲之嗃矢歟」下。淳又有《春秋集注》十卷，貞元中，爲國子博士，自表進。其表呂溫代作，見溫集，中有「臣以故潤州丹陽縣主簿臣啖助爲嚴師，以故洋州刺史臣趙匡爲益友，考《左氏》之疏密，辨《公》、《穀》之善否，助或未盡，敢讓當仁，匡有可行，亦刈其楚」等語。

孫覺春秋經解條 《記》文「腐爛朝報」下。注《敬孚類稿》下。○鈺又案：王介甫未嘗廢《春秋》，目《春秋》爲「斷爛朝報」，乃後來無忌憚者託介甫之言也。見《經義考》王氏安石《左氏解》引林希逸說。

孫復春秋尊王發微條吴兔床云，收得舊鈔本《春秋尊王發微》，書體頗端楷，蓋虞山錢遵王藏本，載諸《敏求記》者。因取通志堂刊本手校藏之。暘案：二本互有得失，如莊七年「恆星不見」，解云「常星，星之常見者也」。宣十一年「楚人殺夏正舒」，下同。蓋皆避諱，存宋本面目。今刻本「常星」仍作「常」，「正舒」直改作「徵」矣。鈺案：暘爲壽暘，兔床子也。

陳止齋春秋後傳條 《記》文「《左傳章指》一書」下。《章指》四十二卷，亦樓鑰序。

王當春秋臣傳條新刊標注蜀本，係直學省元曾基之、學諭省元邱聞之同校正。

趙汸春秋師說條汸又有《春秋屬詞》十五卷，舊刻本，曝書亭、道古樓藏書，後歸拜經樓。

趙汸春秋金鎖匙條吴兔床藏有鈔本，中多訛舛。嘗以紅櫚書屋新刊本校正。

儀禮經傳通解條　《記》文「禮樂之用爲急」下。「六經之道」二語本劉子政。鈺案：見《漢書·禮樂志》。校者謂本劉向，未知所據。

何晏論語集解條錢夢廬天樹云，《論語集解》日本舊鈔本，近日日本有刻本，不知有異同否。

論語筆解條宋人言此書非出韓公手筆。《筆解》亡逸，無復真本，晦翁之言也。

孟子節文條　《記》文「芟定其書」下。注「見焦氏《經籍志》」下。〇鈺案：《宋志》作馬休，「馬」當爲「馮」之誤。二卷，《志》作一卷。

孫奭孟子音義條北宋蜀大字本，與《論語音義》、《孝經音義》同一板式。黄蕘圃重刻，較崑山徐氏、餘姚盧氏、曲阜孔氏、安邱韓氏諸刻爲善。

王肅注家語條先儒言《家語》王肅之作，未足可依。見《王制・天子七廟疏》。○何燕泉嘗徧訪舊本不可得。王濟之得之，欲刻未果。後其子授之陸叔平校梓，頗多紊亂，盡失舊本真面目。

陸德明經典釋文條《釋文》自宋槧本及葉氏影宋本外，有通志堂徐氏、抱經堂盧氏兩本。宋本謬誤觸目皆是，徐、盧兩家誠有撲塵掃葉之功，然亦有宋本不誤而今本妄改者。○通志堂本出於葉林宗借絳雲樓藏本影寫，其間妄改者甚多。蓋葉本本有誤，而影誤者亦有之。盧氏所刻即出於此，每有因之而誤者，由古人假借通用之字，今人不盡知也。

聖宋皇祐新樂圖記條張月霄藏影寫宋本。

徐鍇說文解字繫傳條李薌沚云，《繫傳》板本甚少。王氏《困學紀聞》云楚金《繫傳》，呂太史謂原本斷爛，每行滅去數字，故尤難讀。得精小學者，以許氏《說文》參繹，恐猶可補也。今浙本所刊得於石林葉氏蘇魏公本也，是在宋時已尠完書。乾隆間，汪氏啟淑刊本奪落謬誤，不可枚舉。木部至脱七十一篆，其餘部亦多脱去。示部羼入新附四字。石門馬氏《龍威祕書》中所刊尤多脱誤。頃於吴門汪氏假閲鈔白本，每葉心有「虞山錢楚殷藏書」字，有來青閣、席汾印記。其示部禫字後，亦有禰、禯、祧、祆、祚五篆。木部並無脱文，第鈔録者不曉文義，譌奪不少。儻得好而有力者讐校梓行，俾是書得見善本，而知因流以溯源，是則小徐之功不爲無助也。

又《記》文「少年早卒」下。鍇年五十五卒，見《宋史》本傳，不可云早卒。鈺案：此條趙校係録朱文藻説。考馬令《南唐書》鍇傳，開寶八年卒於金陵圍城中。不記生年幾何。陸游《南唐書》則作開寶七年七月卒，年五十五。逾年江南國破。馬、陸兩書所記互異。

郭忠恕汗簡條　《記》文「末卷爲略例」。「例」改「敘」。

又「目録置卷尾」下。馮巳蒼跋有云目録八紙，應在第七卷。首行尚存「略敘目録」四字。古人著書多有目録，是他人作者，每云書若干卷、目録幾卷。即一人所作，目録亦或在後，徐常侍所校《説文》其明證也。今人一概移置卷首矣。

又「核其實則非也」下。馮跋又云：「此書向無别本，山西張孟恭本亦非曉事學者所書，遺失譌謬，未可意革。」李公序云「趙」字、「舊」字下俱有「臣忠恕」字。今「趙」字下尚存，「舊」字下則亡之矣。確然知其非全本也。

增廣鐘鼎篆韻條　《記》文「薛尚功重廣之」下。薛尚功手書鐘鼎款識樣本真蹟，花山馬寒中上舍藏，後爲桐溪汪晉賢所得。

又「補所未備」下。党懷英著《集韻》，諸家書目從未著録，知金源著述湮没者多矣。

又「象形奇字等篇」下。鈺案：《象形奇字》一卷外，有《器用名目》五卷，見吾衍《學古篇》。

又「馮子振」下。補「序」字。此書前有延祐甲寅馮子振序。

龍龕手鑑條　錢夢廬云《龍龕手鑑》，昔年書友顧姓攜遼板大字本，予慫恿小重山館主人購藏，不果。鈺案：契丹本應作「手鏡」，作「手鑑」者疑傳寫之誤。

吾衍續古篆韻條　鈺案：《學古篇》云《續古篆韻》五卷，《誤字》一卷附後，與此《記》并作六卷者少異。

古文四聲韻條　乾隆年間，新安汪氏所刻汲古閣影宋本，爲西陂宋氏所藏者，英公序闕百數十字，桂未谷先生借《永樂大典》校本補之，且助校讐之力焉。按《汗簡》所得古文凡七十一家。是本標目凡九十八家，汪序謂有重出譌衍之故。是書出《汗簡》，而杜氏《廣金石韻府》又出是書，點畫微有異同，姑存其舊以俟考。鈺案：《學古編》云前有序並全銜者好，别有僧翻本不可用。汲古影寫本當爲有序及全銜本也。

隸續條汲古閣毛氏藏有影寫宋本。顧澗蘋爲黄蕘圃校此書，自第八卷至末，皆據毛氏鈔本。卷十三《鄧君闕畫象》下校補跋尾一段，計八十八字。又補無名人墓闕畫象一行。《王稚子闕》、《沛相范皮闕》後俱補繪畫象。此書後歸張月霄，凡十四卷。

又《記》文「世罕其傳」下。鈺案：葉奕苞《金石録補·漢李剛墓祠畫像》云：「《隸續》二十一卷，先世僅得七卷。聞長洲趙凡夫藏八卷至末，轉借十年不可得。趙氏父子歿後，此本歸吾家林宗，又入錢氏述古堂，予從毛氏汲古閣鈔成全書。然喪亂之後，趙氏本失第九、第十兩卷，而第十二、十五、廿一三卷尚多闕葉。苟無好事者搜補鋟板，不獨原碑久没，洪氏所葺名目圖像亦將湮廢，豈不痛哉！」

金石録條前有自序、政和七年劉跂序、明誠室易安後序、開禧改元趙不讉跋。〇張月霄藏舊鈔兩本：一菉竹堂鈔本，有成化九年吴郡葉仲盛跋、崇禎癸未六世玄孫國華跋。首尾二葉及板心卷數皆文莊公自書。何義門跋云：「予收得吴文定公叢書堂寫本皆然，乃知前賢事事必有本源，貴乎多見而識之也。」一汲古閣鈔本，行款格式俱仿葉文莊原本。惟義門所藏原本二十四卷以下有破損霉爛處，蓋義門覆舟西江所致也。此本未經水厄，可補原本之闕。何氏手跋云：「鈔此書者，格行皆仿溉東老漁元本槧成，可謂好事矣。康熙壬辰，汲古主人命余校後跋中譌字，因識。」

數書九章條 張月霄藏有是書舊鈔本，爲脈望館藏書。自識云：「《四庫》著錄本係從《永樂大典》錄出，此則原本也。」

郭璞注爾雅條 《記》文「後附音釋」下。元槧雪窗書院《爾雅注》三卷。序下有「雪窗書院校正新刊」八字。字體與《石經》同。每葉二十行，每行經十九字，注二十六字。注下連附音切於本字上，加圈爲識，較注疏本獨爲完善。明吴元恭仿宋刻本《爾雅經注》三卷，係嘉靖十七年東海吴元恭校刻，有後序。每葉十六行，每行十七字。卷首標目同《唐石經》，卷末總計經若干字，注若干字。間有一、二小誤，絕無私意改竄。不附釋文，而郭注中之某音某，完善無缺，必本宋刻無疑。阮氏《校勘記》多以此本爲據。鈺案：遵王著錄本，《記》稱逐卷後附音釋，是與上二本俱不甚合。荄庵錄之，殆以備參證也。

博雅條 此書皇甫氏板佳。○顧澗蘋云，此支硎山人跋本《博雅》。其標題曰《博雅》，因用曹憲注本故耳。今自畢效欽以來，悉改復張楫舊名，似是而實非矣。

又《記》文「更爲《博雅》」下。曹憲後事唐太宗，嘗讀書，有奇難字輒遣使問之，憲具爲音注，援據詳明，帝歎賞之。

方言條 《記》文「從宋本手影舊鈔也」下。黄蕘圃云，此正德己巳舊鈔本，有李孟傳慶元庚申刊板序，并朱質跋。張月霄云，此影寫宋刻本，即戴氏疏證所傳曹毅之本也。卷末有「正德己巳夏五得曹毅之宋刻本手影」一行。又有「丙辰九月在之補鈔」一行。

又「縊死以從命」下。鈺案：《方言》附錄雄答劉歆書，《容齋三筆》極辨其僞。

李成己小學書纂疏條 《記》文「洛陽薛延年」下。注「見錢《補元志》」下。○鈺又案：延年嘗與駱天驤類編《長安志》，署銜「開成路儒學教授」。

歷代蒙求條 《記》文「馬速忽」下。鈺案：袁桷《困學紀聞序》有「肅政司副使燕山馬速忽振興儒學，始命入梓」云云。袁序紀年爲泰定二年，下距至順改元計五年，當即其人。

卷二

史記條 《記》文末。錢警石云諸城劉燕庭方伯喜海言，錢氏本百衲《史記》爲朱竹君先生所得，後藏其孫某翁處。方伯恨不能得。後於廟市得彙集宋本，每卷有季滄葦名字印，當是效遵王所爲者。鈺案：朱氏百衲本已入《校證》，此節源流較詳，故復採之。又案：翁文恭《日記》亦有於廠肆見錢遵王百衲本《史記》一條，是遵王集宋板成書不止一本之又一證。

王偁東都事略條宋刻本每葉二十四行，行二十四字。張月霄嘗藏殘本，存卷三十一至四十四、四十六至四十八、五十一至六十、八十四至一百五、一百十六至一百三十，凡六十卷。

資治通鑑條是書宋本有元祐元年、紹興二年兩次刊本。鈺案：所見百衲本有十一行、二十一字本，十一行、二十四字本，十二行、二十四字本，十四行、二十四字本，十五行、二十五字本，十六行、二十七字本。雖無首尾題識，然爲天水舊槧決無疑義。書藏江安傅氏。此條所舉未盡。

吴越備史條厲鶚云，全州觀察使錢儼撰《吴越備史》，託爲范坰、林禹。儼爲忠懿王俶之弟，納土後僭郊不書，建元不書，自稱國王不書，正歐陽公所云頗疑吴越後自諱之者。

又《記》文「范坰林禹」下。范官武勝軍節度使掌書記。林官武勝軍節度使巡官。

釣磯立談條《也是園目》作《南唐野史》。

葉隆禮契丹國志條一名《遼志》。

孫逢吉職官分紀條　《記》文「孫彦同」下。「同」别本作「周」。

李誡營造法式條花山馬寒中上舍曾藏有此書宋刊本及李肇《翰林志》，後歸涉園張氏。

傅霖刑統賦條陳少章云，明初江陰陳本以歷代刑書，霖《賦》最善，詞約義博，注者非一，乃著《輯義》四卷。永樂中以薦歷大理寺正，有明允稱。

考古圖十卷續考古圖一卷釋文一卷　目下。注「乃影北宋本」下。〇鈺又案：翁方綱曾見内府所藏遵王原本，云《續圖》五卷，有紹興壬午所得之器。是書成於南宋。《敏求記》概目以北宋板，未詳考也。

宣和重修博古圖録條　目「圖録」去「録」字。

陳氏香譜條　《記》文「如燒大象藏香」。「大」改「火」。鈺案：此條趙校。又案：《香譜》引《釋氏會要》作「大象藏香」，不作「火」，不知趙校何據。

又「覆甘露味國」下。鈺案：《釋氏會要》作「若燒一丸，興大光明，細雲覆上，味如甘露。」與《記》文互異。

糖霜譜條　《記》文「流傳其法」下。鈺案：《容齋五筆》云，東坡過金山寺，作詩送遂寧僧圓寶，云：「冰盤薦琥珀，何似糖霜美。」黄魯直在戎州作詩答梓州雍熙長老寄糖霜，云：「遠寄蔗霜知有味，勝於崔子水精鹽。」則遂寧糖霜見於文字者，實始二公。

俞貞木種樹書條　《記》文「爲乙爲皃也」下。注「疑當作天道」下。〇鈺又案：「鴻飛天首，積遠難量」云云，又見《南史·隱逸·顧歡傳》，是亦有作「天首」者。

廣黄帝本行紀條　顧澗薲云，《廣黄帝本行記》一卷，載《道藏》「海」字號，非完書也。考《新唐書·藝文志》雜傳記類，王瓘《廣軒轅本紀》三卷，即此。蓋其書備詳黄帝始末。今起於黄帝以天下既理，是所存乃下卷耳。上中二卷，爲黄帝生長及治天下等事，皆與道家無涉，故不爲《藏》所收，而遂佚去。淵如先生得壹是堂舊鈔本，屬校勘於江寧，因借朝天宫正統十年《藏》本對勘一過，凡訂正若干字。《敏求記》著録與此無異，計世間未必有足本矣。又云，《敏求記》於《廣黄帝本行記》後即次以《軒轅黄帝傳》一卷，今淵如先生所得壹是堂鈔本正合二種爲一册，必所出同源。注又引《蜀檮杌》，乃宋英宗時人張唐英次公所著。此書固在其後。考《道藏》「以」字號十，《雲笈七籤》卷一百所載《軒轅本紀》，即王欽若《聖祖事迹》，亦曰《先天紀》。有真宗御製序可證。大段頗同，而文句間有出入。蓋欽若撰《事迹》，用王瓘《記》爲藍本。而此傳復用《事迹》爲藍本也。

漢武故事條 張月霄云《續談助》所録《漢武内傳》、《漢武故事》、《十洲記》、《洞冥記》多與今本不同，俱足以資考訂。月霄藏此書五卷，係遵王藏書，爲明嘉靖間姚咨手鈔本。鈺案：五卷乃《續談助》全帙，《漢武故事》乃其一也。《敏求記》載秦、陳兩鈔本，未載姚鈔本，故復採之。

重編義勇武安王集條 《記》文「豈不可笑」下。蒿庵先生云，近人校刊《水經注》亦作翼德，據此可正其誤。

孟姜女集條鈺案：明王崇古有《弔姜女詩序》云：姜女夫范郎，楚澧州人。昔秦發徒築長城，郎婚三日，以役行。姜製寒衣，引鍼刺院竹，葉盡生絲。嘗登江邊臺望夫。今遺刺竹種、望夫臺址尚存。後赴塞覓郎，道出晉曲沃，適澮河漲，不克濟。姜怨哭，以手拍河崖，印入土中，世遠土剝，手跡仍存。秦法惰工者死，瘞屍城中，范郎罹焉。姜至塞，覓夫已死，繞城大哭。城傾骸見，乃刺血試，獲郎骨，負以歸。次宜君山麓，渴甚，一哭泉湧，飲水復行三十里，秦兵追之不及。自度力竭不能歸，遲回潦水山谷間，乃屬石工甃石爲洞，瘞郎骨。尋坐而斃，留金釵石隙中，時復隱見。吁，亦奇矣。土人〔二〕即洞立祠，祀其夫婦。今制，有司歲時致祭如鄉賢儀。此序所述與遵王《記》文多合，故備錄之。崇古有《山堂彙稿》，今未之見。此據林昌彝《海天琴思續錄》所引。

東家雜記條《記》文「《祖庭廣記》」卜。月霄藏有金孔元措撰《孔氏祖庭廣記》十二卷，係從錢塘何氏蒙古刊本傳錄。後有「大蒙古國領中書省耶律楚材，奏准皇帝聖旨，於南京特取襲封孔元措，令赴闕里奉祀。來時不能挈負《祖庭廣記》印板，今謹增補刊正，重開以廣其傳」云云。後題「壬寅年五月望日」。考壬寅爲蒙古太宗皇后尼瑪察氏稱制元年，在宋則淳祐二年也。是書《文淵閣》著錄。○錢夢廬云《孔氏祖庭廣記》，滬上李筍香曾藏金本，今爲馬笏齋所得。

王象之輿地紀勝條咸豐間，南海伍氏校刊本，原闕三十二卷外，卷二臨案府内缺五頁，卷五平江府内缺六頁，卷二十三饒州府内缺一頁。卷三十七、三十九、五十九、八十二、八十五、九十一、一百五十一、一百八十三、一百八十七、一百九十一、一百九十二諸卷並有缺頁。伍崇曜序謂刊成後復得海寧楊氏所藏影鈔本，更爲覆校。然所補者，亦不能全也。

范成大吴郡志條黄蕘圃云：「紹定本范成大《吴郡志》五十卷，每半葉九行，每行大小十八字，述古堂舊物，汲古閣曾刊之。予最先得太倉宋賓王蔚如所校，知毛據殘宋本開雕，故牧守題名脱落特多，餘亦每與此不合。」鈺案：此本未入述古堂《宋板書目》。

又《記》文「非公之筆」下。注「故有此謗」下。〇鈺又案：淳祐《玉峯續志》邊實自序載當時謂非石湖筆，其詞畧同。元徐碩《嘉禾志》至元戊子里人郭晦序，亦云范石湖非不稿《吴郡志》，以妄議而不得刊，是紹定刊本宋元間不甚流行，故郭序云然。

武林舊事條張月霄藏鈔本，有明人跋，云此書：「二册，予假於太子太保遂安伯陳公家，同年友文部副郎黄周廷用録以歸予。弘治乙卯夏四月望，從靖手跋。」鈺案：前有元人跋，已入《校證》。

虔臺撫屬地圖條《記》文「南雄府二縣」。「二」改「三」。鈺案：此條趙校。

勞山仙蹟詩條　《記》文「劉朗然」下。注「不知即朗然否」下。〇鈺又案：《鳴鶴餘音》載金皇統元年知足居士撰《朗然子劉真人詩跋》云，朗然子，齊人，隨唐玄宗幸蜀，遇神仙司馬承禎傳丹訣，歸洛陽。鄉老傳言於宋端拱年醉死桃花坊。朝元宫道士趙隱微得詩篇傳之。知朗然非處元。證以《甘水仙源錄》載秦志安撰《長生真人劉宗師道行碑》，云真人以長生爲之號，處元爲之諱，通妙爲之字。而未載朗然别號，尤爲顯然。鈺前説未諦，當俟再考。

吴明濟朝鮮世紀條　張月霄有鈔本《高麗史》一百三十九卷，爲明朝鮮正憲大夫工曹判書集賢殿大提學知經筵春秋館事兼成均大司成臣鄭麟趾等奉教修。高麗氏自梁末帝貞明四年代高氏有其國，建元天授，稱後高麗，傳三十二主，歷年四百七十五，爲其臣李成桂所簒，國亡。此書紀王氏一朝之事。《四庫存目》有《高麗史》二卷，蓋偶存之殘帙。此則足本也。

鞏珍西洋番國志條　《記》文「《星槎勝覽》」下。注「異名否」下。〇鈺又案：《星槎勝覽》，《四庫》未著錄。天一閣有明鈔本前後卷，正統元年崑山費信撰。鈺前説有誤。

汪焕章島夷志條　目下。注「『志』下有『略』字」下。〇鈺又案：《愛日志》載文瀾閣傳鈔本，云此書附錄於《清源續志》之後。《清源續志》二十卷，元三山吴鑒撰。

屬夷枝派録條　《記》文「古彦卜」。「卜」改「十」。鈺案：此條趙校。

卷三

荀子條錢夢盧云，《荀子》，小重山館胡氏藏宋巾箱本，内有缺葉，精鈔補全。舊爲商丘陳氏物。

郭象注莊子條張《志》有元刊本《纂圖互注南華真經》十卷，郭注，附陸德明音義。板心有刻工姓名，猶沿宋板舊式。

高誘注戰國策條陸敕先云，遵王此本蓋得之牧翁宗伯者，不特開卷便有東西周之異。全本篇次前後、章句繁簡亦與今本迥不相同，真奇書也。

鮑彪注戰國策條吴兔床云，鮑彪注《戰國策》三十卷，元吴師道本。刻於至正十五年。每葉二十行，行二十一字。即吴門黄氏新刊剡川姚氏高注本所稱至正乙巳吴氏本者是也。首列劉序，乃自「孔子曰」以上誤冠鮑彪序四百餘字於前，而鮑序「故興亡亦有補於世」句，及作序年月誤綴於劉序後，姚氏本不誤。卷二「秦假道於周，以伐韓」下別爲一章，姚氏本合前爲一。餘並詳蕘圃先生札記中。

世說新語條　《記》文「須溪殽亂卷帙」下。《新唐書·藝文志》劉義慶《世說》八卷，晁公武《讀書志》亦云八卷。則宋時已經殽亂，非須溪之過也。

湘山野録條黄蕘圃云，汲古毛氏曾刻入《津逮》中，錯誤無慮數十百處，故思適居士以爲祕書之名，即革之斯可矣。

羅璧識遺條　《記》文「故其辨精鑿如此」。據潛溪言，則孔子年七十四歲矣，俟更考之。鈺案：魏源據禄命術，謂孔子生年月日時，得己卯、癸酉、庚子、壬午，應四極之位。金匱式曰：六陽罡爲六合臨時之方，是以有德而章，無位而干。見《古微堂外集·孔子年表》。

張端義貴耳集條　《記》文「謝表」下。注「《呻吟語》」下。〇鈺又案：《大金弔伐録》載徽、欽二宗謝表尚多，《呻吟語》所載未盡。

徐度卻埽編條錢夢廬云：「《卻埽編》予藏有宋板宋印本，是季滄葦物後歸崑山傳是樓，兩家書目均載之，並有收藏印記。有仲立自序，而無嘉泰壬戌金華邵康跋。毛氏刻入《津逮祕書》者，仲立自序亦删去。後有『臨安尹家書籍鋪印行』一行，黄蕘圃借觀有詩，今在海昌馬二槎處。」

玉照新志條《四庫》館本六卷，與遵王載五卷不合。胡君心耘見影鈔至正庚寅西河野民王貴和甫藏本，亦作五卷，而無闕佚，知館本尚沿眉公《祕笈》刻本之誤也。〇葉調生云，《提要》稱王堯臣《諫取燕雲疏》足資考證。考王文安沒於神宗朝，而伐燕雲是徽宗朝事，前後相懸。今據影元鈔本云政和元年，燕雲之伐，安處厚之姪孫堯臣以布衣詣京都，叩閽上書，力陳不可。證以《東都事略》：政和間，大臣議恢復燕雲故地，惇有姪堯臣上書論宦寺專命、交結權臣，共倡北伐之議云云。按處厚爲安惇之字，宋人避諱，故以字稱。始知王堯臣爲安堯臣之誤，當亦由《祕笈》本之妄改。惟《東都事略》作「姪」，而《新志》作「姪孫」，未知孰是。嘉慶間，昭文張海鵬得明人秦酉巖藏本，刻入《學津討原》，雖亦作五卷，而《諫伐燕雲疏》仍作王堯臣，此是張氏付梓時誤從館本耳。

又《記》文「上《廣汴都賦》於裕陵」下。鈺案：周美成《汴都賦》見《宋文鑑》。《廣汴都賦》，董兆熊輯入《南宋文録》。

學齋佔畢條《記》文「全録於此」下。鈺案：《曙賦》有石刻本，在巴州郡樓下。詳葉林宗《金石録補》。

神機制敵太白陰經條　《記》文「篇次精允」下。鈺案：「篇」當爲「編」之誤。

璇璣類聚條　《記》文「王充所論」下。注「沈鈔本作『古』」下。〇鈺案：作「方」者是。《後漢書·充傳》云，嘗據蓋天以駁渾儀。又云日月不圓也，望視之所以圓者，去人遠也。日，火之精也；月，水之精也。水火在地不圓，在天何故圓。當即方天遺説。所撰《論衡·説日篇》，其旨略同。

禮緯含文嘉條《禮緯含文嘉》，錢氏亦疑其僞，故用宋兩朝《藝文志》例，以易緯附經，而移此於五行家。竹垞先生見有兩本，謂諸書所引之文皆無之，則其僞顯然。《天一閣書目》别有《禮緯含文嘉》七卷，無編輯姓氏。序云述嘗爲驗者而編類之，則並非也是翁所藏之本矣。此錢警石先生所云。鈺案：唐宋《志》均以易緯列經部。「宋」上應有「唐」字。《甘泉鄉人稿》刻本已脱此字。

六壬畢法條　《記》文「淺注穿鑿」下。「淺」字疑「淺」字之誤。德启。

神女清華經條　《記》文「玉清圓」。「玉」改「王」。

注解珞琭子三命消息賦條張月霄有傳録宋刊本，作六卷。云《四庫》著録本係從《永樂大典》録出。此則原本也。

五行生尅丰鑑條　目「丰鑑」下。「丰」字或「風」字之誤。

潔古老人醫學啟源條此書予家藏有宋板，世所罕見。鈺案：此條趙校。

又《記》文「名滿天下」下。鈺案：事詳本書蘭泉老人張建吉序。

滑伯仁診家樞要條　《記》文「惜予」。「予」改「乎」。鈺案：此條趙校。

本草元命苞條　《記》文「本草爲藥性」下。鈺案：語本本書尚從善序。

張仲景注解傷寒百證歌條　《記》文「知可述」下。注「《四庫》未收」下。〇鈺又案：叔微登科始末又見《夷堅甲志》。

李逸民棋譜條　《記》文「王琬」下。鈺案：《忘憂清樂集》作「王玨」。

竹譜詳録條宋晁伯宇所編《續談助》，内有戴凱之《竹譜》、沙門贊寧《筍譜》。

類林條張月霄藏吴方山本。月霄記云，《述古堂書目》作王朋壽增補陽休之《類林》。《北齊書·陽休之傳》未載其著有《類林》。《隋志》、新舊《唐書志》亦俱無其目。惟《新唐志》小説類有裴子野《類林》三卷。遵王或誤記歟？

又《記》文「篇後有贊」下。鈺案：《類林》百篇贊，張金吾輯入《金文最》，云實存贊八十四篇。以其書世無傳本，特備録之。

又「鏤本刊行者」下。鈺案：事詳王朋壽自序。

北堂書鈔條　《記》文「白樸」下。注「見《宋史·藝文志》文史類」下。○鈺又案：《制樸》計上、中、下三卷。上卷文武勛階等。中卷制頭、制肩、制腹、制腰、制尾。下卷將相、刺史、節度之類。見宋王楙《野客叢書》。

卷四

唐大詔令條張月霄藏有宋朝《大詔令集》二百四十卷。《直齋書録解題》云寶謨閣直學士豫章李大異伯珍刻於建寧。云紹定間宋宣獻公家子孫所編纂也，而不著其名。鈺案：宋綬《本朝大詔令》二百四十卷，與《唐大詔令》一百三十卷均見《宋志》。

離騷草木疏條錢警石云，《離騷草木疏辨證》四卷，海昌祝芷塘侍御德麟預校《四庫》書時，以經進宋本吴氏所著書，取《永樂大典》及《五雅》、《山海經》、《淮南子》、《齊民要術》、《本草》諸書詳校，并附考證。乾隆己亥刻成。有跋。

陰常侍詩集條陰子堅集，吴兔床藏有鈔本一册，詩三十二首，後附録詩話。自記首頁云：「陰晉陵集，爲周芚兮大令手輯。其後予從盧紹弓學士借得舊鈔本，不知何人所集，視周本多詩數首，因録其副以補毛氏《百三名家》刻之所未備。附録詩話則周所輯也。」

王右丞文集條張月霄藏何義門手校本。義門跋云：「戊子借毛斧季宋槧影寫本，倩道林叔校。」又云：「康熙己亥，又借退谷前輩從東海徐相國架上宋槧本手鈔者再校。此集庶可傳信矣。」月霄云，卷十《工部楊尚書夫人王氏墓志銘》其三「寂莫安禪」下「恭讀《欽定全唐文》」，注「下闕」，此本校補銘二首，凡十二句，四十八字。○鈺案：題《王右丞集》者，建昌本。題《王摩詰集》者，乃蜀本。詳《思適齋集》。

李翰林全集條張月霄有《分類補注李太白詩》二十五卷，宋春陵楊齊賢子見集注，元章貢蕭士贇粹可補注，元刊本。

杜工部集條張月霄有《集千家注分類杜工部詩》二十五卷，宋東萊徐居仁編次，臨川黄鶴補注，元刊元印本。

陸宣公翰苑集條黄蕘圃有小字殘宋本《奏草》五、六兩卷。又《中書奏議》五、六兩卷。每半葉十二行，行二十二字。汲古閣舊物也。○元至大刊本《陸宣公集》二十二卷，有至大辛亥嘉興郡博士厲一鶚序。序云：「盱眙子中王公來守是邦，以推官胡公德修家藏善本，詳加讐正，重新付梓。」

歐陽行周文集條鈺案：有閩刻八卷本，顧廣圻斥其「割裂顛倒，不知出何人手」，見《思適齋集》。

劉賓客文集條黄蕘圃云：「予有殘本劉夢得文集，每半葉十二行，每行廿一字，存一至四。曩者錢少詹大昕借讀明刻完本劉集於予，校袁州萍鄉縣楊歧山《故乘廣禪師碑文疏》於别紙，云石本與刻本不同二十餘字，多五十餘字。今宋本雖未盡爾，然與明刻異者，必與石刻同。」

李文公集條明成化刊本《李文公集》十八卷，有成化乙未何宜序。又有毛板新刻。〇張《志》有《增廣注釋音辨唐柳先生集》四十三卷，别集二卷，附録一卷，元刊本。有錢遵王印記。鈺案：此柳集未入《敏求記》。

皇甫持正集條陳少章云，《皇甫持正集》有舊刻，王文恪序，遠勝汲古閣本。

樊川文集條陳少章云，陸務觀言唐人詩文近多刻本，惟牧之集誤謬特甚。可知此集在宋時已鮮佳本。〇張月霄有明重刊宋本《樊川文集》二十卷，别集一卷，外集一卷。熙寧六年田概序云别集一卷。皆二集所逸者。

沈下賢文集條陳少章云，所見沈亞之集九卷，當非足本。

又《記》文「元祐丙申」。案：丙寅爲元祐元年。元祐無丙申，或壬申之誤。榮志。鈺案：黄丕烈已據本集序，校丙申爲丙寅之誤。陳其榮未見本書，故有上説。

笠澤叢書條顧澗薲云，《笠澤叢書》宋槧本上下二卷，補遺一卷，錢遵王猶及見之，而今無有也。其甲、乙、丙、丁四卷，近吴門、邗上各有刻本，大致相同，均多舛誤。惟池北書庫傳黄俞邰得自江右者爲善，惜鈔本僅存，流傳不廣耳。毛斧季家宋本於末增補遺四賦，及王孟祥、陸德原二跋，遵王謂之元槧本，是矣。別有七卷本，前四卷雜著，後三卷詩，與天隨子自序言不類不次、混而載之者不合，必後人所編。馬端臨《經籍考》已云七卷，補遺一卷，則出南宋時矣。予嘗見何心友用馬寒中所藏弘、正時人鈔手校本補遺爲二卷。蓋後一卷又元以來重添之也。今悉依江右本爲正，而以毛增者附焉。又依刻本增樊開序。○海昌許珊林校勘《笠澤叢書》七卷，補遺二卷，附考一卷，所據爲樊開本，而宋本之誤亦據別本更正。惟此用樊開本，雜著、詩歌分編，非《叢書》舊次。錢警石所藏碧筠草堂仿元刻本，合乎原序不類不次、混而載之之旨。字蹟類趙文敏，爲曹種水舊藏。

王蘋集條陳少章云，蘋爲程門高弟，朱子載之《伊洛淵源録》中。

祖龍學集條陳少章云，無擇少從穆伯長學爲古文，又嘗游孫明復之門。

虞伯生道園學古録條張月霄藏有《道園類稿》五十卷，明人鈔本。自記云《學古録》世多有之，《類稿》則不之概見，所載詩文多有出《學古録》外者。月霄又藏有《道園遺稿》六卷元刊本，道園從孫堪蒐輯。

危素説學齋條《記》文「垂之久遠」下。鈺案：周錫瓚《金石録補續跋》序引葉九來云云，蔣光煦後跋云檢《敏求記》，僅有趙録而無葉補，徧假善本，亦無此條。知蔣氏檢此《記》未徧也。

王翰友石山人稿條明弘治刊本，前有吴海撰墓誌銘，洪武庚午陳仲述序，弘治八年張佶跋。

高常侍集條《記》文「傳於不知」。校作「不知傳於」。

王建詩集條注「亦作『當家』」下。○鈺案：汲古閣刻《三家宫詞》，「不是當家親向説」作「不是官家頻向説」，是改竄者不止一見。

李商隱詩集條《記》文「亦激言之耳」下。岑嘉州《寄杜拾遺》詩曰：「聖朝無闕事，自覺諫書稀。」亦是反言、激言乎。

溫庭筠條 《記》文「金跳脱」下。鈺案：高德馨云，如《讀書志》説，是以「玉跳脱」對「金步搖」。此云「金條脱」，當係遵王誤記。

李羣玉詩集條張月霄藏有兩鈔本：一從吴門黄氏藏宋本影寫；一爲錢履之藏書，從宋本傳録，末題「嘉靖丁未夏季松逸山居童子王臣録」，卷首有「錢履之讀書記」印，板心有「竹深堂」三字。

許渾丁卯集條月霄藏有舊鈔本《丁卯集》二卷，續集三卷，爲馮氏藏書。格闌外有「馮氏藏本」四字。末有題識云：「崇禎庚午，借柳大中本鈔。」據遵王云，元刻多詩幾大半。此當從元本鈔出，故多續集三卷。

杜荀鶴文集條月霄藏有舊鈔馮氏手校北宋本，格闌外有「馮彦淵藏本」五字。又有《唐風集》三卷，卷首有「錢履之讀書記」印，板心有「竹深堂」三字。

禪月集條錢夢廬云，《禪月集》，曾見吴門陳氏葦汀藏《列朝詩文集目》，有《白蓮集》三十卷，訪求得之，鈔其副本。文集五卷久佚，所存惟詩集廿五卷耳。

黄山谷詩注條黄蕘圃云：「予有殘本任淵《山谷黄先生大全詩注》，每半頁十一行，每行大廿字，小廿四字，所存卷一至卷八，其後皆缺。每卷中復多缺葉。末葉有黏籤一條，云：『一本。永樂二年七月二十五日，蘇叔敬買到。』抱沖道人得南城廢殿本《古列女傳》，有『此即載《敏求記》者，其外未聞更見於他書也』。予嘗攜就小讀書堆驗之，字蹟正出一手。」〇張月霄云：「予有宋刻本《山谷黄先生大全詩注》殘本六卷。是書原二十卷，今存序目及卷二至卷七六卷。所有舊鈔本目録，《宿舊彭澤懷陶令》題下所注，與《敏求記》所稱舊刻合，蓋舊鈔即從舊刻出。此本二頁宛在，題下均各有注，可補舊本之闕。以是知以完善寶宋槧者，猶未知宋槧者也。」鈺案：月霄藏殘宋本外，又藏《山谷内集詩注》二十卷，《外集詩注》十七卷，《别集詩注》二卷，均舊鈔本。見《愛日志》。又藏《類編增廣黄先生大全文集》五十卷，宋乾道刊本。見《愛日續志》。

陳后山詩注條張月霄藏宋刊本詩注外，又有《后山先生集》三十卷，爲茶陵陳仁子同俌編校，明嘉靖刊本，何義門從嘉靖以前舊鈔本校補。

葉石林建康集條錢夢廬云：「石林居士《建康集》，予昔藏有曹秋岳手鈔本，後有禾中金轡亭跋。」○此集金陵朱述之緒曾曾有舊鈔足本，後無孫籍一跋，蓋係傳述祖本。調生曾借録之爲全書云。

揭曼碩詩集條月霄藏有《揭文安集》十卷舊鈔本，爲崑山葉氏菉竹堂藏書。葉本有二，爲文莊初校、重校之本。詳王聞遠跋。

葉顒樵雲獨唱集條月霄藏有元刊本。

五臣注文選條六臣注《文選》六十卷，遵王亦藏有宋版，見《述古》、《也是》兩目。馮柳東云：「六臣注《文選》，予嘗見曹倦圃侍郎藏本，每卷首有『宋崇寧五年鏤板，至政和元年畢工』字一行。墨光如漆，紙堅白無痕，蓋宋代蜀牋。朱竹垞謂嘉靖間袁氏曾翻之，然無鏤板年月一行，以此可别其真贋。是本遇宋諱皆缺筆。首尾有『嘉定二年成都裴氏鏤板印賣』字一行，是爲南宋蜀本。東坡謂蜀本大字書皆善本者，是也。惜祇有十九卷。第一卷有「浙西項氏篤周萬卷堂圖籍」印。篤周，子京初名，其長兄子長名篤壽。兄弟並好收藏，築萬卷堂貯之。斯時尚未有天籟閣也。」

竇氏聯珠集條 《記》文「凡詩」。改「詩凡」。

西崑酬唱集條 《記》文「磔死」下。注「説異」下。○巳蒼以議賦役事語觸縣令瞿四達，瞿深銜之，遂以他事羅織，下之獄，未幾死獄中。鈺案：如上説則《懷舊集》特其借端，情節亦可信。

又《記》文「排斥嚴儀」下。注「仍謙益例也」下。○鈺又案：謙益信奉關忠義，嘗重編《義勇武安王集》，故避羽字。

古今歲時雜詠條 張月霄有舊鈔本。有葉石君手跋，曰：「此從兄林宗所藏書，才搴竟而林宗殁，藏本隨散無餘，此書遂歸於我。行將聚宋元明之作續之，未知其遂志否也。東洞庭山葉石君識。」

臨溪隱居詩話條 《臨溪隱居詩話》一卷，乾隆間平湖陸梅谷烜刊入《奇晉齋叢書》。梅谷識於後云：「此卷即錢遵王所藏、《讀書敏求記》所載者。末有題署兩行，云『洪武九年丙辰，映雪老人寫於華亭集賢外坡草舍雨窗，時年八十』。老人即孫道明也。上有『袁凱之印』、『徐昌國印』。『臨溪』、『溪』字《敏求記》誤刻『漢』字，非見此本，何由知之。」鈺案：孫道明事略，葉昌熾《藏書記事詩》采輯各書，言之最詳，似是高隱一流。惟《四友齋叢説》有「泗涇市井人」一語，而郎瑛《七修類稿》則直以松江屠兒目之，足廣異聞。

弁陽老人絶妙詞選條 鈺案：草窗選本原名《絶妙好詞》，同時張玉田題《西江月》一闋可證。嗣後不見著録。至國朝康熙二十年辛酉，竹垞翁與《敏求記》同時得於遵王，《曝書亭集》有其跋語。其先，康熙十七年戊午汪晉賢序《詞綜》刻本，竹垞凡例固尚有草窗選本已軼不傳之一説也。今詳核查、厲箋本，頗疑此書或非草窗原本。緣第七卷首列草窗詞二十二闋，係用王逸編《楚詞》、徐陵編《玉臺新詠》、芮挺章編《國秀集》，及同時人黄昇編《中興以來絶妙詞》之例，而又下列王沂孫、趙與仁、仇遠三人，先己後人，固無是理。沂孫爲草窗吟侣，尤不應躐居其前，或經後人竄亂耶？此《記》標題《絶妙詞選》，則與花菴編《唐宋名賢絶妙詞選》之名相混。花菴編本凡三卷，係汲古閣景寫宋刻。今上虞羅氏蟫隱廬印行與汲古閣刻之十卷本不同。羅跋目爲花菴初編本，理或然也。

東坡樂府條 《記》文後。案：《陽春白雪》一書，元楊朝英選集諸家之詞，前集五卷，後集五卷。牧翁曾藏有元刻本，每卷三十二行，行二十七字。絳雲燼餘，此書即歸遵王。此《記》中未見著録，不知何故。

佚文

集犯諭條鈺案：洪武二十年春正月，尚有頒趙麟誹謗榜册及《警愚》、《輔教》二録於國子監，見《皇明太學志·經籍門》。

校勘記

卷一之下

〔一〕劉凝　「劉」原作「楊」，據《四庫存目》改。

〔二〕陳晅　「晅」原作「暄」，據《郡齋讀書志》改。

卷二之中

〔一〕弗迷　此兩字原無，據沈氏雙桂草堂刻本補。

〔二〕明月　原作「朝日」，據《古今注》改。

卷三之上

〔一〕戴表元　「元」原作「三」，據《四庫全書總目提要》改。

〔二〕收藏亦富　「富」原作「當」，據文意改。

卷三之下

〔一〕思恭　「思」原作「師」，據《四庫全書總目提要》改。

〔二〕郭定武木木　「木木」疑當作「木本」。

卷四之上

〔一〕明皇　「皇」原作「星」，據文義改。

〔二〕必受此文　「受」原作「愛」，據《歐陽文忠公全集》改。

卷四之中

〔一〕徐㶿　「㶿」原作「渤」，當是刻誤，據《中國叢書綜錄》改。

卷四之下

〔一〕此八字　「八」原作「七」，據「蔣楊孫買書進王府」，應為八個字，故改。

序跋題記

〔一〕卷末　「末」原作「宋」，當是刻誤，據文意改。

〔二〕愴罔　「罔」原作「冈」，當是刻誤，據文意改。

補遺

〔一〕土人　「土」原作「上」，據文意改。

讀書敏求記校證書名索引

説　明

（一）本索引收入《讀書敏求記校證》所列書名，按四角號碼檢字法編排。

（二）凡原書書名前有作者名氏者，則分列二個條目，一條按原書作者、書名聯綴出現；另一條則列出書名，將作者名氏用圓括弧括起，置於書名後，以便檢索。

（三）各書所附續集、後集、别集、附録等，均附於正集之後，不另列條。

0073_2 玄

0080_0 六

0090_6 京

0121_1 龍

0128_6 顔

0180_1 龔

0212_7 端

0261_8 證

0292_1 新

0460_0 謝

0464_1 詩